本书获 2017 年度国家社会科学基金一般项目

"马克思主义国际话语权演进的历史考察及基本经验研究"（课题号：17BKS095）资助

MARXIST INTERNATIONAL DISCOURSE POWER

马克思主义国际话语权
演进的历史考察及基本经验

HISTORICAL REVIEW AND
BASIC EXPERIENCE OF THE EVOLUTION OF
MARXIST INTERNATIONAL DISCOURSE POWER

张爱武　著

社会科学文献出版社
SOCIAL SCIENCES ACADEMIC PRESS (CHINA)

目录
Contents

导　言

一　研究述评

（一）国内研究述评

话语权不同于传统意义上作为最高公共政治权力的国家权力及其直接划分出的立法权、行政权、司法权，不同于其他一般的社会政治权力，被作为超越语言学意义的客体对象来认识和理解，被认为是赋了"权"的话语。这是人们对纷繁复杂的社会现象认识的成果，是对存在于纷繁复杂社会现象中的深层奥秘的揭示，是对人们社会生产和生活实践认识的发展。在我国，使用话语权这一概念，对话语权进行探讨和研究，是从20世纪90年代才开始的。而随着经济全球化的迅猛发展，经济竞争日趋激烈，各种不同文化之间既相互交融也相互激荡，近些年来话语权迅速成为一个社会热词，甚至有成为人们的日常用语的趋势，各行各业都把争取和提升话语权乃至国际话语权作为目标。而在社会历史领域，争取和提升国家话语权、民族话语权、意识形态话语权等也成为人们普遍讨论的话题，成为理论研究的热点。毫无疑问，在这样的背景下，马克思主义国际话语权可谓自然而然地进入了人们的视野，成为马克思主义理论学科的新概念和马克思主义研究的新领域。但是，在笔者着手研究之时，还没有马克思主义国际话语权的直接研究成果，只是在尚不多见的相关研究中间接涉及了这一议题或使用了马克思主义国际话语权的概念，但没有展开研究，相对较多的是对马克思主义话语权、中国特色社会主义话语权等的研究。这些研究成果为本书的研究提供了一定的理论参考、历史资料、现实依据、背景性材料、广阔的视野、概念基础等。

1. 关于话语权

学界总体认为，话语权包括话语权利和话语权力。话语权利是拥有和运用话语权的基础，而话语权力则是话语权行使和运用的保障。话语权是一种掌握、控制、支配和阐释话语的权利与权力，就是对话语背后的是非判断、价值取向和意识形态进行引导和塑造的一种资格、能力。这方面的研究成果在下文的概念界定中将作详细的梳理。目前相关研究主要从以下几个方面进行。第一，从文本解读维度研究。通过对马克思主义话语体系建构和创新的文本解读，探讨马克思主义话语权问题。第二，从解决现实问题维度研究。在国际共产主义运动的变动大势中展开对提升中国特色社会主义话语权（马克思主义话语权）的研究。第三，从国际考察维度研究。对当下发达国家获得国际话语权的原因、做法、启示等进行深刻探讨。这些研究对马克思主义国际话语权的研究都具有积极的参考价值。

2. 关于马克思主义话语权

正如一语多义是一种普遍的语言现象一样，一义多语也成为一种经常性的话语表达方式。在当下我国学界话语权问题的讨论中，马克思主义话语权、马克思主义意识形态话语权、中国特色社会主义话语权、中国意识形态话语权实际上表达的是大致相同的含义，总体说来是对当下中国马克思主义话语权的探讨，其中最重要的是两个方面的内容。第一，关于马克思主义话语权面临的挑战和机遇。其一，马克思主义话语权面临的挑战。有学者比较早地分析指出马克思主义话语权面临的挑战包括共产主义运动低潮的影响、"非意识形态化"的冲击、理论创新不足或出格所形成的误区等。[①] 有学者也比较早地特别强调，"意识形态终结"氛围下的西方话语霸权，以"全球话语"和"普世价值"的方式进行意识形态扩张、渗透，给马克思主义话语权带来了巨大的挑战。[②] 后来，随着对话语权问题研究的深入和拓展，有学者比较详细地指出马克思主义话语权面临的挑战来自西方国家"话语霸权"的挤压、"西化"和"分化"战略的危害、网络化产生的负面作用、市场化对思想观念的负面效应、多样化社会思潮的蔓

---

① 参见曹国圣《马克思主义意识形态话语权在当代中国的重建》，《广西社会科学》2005年第7期。

② 参见侯惠勤《意识形态的变革与话语权——再论马克思主义在当代的话语权》，《马克思主义研究》2006年第1期。

延、民众思想的复杂化、思想理论领域出现的杂音和噪声、理论宣传工作中的简单化倾向等。① 有学者指出马克思主义话语权面临的挑战，包括经济全球化背景下复杂多变的外部环境、西方意识形态的强势渗透；信息网络化时代西方社会的网络信息霸权、权力中心的分散、网络信息安全威胁；文化多样化所导致的社会思潮的多样化、西方文化的入侵、大众文化的迅速崛起；社会利益分化所导致的不同意识形态之间的冲突、社会主义主流意识形态的利益协调与整合功能等的削弱。② 总体来说，马克思主义话语权面临着来自国内外、中西方、多领域的挑战。其二，马克思主义话语权面临的机遇。尽管机遇与挑战并存，但是探讨马克思主义话语权面临的机遇的成果比探讨马克思主义话语权面临的挑战的成果要少，也许更多的人认为马克思主义话语权面临的挑战大于机遇。有学者认为，经济全球化促进了社会主义市场经济的发展、推动了对世界历史发展趋势的认识和把握、提供了展示我国社会主义建设成就的舞台，使中国共产党意识形态话语权建构具备了坚实的基础、广宽的世界视野、广泛的话语影响力；信息网络化为中国共产党意识形态话语权的建构提供了新的技术条件和手段、开辟了新的渠道和新的领域；社会利益分化为中国共产党意识形态话语权的建构提供了新的理论依据和理论支撑等。③ 由于这方面的成果还不多见，这些观点的新意就显得更为突出。第二，关于马克思主义话语权的建构和提升。有学者提出要研究阐释和对外传播我党治国理政经验，用时代话语表达中国化马克思主义的实践成果、理论成果、制度成果，打破西方在"民主、自由、人权"上的话语垄断，打造融通中外的新概念新范畴新表述，深刻阐释中国梦和社会主义核心价值观，讲好中国故事，从而在战略制高点上构建中国化马克思主义话语权，推动国际社会对中国特色社会主义的道路认同、理论认同和制度认同。④ 有学者指出要坚守马克思主

① 参见张骥、申文杰《马克思主义意识形态话语权在我国思想宣传领域面临的挑战与实现方式探究》，《当代世界与社会主义》2011 年第 1 期。
② 参见杨昕《中国共产党意识形态话语权研究》，社会科学文献出版社，2015，第 142~178 页。
③ 参见杨昕《中国共产党意识形态话语权研究》，社会科学文献出版社，2015，第 142~178 页。
④ 参见柴尚金《构建中国化马克思主义话语权的路径选择》，《毛泽东邓小平理论研究》2014 年第 12 期。

义理论"内核",有效回答时代课题;加强马克思主义意识形态话语主体包括专门工作队伍、党员和领导干部的建设及其与人民群众之间的互动;努力丰富和创新意识形态的话语内涵与表达方式等。① 总体来说,要从思想和价值上打造中国话语权,使中国特色社会主义话语能说服人。

3. 关于马克思主义国际话语权

第一,对构建马克思主义话语体系的探讨间接涉及马克思主义国际话语权问题。一是从"立"的角度对经典著作的深刻解读涉及马克思主义国际话语权。陈锡喜认为,马克思恩格斯构建了以"资产阶级的灭亡和无产阶级的胜利是同样不可避免的"② 为中心思想的意识形态话语体系,并考察了马克思主义话语体系从列宁到斯大林以及在中国的发展历程,指出能否建构话语体系决定话语说得好不好,决定话语主导权的掌握及掌握程度。陈锡喜虽然没有使用马克思主义国际话语权的概念,但是实际上间接涉及了马克思主义国际话语权的问题。③ 二是从"破"的角度在研究中国国际话语权过程中提出破解西方话语霸权是提升当代中国国际话语权的基础,在研究中提到了马克思主义国际话语权。莫凡等认为,破解西方"价值观话语范式"是提升当代中国国际话语权的关键;指出"私有财产权-自由"话语范式与西方话语霸权有其形成、演进的生成史,马克思通过深刻揭露"私有财产权-自由"话语范式的虚假性,并科学表述马克思主义的自由观,提升了马克思主义的国际话语权。④ 莫凡等在文中直接使用了马克思主义国际话语权的概念,但并未展开研究。第二,围绕当代中国马克思主义国际话语权问题,有学者对构建当代中国马克思主义国际话语权的可能性和必要性进行了探讨。⑤ 提出问题是研究问题的前提。以上这些研究开始触及马克思主义国际话语权问题,虽然数量不多,内容更有待深化,但是有比较重要的学术前沿意义。

---

① 参见杨昕《中国共产党意识形态话语权研究》,社会科学文献出版社,2015,第196~209页。
② 《马克思恩格斯选集》第1卷,人民出版社,2012,第413页。
③ 参见陈锡喜《马克思主义:意识形态和话语体系》,华东师范大学出版社,2011。
④ 参见莫凡、李惠斌《提升当代中国国际话语权的若干思考——基于马克思破解西方话语的历史考察》,《郑州大学学报》(哲学社会科学版)2015年第5期。
⑤ 参见苏星鸿《构建当代中国马克思主义国际话语权的可能性和必要性》,《南华大学学报》(社会科学版)2015年第6期。

（二）　国外研究述评

国外话语权研究早于国内，从 20 世纪上半期就开始了，话语权概念的使用也早于国内。但是，从笔者着手研究之时，也没有马克思主义国际话语权的直接研究成果，只能说，已有的研究成果为探讨马克思主义国际话语权演进提供了一定的历史资料、理论资源和宏观国际视野。

1. 关于意大利马克思主义者葛兰西的文化霸权理论

安东尼奥·葛兰西（Antonio Gramsci, 1891-1937）是意大利共产党创始人之一。他力图寻找与西欧发达国家的历史现实情况相符合的无产阶级革命道路，并提出了许多重要的思想观点，特别是文化霸权思想，具有独创性思想价值。逻辑地看，这一思想包括以下几个主要方面。第一，市民社会属于上层建筑，也是国家发挥文化霸权职能的"场所"①。市民社会作为一个西方政治概念，最早由亚里士多德提出，在西方历史发展的不同阶段有着不同的意义。黑格尔将市民社会看作"物质的生活关系的总和"②，认为国家决定市民社会。马克思从学校进入社会之初，在对涉及人们利益的现实问题进行考察时发现不是国家决定市民社会，而是市民社会决定国家。葛兰西则提出他的一些新观点。葛兰西指出："结构（经济基础——引者注）和上层建筑形成一个'历史的集团'。也就是说，复杂的、矛盾的和互不协调的上层建筑的总和是社会生产关系总和的反映。""我们目前可以确定两个上层建筑'阶层'：一个可作'市民社会'，即通常称作'私人的'组织的总和，另一个是'政治社会'或'国家'。这两个阶层一方面相当于统治集团通过社会行使的'霸权'职能，另一方面相当于通过国家和'司法'政府所行使的'直接统治'或管辖职能。""一个社会集团的霸权地位表现在以下两个方面，即'统治'和'智识与道德的领导权'。"③ 这些观点可以作以下理解：首先，与此前观点相一致，一个"历史的集团"亦即某一社会形态是由经济基础与上层建筑构成的统一体；其次，与此前的观点不一致，将市民社会作为上层建筑而不是经济基础；最

① "场所"以及下文的"拓展"二词，参见周凡《重读葛兰西的霸权理论》，《马克思主义与现实》2005 年第 5 期。

② 《马克思恩格斯文集》第 2 卷，人民出版社，2009，第 591 页。

③ 〔意〕安东尼奥·葛兰西：《狱中札记》，曹雷雨、姜丽、张跣译，河南大学出版社，2014，第 438、11、59 页。

后，"拓展"了国家的职能，提出国家不仅仅是镇压的工具，而且可以以市民社会为场所，发挥"霸权"的职能。第二，以市民社会为场所施展的"霸权"主要指文化霸权。葛兰西指出："每个国家都是伦理国家，因为它们最重要的职能就是把广大国民的道德文化提高到一定的水平，与生产力的发展要求相适应。从而也与统治阶级的利益相适应。学校具有正面的教育功能，法院具有镇压和反面的教育功能，因此是最重要的国家活动；但是在事实上，大批其他所谓的个人主动权和活动也具有同样的目的，它们构成统治阶级政治文化霸权的手段。"① 这一观点告诉我们，首先，葛兰西认为"霸权"包括政治文化霸权。政治霸权主要指通过"统治"或"镇压"等手段体现的霸权，文化霸权主要指"智识与道德"的领导权或通过教育等手段形成的霸权，"智识与道德"的领导权说到底就是文化领导权，因此文化霸权包含文化领导权。其次，"每个国家都是伦理国家"，要不断提高"广大国民的道德文化"水平。第三，政党应改造传统知识分子并培养有机知识分子。葛兰西指出："任何在争取统治地位的集团所具有的最重要的特征之一，就是它为同化和在'意识形态上'征服传统知识分子在作斗争，该集团越是同时成功地构造其有机知识分子，这种同化和征服便越快捷、越有效。""政党是完整的、全面的知识分子的新的培养人，可以被理解为现实的历史过程的理论和实践的统一在其中得以发生的坩埚。"② 这些论述告诉我们，首先，传统知识分子"代表着一种历史的连续性"③，发挥着维护旧的统治的作用，有机知识分子则代表着新的经济结构或生产方式，发挥着维护新的统治的作用。其次，有机知识分子不仅仅是创造和传播知识的专家，而且应发挥更大的职能，即成为社会的领导者。最后，政党承担着培养新知识分子，包括培养有机知识分子和改造传统知识分子的职责。第四，运用阵地战战略加强和维护文化霸权，运动战是赢得阵地战的必要手段。葛兰西指出："政治上的'阵地战'一旦获胜便具有明确的决定意义。也就是说，在政治上，只要没有赢得阵地，机动战就会继续，这样一来，就

---

① 〔意〕安东尼奥·葛兰西：《狱中札记》，曹雷雨、姜丽、张跣译，河南大学出版社，2014，第 335～336 页。

② 〔意〕安东尼奥·葛兰西：《狱中札记》，曹雷雨、姜丽、张跣译，河南大学出版社，2014，第 7～8、385 页。

③ 〔意〕安东尼奥·葛兰西：《狱中札记》，曹雷雨、姜丽、张跣译，河南大学出版社，2014，第 3 页。

无法动员国家霸权的各种力量。"① 葛兰西使用军事术语论述了两种战略：
"阵地战"和"运动战"。这告诉我们，首先，顾名思义，阵地战即通过坚守
阵地进行的战斗，从文化霸权角度看，阵地战意为要动员各种力量为坚守和
巩固文化霸权进行战斗，不断巩固和扩大文化霸权阵地。其次，运动战亦称
机动战，顾名思义，通过不断的运动机动地进行战斗。从文化霸权角度看，
其目的是获得和扩大文化霸权阵地。总之，葛兰西的文化霸权理论对于充分
认识文化在巩固社会主义政权中的作用，不断推进社会主义文化的发展具有
开创性意义和重大的启发作用。

　2. 关于法国马克思主义者阿尔都塞的意识形态国家机器理论

　路易·阿尔都塞（Louis Althusser，1918-1990）是法国著名哲学家、
法国共产党员、"结构主义马克思主义"的奠基人。他在对葛兰西文化霸
权思想继承和发展的基础上，提出了意识形态国家机器理论，对西方马克
思主义意识形态理论作出了创造性贡献。逻辑地看，这一思想主要包括以
下几个方面。第一，在马克思主义经典作家的国家学说中国家是一个阶级
镇压另一个阶级的机器，这是一种描述性的、过渡性的国家理论。阿尔都
塞指出："马克思主义传统在这里是很严格的：在《共产党宣言》和《雾
月十八日》中（以及在后来所有的经典文本中，尤其是在马克思有关巴黎
公社的作品和列宁的《国家与革命》中），国家都被直截了当地说成是一
套镇压性的机器。""然而，在这里也像我关于大厦的隐喻（基础和上层建
筑）所指出的那样，这种对国家性质的表述也仍然带有几分描述性。"他
指出，"伟大的科学发现都不得不经过我要称之为'描述性的理论'的这
个阶段。这是所有理论的第一个阶段，……是理论发展必要的过渡阶段"，
"'描述性的理论'确实是理论的不可改变的开端"。② 第二，意识形态国
家机器和镇压性国家机器并立，是包含着多个组成部分的私人领域。阿尔
都塞指出："为了推进国家理论，不仅必须考虑到国家政权与国家机器的
区分，而且还必须考虑到另一种现实——它显然是和（镇压性）国家机器
并立的，但一定不能与后者混为一谈。我用一个概念把这种现实叫做意识

---

①　〔意〕安东尼奥·葛兰西：《狱中札记》，曹雷雨、姜丽、张跣译，河南大学出版社，
　　2014，第305~306页。
②　〔法〕阿尔都塞：《哲学与政治（下）——阿尔都塞读本》，陈越译，吉林人民出版社，
　　2011，第276~278页。

形态国家机器。""第一点，很明显，（镇压性）国家机器只有一个，而意识形态国家机器却有许多。""第二点，……绝大部分的意识形态国家（它们显然是分散的）是私人领域的组成部分。教会、学派、工会、家庭、某些学校、大多数报纸、各种文化投机事业等等，都是私人性的。"① 第三，镇压性国家机器和意识形态国家机器具有各自的功能，如果偏废意识形态国家机器将使政权不能持久。阿尔都塞指出："就我所知，任何一个阶级如果不在掌握政权的同时对意识形态国家机器并在这套机器中行使其领导权的话，那么它的政权就不会持久。"② 第四，前资本主义社会占主要地位的意识形态国家机器形式是教会，资本主义占统治地位的意识形态国家机器形式是教育。阿尔都塞指出："在我极概括地考察的前资本主义历史时期，最清楚不过的是，存在着一个占统治地位的意识形态国家机器——教会，它不仅把宗教的功能，而且还把教育的功能，以及大部分传播和'文化的'功能集于一身。""资产阶级建立起来的头号的、占统治地位的意识形态国家机器，就是教育的机器，……我们甚至可以补充说：学校–家庭这个对子已经取代了教会–家庭这个对子。"③ 可见，他还强调了意识形态国家机器的重要作用。总之，阿尔都塞的意识形态国家机器理论对于充分认识意识形态在巩固社会主义政权中的作用，不断推进社会主义意识形态的发展具有重要的启发作用。

3. 关于法国思想家福柯的话语权理论

米歇尔·福柯（Michel Foucault，1926–1984）是法国 20 世纪中后期的著名思想家。在福柯的研究中，关于"话语"问题的研究占据着相当重要的地位，他不仅重新阐释了"话语"的概念，而且构建了自己的"话语"理论，阐述了话语与权力之间的相互关系，实现了西方政治哲学史上的重大思想与理论变革。④ 第一，关于话语。福柯指出，我们不应"再将话语当作符号集团（指内容或描写的意指要素），虽然话语是由符号组成

① 〔法〕阿尔都塞：《哲学与政治（下）——阿尔都塞读本》，陈越译，吉林人民出版社，2011，第 281、282 页。
② 〔法〕阿尔都塞：《哲学与政治（下）——阿尔都塞读本》，陈越译，吉林人民出版社，2011，第 284 页。
③ 〔法〕阿尔都塞：《哲学与政治（下）——阿尔都塞读本》，陈越译，吉林人民出版社，2011，第 287、289 页。
④ 参见杨昕《中国共产党意识形态话语权研究》，社会科学文献出版社，2015，第 37 页。

的，但它们所做的要比这些符号去指称事物来得更多。正是这个更多，使得它们不能被归结为语言和言语，而我们正是要揭示和描写这个更多"①。首先，话语是一个语言学的概念，"虽然话语是由符号组成的"中的"符号"即语言符号。其次，话语不仅仅是一个语言学的概念，"话语所做的要比这些符号去指物来得更多"中的"更多"即表明了这一意涵，福柯话语的奥秘就蕴含在这种"更多"之中，"我们正是要揭示和描述这个更多"。再次，话语语言学之外更多的含义主要来自话语实践，"话语所做的要比这些符号去指物来得更多"中的"话语所做的"即表明这一意涵，这同时涉及语言学以外的领域，如哲学、历史学、文化人类学、政治学、文学批评等领域。有福柯研究专家指出："正是在这个意义上，'话语'在福柯那里获得了一种本体论的内涵。他认为，人类一切知识都是通过'话语'而获得的，任何脱离'话语'的东西都是不存在的，我们与世界的关系只是一种'话语'关系。'话语'也并非常识所理解的'中介'，它在本质上被福柯界定为人类的一种重要活动。福柯认为，历史文化由各种各样的'话语'组构而成。'话语'意味着一个社会团体依据某些成规将其意义传播于社会之中，以此确立其社会地位，并为其他团体所认识的过程。"② 正因如此，还有学者指出："不论福柯关注什么问题，他所发现的都是话语；而无论这些话语从哪里产生，福柯看到的都是一场争斗，一方是那些声称自己对话语拥有'权力'的集团，而另一方则是那些被否认对他们自身的话语拥有权力的集团。"③ 最后，要从话语的基本单位"陈述"中理解"更多"的含义。福柯指出："陈述是话语的原子。"④ 对这一"话语的原子"，应作以下几点理解。其一，陈述不是命题、句子或言语行为。"相同的句子，但不一定是相同的陈述。"⑤ "要完成一个'言语行为'诸如誓言、请求、合同、允诺、论证，通常需要不止一个陈述。这些行为在

---

① 转引自王治河《福柯》，湖南教育出版社，1999，第 159 页。
② 王治河：《福柯》，湖南教育出版社，1999，第 159 页。
③ 〔英〕约翰·斯特罗克编《结构主义以来——从列维-斯特劳斯到德里达》，渠东等译，辽宁教育出版社，1998，第 97 页；转引自石义彬、王勇《福柯话语理论评析》，《新闻与传播评论》2011 年第 1 期。
④ 〔法〕米歇尔·福柯：《知识考古学》，谢强、马月译，生活·读书·新知三联书店，2003，第 85 页。
⑤ 〔法〕米歇尔·福柯：《知识考古学》，谢强、马月译，生活·读书·新知三联书店，2003，第 96 页。

大多数情况下需要一些不同的格式或者相互独立的句子。"① 其二，"陈述"的复杂性赋予了话语"更多"的含义。福柯指出："在任何社会中，'话语'的产生既是被控制的、受选择的、受组织的，又是根据一些秩序而被再分配，其作用是防止它的权力和它的危险，把握不可预测的事件。"② 总之，"话语"意味着一个社会团体依据某些成规将其意义传播于社会之中，以此确立其社会地位，并为其他团体所认识的过程。一句话，"话语"客观地反映了社会各阶级、集团之间复杂的现实关系。③ 第二，关于话语权力。福柯研究专家王治河对话语与权力的关系演进作了很深刻的概括，指出"在《癫狂与文明》中，福柯通过'疯狂'的定义从 16 世纪末到 20 世纪的衍变表明，一个社会中的各个层面都有特定的'话语'存在，这些'话语'组合起来，如同一个缜密的网，驾驭其成员的思维、行动和组织规范或条例，使该社会的所有活动都受这种特定的'话语'定义的限制。这里'话语'的所作所为，其实就是一种权力的运动"④。福柯指出："话语既可以是权力的工具，也可以是权力的结果，但也可以是阻碍、绊脚石、阻力点，也可以是相反的战略的出发点。话语传递着、产生着权力；它强化了权力，但也削弱了其基础并暴跌了它，使它变得脆弱并有可能遭受挫折。"⑤ 总之，福柯认为话语不仅是语言的形式，而且是文化生活的所有形式和范畴。话语产生权力，权力控制话语，话语即权力。福柯的话语研究拓宽了话语研究的视野。

4. 国外其他学者关于话语权的观点

国外其他学者既有人从"权力"也有人从"权利"的角度对话语权进行界定。第一，作为权利的话语权。英国学者戴维·米勒等（David Meellor）认为，作为权利的话语权的实质是言论自由权，是"最重要的公民自由或权利之一。它意味着通过口头、书写或印刷以及其他手段进行交流的自由"⑥。言论自由权有利于提高社会的包容度，促进社会进步。黑格尔（G. W. F.

---

① 〔法〕米歇尔·福柯：《知识考古学》，谢强、马月译，生活·读书·新知三联书店，2003，第 89 页。

② 转引自王治河《福柯》，湖南教育出版社，1999，第 162~163 页。

③ 参见杨昕《中国共产党意识形态话语权研究》，社会科学文献出版社，2015，第 38 页。

④ 王治河：《福柯》，湖南教育出版社，1999，第 182~183 页。

⑤ 〔法〕米歇尔·福柯：《性史》，张廷琛等译，上海科学技术文献出版社，1989，第 98~99 页。

⑥ 〔英〕戴维·米勒、韦农·波格丹诺主编《布莱克维尔政治学百科全书》，邓正来译，中国政法大学出版社，1992，第 274 页。

Hegel）曾指出："每一个人还愿意参加讨论和审议。如果他尽了他的职责，就是说，发表了他的意见，他的主观性就得了满足，从而他会尽量容忍。"① 第二，作为权力的话语权。其一，从政治学的视角看，话语权是意识形态权力。诺曼·费尔克拉夫认为（Norman Fairclough）："作为一种意识形态实践的话语从权力关系的各种立场建立、培养、维护和改变世界的意义。"② 话语虽然受到社会结构的限制，但是，话语在意义方面说明世界、组成世界、建构世界。③ 迈克尔·曼（Michael Mann）认为："意识形态权力源出于人类对寻求生活终极意义、共享规范和价值、参与审美实践和仪式活动的需求。"④ 意识形态权力作为权力的话语表达，垄断了意义、规范、价值，垄断了实践和仪式的开展，如果能够占据这种垄断，就能拥有权力。其二，从哲学的视角看，话语权是对于哲学的反思。查尔斯·J. 福克斯（Charles J. Fox）等从哈贝马斯和阿伦特的理论出发指出："在我们完成对美国公共政策管理的挪用之前，先要解释一下话语哲学的两个方面：真实性与对抗性关系。"⑤ 其三，从传播学的视角看，话语权是支配舆论的权力。英国学者伯特兰·罗素（Bertrand Russell）认为，支配舆论的权力是"对于一个人的意见施加影响，也就是进行最广义的宣传"⑥。罗素认为权力是一个量的概念，是若干预期结果的产生，而舆论是万能的，他把支配舆论的权力看作一切权力的来源。⑦ 其四，从文化语言学的视角看，话语权是发挥意识形态功能的一种方式。丹尼斯·K. 姆贝（Dennis K. Mumby）认为："话语不仅仅是一组政治上中立的推论实践，而且是一种表义系统，它使得某些意义形成和旨趣凌驾于其他之上。"⑧ 这些话语有故事、神话标志语等多种表现形式。

---

① 〔德〕黑格尔：《法哲学原理》，范扬、张企泰译，商务印书馆，2017，第 379 页。
② 〔英〕诺曼·费尔克拉夫：《话语与社会变迁》，殷晓蓉译，华夏出版社，2003，第 62 页。
③ 〔英〕诺曼·费尔克拉夫：《话语与社会变迁》，殷晓蓉译，华夏出版社，2003，第 60 页。
④ 〔英〕迈克尔·曼：《社会权力的来源》第 2 卷（上），陈海宏等译，上海人民出版社，2015，第 8 页。
⑤ 〔美〕查尔斯·J. 福克斯、休·T. 米勒：《后现代公共行政——话语指向》，楚艳红等译，中国人民大学出版社，2012，第 83 页。
⑥ 〔英〕罗素：《权力论》，吴友三译，商务印书馆，2012，第 27 页。
⑦ 〔英〕罗素：《权力论》，吴友三译，商务印书馆，2012，第 110 页。
⑧ 〔美〕丹尼斯·K. 姆贝：《组织中的传播和权力：话语、意识形态和统治》，陈德民、陶庆、薛梅译，中国社会科学出版社，2000，第 112 页。

综上所述，尽管国外开展话语权及其相关研究早于国内，但目前也缺乏关于马克思主义国际话语权的直接研究成果。相关研究的动态趋势体现为：第一，对话语与话语权的直接研究，开辟了话语与话语权研究的新领域，开拓了话语与话语权研究的新境界；第二，关于文化霸权、意识形态国家机器、话语的影响力和操控力的研究等，都与话语权有着密切的关联。研究中存在的不足主要表现为：一是缺乏运用传播过程"5W"（传播者、内容、媒介、受众、效果）模式对掌握和提升马克思主义国际话语权的机制进行的微观研究；二是缺乏对马克思主义国际话语权演进进行宏观考察和经验总结。总的来说，缺乏对马克思主义国际话语权全面系统的直接研究成果。弥补这些不足是学界应尽的责任，本书正是对此开展的有针对性的研究。

二　概念界定

（一）话语

话语研究发轫于古希腊时期柏拉图、亚里士多德等人关于修辞学和诗学的一些论述。而语言学上的话语研究则始于瑞士语言学家费尔迪·德·索绪尔的言语理论。在《普通语言学教程》里，索绪尔认为言语活动是由"语言"（langue）和"言语"（parole）两部分组成。他认为"语言"是互相差异的符号系统，是人类代代传习和沿用的包括语法、句法和词汇以及社会的法典、规范、标准等各种约定俗成的方面所构成的语言的系统。而"言语"则是语言的个人声音表达，指特定情况下个人说话的个别行为，包括说话者可能的或理解的全部内容。同时，言语活动或者说话语交流的可能必须依赖于群体，对话必须发生在群体共建的话语系统中。显然，索绪尔的这些论述已透露出话语中的"权"的意味了。[①] 后来，随着传播技术的发展，话语概念逐渐从语言学扩展到哲学、历史学、文化人类学、政治学、文学批评等领域，在抽象意义上指称和表达具有特定知识价值和实践功能的思想客体，如哲学话语、历史话语、政治话语、文学话语等。这些领域中的话语概念往往借用语言学中话语是"语言的运用"的含义，但是又突破了语言学的界限，话语有了社会、历

---

① 参见郭光华、王娅姣《媒体"话语"何以赋"权"——西方话语权研究综述》，《湖南社会科学》2015 年第 1 期。

史、政治、文化等维度上的意义。① 上文指出，福柯既认为话语是一个语言学的概念，但又认为话语不仅仅是一个语言学的概论，而且他主要是从语言学以外的领域，从话语实践角度分析话语的，从而赋予了"话语"比作为"符号集团""更多"的含义，他所做的工作"正是要揭示和描述这个更多"。因此，话语是人们在社会生产实践中形成的具有特定知识价值的客体，是一个由语言符号和知识价值构成的统一体。随着社会的进步，话语从侧重于作为人与人之间交流的工具逐渐发展成为具有系统性和规范性，能够解释社会生活、凝聚价值观、传承文化的话语体系。在阶级社会中，不同的阶级具有体现其价值立场和价值观点的话语体系。不同领域话语内涵不同，表述方式各异，有如从口语到书面，从词语到文本乃至学科体系等不一而足。因此，话语内涵不一，外延宽泛。理论之于话语，理论作为系统化的知识归于话语，是话语的一种存在方式，抑或说理论就是话语，意识形态是反映社会经济关系和阶级关系的社会意识，是一种具有阶级性的理论形态，因此，意识形态就是一种话语；话语之于理论，话语涵盖理论，话语是理论的表述样式，抑或说话语是理论的转化形式。由于话语内涵上突出了实践的要求，因此，进一步地看，话语之于理论，话语强调了其不仅作为一种思想话语、学术话语，还要成为被人们言说、表达的生活话语，拓展了理论掌握群众或理论拥有群众基础的实现路径。马克思主义是从无产阶级自身发展的特殊性和整个人类发展的普遍性相统一的视角科学揭示人类社会发展一般规律的学说，具有指导不同民族、国家发展的内在规定性，蕴含着以宽广的世界历史眼光观察世界，正确把握世界历史发展趋势的方法论。可以将马克思主义思想话语、学术话语向生活话语转化，以加强马克思主义对工人群众的掌握。

（二）话语权

话语权是话语权利与话语权力的统一。权利即利益、好处，人们争取、掌握、拥有、提升话语权利即为获得自身的利益；权力即支配力、影响力、控制力。马克思说过："人们为之奋斗的一切，都同他们的利益有关。"② 因此，说到底话语权力是为话语权利服务的，话语权力的存在是为了维护主体持久地拥有表达、维护自身利益的话语权利，是为了使主体的

---

① 参见杨昕《中国共产党意识形态话语权研究》，社会科学文献出版社，2015，第41页。
② 《马克思恩格斯全集》第1卷，人民出版社，1995，第187页。

话语权利不至于受其他话语权利的压制、挤压、侵犯，如果主体丧失话语权利，处于一种"失语"状态，其利益必然受到损害。因此，话语权是话语权利和话语权力所组成的整体。福柯强调了权力是影响和控制话语运动的最根本的因素，有什么样的权力就有什么样的话语，话语对权力也起加强或制约作用。但是，话语权力再大，也不能离开话语权利独立存在，因为，离开了话语权利，就失去了话语权力的价值诉求，就失去了话语权的意义。因此，福柯的话语权理论中必然蕴含着话语权利。话语是话语权的前提和基础，有话语才有话语权。如果说话语作为普遍存在的具有特定知识价值和实践功能的客体，具有存在空间范围的广泛性，并由此产生了一定空间范围或一定领域的话语、国内话语、国际话语、世界话语等，那么话语权也就是这些普遍存在的话语主体之间的关系体系，话语权的主体具有普遍性、广泛性，话语权也具有普遍性、广泛性。需要说明的是，话语权中的"权力"与传统意义上政治权力所表达的政治主体之间的影响与被影响、制约与被制约或者统治与被统治的关系存在着差异。如果说传统意义上的政治权力具有强制性特征的话，那么，话语中的"权力"一般不具有强制性，这意味着话语权常常表现为一种非强制性、渗透性的支配力、影响力、控制力。话语权的客观存在，极大拓展了权利和权力的存在范围和领域，使权利和权力获得了更大的存在空间。对话语权进行探讨和研究，实为揭示话语权的运行机制，深刻把握话语权的作用和意义，实现和维护话语主体的各项利益。

（三）国际话语权

有学者认为，国际话语权指以国家利益为核心，就社会发展事务和国家事务等发表意见的权利，而这些事务是与国际环境密切相联的，并体现了知情、表达和参与权利的综合运用。就其内涵而言，这一话语权就是对国际事务、国际事件的定义权，对各种国际标准和游戏规则的制定权以及对是非曲直的评议权、裁判权。[①] 有学者指出，国际话语权不仅是一个国家在世界上"说话"的权利，更是指"说话"的有效性和威力（影响力）。它内含一国对国际议程的设置能力，政治操作能力，对国际舆论的主导控制能力与理念贡献能力，对国际事务或国际事件定义、各种国际标准和游戏规则制定的影响能力，以及对国

---

① 参见梁凯音《论中国拓展国际话语权的新思路》，《国际论坛》2009 年第 3 期。

际事务的主导权、市场定价权与利益分配权等，其所涉及的内容包括政治、经济、军事、文化、外交、传媒等各个方面，本质上体现的是一国在国际社会权力结构中的地位影响力，是一国软实力的重要组成部分。[①] 这些研究对国际话语权的界定都有一定的道理，但需要进一步完善，需要从最一般的角度理解国际话语权。国际话语权仍然以话语的存在为前提，只不过这种话语存在的空间拓展到了国际范围。国际话语也是话语，其主体也具有多样性、普遍性、广泛性，不仅仅包括作为国际关系中最重要的行为主体的国家，还包括不同行业、领域的行为主体，其内容可以是不同政党、国家的指导思想、意识形态以及不同学科的知识体系等，或者说这些不同的思想、理论、知识等构成了不同的国际话语。国际话语权中的"权"也不仅仅是"权利"，同样也是由权利和权力组成的整体，二者缺一不可，任何一方面都不能脱离另一方而独立存在。基于这些情况，顾名思义，国际话语权即为话语主体在国际范围内言说、表达自己的权利和权力。需要指出的是，所谓"国际"，从严格意义上讲是指"世界各国"，或"国际整体范围"，或"全球范围""世界范围"，这是国际话语权在空间上能达到的最大范围，因此国际话语权也可称为全球话语权或世界话语权。而在一般情况下，所谓"国际"只是指"世界几国"，或"一定的国际范围"，在这种范围中的话语权可直接称为国际话语权。"世界各国"、"国际整体范围"、"全球范围"与"世界几国"或"一定的国际范围"，在性质上是一致的，都是指超出一国范围，而在所覆盖到的空间范围上，却存在差异。发展国际话语权是实现全球话语权或世界话语权的发展阶段，实现全球话语权或世界话语权则是国际话语权发展的最终目标。

（四）马克思主义国际话语权

本书参照学界的一些研究成果，将马克思主义创始人的理论、第二国际的马克思主义、列宁主义、第三国际的马克思主义、苏联和东欧国家传统的马克思主义、中国化马克思主义以及其他一些共产党的马克思主义等称为正统马克思主义。[②] 本书研究对象"马克思主义国际话语权"中的马克思主义就是正统马克思主义。从历史和现实的角度看，在正统马克思主

---

① 参见陈正良、周婕、李包庚《国际话语权本质析论——兼论中国在提升国际话语权上的应有作为》，《浙江社会科学》2014 年第 7 期。

② 参见王凤才等《多重视角中的马克思——21 世纪世界马克思主义发展趋向》上卷，中国社会科学出版社，2021，第 3 页。

义之外还发展出了非正统的马克思主义（下文将作出界定）。为了表述的方便，本书直接将正统马克思主义称为马克思主义。

在阶级社会中，不同的阶级具有各自不同的表达其阶级立场和阶级观点的话语或话语体系。马克思主义是无产阶级争取自身解放和整个人类解放的科学理论，自从产生后就成为世界无产阶级的话语体系。马克思主义国际话语权的主体包括世界无产阶级、无产阶级政党等，其中最主要的是世界无产阶级的先进组织即马克思主义政党。因此，马克思主义国际话语权即马克思主义政党代表世界无产阶级掌握和拥有的在国际范围内表达、言说马克思主义话语体系的权利与权力。马克思主义产生之时只是众多社会主义流派和思潮中的一种，后来不仅发展成为国际工人运动和世界社会主义运动中最有影响力的思想体系，而且成为对世界历史进程、人类社会发展产生巨大影响的科学理论，成为世界无产阶级的话语体系，获得了国际话语权。正如恩格斯所说："在罗曼语地区的工人中间，蒲鲁东的著作已经被遗忘而由《资本论》《共产主义宣言》以及马克思学派的其他许多著作代替了；马克思的主要要求——由上升到政治上独占统治地位的无产阶级以社会的名义占有全部生产资料——现在也成了罗曼语各国一切革命工人阶级的要求。"① 《共产党宣言》（又译为《共产主义宣言》）是马克思恩格斯为第一个国际性无产阶级政党共产主义者同盟所写的政治纲领，使马克思主义的诞生和马克思主义话语体系的形成具有了国际性质，马克思主义国际话语权也开始生成和演进，其后尽管历经坎坷和波折，但是一直顽强地存在着，而且从长远看来，马克思主义国际话语权呈现由弱到强、由小到大的总趋势。对于马克思主义国际话语权的强与弱、提升或下降，本书将主要从以下几个方面来衡量。第一，"话语"（相当于"5W"模式②中的"讯

---

① 《马克思恩格斯文集》第 3 卷，人民出版社，2009，第 241~242 页。

② 1948 年，美国学者 H. 拉斯韦尔首次提出构成传播过程的五种基本要素，并按照一定结构顺序将它们排列，形成了"5W"模式或"拉斯韦尔程式"的过程模式。这 5 个 W 指 who（谁或传播者）、say what（说了什么或讯息）、in which channel（通过什么渠道或媒介）、to whom（向谁说或受传者）、with what effect（有什么效果）。大约与拉斯韦尔同时，美国的两位信息学者 C. 香农和 W. 韦弗提出了香农-韦弗模式。这个模式导入了噪声的概念，意为传播过程会受到各种因素的干扰，这是社会传播过程中一个不可忽略的因素。本书主要借鉴"5W"模式的方法进行研究。同时受香农-韦弗模式的启发，对不同时期马克思主义传播过程中受到的干扰、阻碍进行研究，把对马克思主义国际话语权的演进过程建立在客观公正的考证和分析基础上。

息")。即马克思主义话语本身，它是开放的，随着时空的变化而发展，马克思主义创始人不断发展和完善自身创立的理论，马克思主义后继者推动马克思主义不断创新和与时俱进，推进马克思主义本土化、时代化。正因如此，马克思主义才能够不断指导新的实践取得新的成就，其国际话语权才能不断提升。没有马克思主义本身的发展、完善、与时俱进和指导实践取得新成就，就没有马克思主义国际话语权的提升。第二，"话语主体"（相当于"5W"模式中的"传播者"）。马克思主义国际话语权首先要有话语主体，这些主体可以是世界无产阶级、马克思主义政党等，其中最主要的、最基本的是无产阶级及其组织——马克思主义政党。在阶级社会里，马克思主义政党获得执政权将为提升、实现马克思主义话语权提供重要的基础条件。第三，"群众基础"（相当于"5W"模式中的"受传者"）。即国际范围内马克思主义话语主体所拥有的群众基础，群众基础规模越大，话语权就越强。第四，"传播途径"（相当于"5W"模式中的"媒介"）。即宣传、传播马克思主义的途径、方式、手段等。第五，"空间范围"。即马克思主义话语主体在国际范围内的地域分布范围。第六，"外部影响"（相当于香农-韦弗模式中的"干扰因素"）。即马克思主义话语及其主体等受到的积极和消极的影响等，这些影响及其大小具有不确定性。本书从第四章开始涉及国外马克思主义（国外非正统的马克思主义），将主要从这一视角分析其对马克思主义国际话语权演进的影响。第七，"取得的成就"（相当于"5W"模式中的"效果"）。即话语主体以马克思主义为指导取得的实践成就。这些方面的变化必然导致马克思主义国际话语权的演变，换句话说，就是根据这些基本方面的变化来判断马克思主义国际话语权的状况、变化情况或趋势。因此，这七个方面共同构成了分析马克思主义国际话语权演进的基本框架或模型，其中，包括"5W"模式中的五个要素、香农-韦弗模式中的一个要素、本模型特有的空间范围这一个要素。但是，在分析马克思主义国际话语权演进时，有时这七个方面中的某个要素或某些方面表现得不是很明显，本书对此不一定作单独的阐述，作一简单的说明即可。比如，共产主义者同盟时期的群众基础不牢等。

　　这里需要对传播与宣传作一辨析。本书主要运用传播学"5W"模式进行研究，但是在比较多的情况下使用了"宣传"这一概念。宣传是传播的一种形式，传播包含宣传，很多时候这两个概念可以交互使用。但是，它们又有区别。宣传主体比传播主体的主观性、目的性更强，宣传客体比传播客体的选择性更弱，也就是说宣传强调客体对宣传内容的接受，不强调选择性，而对于客体而言，传播内容可接受或不接受，选择空间较大，宣传多带有政治目的，传播还包括除此之外的广告、公关等活动。当主体的政治目的比较强、客体的选择性比较弱时，使用宣传比使用传播更为恰当。马克思主义话语主体传播马克思主义的目的性当然比较强，因此，我们比较多地用了宣传这一概念。总之，可以根据上下文语境使用这两个概念。

与此同时，还需要对上述提到的"国外非正统马克思主义"及其与"正统马克思主义"的关系做一说明。王雨辰教授在一篇论文中评析指出，南京大学张一兵教授主编的《当代国外马克思主义哲学思潮》把国外马克思主义研究划分为广义的和作为学科的国外马克思主义研究两部分内容，强调广义的国外马克思主义是国外马克思主义思潮的总称，但作为学科的国外马克思主义则不包括苏联教科书体系以及与教科书体系具有同质性的国外马克思主义理论，国外马克思主义研究的对象由此被归结为西方马克思主义、新马克思主义、后马克思主义、后马克思思潮、后现代马克思主义与晚期马克思主义、西方"马克思学"，实际上是把国外马克思主义研究对象归结为国外非正统的马克思主义思潮。① 本书认同这种划分。进一步地看，"把国外马克思主义研究对象归结为国外非正统的马克思主义思潮"，实际上是因为，正如上文指出的，正统的马克思主义包含正统的国外马克思主义和中国化马克思主义，而正统的国外马克思主义则包含"苏联教科书体系以及与教科书体系具有同质性的国外马克思主义理论"，本书在界定马克思主义国际话语权的"话语"时对这些内容直接作了阐述。因此，本书也把"国外非正统的马克思主义"直接称为"国外马克思主义"。王凤才教授等就21世纪世界马克思主义发展趋向指出，马克思主义在东欧剧变、苏联解体之后短暂沉寂，而后迅速复兴，21世纪以来，在世界范围内甚至出现了"马克思热"；还指出，21世纪国外马克思主义与21

---

① 参见王雨辰《我国国外马克思主义研究存在的问题与反思》，《广西师范大学学报》（哲学社会科学版）2020年第4期。

世纪中国化马克思主义一起构成了 21 世纪世界马克思主义基本格局，并出版了专著《多重视角中的马克思——21 世纪世界马克思主义发展趋向》（上、下卷），提供了研究 21 世纪世界马克思主义的最新成果。① 这一观点对看待 21 世纪马克思主义的发展极具创新和启示意义。毫无疑问，在当下对马克思主义进行研究时，需要放眼世界、多维系统地研究。

随着时代的变迁和国际局势的变化，相对于正统马克思主义而言，"非正统的马克思主义"是 20 世纪 20 年代以来以西方马克思主义为开端逐渐发展起来的。"国外非正统的马克思主义"对"正统的马克思主义"的发展也有一定的影响，因而与本书研究的"马克思主义国际话语权的演进"也存在一定的关联。基于这一情况，本书在分析 20 世纪 20 年代后"马克思主义国际话语权演进"时，也将"国外非正统的马克思主义"置于分析框架七个部分内容中第六部分即"外部影响"中，用马克思主义立场、观点和方法对一些最具代表性的观点进行分析（限于篇幅），探析其对"马克思主义国际话语权演进"的影响，包括积极的和消极的影响。

三　主要观点和创新

本书意图表达的主要观点有：第一，把马克思主义理解为一种话语有利于宣传马克思主义。从理论与话语的关系看，一方面理论就是话语，是话语的一种存在方式；另一方面话语涵盖理论，话语是理论的表述样式。而话语不仅包含以理论形态存在的思想话语、学术话语，还有被人们日常言说的生活话语。因此，如果尽可能地以生活话语的形式宣传以理论形态存在的马克思主义思想话语、学术话语，必然拓展理论掌握群众或理论拥有群众基础的实现路径。

第二，正义者同盟选择接受马克思恩格斯的思想具有开创性意义。正义者同盟时期马克思恩格斯公开发表的观点并非他们的全部思想，但是，已经显现了真理性的内在品格，正义者同盟领导人毅然表现出对这种思想的高度自信，就确定以这样的思想为指导，也才有了《共产党宣言》的发

---

① 参见王凤才等《多重视角中的马克思——21 世纪世界马克思主义发展趋向》上、下卷，中国社会科学出版社，2021。

表和马克思主义的正式诞生，也才有了马克思主义国际话语权的初步生成。

第三，马克思主义国际话语权有着内在的生成逻辑。无产阶级的归属性是前提条件，宗旨的利益性是动力源泉，理论的彻底性是内在规定，实践的坚定性是根本途径。马克思主义国际话语权的生成具有重要的现实启示。

第四，马克思主义国际话语权的提升或下降是判断马克思主义掌握群众程度高低及其国际影响力大小的重要指标。提升马克思主义国际话语权需要对工人群众进行有目的的宣传，而不是任由接受客体任意选择。在社会主义与资本主义"两制共存"的世界历史时代，宣传马克思主义更要与各种非马克思主义进行坚决的斗争。

第五，马克思主义国际话语权的演进是观察马克思主义诞生以来人类历史进程的重要视角。马克思主义国际话语权的演进即马克思主义国际话语权提升或下降变迁的过程。170多年来，无论遭遇多大的打击、坎坷和曲折，马克思主义总是屹立不倒，马克思主义国际话语权总是顽强地存在着，根本的原因就在于人们对马克思主义的话语自信，标志着人类社会仍然处于从资本主义向共产主义发展的大时代。

第六，马克思主义国际话语权的演进积累了丰富的基本经验。坚定马克思主义话语自信是提升马克思主义国际话语权的前提条件，推进马克思主义与时俱进是提升马克思主义国际话语权的根本要求，加强马克思主义政党建设是提升马克思主义国际话语权的重要保障，加强无产阶级政党的国际合作是提升马克思主义国际话语权的必然要求，加强马克思主义传播、宣传是提升马克思主义国际话语权的基本途径，科学对待不同的思潮和流派是提升马克思主义国际话语权的内在要求，推进世界历史性社会主义事业的发展是提升马克思主义国际话语权的硬实力基础。

本书创新之处有：第一，系统全面地考察了马克思主义国际话语权的演进历程。所谓系统性是指在对相关概念界定的基础上，遵循逻辑与历史相统一的原则，以国际共产主义运动进程中的重大事件（这些事件也是马克思主义国际话语权演进过程中的重大事件）——包括《共产党宣言》的发表，第一国际的成立与解散，第二国际的成立与解散，第三国际的成立与解散，东欧剧变、苏联解体以及重大的世界历史事件（这里主要指第

一、二次世界大战），对马克思主义国际话语权演进的历史进行分期，对不同时期马克思主义国际话语权的具体情况进行深入的分析，从而勾画出马克思主义国际话语权演进的总体图景。全面性体现为在把"正统的马克思主义"作为主要研究对象外，还对"国外非正统的马克思主义"的影响进行了考察。

第二，建构了马克思主义国际话语权的研究框架。交叉运用马克思主义理论学科、史学、传播学的方法，特别是综合运用传播学关于传播过程的"5W"模式和香农-韦弗模式建构了包括七个方面的、用于研究马克思主义国际话语权演进的模型。这七个方面是："话语"（相当于"5W"模式中的"讯息"）、"话语主体"（相当于"5W"模式中的"传播者"）、"群众基础"（相当于"5W"模式中的"受传者"）、"传播途径"（相当于"5W"模式中的"媒介"）、"空间范围"、"外部影响"（相当于香农-韦弗模式中的"干扰因素"）、"取得的成就"（相当于"5W"模式中的"效果"）。在考察、论证这些要素变化的基础上，综合判断马克思主义国际话语权的演进。

第三，对促进世界社会主义事业的发展具有现实启示作用。习近平总书记早就提出了"要加强国际传播能力建设，精心构建对外话语体系"①的要求，进而对构建具有中国特色中国风格中国气派的话语体系、提升中国特色社会主义的国际影响和中国特色社会主义国际话语权、强化"四个自信"、凝聚中国共识、传播中国声音、提高国家软实力、推动中华民族伟大复兴中国梦的实现进而促进世界社会主义事业的发展等都具有重要的现实启示作用。

---

① 《习近平谈治国理政》，外文出版社，2014，第 162 页。

第一章
马克思主义国际话语权的初步生成

——从马克思恩格斯的"两个转变"到《共产党宣言》发表

马克思恩格斯一开始都是唯心主义者和革命民主主义者，他们在进行深入的理论研究和积极的实践活动后，都完成了政治立场和世界观的"两个转变"，成为唯物主义者和共产主义者。"两个转变"基本完成后，他们既从不同的途径对新世界观进行理论探索，又由于共同的思想基础开始了共同的工作，并留下了流芳后世的传奇式友谊佳话，"他们的关系超过了古人关于人类友谊的一切最动人的传说"①。恩格斯后来回忆道："当我1844 年夏天在巴黎拜访马克思时，我们在一切理论领域中都显出意见完全一致，从此就开始了我们共同的工作。……于是我们就着手在各个极为不同的方面详细制定这种新形成的世界观了。"② 1848 年 2 月，《共产党宣言》的发表，标志着马克思主义的诞生。由于共产主义者同盟是一个国际性无产阶级政党，因此，作为其党纲的《共产党宣言》的发表标志着马克思主义国际话语权的初步生成。

一　马克思主义国际话语权初步生成的过程与标志

《共产党宣言》的发表是马克思主义诞生的标志。从"两个转变"到《共产党宣言》发表前，马克思恩格斯公开出版的著作和发表的文章中的观点还不能直接称为马克思主义思想，本书将其称为"体现科学社会主义实质的思想"，把从"两个转变"到《共产党宣言》发表期间的公开发表

---

① 《列宁全集》第 2 卷，人民出版社，2013，第 10 页。
② 《马克思恩格斯文集》第 4 卷，人民出版社，2009，第 232 页。

的观点称为"从'两个转变'到《共产党宣言》发表马克思恩格斯的思想"①，包括"体现科学社会主义实质的思想"和《共产党宣言》中的新思想。从"两个转变"到《共产党宣言》发表前"体现科学社会主义实质的思想"已经获得一定的话语权，《共产党宣言》发表后就称为马克思主义国际话语权。马克思主义国际话语权由"体现科学社会主义实质的思想"话语权发展而来，《共产党宣言》的发表是马克思主义国际话语权初步形成的标志。

（一）从"两个转变"到《共产党宣言》发表马克思恩格斯思想的主要内容

1. 从"两个转变"到《共产党宣言》发表前"体现科学社会主义实质的思想"的主要内容

首先作一说明，本部分阐述的马克思恩格斯的思想主要是这一时期其公开出版的著作和发表的文章中的思想。根本的原因是，马克思恩格斯从政治立场和世界观的"两个转变"到《共产党宣言》发表前的著作包括公开发表的部分和没有公开发表的部分，人们看到的只能是当时他们公开出版的著作和发表的文章中的观点，这两部分所呈现的政治立场和世界观是一致的，与马克思主义诞生后的精神实质也是一致的，公开出版的著作和发表的文章中的思想必然体现着其整体思想的基本特征和精神样貌，在公开出版的著作和发表的文章中其思想的真理性已经开始显露。由于马克思主义的诞生以《共产党宣言》的发表为标志，因此，只能将《共产党宣言》发表后的马克思恩格斯的思想称为马克思主义，而《共产党宣言》发表前的马克思恩格斯的思想还不能称为马克思主义。即使《共产党宣言》发表后，马克思主义这一概念的实际使用也经历了一个过程。马克思反对把他与恩格斯创立的理论称为马克思主义，因为这一提法只突出了他个人。在19世纪六七十年代，俄国无政府主义者巴枯宁等人从贬义上使用过"马克思主义"这一概念，直到1883年马克思去世后，才有人开始从褒义上使用马克思主义这一概念，恩格斯曾经用过"马克思的经济理论和历史

---

① 这一表述强调了"从'两个转变'到《共产党宣言》发表"的时间限制，表达的是这一时期马克思恩格斯的思想（马克思恩格斯思想）。如果没有这一时间限制，直接使用"马克思恩格斯的思想"或"马克思恩格斯思想"，则是指马克思恩格斯的全部思想。

理论"等提法,从 1886 年起他也用"马克思主义"这一概念,随后"马克思主义"被各国马克思主义者广泛采用。① 同时,直到 1873、1874 年,马克思恩格斯才将他们创立的理论称为科学社会主义。② 因此,把马克思恩格斯的思想称为马克思主义或科学社会主义,把《共产党宣言》的发表作为马克思恩格斯比较完整思想体系诞生的标志、马克思主义诞生的标志是学界的共识。由于马克思恩格斯都反对突出个人,由于从"两个转变"到《共产党宣言》发表前马克思恩格斯在宣传他们的思想时不可能直接称其为马克思恩格斯的思想,由于这一时期马克思恩格斯公开出版的著作和发表的文章中的观点与后来的马克思主义或科学社会主义有着本质的一致性,因此,本书将这一时期马克思恩格斯公开出版的著作和发表的文章中的观点称为"体现科学社会主义实质的思想"。这一时期人们对"体现科学社会主义实质的思想"的了解甚至一定程度的认同,使该思想也产生了一定的话语权,这对以《共产党宣言》发表为标志的马克思主义国际话语权的初步生成起到了奠基作用。

在马克思恩格斯"两个转变"后,马克思写的第一部著作是《1844 年经济学哲学手稿》,该手稿是马克思打算撰写的《政治经济学批判》一书的草稿。这一手稿当时没有发表,但是,马克思在该手稿中所构建的"以异化劳动学说批判为主体的经济批判、以共产主义思潮批判为主体的社会批判、对黑格尔的辩证法和整个哲学批判为主体的哲学批判"的分析框架,则成为此后马克思主义创始人理论创作的主体分析框架,尤其在"从'两个转变'基本完成到《共产党宣言》发表前"这一时期体现得更为明显。另外,在某一时段或某一著作中,马克思恩格斯对某一理论的批判同时包含着对其他理论的批判,即马克思主义创始人的经济批判、社会批判、哲学批判等从来不是孤立地进行的,在主要进行某一方面的批判时也进行着其他方面的批判。因此,本书这一部分就以马克思这篇著作提供的分析框架为基础,对这一时期马克思恩格斯在批判中公开出版的著作和发表的文章中提出的体现时代精神的新思想,对这一时期马克思恩格斯在批判中公开出版的著作和发表的文章中提出的马克思主义哲学、马克思主义政治经济学和科学社会主义三大主

---

① 参见高放《"马克思列宁主义"提法的来龙去脉》,《文史哲》2001 年第 3 期。
② 参见高放《关于马克思恩格斯首次提出"科学社会主义"的探索》,《科学社会主义》1994 年第 2 期。

体内容作一阐述。尽管学界比较一致地认为《1844 年经济学哲学手稿》提出了马克思主义的一些重要观点，但是，该手稿当时并未公开发表，人们当时并不了解其基本观点。当时的人们看到的、了解到的马克思恩格斯的观点，则来源于这一时期他们公开出版和发表的所有著作和文章，尤其是马克思恩格斯的合著《神圣家族》和马克思的《哲学的贫困》。只有公开出版的著作和发表的文章中的思想才能被公众知晓，下文将以这一时期公开出版的著作与发表的文章为分析蓝本，在需要对未公开出版和发表的著作与文章的思想作出阐释时，将作出特别说明。

（1）马克思恩格斯在对青年黑格尔派与费尔巴哈的哲学批判中阐述科学的实践唯物主义观点。19 世纪 40 年代，费尔巴哈唯物主义取代黑格尔唯心主义，"直截了当地使唯物主义重新登上王座"①。但是，费尔巴哈唯物主义只是一种脱离实践的直观唯物主义，马克思主义则在进一步批判费尔巴哈唯物主义基础上，提出了实践唯物主义这一革命性成果。在《1844 年经济学哲学手稿》中，马克思因提出"感性活动"已经实质性地超越了费尔巴哈，在《关于费尔巴哈的提纲》中马克思对"实践"进行了明确的阐述。由此我们可以看到马克思主义的实践观和唯物主义思想的重大发展。尽管当时人们并未了解到马克思的这些观点，但是，在这两篇未公开出版的著作和未公开发表的文章写作期间撰写的、公开发表的《神圣家族》也比较详细地阐述了实践唯物主义的观点，使公众对实践唯物主义的观点有了较大程度的了解。第一，提出"历史活动是群众的活动"②的观点。尽管在《1844 年经济学哲学手稿》中，马克思给予了费尔巴哈高度的评价，但马克思由于提出"感性活动"而实现了对费尔巴哈的实质性超越，如果说此时马克思对这种实质性的超越尚没有确切的把握的话，紧接着，马克思恩格斯合写的《神圣家族》则对他们与费尔巴哈的界限有了初步自觉。正因如此，后来人们才在"《关于费尔巴哈的提纲》中看到了马克思对自己与费尔巴哈界限的明确自觉，看到了马克思对费尔巴哈的直接批判，并看到了这种本质性的批判立场在《德意志意识形态》中的贯彻、发挥与发展，即看到了马克思把依据《1844 年经济学哲学手稿》的批判成果而

---

① 《马克思恩格斯文集》第 4 卷，人民出版社，2009，第 275 页。
② 《马克思恩格斯文集》第 1 卷，人民出版社，2009，第 287 页。

在《神圣家族》中对青年黑格尔派的批判，把对这种批判成果在《关于费尔巴哈的提纲》中的本质凝练，再度上升到对一般思辨哲学批判的高度"①。《神圣家族》是马克思恩格斯与由青年黑格尔派布·鲍威尔于 1843 年 12 月至 1844 年 10 月在沙洛顿堡主编发行的德文月刊《文学总汇报》上所反映出的思想的论战性著作。《文学总汇报》的纲领是："迄今为止历史上的一切伟大活动之所以从一开始就是不成功的和没有实际成效的，就是因为它们引起了群众的关怀和唤起了群众的热情。换句话说，这些活动之所以必然遭到非常悲惨的结局，是因为它们的主导思想是这样一种思想：它必须满足于肤浅的理解，因而也就必然指望博得群众的喝彩。"② 将"精神"和"群众"对立起来是《文学总汇报》所有文章的中心思想。在这一思想指导下，青年黑格尔派对一切群众运动、对一切赤贫现象和社会主义、对法国革命和英国工业都持一笔抹杀的蔑视态度。同时抹杀了一切工业文明的现代成就，抹杀了马克思极为重视的工业和商业以及人的实践活动，倒退至主观唯心主义和保守主义。③ 在《神圣家族》中马克思指出："历史的活动和思想就是'群众'的思想和活动。"④ "历史活动是群众的活动，随着历史活动的深入，必将是群众队伍的扩大。"⑤ 与此同时，马克思还阐述了群众的历史活动的动力问题，指出："'思想'一旦离开'利益'，就一定会使自己出丑。"⑥ 总之，马克思对"历史活动是群众的活动"这一唯物史观的基本观点作了比较多的阐述。可以看出，这些观点是马克思对《1844 年经济学哲学手稿》中提出的"感性活动"再度探索的新成果，反映出马克思对"感性活动"认识达到了新高度，为此后提出科学的实践观奠定了新基础。

第二，提出人民群众创造历史的观点。关于谁是历史的创造者的问题，英雄史观曾长期占据统治地位。黑格尔从他的思辨哲学出发，认为历

---

① 卜祥记：《"青年黑格尔派与马克思哲学革命"研究的回顾与展望》，《上海行政学院学报》2005 年第 1 期。

② 转引自黄学胜《〈神圣家族〉：马克思对"思辨唯心主义"的批判》，《天府新论》2010 年第 2 期。

③ 参见黄学胜《〈神圣家族〉：马克思对"思辨唯心主义"的批判》，《天府新论》2010 年第 2 期。

④ 《马克思恩格斯文集》第 1 卷，人民出版社，2009，第 286 页。

⑤ 《马克思恩格斯文集》第 1 卷，人民出版社，2009，第 287 页。

⑥ 《马克思恩格斯文集》第 1 卷，人民出版社，2009，第 286 页。

史是绝对精神演进形成的，历史是精神的历史，抑或说精神创造历史。青年黑格尔派的观点也是如此。"在他们眼里，群众属于实体、物质，是消极的，对历史没有推动作用；自我意识却是主动的，整个历史就是自我意识的主动精神的体现，而英雄人物就是'主动的精神'的代表。这样，群众就被他们逐出了历史的领域。"① 在《神圣家族》中，马克思指出："一方面是群众，他们是历史上的消极的、精神空虚的、非历史的、物质的因素；另一方面是精神、批判、布鲁诺先生及其伙伴，他们是积极的因素，一切历史行动都是由这种因素产生的。改造社会的事业被归结为批判的批判的大脑活动。"② 对此，马克思通过循序渐进的分析而针锋相对地指出："群众给历史规定了它的'任务'和它的'活动'。"③ 恩格斯也指出："批判的批判什么都没有创造，工人才创造一切，甚至就以他们的精神创造来说，也会使得整个批判感到羞愧。"④ 综上所述，尽管在《神圣家族》中，马克思恩格斯没有用直接的语言表述出人民群众创造历史这一观点，但是，其已经蕴含于上述表述之中了，这是不言而喻的。同时，与群众从事历史活动的动力一样，群众创造历史的动力也是实现自身的利益。

第三，初步提出无产阶级历史使命的观点。到 19 世纪 40 年代中期，在自 18 世纪中期以来工业革命的推动下，资本主义已经经历了 300 多年的发展，资本主义基本矛盾已经有了相当程度的显现，资本主义制度带来的深刻的社会问题有了相当程度的暴露，资本主义向何处去、人类社会向何处去这一重大的时代课题已经显明地摆到了人们的面前，众多的仁人志士对这一时代课题进行深入的研究，在这样的背景下，马克思恩格斯在他们的政治立场和世界观转变初期，在《神圣家族》这一他们的早期作品中，就直面这一重大的时代课题，并给出了自己的研究结论，揭示了无产阶级受剥削和压迫的历史地位，这种历史地位决定了他们的革命性，决定了他们推翻资本主义私有制的历史必然性和历史使命。马克思指出："由于在已经形成的无产阶级身上，一切属于人的东西实际上已完全被剥夺，甚至连属于人的东西的外

---

① 郑冬芳：《论〈神圣家族〉中的唯物史观萌芽》，《西安交通大学学报》（社会科学版）2008 年第 6 期。
② 《马克思恩格斯文集》第 1 卷，人民出版社，2009，第 293 页。
③ 《马克思恩格斯文集》第 1 卷，人民出版社，2009，第 285 页。
④ 《马克思恩格斯全集》第 2 卷，人民出版社，1957，第 22 页。

观也已被剥夺，由于在无产阶级的生活条件中集中表现了现代社会的一切生活条件所达到的非人性的顶点，由于在无产阶级身上人失去了自己，而同时不仅在理论上意识到了这种损失，而且还直接被无法再回避的、无法再掩饰的、绝对不可抗拒的贫困——必然性的这种实际表现——所逼迫而产生了对这种非人性的愤慨，所以无产阶级能够而且必须自己解放自己。但是，如果无产阶级不消灭它本身的生活条件，它就不能解放自己。如果它不消灭集中表现在它本身处境中的现代社会的一切非人性的生活条件，它就不能消灭它本身的生活条件。……它的目标和它的历史使命已经在它自己的生活状况和现代资产阶级社会的整个组织中明显地、无可更改地预示出来了。"① 这段话非常明确地告诉人们，无产阶级所处的"非人性的生活条件"是资本主义私有制，无产阶级只有消灭它才能解放自己。

这一时期发表的其他著作中的观点。恩格斯在《德法年鉴》上发表的《国民经济学批判大纲》中就指出，在资本主义私有制下，"在生产发展过程中必定会出现这样一个阶段，在这个阶段，生产力大大过剩，结果，广大人民群众无以为生，人们纯粹由于过剩而饿死。长期以来，英国就处于这种荒诞的状况中，处于这种极不合理的情况下"②。同样在《德法年鉴》上发表的另一篇文章《英国状况——评托马斯·卡莱尔的〈过去和现在〉》中提到英国发生过一个事件："我还可以补充一点，五个月以前，在利物浦绞死了一个博尔顿人贝蒂·埃克尔斯，她也是出于同样的动机（当时有些英国穷人为生活所迫，无力维生。——引者注）毒死了三个亲生的和两个非亲生的孩子。"③ 尽管这里列举的是一些具体现象，但是，毫无疑问，其根源是资本主义私有制，是资本主义私有制带来了这些人世间的罪恶。

深刻揭露资本主义私有制成为束缚人的桎梏。19 世纪上半期德国犹太人因信奉犹太教而受到将基督教作为国教的社会的排斥，缺乏应有的公民权利，从而引发了广受关注的犹太人问题。青年黑格尔派的主流观点将犹太人问题归结于宗教问题，认为犹太人受到的政治压迫来自其犹太教本身，要使犹太人获得政治解放必须取消犹太教，即政治解放的前提是宗教解放，不仅是犹太人，即使是基督教徒要真正获得政治解放也必须取消作

---

① 《马克思恩格斯文集》第 1 卷，人民出版社，2009，第 261~262 页。
② 《马克思恩格斯文集》第 1 卷，人民出版社，2009，第 77 页。
③ 《马克思恩格斯全集》第 3 卷，人民出版社，2002，第 501 页。

为国教的基督教。马克思不仅指出有些已经实现政治解放的北美国家仍然保留着宗教，而且深刻批判了这种浅薄的、只看表象而不能看到事物本质的观点，特别就此撰写《论犹太人问题》，指出犹太人是当时德国新兴资产阶级的代表，他们的人生目的就是赚钱，犹太人的本质是利己主义者，他们把金钱视为他们的神，由此形成了金钱至上的犹太精神。马克思指出："犹太教的世俗基础是什么呢？实际需要，自私自利。""犹太人的世俗礼拜是什么呢？经商牟利。他们的世俗的神是什么呢？金钱。""那好吧！从经商牟利和金钱中解放出来——因而从实际的、实在的犹太教中解放出来——就会是现代的自我解放了。"① 马克思指出："犹太人的社会解放就是社会从犹太精神中解放出来。"② 而犹太精神产生于市民社会的现实基础。上文指出，市民社会并非存在于一切历史时期，而是以市场经济为基础的社会，这主要就是指资本主义社会。因此，市民社会的现实基础就是资本主义生产方式，就是资本主义私有制。因此，"犹太人的社会解放就是社会从犹太精神中解放出来"，即犹太人从市民社会的现实基础中、从资本主义私有制中解放出来。进而看来，就是要推翻资本主义私有制，进行共产主义革命，建立共产主义新社会，实现人的解放，只有这样，犹太人才能得到真正的解放。无产阶级只有消灭资本主义私有制才能解放自己。

对以无产阶级为主体的社会革命进行热情的讴歌。马克思在其政治立场和世界观转变之初就深刻地认识到了科学理论的重大意义，在《〈黑格尔法哲学批判〉导言》中就提出他那句经典名言："批判的武器（革命的理论——引者注）当然不能代替武器的批判（革命的实践——引者注），物质力量只能用物质力量来摧毁；但是理论一经掌握群众，也会变成物质力量。理论只要说服人［ad hominem］，就能掌握群众；而理论只要彻底，就能说服人［ad hominem］。所谓彻底，就是抓住事物的根本。"③ "理论在一个国家实现的程度，总是取决于理论满足这个国家的需要的程度。"④ 这不仅说明理论要彻底，要能够被群众认识、理解和掌握，而且指出当时革命理论对于德国的重要性，这是德国社会变革的客观需要。无产阶级是在

---

① 《马克思恩格斯文集》第 1 卷，人民出版社，2009，第 49 页。
② 《马克思恩格斯文集》第 1 卷，人民出版社，2009，第 55 页。
③ 《马克思恩格斯文集》第 1 卷，人民出版社，2009，第 11 页。
④ 《马克思恩格斯文集》第 1 卷，人民出版社，2009，第 12 页。

资本主义机器大工业下产生的劳动者阶级，他们经济利益受剥削，政治权利被掠夺，要实现自身的解放，要成为社会的主人，必须有科学理论的指导，否则，将会陷入盲目、自发的境地。因此，马克思进一步指出："德国人的解放就是人的解放（实现共产主义——引者注）。这个解放的头脑是哲学，它的心脏是无产阶级。"① 有了科学理论的指导，具有革命性、先进性的无产阶级就会发展壮大起来，对此，马克思恩格斯充满了坚定的自信。恩格斯指出："只要把无产阶级巨大的童鞋同德国资产阶级极小的政治烂鞋比较一下，我们就能够预言德国的灰姑娘（无产阶级——引者注）将来必然长成一个大力士的体型。必须承认，德国无产阶级是欧洲无产阶级的理论家，正如同英国无产阶级是它的国民经济学家，法国无产阶级是它的政治家一样。"②

第四，阐述生产关系随着生产力的发展而改变的理论。在《神圣家族》中，马克思指出，批判的批判认为"历史的诞生地不是地上的粗糙的物质生产，而是天上的迷蒙的云兴雾聚之处"③。"对象作为为了人的存在，作为人的对象性存在，同时也就是人为了他人的定在，是他同他人的人的关系，是人同人的社会关系。"④ 马克思的这些阐述中提到的"物质生产""人同人的社会关系"等是唯物史观基本概念，但马克思并没有对其基本内涵和相互关系作深入的阐述。而在《哲学的贫困》中，马克思指出："人们按照自己的物质生产率建立相应的社会关系，正是这些人又按照自己的社会关系创造了相应的原理、观念和范畴。"⑤ 马克思还指出："社会关系和生产力密切相联。随着新生产力的获得，人们改变自己的生产方式，随着生产方式即谋生的方式的改变，人们也就会改变自己的一切社会关系。手推磨产生的是封建主的社会，蒸汽磨产生的是工业资本家的社会。"⑥ 同时，马克思还指出生产方式决定交换方式的基本原理："在原则上，没有产品的交换，只有参加生产的各种劳动的交换。产品的交换方式取决于生产力的交换方式。总的说来，产品的交换形式是和生产的形式相适应

---

① 《马克思恩格斯文集》第 1 卷，人民出版社，2009，第 18 页。
② 《马克思恩格斯全集》第 3 卷，人民出版社，2002，第 390 页。
③ 《马克思恩格斯文集》第 1 卷，人民出版社，2009，第 350~351 页。
④ 《马克思恩格斯文集》第 1 卷，人民出版社，2009，第 268 页。
⑤ 《马克思恩格斯选集》第 1 卷，人民出版社，2012，第 222 页。
⑥ 《马克思恩格斯文集》第 1 卷，人民出版社，2009，第 602 页。

的。生产形式一有变化，交换形式也就随之变化。因此在社会的历史中，我们就看到产品交换方式常常是由它的生产方式来调节。个人交换也和一定的生产方式相适应。"① 由此我们不仅看到马克思关于生产关系随着生产力的发展而改变的理论，还看到这一理论提出、发展、演变的过程。

第五，论述了封建社会和资本主义社会的阶级斗争。在《共产党宣言》中，马克思恩格斯曾提出一个著名的观点，即自有文字记载以来的全部历史都是阶级斗争的历史，阶级斗争是阶级社会发展的直接动力。马克思在《哲学的贫困》中为总结、概括这一结论作了前期思考。首先，马克思认为封建社会的解体是通过阶级斗争实现的。他指出："我们应当把资产阶级的历史分为两个阶段：第一是资产阶级在封建主义和专制君主制的统治下形成为阶级；第二是形成阶级之后，推翻封建主义和君主制度，把社会改造成资产阶级社会。第一个阶段历时最长，花的力量也最多。资产阶级也是从组织反对封建主的局部性同盟开始进行斗争的。"② 其次，在无产阶级产生后，必然发生与资产阶级的斗争。马克思指出："经济条件首先把大批的居民变成劳动者。资本的统治为这批人创造了同等的地位和共同的利害关系。所以，这批人对资本说来已经形成一个阶级，但还不是自为的阶级。在斗争（我们仅仅谈到它的某些阶段）中，这批人联合起来，形成一个自为的阶级。他们所维护的利益变成阶级的利益。而阶级同阶级的斗争就是政治斗争。"③ 总之，马克思已经公开提出无产阶级要实现自身的解放，要建立共产主义新社会，根本的途径是进行无产阶级推翻剥削阶级的斗争。

（2）马克思恩格斯在批判非科学社会主义思潮中提出一些共产主义的观点。第一，批判青年黑格尔派的"世俗社会主义"的观点。青年黑格尔派"从唯心主义立场出发，把自我意识视为万物的本原，认为决定社会发展的是人的自我意识，因而工人只要在观念中获得了解放，他们也就获得了真正的解放。在他们看来，现实社会中资本家对工人的压迫、剥削等一切祸害都只在工人们的'思维'中。因此，他们教导工人们说，只要他们在思想中消除了雇佣劳动的想法，只要他们在思想上不再认为自己是雇佣

---

① 《马克思恩格斯全集》第 4 卷，人民出版社，1958，第 117 页。
② 《马克思恩格斯文集》第 1 卷，人民出版社，2009，第 654 页。
③ 《马克思恩格斯文集》第 1 卷，人民出版社，2009，第 654 页。

工人，并且按照这种极其丰富的想象，不再为他们个人而索取报酬，那么他们在现实中就不再是雇佣工人了"①。青年黑格尔派的这种观点，马克思批判地称其为"世俗社会主义"②。他认为社会主义的实现需要有"具体的、物质的条件"，需要进行社会的"变革"，需要有"群众"的积极参与，是一种通过社会变革和群众参与实现的"理想"等。

第二，在批判蒲鲁东的小资产阶级社会主义中阐述"社会主义由空想到科学的发展过程"、未来社会是一个"消除阶级和阶级对立的联合体"的观点。在《哲学的贫困》中，马克思指出："随着历史的演进以及无产阶级斗争的日益明显，他们（作为无产阶级的理论家的'社会主义者和共产主义者'。——引者注）就不再需要在自己头脑里找寻科学了；他们只要注意眼前发生的事情，并且把这些事情表达出来就行了。当他们还在探寻科学和只是创立体系的时候，当他们的斗争才开始的时候，他们认为贫困不过是贫困，他们看不出它能够推翻旧社会的革命的破坏的一面。但是一旦看到这一面，这个由历史运动产生并且充分自觉地参与历史运动的科学就不再是空论，而是革命的科学了。"③ 同时，在《哲学的贫困》中还提出未来社会是一个"消除阶级和阶级对立的联合体"。马克思指出："劳动阶级在发展进程中将创造一个消除阶级和阶级对抗的联合体来代替旧的市民社会；从此再不会有原来意义的政权了。因为政权正是市民社会内部阶级对抗的正式表现。"④ 在这里把未来社会称为"消除阶级和阶级对立的联合体"，到《共产党宣言》中马克思这样描绘未来社会："代替那存在着阶级和阶级对立的资产阶级旧社会的，将是这样一个联合体，在那里，每个人的自由发展是一切人的自由发展的条件。"⑤

第三，揭示无产阶级的共产主义事业有着远大的前途。马克思恩格斯原来都不是共产主义者，但是，在"两个转变"基本完成后，他们就以其刚刚开始形成的理论作为基础，作出科学的预言，即共产主义必然会不断发展壮大。1845 年 2 月，恩格斯《在爱北斐特的演说》中就指出："总有

---

① 刘化军：《〈神圣家族〉中的科学社会主义思想》，《学术探索》2013 年第 6 期。
② 《马克思恩格斯文集》第 1 卷，人民出版社，2009，第 297 页。
③ 《马克思恩格斯文集》第 1 卷，人民出版社，2009，第 616 页。
④ 《马克思恩格斯文集》第 1 卷，人民出版社，2009，第 655 页。
⑤ 《马克思恩格斯文集》第 2 卷，人民出版社，2009，第 53 页。

一天无产阶级的力量会强大起来，觉悟会提高起来，他们再也不愿载负着一直压在他们肩上的整个社会大厦的重担，他们会要求更公平地分配社会的负担和权利。那时，如果人的本性还不改变的话，社会革命就不可避免了。""所有这些事实都证实了这个结论：即将到来的社会革命将以共产主义原则的实现而告终；别的可能性是不会有的。"① 恩格斯在《英国状况——评托马斯·卡莱尔的〈过去和现在〉》中根据英国的状况分析指出："尽管社会主义者现在还比较弱小，但他们是英国惟一有前途的党派。民主主义、宪章运动很快就会被接受，那时英国工人群众就只有在饿死和社会主义二者之间进行选择。"② 总体来说，在马克思主义形成过程中，在科学社会主义不断被论证和确立的过程中，马克思恩格斯就依据其已经取得的研究成果，对以无产阶级为主体的社会革命进行了热情的讴歌。

（3）马克思恩格斯在批判蒲鲁东政治经济学观点的过程中阐述自己的观点。这主要体现于马克思撰写的《哲学的贫困》中。马克思曾指出："我们见解中有决定意义的论点，在我的 1847 年出版的为反对蒲鲁东而写的著作《哲学的贫困》中第一次作了科学的、虽然只是论战性的概述。"③ 恩格斯指出："卡尔·马克思的《哲学的贫困》是在 1847 年，即在蒲鲁东的《经济矛盾》（副标题为《贫困的哲学》）一书出版后不久问世的。我们决定重新发表《哲学的贫困》（初版已售完），是因为该书包含了经过 20 年的研究之后，在《资本论》中阐发的理论的萌芽。所以，阅读《哲学的贫困》以及马克思和恩格斯于 1848 年发表的《共产党宣言》。"④ 还说过："本书（《哲学的贫困》——引者注）是 1846 年到 1847 年那个冬天写成的，那时候，马克思自己已经弄清了他的新的历史观和经济观的基本特点。"⑤《哲学的贫困》批判了蒲鲁东政治经济学的错误观点，阐述了马克思主义政治经济学的基本概念和基本原理，北京大学赵家祥教授、顾海良教授对此作了详细的解读，仔细分析了这本著作对蒲鲁东关于交换价值起源、分工、货币起源、价值构成、所有权等错误观点的批判，指出了马克

---

① 《马克思恩格斯全集》第 2 卷，人民出版社，1957，第 618~619、625 页。
② 《马克思恩格斯全集》第 3 卷，人民出版社，2002，第 524 页。
③ 《马克思恩格斯文集》第 2 卷，人民出版社，2009，第 593 页。
④ 《马克思恩格斯全集》第 25 卷，人民出版社，2001，第 425 页。
⑤ 《马克思恩格斯文集》第 4 卷，人民出版社，2009，第 199 页。

思的主要观点。① 笔者在此对马克思的劳动价值论、剩余价值论和所有权观点作一阐述。第一，劳动价值论。资产阶级古典政治经济学就提出了劳动创造价值的理论，马克思接受这一理论后进一步发展了这一理论，并创立了劳动二重性学说。但是，《哲学的贫困》中反映出马克思对劳动价值论的接受和初步的阐述。马克思指出："李嘉图把现社会当做出发点，给我们指出这个社会怎样构成价值；蒲鲁东先生却把构成价值当做出发点，用它来构成一个新的社会世界。……李嘉图的价值论是对现代经济生活的科学解释；而蒲鲁东先生的价值论却是对李嘉图理论的乌托邦式的解释。李嘉图从一切经济关系中得出他的公式，并用来解释一切现象……证明他的公式的真实性；这就使他的理论成为科学的体系。蒲鲁东先生只是完全凭任意的假设再度发现了李嘉图的这个公式，后来就不得不找出一些孤立的经济事实，加以歪曲和捏造，以便作为例证，作为实际应用的现成例子，作为实现他那新生观念的开端。"② 可以看出，马克思从客观的现实出发论证了李嘉图劳动价值论的科学性，表明他已经站到了劳动价值论的立场上，分析了蒲鲁东从主观想象出发导致其价值构成论错误的根源。

第二，剩余价值论。马克思深刻揭示了剩余价值的本质与起源，从而创立了科学的剩余价值理论，但这经历了一个比较长的探索过程。19 世纪 40 年代初期，马克思刚刚开始研究政治经济学时，还只是从异化劳动的角度来说明剩余价值，唯物史观的创立为《哲学的贫困》的写作奠定了基础，使马克思对剩余价值的认识有了新的科学的发展。在《哲学的贫困》中马克思指出："普遍提高工资就会使利润普遍降低，而商品的市场价格却不会有任何变化。"③ 这是因为"利润和工资的提高或降低只是表示资本家和工人分享一个工作日的产品的比例，在大多数情况下不会影响产品的价格"④。这实际上已经揭示出利润的秘密，也一定程度上说明了剩余价值的来源，但还没能把劳动与劳动力区分开来，更没有揭示出劳动二重性。

---

① 参见赵家祥《〈哲学的贫困〉在马克思主义发展史上的地位》，《中国延安干部学院学报》 2016 年第 5 期；顾海良《马克思政治经济学有决定意义论点的第一次科学概述——马克思〈哲学的贫困〉读解》，《马克思主义理论学科研究》2017 年第 1 期。

② 《马克思恩格斯全集》第 4 卷，人民出版社，1958，第 93 页。

③ 《马克思恩格斯文集》第 1 卷，人民出版社，2009，第 649 页。

④ 《马克思恩格斯文集》第 1 卷，人民出版社，2009，第 650 页。

后来,《资本论》深刻揭示了资本主义剥削的全部秘密,标志着剩余价值理论的真正创立,剩余价值理论成为马克思的第二个伟大发现。

第三,关于所有权的观点。蒲鲁东不了解所有权的经济根源,他从心理上和道德上寻找所有权的根源。对此,马克思予以严厉批判。他指出:"这样,蒲鲁东先生就是承认自己在了解租和所有权产生的经济原因上是无能的。他承认这种无能使他不得不求助于心理上和道德上的考虑;这些考虑的确同财富生产没有多少关联,但是同他那狭隘的历史眼光却大有关系。蒲鲁东先生断言,所有权的起源包含有某种神秘的和玄妙的因素。但是,硬使所有权的起源神秘化也就是使生产本身和生产工具的分配之间的关系神秘化。"①

以上探讨的是从"两个转变"基本完成到《共产党宣言》发表前,马克思恩格斯公开出版的著作和发表的文章中的思想。总体看来,尽管标志历史唯物主义诞生的《德意志意识形态》这时没有公开出版,但是,这时他们的唯物史观已经确立了,从这时起他们公开出版的著作和发表的文章中观点的理论基础就是这一新世界观和基本的政治立场。这些公开出版的著作和发表的文章中的新思想已经显示了无与伦比的创新性、科学性和革命性。

2.《共产党宣言》中的新思想

《共产党宣言》内容丰富,博大精深,这里难以详细、全面地解读,只能对其主要观点作一概述。

(1)对唯物史观基本观点的直接阐述。第一,对生产力和生产关系、经济基础与上层建筑基本原理的直接阐述。首先,在运用与坚持生产力与生产关系相互关系的原理中深刻阐述这一基本原理。这一原理上文已做过一定的分析,马克思恩格斯在公开发表的《神圣家族》《哲学的贫困》中已有一定的阐述,并提出"手推磨产生的是封建主的社会,蒸汽磨产生的是工业资本家的社会"② 这一经典名言。《共产党宣言》则是对这一基本原理的进一步运用和说明,并且阐述得更加明确。《共产党宣言》指出,资本主义生产关系孕育于封建社会,并促进了生产力的发展,当生产力发展

① 《马克思恩格斯文集》第 1 卷,人民出版社,2009,第 639 页。
② 《马克思恩格斯文集》第 1 卷,人民出版社,2009,第 602 页。

到一定程度的时候，"一句话，封建的所有制关系，就不再适应已经发展的生产力了。这种关系已经在阻碍生产而不是促进生产了。它变成了束缚生产的桎梏。它必须被炸毁，它已经被炸毁了"①，封建社会解体的表现之一就是封建生产关系解体了，根本原因在于其生产关系不再适应生产力的发展了。而当资本主义生产关系促进生产力发展到一定程度的时候，"现在，我们眼前又进行着类似的运动。资产阶级的生产关系和交换关系，资产阶级的所有制关系，这个曾经仿佛用法术创造了如此庞大的生产资料和交换手段的现代资产阶级社会，现在像一个魔法师一样不能再支配自己用法术呼唤出来的魔鬼了。……资产阶级的关系已经太狭窄了，再容纳不了它本身所造成的财富了。""资产阶级用来推翻封建制度的武器，现在却对准资产阶级自己了。""资产阶级不仅锻造了置自身于死地的武器；它还产生了将要运用这种武器的人——现代的工人，即无产者。"② 也就是说，资本主义生产关系最终必然会与生产力发生矛盾而导致社会解体，在资本主义社会中孕育和成长起来的无产阶级，成为资本主义的掘墓人。由此可见，这里既用生产力与生产关系的基本原理分析社会形态更替的根本原因，又典型地表达了生产力与生产关系相互作用的原理。其次，在运用与坚持经济基础与上层建筑相互作用的原理中深刻阐述这一基本原理。在《共产党宣言》中，马克思恩格斯指出，旧时代的经济基础与上层建筑通过阶级斗争被推翻后，必然是由新的经济基础和上层建筑所代替，封建社会代替奴隶社会，资本主义社会代替封建社会，最终共产主义社会代替资本主义社会。《共产党宣言》指出："自由民和奴隶、贵族和平民、领主和农奴、行会师傅和帮工，一句话，压迫者和被压迫者，始终处于相互对立的地位，进行不断的、有时隐蔽有时公开的斗争，而每一次斗争的结局都是整个社会受到革命改造或者斗争的各阶级同归于尽。"③ 这段话是《共产党宣言》第一章第一句话也是第一小段"至今一切社会的历史都是阶级斗争的历史"下第二小段完整的内容，指出了到马克思恩格斯所处的时代，西欧社会存在过或存在着的不同阶级社会形态中的基本阶级矛盾和阶级斗争。社会形态是由经济基础与上层建筑构成的统一体，生产关系是社会形

---

① 《马克思恩格斯文集》第 2 卷，人民出版社，2009，第 36 页。
② 《马克思恩格斯文集》第 2 卷，人民出版社，2009，第 37、38 页。
③ 《马克思恩格斯文集》第 2 卷，人民出版社，2009，第 31 页。

态的经济基础，经济基础决定上层建筑。在阶级社会中，阶级关系是生产关系的主要内容，阶级斗争决定着阶级关系、生产关系、社会形态的变化与更替。因此，"每一次斗争的结局都是整个社会受到革命改造或者斗争的各阶级同归于尽"从表象上看讲的是阶级斗争及其结果，深入地看讲的则是经济基础与上层建筑的矛盾运动而导致的社会形态的更替，阐述的就是经济基础与上层建筑相互关系的原理。第二，对阶级斗争理论的坚持与运用并深刻阐述了这一理论。马克思曾指出："至于讲到我，无论是发现现代社会中有阶级存在或发现各阶级间的斗争，都不是我的功劳。在我以前很久，资产阶级历史编纂学家就已经叙述过阶级斗争的历史发展，资产阶级经济学家也已经对各个阶级作过经济上的分析。我所加上的新内容就是证明了下列几点：（1）阶级的存在仅仅同生产发展的一定历史阶段相联系；（2）阶级斗争必然导致无产阶级专政；（3）这个专政不过是达到消灭一切阶级和进入无阶级社会的过渡。"① 由此可见，尽管阶级斗争理论并非马克思的原创，但是，正是经过马克思的丰富和发展，阶级斗争理论上升到了一个新高度，成为唯物史观中的一个重要观点。首先，阶级社会的历史都是阶级斗争的历史。《共产党宣言》开篇就指出："至今一切社会的历史都是阶级斗争的历史。"② 后来恩格斯注解道："这是指有文字记载的全部历史。……随着这种原始公社的解体，社会开始分裂为各个独特的、终于彼此对立的阶级。"③ 这就是说，除原始社会外，到目前为止的社会历史都是阶级斗争的历史。其次，阶级斗争是阶级社会发展的直接动力。正如上文引用的"指出了不同阶级社会形态中的基本阶级矛盾"的那一段话所说，在奴隶社会、封建社会、资本主义社会阶级的对立和斗争中，作为旧的生产方式代表的两个相互对立的阶级，同时被代表新的生产方式的两个对立阶级所替代。阶级斗争的结局，推动了社会历史前进。最后，各个历史时代的阶级对立和阶级斗争各有特点。在奴隶社会，奴隶反抗奴隶主的斗争采取怠工、暴动等方法；封建社会的农奴反抗封建领主的斗争采取抗粮、逃跑、起义等方法；在资本主义社会，无产阶级反对资产阶级的斗争已发展为采取罢工、组织自己的政党、实行暴力革命等方法，通过阶级斗

---

① 《马克思恩格斯文集》第 10 卷，人民出版社，2009，第 106 页。
② 《马克思恩格斯文集》第 2 卷，人民出版社，2009，第 31 页。
③ 《马克思恩格斯文集》第 2 卷，人民出版社，2009，第 31 页。

争推翻资本主义制度，建立无产阶级专政。《共产党宣言》还提出了一个著名论断：“一切阶级斗争都是政治斗争。”① 第三，对人民群众创造历史理论的运用与坚持并深刻阐述了这一理论。同样，这一理论在《神圣家族》中也已有一定的阐述，上文已作了一定的分析，《共产党宣言》是对这一理论的进一步发展。人民一词在不同时期有着不同的规定。人民不是单一个人，而是一个结合体，常与群众相结合形成“人民群众”的概念。但是，群众这个词古已有之，在唯心史观视野中意指举止粗鄙、地位低下之人，多带有贬义。唯物史观使群众获得了伟大的品格，赢得了应有的尊重。马克思恩格斯认为，人民群众是历史的创造者，这一观点在《共产党宣言》中具体体现为无产阶级是推翻资本主义建立共产主义的主体力量。《共产党宣言》中阐述无产阶级的第一句话就指出：“资产阶级不仅锻造了置自身于死地的武器；它还产生了将要运用这种武器的人——现代的工人，即无产者。”② 接着指出：“随着资产阶级即资本的发展，无产阶级即现代工人阶级也在同一程度上得到发展；现代的工人只有当他们找到工作的时候才能生存，而且只有当他们的劳动增殖资本的时候才能找到工作。这些不得不把自己零星出卖的工人，像其他任何货物一样，也是一种商品，所以他们同样地受到竞争的一切变化、市场的一切波动的影响。”③ 这段话指出了无产阶级的两个重要特点：一是无产阶级是一个具有革命性的阶级，他们受剥削和压迫，给资本家创造剩余价值，为了创造更多的剩余价值，他们经受着越来越深刻和巧妙的剥削和压迫，只有通过革命推翻资本主义旧社会建立共产主义新社会才能获得自身的解放。《共产党宣言》特别指出：“在当前同资产阶级对立的一切阶级中，只有无产阶级是真正革命的阶级。”④ “无产阶级，现今社会的最下层，如果不炸毁构成官方社会的整个上层，就不能抬起头来，挺起胸来。”⑤ 二是工人阶级是一个具有先进性的阶级，作为现代工人阶级即从事机器大生产的阶级，是先进生产力和先进生产关系的代表，拥有着推翻资本主义旧社会建立共产主义新社

① 《马克思恩格斯文集》第 2 卷，人民出版社，2009，第 40 页。
② 《马克思恩格斯文集》第 2 卷，人民出版社，2009，第 38 页。
③ 《马克思恩格斯文集》第 2 卷，人民出版社，2009，第 38 页。
④ 《马克思恩格斯文集》第 2 卷，人民出版社，2009，第 41 页。
⑤ 《马克思恩格斯文集》第 2 卷，人民出版社，2009，第 42 页。

会的特质。拥有这两个特点的无产阶级就成为资本主义的掘墓人和共产主义的建设者，成为历史的创造者，推动着历史的前进。

（2）对科学社会主义观点的阐述。第一，指出实现共产主义是世界历史性事业。这一思想首先在《德意志意识形态》中提出并得到了比较全面的阐述，《共产党宣言》用简洁的语言对这一思想作了最新公开的阐述。当时人们只能通过《共产党宣言》了解这一思想。《共产党宣言》中反映这一思想的最典型的两句话是"工人没有祖国""全世界无产者，联合起来！"[①] 首先，《共产党宣言》非常明确地指出资本主义具有世界历史性，是世界历史性资本主义："资产阶级日甚一日地消灭生产资料、财产和人口的分散状态。它使人口密集起来，使生产资料集中起来，使财产聚集在少数人的手里。由此必然产生的结果就是政治的集中。各自独立的、几乎只有同盟关系的、各有不同利益、不同法律、不同政府、不同关税的各个地区，现在已经结合为一个拥有统一的政府、统一的法律、统一的民族阶级利益和统一的关税的统一的民族。"[②] 其次，"工人没有祖国"既是一种讽刺的说明，又表明了共产主义的世界历史性，是世界历史性共产主义。资本主义时代资产阶级代表和维护的只是自身的利益，这样的统治阶级及其占统治地位的国家并不代表工人阶级的利益，所以工人没有祖国，即在资本主义世界历史时代没有代表工人利益的祖国。工人阶级只有建立自己的统治才能有代表工人利益的祖国。因此，《共产党宣言》发出"全世界无产者，联合起来！"这一响彻时代的呼声。这一呼声的目标是使全世界工人阶级生存于其中的不同的资本主义国家都发生共产主义革命，实现共产主义，建立代表和维护工人阶级利益的祖国。共产主义绝不是某一民族、国家或少数民族、国家的事业，而是一项全世界无产阶级的共同事业，是一项世界历史性事业。《共产党宣言》还指出："现代的工业劳动，现代的资本压迫，无论在英国或法国，无论在美国或德国，都是一样的，都使无产者失去了任何民族性。"[③] 最后，需要指出的是，马克思主义并不反对各民族自身的共产主义革命。《共产党宣言》指出："如果不就内容而就形式来说，无产阶级反对资产阶级的斗争首先是一国范围内的斗争。每

---

① 《马克思恩格斯文集》第 2 卷，人民出版社，2009，第 50、66 页。
② 《马克思恩格斯文集》第 2 卷，人民出版社，2009，第 36 页。
③ 《马克思恩格斯文集》第 2 卷，人民出版社，2009，第 42 页。

一个国家的无产阶级当然首先应该打倒本国的资产阶级。"① 共产主义革命首先是在不同国家发生，然后汇聚成具有国际主义性质的革命。实际上，哪怕就是作为世界历史性社会主义事业的共产主义社会建设，表现出作为共产主义的国际性、一般性的特征，也仍然存在着不同民族、国家的特殊性。世界历史性社会主义是国际性与民族性的统一。第二，共产主义革命是要实行两个"最彻底的决裂"。《共产党宣言》指出："共产主义革命就是同传统的所有制关系实行最彻底的决裂；毫不奇怪，它在自己的发展进程中要同传统的观念实行最彻底的决裂。"② 首先，共产主义革命要建立公有制的经济基础。《共产党宣言》指出："共产党人可以把自己的理论概括为一句话：消灭私有制"③。其次，共产主义革命要建立共产主义上层建筑。上层建筑包括政治和思想两个方面，思想上层建筑根植于人们的思想之中，思想具有相对的稳定性，人们一旦形成某种思想是很难改变的，或者说人的思想的改变是很困难的，无论是推翻旧的还是建立新的思想上层建筑，从某种程度上讲，比推翻旧的和建立新的政治上层建筑更加困难。但是，经济基础一旦变革，毫无疑问与之对应的上层建筑都需要进行变革，这就存在着很大的艰巨性。最后，所谓彻底，就是根本，所谓"最彻底"是对彻底或根本的强调，是指共产主义新社会与资本主义旧社会相比，有着完全不同的经济基础和上层建筑，是一种全新的社会形态。

（3）对剩余价值论的阐述。《共产党宣言》有比较典型的一段话阐述了这方面的内容："雇佣劳动的平均价格是最低限度的工资，即工人为维持其工人的生活所必需的生活资料的数额。因此，雇佣工人靠自己的劳动所占有的东西，只够勉强维持他的生命的再生产。"④ 与上文分析的《哲学的贫困》中的观点相比较，在《共产党宣言》中马克思恩格斯已经认识到：首先，工资是由雇佣劳动创造的；其次，工资是"工人为维持其工人的生活所必需的生活资料的数额"。毫无疑问，这是对剩余价值来源及其本质认识的重大发展。或者说，这段话已经接近真实地揭示了工人工资的本质，即工人所必需的生活资料的价值，也指出了工人的工资是工人自己

---

① 《马克思恩格斯文集》第 2 卷，人民出版社，2009，第 43 页。
② 《马克思恩格斯文集》第 2 卷，人民出版社，2009，第 52 页。
③ 《马克思恩格斯文集》第 2 卷，人民出版社，2009，第 45 页。
④ 《马克思恩格斯文集》第 2 卷，人民出版社，2009，第 46 页。

劳动创造的，只是还没有认识到劳动与劳动力的区别，还没有用劳动力的价值或价格来表述工人的工资。当然，从 19 世纪 50 年代开始，马克思的主要工作就是进行政治经济学的研究，对剩余价值的来源和本质的揭示成为这一时期其最主要的工作，《资本论》最终揭示了剩余价值的所有秘密，创立了科学的剩余价值理论，这在上文已作分析。而《共产党宣言》中对剩余价值来源及其本质的认识也深深地启发、教育了工人，对工人阶级认识资本主义、资本家的本质，启示他们发挥资本主义掘墓人的作用意义重大。

（4）对马克思主义政党建设理论的奠定。《共产党宣言》作为世界上第一个国际性马克思主义政党的纲领，毫无疑问包含着党的建设理论。第一，明确指出共产党的性质、特点和纲领。首先，共产党的性质。《共产党宣言》指出："共产党人不是同其他工人政党相对立的特殊政党"，"他们没有任何同整个无产阶级的利益不同的利益"。① 这说明了共产党是无产阶级政党，代表着无产阶级的利益，结合这两句话与下文阐述的共产党人在实践上的坚定性和理论上的先进性可以进一步看出，共产党是无产阶级的先锋队。其次，共产党的特点。《共产党宣言》指出："因此，在实践方面，共产党人是各国工人政党中最坚决的、始终起推动作用的部分；在理论方面，他们胜过其余无产阶级群众的地方在于他们了解无产阶级运动的条件、进程和一般结果。"② 这说明共产党人在实践上具有坚定性，在理论上"了解无产阶级运动的条件、进程和一般结果"，说明共产党人掌握着科学的马克思主义理论，了解人类社会发展规律，具有先进性，说到底共产党人具有实践上的坚定性和理论上的先进性。最后，共产党的纲领。《共产党宣言》指出："共产党人的最近目的是和其他一切无产阶级政党的最近目的一样的：使无产阶级形成为阶级，推翻资产阶级的统治，由无产阶级夺取政权。"③ 这句话说明的是共产党人的最低纲领或基本纲领是"夺取政权"，共产党的最高纲领是实现共产主义，《共产党宣言》指出："共产主义的特征并不是要废除一般的所有制，而是要废除资产阶级的所有制。"④ 共产党是最高纲领与最低纲领的统一论者。第二，指出了共产党的

① 《马克思恩格斯文集》第 2 卷，人民出版社，2009，第 44 页。
② 《马克思恩格斯文集》第 2 卷，人民出版社，2009，第 44 页。
③ 《马克思恩格斯文集》第 2 卷，人民出版社，2009，第 44 页。
④ 《马克思恩格斯文集》第 2 卷，人民出版社，2009，第 45 页。

宗旨。《共产党宣言》指出："过去的一切运动都是少数人的，或者为少数人谋利益的运动。无产阶级的运动是绝大多数人的，为绝大多数人谋利益的独立的运动。"① 党的宗旨即党存在和发展的目的与意图。"无产阶级政党所代表的绝大多数人就是广大的人民群众。历史唯物主义告诉我们，人民群众是社会历史的主体，是历史的创造者，是以劳动人民为主干的、在人口中占多数的、对社会历史发展起推动作用的社会力量，是一个具有相对性的历史范畴。在不同的历史条件下，人民群众包括着不同的阶级、阶层和社会集团。无产阶级政党所代表的绝大多数人实际上就是一定历史时期的人民群众。无产阶级政党只有代表这些绝大多数的、人民群众的利益，才能完成推翻资本主义旧社会，建立共产主义新社会，实现全人类解放的历史使命。因而，无产阶级政党存在着为绝大多数人谋利益的必要性。"② 第三，提出了共产党的策略。在马克思所处的时代，历史已转变为世界历史，即历史转变为世界上不同民族、国家相互联系与交往的，对应于缺乏世界性联系与交往的地域性历史而言的世界历史。马克思在论证唯物史观的过程中提出了其世界历史理论，在《德意志意识形态》中有过比较多的论述。而在《共产党宣言》中，马克思恩格斯不仅进一步阐述了世界历史理论，而且运用其方法论分析问题。共产党的策略就是以此为前提进行阐述的。首先，各国的不同的共产党组织应该保持联系与交往。尽管当时还没有建立民族国家内的共产党，但是，共产主义者同盟是一个国际性的马克思主义政党，它分布在不同国家内的支部相当于建立在这些国家的共产党，这些支部之间或共产党之间应该保持国际性的联系与交往。因属于共产主义者同盟，各支部具有相互联系与交往的内在规定性，"全世界无产者，联合起来！"这一以世界历史为前提的要求，也规定了不同民族、国家共产党之间相互联系与交往。其次，共产党与世界上其他性质的政党也应进行党际交往。这一观点，此前马克思恩格斯已有所论及，上文也做了一定的分析，指出马克思恩格斯在批判属于小资产阶级社会主义的"真正的社会主义"中提出无产阶级在必要的时候可以支持资产阶级民主革命的观点，实质上这是马克思恩格斯关于无产阶级政党的一个观点。

① 《马克思恩格斯文集》第 2 卷，人民出版社，2009，第 42 页。
② 张爱武：《"为绝大多数人谋利益"论析——对马克思恩格斯关于无产阶级政党宗旨思想的解读》，《学术论坛》2014 年第 8 期。

《共产党宣言》第四章"共产党人对各种反对党派的态度"不仅提到了法国的"社会主义民主党"、瑞士的"激进派"、波兰的"发动过 1846 年克拉科夫起义的政党"等，还提到共产党应该与这些政党之间保持联系与交往，更指出在一定的情况下，共产党可以而且应该与这些政党合作，甚至帮助这些政党实现一定的目的。这些策略原则对于共产党的发展和壮大具有重要意义。第四，为了保持理论上的先进性，无产阶级政党必须对各种非科学社会主义流派与思潮进行深刻的批判。《共产党宣言》第三章"社会主义的和共产主义的文献"，对当时的一系列非科学社会主义流派与思潮进行了深刻的批判。共产主义者同盟的前身正义者同盟就深受布朗基主义、魏特林主义、"真正的社会主义"、蒲鲁东主义和其他各种形式的空想社会主义影响，这些思想给同盟的发展带来了错误的指导，也正因为这样，正义者同盟的领导人才邀请马克思恩格斯加入同盟，帮助同盟进行改组，并成功地将之改组为以马克思主义为指导的共产主义者同盟。但是，当时一系列非科学社会主义思潮与流派仍然广泛地存在着，为了保证共产主义者同盟指导思想的科学性，马克思恩格斯当时对这些错误思潮进行了深刻的批判，为的就是使共产主义者同盟盟员明辨是非，使同盟与这些错误思潮与流派划清界限，保持指导思想的科学性与先进性。

（5）提出了以"两个不可避免"[①]为中心思想的核心话语。马克思主义理论博大精深，马克思主义话语逻辑严密、语意显明。首先，"两个不可避免"是马克思主义对时代课题作出的言简意赅的根本回答。尽管资本主义的产生具有历史必然性，但是，冷酷无情的金钱关系与之如影随形，"羊吃人"是其来到人世间的最初映象标记，在其发展历程中，自始至终响彻着资本主义向何处去、人类社会向何处去的时代回音。到 19 世纪上半期，对这一时代课题已有多方求索，空想社会主义、资产阶级古典政治经济学和古典哲学对这一课题的研究取得了积极的成果，但始终不曾作出令人信服的科学回答。马克思主义吸收这些理论成果的合理部分，继续把寻求这一时代课题答案的探索引向深入，终于揭开了资本主义制度之谜、人类社会发展规律之谜。"两个不可避免"是这一时代课题的核心答案。其

---

① 即《共产党宣言》中得出的"资产阶级的灭亡和无产阶级的胜利是同样不可避免的"科学结论（亦称"两个必然"），这是马克思主义的中心思想抑或核心话语。

次，马克思主义话语体系是"两个不可避免"的逻辑展开。马克思主义是一个严密的整体。其每一个组成部分都是围绕"两个不可避免"进行论述的，是"两个不可避免"的逻辑展开。就其三个基本组成部分即马克思主义哲学、马克思主义政治经济学、科学社会主义而言，其间有着严密的联系，马克思主义哲学是研究"两个不可避免"的起点，但"两个不可避免"又强化、深化和拓展了马克思主义哲学的研究；马克思主义政治经济学是中介，是以马克思主义哲学为理论基础，为进一步论证"两个不可避免"进行的深入研究；科学社会主义是终点，是在马克思主义哲学、马克思主义政治经济学深刻论证的基础上得出的科学结论，是"两个不可避免"的直接展开。① 总之，"两个不可避免"是马克思主义理论体系的归纳和总结，马克思主义理论体系则是"两个不可避免"的逻辑展开。最后，以马克思主义为指导的国际工人运动是"两个不可避免"的实践运动。"两个不可避免"是科学结论，是经典名言，也是宣传口号，但不仅仅是理论观点和宣传口号，更是实践运动，抑或是理论与实践的结合。"资产阶级的灭亡和无产阶级的胜利是同样不可避免的"并非指资产阶级的灭亡和无产阶级的胜利是一个自然的历史过程。资产阶级的灭亡和无产阶级的胜利不同于人类历史上以往阶级社会任何社会形态的更替，它不是以一种新的私有制代替另一种私有制，而是要以每一个人都得到自由发展的共产主义社会所有制新社会代替存在阶级压迫和剥削的资本主义私有制旧社会，这是前所未有的社会形态的更替、巨大而深刻的历史变迁，依赖于无产阶级及其政党以马克思主义理论为指导，进行艰苦卓绝、持之以恒的实践运动。总之，"两个不可避免"是对时代课题作出的言简意赅的根本回答，是马克思主义理论与实践的主题，是马克思主义的核心话语。《共产党宣言》延续和发展了之前的思想，进一步阐述了一系列基本理论并公开发表，标志着马克思主义的诞生。

（二）从"两个转变"到《共产党宣言》发表马克思恩格斯思想的传播

1. 通过建立工人组织进行宣传

导言中对传播与宣传进行了辨析，指出宣传主体比传播主体的主观

---

① 参见高放、李景治、蒲国良主编《科学社会主义的理论与实践》，中国人民大学出版社，2014，第 4 页。

性、目的性更强，宣传客体比传播客体的选择性更弱，也就是说宣传强调客体对宣传内容的接受，不强调客体的选择性，而客体对于传播内容可接受或不接受，选择空间较大。总体说来，宣传是传播的一种形式，传播包含宣传，很多时候这两个概念可以交互使用。1846年2月，马克思恩格斯在投身工人运动之初，就同一些志同道合的人在布鲁塞尔一起建立了共产主义通讯委员会。对于建立这一通讯委员会的原因，马克思指出："借以讨论学术问题，评论流行的著作，并进行社会主义宣传（在德国，人们可以用这种办法进行社会主义宣传）。"① 由此可见，他们把对"体现科学社会主义实质的思想"的宣传作为共产主义通讯委员会的一项重要任务。共产主义通讯委员会还不断扩大自己的外围组织，直接向工人群众和进步民主人士传播他们的思想。通讯委员会于1847年夏秋，先后成立了"德意志工人协会"以及"民主协会"，这两个组织对于培养革命力量、团结进步民主人士、传播和宣传无产阶级革命理论起了非常良好的作用。与此同时，他们还不断建立与其他工人组织的联系，用他们创立的新思想对这些组织进行改造或发挥影响。当时，影响比较大的工人政治组织主要有德国的正义者同盟、英国的宪章派协会和法国的四季社。通过对各个革命组织的比较，马克思恩格斯把注意力集中到了正义者同盟上，并最终将"同盟"改造成为以"体现科学社会主义实质的思想"为指导的国际性无产阶级政党。1847年8月底，马克思恩格斯在布鲁塞尔还建立了布鲁塞尔德意志工人教育协会（布鲁塞尔德意志工人协会），旨在对侨居比利时的德国工人进行政治教育并向他们宣传"体现科学社会主义实质的思想"。在马克思恩格斯及其战友的领导下，协会成了团结侨居比利时的德国革命无产者的合法中心，并同佛兰德和瓦隆工人俱乐部保持着直接联系。协会中的优秀分子加入共产主义者同盟的支部。共产主义者同盟对宣传"体现科学社会主义实质的思想"发挥了重要的作用。

2. 通过出版著作和在报刊媒体发表文章进行宣传

这是马克思恩格斯对"体现科学社会主义实质的思想"进行宣传的最主要的途径。1844年10月，恩格斯在写给马克思的信中就表明要尽快出版著作和发表文章对人们进行宣传的迫切性和重要性。他指出："我在科

---

① 《马克思恩格斯文集》第10卷，人民出版社，2009，第31页。

伦逗留了三天，我们在那里所开展的巨大的宣传工作使我惊奇。那里人们非常活跃，但也明显地表现出缺少必要的支柱。只要我们的原则还没有从以往的世界观和以往的历史中逻辑地和历史地做为二者的必然继续在几个著作中发挥出来，人们就仍然不会真正清醒，多数人都得盲目摸索。"①1845 年 1 月，恩格斯又致信马克思表达了同样的意思："目前首先需要我们做的，就是写出几部较大的著作，以便向许许多多非常愿意干但只靠自己又干不好的一知半解的人提供必要的依据。"② 为了及时发表文章，共产主义者同盟中央委员会掌握着一些报刊或与其保持着联系。恩格斯指出，"我们在布鲁塞尔……掌握了《德意志—布鲁塞尔报》，该报一直到二月革命始终是我们的机关报。我们通过朱利安·哈尼同英国宪章派中的革命部分保持着联系，哈尼是宪章运动中央机关报《北极星报》的编辑，我是该报的撰稿人。我们也和布鲁塞尔的民主派（马克思是民主协会副主席），以及《改革报》（我向该报提供关于英国和德国运动的消息）方面的法国社会民主派结成了某种联盟关系。总之，我们同激进派的和无产阶级的组织和刊物的联系是再好也没有了"③。正因如此，马克思恩格斯从"两个转变"基本完成到《共产党宣言》发表前，撰写了一些重要的著作，发表了一系列文章。其中，马克思公开出版的著作有《哲学的贫困》（1847 年），恩格斯公开出版的著作是《英国工人阶级状况》（1845 年），马克思恩格斯公开出版的合著有《神圣家族》（1844 年）、《反克利盖的通告》（1846年），并发表了一系列文章。这一时期他们还撰写了几部/篇著名的著作和文章但没有出版与发表，而是在其身后出版与发表的，这些著作有：马克思撰写的《1844 年经济学哲学手稿》（1932 年）、《关于费尔巴哈的提纲》（1888），恩格斯撰写的《共产主义原理》（1914 年），马克思恩格斯的合著《德意志意识形态》（1932 年）。这一时期在公众中传播、能够产生一定话语权的"体现科学社会主义实质的思想"主要蕴含于其公开出版的著作和发表的文章之中，未公开出版的著名著作和文章也是马克思恩格斯思想进程中的重要作品，尽管当时未曾公开出版，在当时未对公众产生任何的社会影响。但是，马克思恩格斯的思想是延续的，不是断裂的，他们著

① 《马克思恩格斯全集》第 27 卷，人民出版社，1972，第 5~6 页。
② 《马克思恩格斯文集》第 10 卷，人民出版社，2009，第 28 页。
③ 《马克思恩格斯文集》第 4 卷，人民出版社，2009，第 233 页。

作和文章中的思想是相通的，未曾出版的著作和文章中的思想并非在公开出版的著作和发表的文章的思想之外孤立地存在、与公开出版的著作和发表的文章没有任何联系，其内容或主要观点在当时出版的著作和发表的文章中也有一定的体现，从而，也有一定的间接社会影响。或者说，其公开出版的著作和发表的文章中的思想一定程度上包含着未曾出版的著作中的思想。总之，这一时期马克思恩格斯公开出版和发表的、公众看到的著作与文章中的思想既像一股股清泉流进人们的心田，洗涤着人们的心灵，又像一道道闪电，划破旧思想的夜空，给人们带来惊艳的新思想光芒，都起到了对工人群众的宣传作用。

3. 对当时的一些错误思想和普鲁士专制制度进行公开的批判

到 19 世纪三四十年代，德国还处于国家分裂、专制盛行、经济落后、阶级分化、文化压制的状态。当由科技革命推动的产业革命在英国和法国蓬勃发展，并由此推动经济迅速发展的时候，德国却仍然处于落后的、封闭的、僵化的状态，科技革命和产业革命还被拦截在这一片广袤的大地之外。按照马克思的说法，当时的德国，经济发展的实践与经济学理论都落后于其他国家，只有法哲学和国家哲学与历史进程处于同一水平，而德国的制度却顽固地守护着这种落后和愚昧。对此，马克思指出："现代德国制度是时代错乱，它公然违反普遍承认的公理，它向全世界展示旧制度毫不中用；它只是想象自己有自信，并且要求世界也这样想象。"[①] 他高声呐喊："向德国制度开火！一定要开火！这种制度虽然低于历史水平，低于任何批判，但依然是批判的对象，正像一个低于做人的水平的罪犯，依然是刽子手的对象一样。"[②]

深刻批判社会及其制度的落后与黑暗。恩格斯在《德国状况》一文中指出："这是一堆正在腐朽和解体的讨厌的东西。没有一个人感到舒服。国内的手工业、商业、工业和农业极端雕敝。农民、手工业者和企业主遭到双重的苦难——政府的搜刮，商业的不景气。贵族和王公都感到，尽管他们榨尽了臣民的膏血，他们的收入还是弥补不了他们的日益庞大的支出。一切都很糟糕，不满情绪笼罩了全国。没有教育，没有影响群众意识的工具，没有

---

① 《马克思恩格斯文集》第 1 卷，人民出版社，2009，第 7 页。
② 《马克思恩格斯文集》第 1 卷，人民出版社，2009，第 6 页。

出版自由，没有社会舆论，甚至连比较大宗的对外贸易也没有，除了卑鄙和自私就什么也没有；一种卑鄙的、奴颜婢膝的、可怜的商人习气渗透了全体人民。一切都烂透了，动摇了，眼看就要坍塌了，简直没有一线好转的希望，因为这个民族连清除已经死亡了的制度的腐烂尸骸的力量都没有。"① 这不仅是对当时德国社会状况的描绘，更是对德国社会及其制度的落后与黑暗的揭露，警醒处于德国专制制度统治下的人民，必须深刻认识到德国的社会状况、德国人民贫困潦倒的生存状态、德国落后与贫困的制度根源，再不进行变革，德国将因制度的腐朽、腐烂而最终走向灭亡。

深刻揭露德国人引以为豪的作为国家哲学的法哲学存在的缺陷。黑格尔庞大的哲学体系尽管包含着革命的辩证法，把历史描绘为一个由低级阶段向高级阶段前进的、变化的、发展的进程，但是，历史本身却被认定为绝对精神的体现，历史是绝对精神的历史。黑格尔从他的客观唯心主义出发思辨地、抽象地得出结论：国家决定市民社会，而非市民社会决定国家。这一头足倒置的思想却被确立为普鲁士的官方哲学思想，为普鲁士国家服务，为德国当时顽固地坚守封建专制制度提供了思想基础。马克思从当时的客观实际出发，从人们的物质利益需求这一客观事实出发，得出了与黑格尔正好相反的结论，即市民社会决定国家，而非国家决定市民社会，指出黑格尔的国家与市民社会关系的理论是头足倒置的，从而彻底推翻了维护德国专制统治的思想基础，开始为德国社会的变革提供理论条件。这一观点最早是在《黑格尔法哲学批判》中提出的，这部著作当时没有出版，但是紧随其后所写的《〈黑格尔法哲学批判〉导言》，则以这一新观点为基础。《〈黑格尔法哲学批判〉导言》揭示了作为市民社会组成部分的无产阶级的形成和解放，是大工业发展带来的结果，而不是由黑格尔视域中作为客观精神的所谓的国家决定的。马克思指出："德国无产阶级只是通过兴起的工业运动才开始形成；因为组成无产阶级的不是自然形成的而是人为造成的贫民，不是在社会的重担下机械地压出来的而是由于社会的急剧解体、特别是由于中间等级的解体而产生的群众，虽然不言而喻，自然形成的贫民和基督教日耳曼的农奴也正在逐渐跨入无产阶级的行列。"② "德

---

① 《马克思恩格斯全集》第2卷，人民出版社，1957，第633~634页。
② 《马克思恩格斯文集》第1卷，人民出版社，2009，第17页。

国人的解放就是人的解放。这个解放的头脑是哲学，它的心脏是无产阶级。哲学不消灭无产阶级，就不能成为现实；无产阶级不把哲学变成现实，就不可能消灭自身。"① 这些批判对于当时人们以科学的观念正确认识德国的社会制度，以科学的理论指导德国社会的变革与发展，对于人们认识与了解"体现科学社会主义实质的思想"起到了重要作用。

4. 通过在工人中发表演说进行宣传

在马克思恩格斯参加的工人运动的实践中，发表演说是一个重要的形式，马克思恩格斯用他们创立的新理论分析现实问题，又在对现实问题的分析中表达他们的观点，传播他们的理论。比如，1845 年 2 月，恩格斯《在爱北斐特的演说》中分析了资本主义自由竞争的弊端，指出了资本主义存在的一些不合理性，在此基础上告诉广大工人群众："在共产主义社会里，人和人的利益并不是彼此对立的，而是一致的"，"在共产主义的组织里，现代社会制度的主要缺陷就会消除"。② 后来，马克思恩格斯利用参加共产主义者同盟第二次代表大会的机会，在大会上发表了《论波兰》的演说，阐述了世界工人阶级联合的重要性，分析了工人阶级联合起来反对资产阶级的必要性。1847 年 12 月中旬，马克思在参加共产主义者同盟第二次代表大会结束从伦敦回到布鲁塞尔后，于 12 月下旬，在布鲁塞尔德意志工人协会③发表了《雇佣劳动与资本》演说，揭示了现代阶级斗争与民族斗争所根源的经济基础，揭露了资本主义生产关系下资产阶级对无产阶级的全面压迫和统治。再后来，马克思还发表演说深刻揭露了无产阶级受资产阶级国际性剥削的实质，深刻论证了世界无产阶级与资产阶级对立的根源，等等。这些激昂的演说对于宣传"体现科学社会主义实质的思想"，对于鼓励工人阶级开展对资产阶级的坚决斗争，起到了重要的作用。

（三）《共产党宣言》的发表是马克思主义国际话语权初步生成的标志

1. "体现科学社会主义实质的思想"获得了比较好的宣传效果

从"两个转变"基本完成到《共产党宣言》发表前马克思恩格斯的

---

① 《马克思恩格斯文集》第 1 卷，人民出版社，2009，第 18 页。

② 《马克思恩格斯全集》第 2 卷，人民出版社，1957，第 605 页。

③ 马克思恩格斯于 1847 年 8 月底在布鲁塞尔建立的德国工人团体，全称是"布鲁塞尔德意志工人教育协会"，其目的是对侨居比利时的德国工人进行政治教育，向他们宣传科学共产主义思想。（参见《马克思恩格斯文集》第 4 卷，人民出版社，2009，第 594~595 页。）

"体现科学社会主义实质的思想"既不同于起源于法国但当时已经在德国传播的社会主义思潮，也不同于当时作为德国国家哲学的黑格尔法哲学，具有显明的创新性，但对当时的广大民众而言完全是陌生的。然而，由于其内含着彻底的科学性、革命性、批判性，由于采取了各种可以采取的传播手段，"体现科学社会主义实质的思想"在不长的时间中就获得了比较好的宣传效果。这可以进一步从以下两个方面加以理解。

第一，初步的成效是开始有人对"体现科学社会主义实质的思想"表示认同和接受。1844年12月至1845年5月，恩格斯以《共产主义在德国的迅速发展》在《新道德世界》报上发表的三篇文章中指出："不久以前我访问了莱茵河上的几个城市，到处我都看到，从我上次访问以来，我们的思想又占据了一些阵地，并且每天都在占领更多的阵地。到处我都碰到一些新近改变信仰的人，他们都在无比热情地讨论和传播共产主义的思想。"① 当时"体现科学社会主义实质的思想"受到政府的反对，在集会上发表"体现科学社会主义实质的思想"的演说者遭到逮捕，恩格斯认为这不是阻止而是促进了共产主义运动的发展。因为"这样的措施只会有助于我们的事业，因为政府那样的重视，使那些从来没有听说过这个问题的人都对这个问题发生了兴趣。那些参加了辩论会但是根本不了解我们的观点或者甚至对它抱嘲讽态度的人，大多数都对共产主义怀着尊敬的心情回家"②。"总而言之，这几次集会对整个工业区的舆论所起的影响确实是惊人的；几天以后就有人向那些发言赞成我们的事业的人索取书报，以便从中了解整个共产主义的制度。"③ "群众确实渴望得到消息；他们正在吞食有关这一问题的一切新书。"④ 正因为"体现科学社会主义实质的思想"受到一些人的认同和接受，恩格斯充满信心地指出："如果我们有哲学家和我们一起思考，有工人和我们一起为我们的事业奋斗，那末世界上还有什么力量能阻挡我们前进呢？"⑤

第二，最显著的成效是把正义者同盟改造成为马克思主义政党。上文指出，在这一时期中，马克思恩格斯在对"体现科学社会主义实质的思

---

① 《马克思恩格斯全集》第2卷，人民出版社，1957，第593页。
② 《马克思恩格斯全集》第2卷，人民出版社，1957，第598页。
③ 《马克思恩格斯全集》第2卷，人民出版社，1957，第598~599页。
④ 《马克思恩格斯全集》第2卷，人民出版社，1957，第599页。
⑤ 《马克思恩格斯全集》第2卷，人民出版社，1957，第595页。

想"的宣传中，不断建立与其他工人组织的联系，用他们创立的新思想对这些组织进行改造或产生影响。当时，影响比较大的工人政治组织主要有德国的正义者同盟、英国的宪章派和法国的四季社。通过对各个革命组织的比较，马克思恩格斯把注意力集中到了正义者同盟上。后来，正义者同盟空想的平均共产主义指导思想的提出者魏特林与同盟盟员经常发生争吵，与同盟的任何人都合不来，不久去了美洲。这样，由于"体现科学社会主义实质的思想"的影响、魏特林的离走、正义者同盟领导人越来越认识到"体现科学社会主义实质的思想"的科学性，于是邀请马克思恩格斯加入同盟，在马克思恩格斯的指导下，在正义者同盟代表大会上将同盟改称为共产主义者同盟，这次大会也是共产主义者同盟的第一次代表大会。大会根据马克思恩格斯的建议，用"全世界无产者，联合起来！"这一新口号取代了"人人皆兄弟"的旧口号。1847 年 11 月 29 日至 12 月 8 日，共产主义者同盟第二次代表大会在同盟中央委员会驻地伦敦举行，马克思和恩格斯分别代表布鲁塞尔和巴黎的组织出席了大会，大会最后批准了经过马克思修改的新章程，委托马克思恩格斯起草同盟纲领，1848 年 2 月，此纲领以《共产党宣言》为名首先用德文在伦敦发表，这标志着共产主义者同盟作为世界上第一个国际性无产阶级政党的正式诞生，也标志着"体现科学社会主义实质的思想"获得了良好的传播效果。

2. 马克思主义国际话语权初步生成

如果说从"两个转变"到《共产党宣言》发表前，"体现科学社会主义实质的思想"在公众中的影响逐渐扩大，并逐渐被一些人认同和接受，逐渐获得一定程度的话语权的话，那么，这一话语权为马克思主义国际话语权的初步生成起到了奠基作用。由于《共产党宣言》的发表标志着马克思主义的诞生，因而，"体现科学社会主义实质的思想"的话语权也就发展成为马克思主义国际话语权，换句话说，《共产党宣言》的发表标志着马克思主义国际话语权的初步生成。共产主义者同盟是一个国际性无产阶级政党，不仅拥有不同国籍的盟员，而且在欧美 8 国（德、英、法、比、荷、美、瑞士、瑞典）建立了支部，类似于在这些国家建立了共产党组织。[①] 从一定程度上

———————————

① 参见林怀艺《马克思恩格斯的民主建党思想及其现实启示》，《马克思主义研究》2008 年第 5 期。

讲，共产主义者同盟的这些支部之间的关系，也可以看作各国共产党之间的关系。马克思主义成为共产主义者同盟的指导思想，意味着马克思主义不仅仅存在于创始人自己的国家，同时存在于共产主义者同盟各个支部。从导言中指出的判断马克思主义国际话语权强与弱、提升或下降的几个基本要素看，共产主义者同盟代表的工人阶级是马克思主义的话语主体，分布于尽管狭小但有国际特征的国际范围，所以，可以称其拥有国际话语权。但是，当时共产主义者同盟只有 8 个支部，还是秘密组织，盟员人数也比较少，群众基础非常薄弱，还谈不上取得了什么成就，尤其是马克思主义话语、话语主体及其活动等都受到反动当局的镇压和阻拦，这时马克思主义国际话语权还极其幼弱。

二 马克思主义国际话语权的生成逻辑

本书总体框架围绕"马克思主义国际话语权的演进"展开，主要讨论的是马克思主义国际话语权如何演进的问题，试图揭示马克思主义国际话语权演进的轨迹及基本经验。但是，与此同时也必须说清楚为什么能够生成国际话语权的问题，即马克思主义国际话语权的生成逻辑，这是马克思主义国际话语权演进的前提，需要作一论证。

（一）阶级的归属性是马克思主义国际话语权生成的前提条件

阶级作为第一次社会大分工的必然结果，在共产主义实现之前，都是一种客观存在。尽管自从空想社会主义产生后，出现过众多的社会主义流派和思潮，但是，在马克思主义诞生之前，从来不曾产生过代表广大劳动者阶级的科学理论。马克思主义作为关于无产阶级斗争的性质、目的和解放条件的学说，是站在无产阶级立场上登上历史舞台的。恩格斯明确指出："共产主义作为理论，是无产阶级立场在这种斗争中的理论表现，是无产阶级解放的条件的理论概括。"[1] 因此，马克思主义的无产阶级归属性是不言自明、无需论证的，无产阶级是马克思主义话语权的主体，这为马克思主义国际话语权生成提供了前提条件。但是，还必须进一步认清两点。第一，无产阶级有着掌握和拥有马克思主义话语权的必要性。这是因为，首先，无产阶级是一个贫困化的、受劳动折磨的、因劳动异化而"人

---

① 《马克思恩格斯文集》第 1 卷，人民出版社，2009，第 672 页。

的完全丧失"① 的阶级，其在资本主义社会受剥削、压迫的经济和政治地位，决定了只有推翻资本主义旧社会和建立共产主义新社会，才能实现自身解放，因此，无产阶级具有革命性的特质。其次，无产阶级是先进生产力和生产关系的代表，具有先进性的特质。拥有这两个"特质"的现代无产阶级，包括从事机器大工业生产的"体力劳动无产阶级"和从事脑力劳动的"脑力劳动无产阶级"②。马克思恩格斯在《共产党宣言》中所言及的"力图恢复已经失去的中世纪工人的地位"的无产者，"不是同自己的敌人作斗争，而是同自己的敌人的敌人作斗争，即同专制君主制的残余、地主、非工业资产者和小资产者作斗争"③ 的无产者，由于"他们不是革命的，而是保守的"④，不属于现代无产阶级的范畴。但是，两个"特质"只是现代无产阶级的自身条件，无产阶级要完成自己的历史使命还必须以马克思主义为指导，接受马克思主义的理论武装，掌握和拥有马克思主义话语权，才能从自在阶级发展成为自为阶级，这是众所周知的一个重要结论。

第二，无产阶级是世界范围内存在的阶级。马克思恩格斯认为，生产力的普遍发展促进了人们的普遍交往，从而产生了"一切民族中同时都存在着'没有财产的'群众（无产阶级——引者注）这一现象"⑤。这是因为，首先，资本主义生产方式产生后存在世界扩张的必然性。西欧等少数国家或地区在封建社会解体过程中，最早由于其内部因素的作用而产生和发展起了资本主义，并最终建立了资本主义社会经济制度，可称其为原生型资本主义。西欧一些国家是原生型资本主义国家，美国、加拿大、澳大利亚、新西兰都可以列入原生型资本主义国家之内。⑥ 15 世纪末和 16 世纪最初几十年是西欧原生型资本主义"为资本主义生产方式奠定基础"的原始积累时期，在这一时期，这些国家就因资本原始积累和永无止境地追逐利润开始了海外扩张，并逐渐在世界范围内建立了资本主义殖民体系，世界大片地区在西欧宗主国的影响之下建立了资本主义生产方式，实现了所

---

① 《马克思恩格斯文集》第 1 卷，人民出版社，2009，第 17 页。
② 《马克思恩格斯文集》第 4 卷，人民出版社，2009，第 446 页。
③ 《马克思恩格斯文集》第 2 卷，人民出版社，2009，第 39~40 页。
④ 《马克思恩格斯文集》第 2 卷，人民出版社，2009，第 42 页。
⑤ 《马克思恩格斯文集》第 1 卷，人民出版社，2009，第 538 页。
⑥ 厉以宁：《资本主义的起源——比较经济史研究》，商务印书馆，2003，第 8 页。

谓"欧化"，逐渐形成了资本主义世界体系。其次，资本主义大工业存在着全球扩张的内在冲动。资本主义世界体系形成过程中出现了"主要从事农业的生产地区"和"主要从事工业的生产地区"① 的"中心—外围"的结构。资本追逐利润的本性和历史向世界历史转变的客观事实，必然驱动大工业从处于"中心"的资本主义发达国家向着处于"外围"的发展中国家转移。马克思恩格斯指出，资本主义大工业"它首次开创了世界历史，因为它使每个文明国家以及这些国家中的每一个人的需要的满足都依赖于整个世界，因为它消灭了各国以往自然形成的闭关自守的状态"② 。"不断扩大产品销路的需要，驱使资产阶级奔走于全球各地。它必须到处落户，到处开发，到处建立联系。""资产阶级，由于开拓了世界市场，使一切国家的生产和消费都成为世界性的了。"③ 这样，处于"外围"的一些发展中国家也逐步建立起了资本主义大工业。现代无产阶级是大工业的产物，资本主义大工业的全球性扩张必然导致现代无产阶级成为世界范围内存在的阶级。

既然无产阶级有着掌握和拥有马克思主义话语权的必要性，既然无产阶级是世界范围内存在的阶级，以无产阶级为代表的绝大多数人就必然会在世界范围内掌握和拥有马克思主义话语权。因此，无产阶级的归属性是马克思主义国际话语权生成的前提条件。

（二）宗旨的人民性是马克思主义国际话语权生成的动力源泉

宗旨即根本目的和意图。马克思主义宗旨的人民性即人民的利益性，是指马克思主义的理论探索、对人类社会发展规律的揭示、对工人运动的指导等，都是为了实现以无产阶级为代表的绝大多数人的利益，这成为马克思主义国际话语权生成的动力源泉。对此需要作以下进一步的理解：第一，马克思主义认为追求利益是人类一切活动的根本动力。马克思主义从来对人们追求利益都给予了高度重视。1842 年 1 月至 1843 年 3 月，马克思在《莱茵报》工作，这是他人生工作的起点，也是他世界观转变的起点。在这期间，他对不公正的普鲁士专制制度的批判，积极参与关于出版自由的辩论，推动了他对现实利益问题的关注；在积极参与"关于林木盗

---

① 《马克思恩格斯文集》第 5 卷，人民出版社，2009，第 520 页。
② 《马克思恩格斯文集》第 1 卷，人民出版社，2009，第 566 页。
③ 《马克思恩格斯文集》第 2 卷，人民出版社，2009，第 35 页。

窃法"的辩论中，他看到了基于物质利益的阶级之间的冲突，初步看到了物质利益对国家和法律的支配作用，初步认识到了他这一时期产生"苦恼的疑问"的原因；他对摩塞尔地区农民贫困状况的调查研究，进一步推动他转向了唯物主义。总体来看，马克思在《莱茵报》工作期间就初步认识到物质利益在社会生活中的决定性作用，意识到社会关系的客观性，并由此得出一个著名论断："人们为之奋斗的一切，都同他们的利益有关。"①恩格斯则在世界观转变之时就认识到经济关系在人类社会发展中的基础性作用，标志着他实现世界观转变的文章之一《英国状况——评托马斯·卡莱尔的〈过去和现在〉》，第一次从政治经济学视角分析市民社会，认为资本主义私有制是一切灾祸的根源，并强调生产的发展、物质利益才是社会发展的决定力量。后来，恩格斯也得出一个著名论断："每一既定社会的经济关系首先表现为利益。"② 马克思恩格斯还把利益作为揭示人类社会发展动力之谜的一把钥匙，认为原始社会的解体，文明时代的发展，一切都源于利益的驱动。阶级的产生既是原始社会解体的标志，又是人类因追求利益推动生产发展，引起社会大分工的必然结果。文明时代的发展，同样是利益推动的。恩格斯指出："财富，财富，第三还是财富——不是社会的财富，而是这个微不足道的单个的个人的财富，这就是文明时代唯一的、具有决定意义的目的。如果说在文明时代的怀抱中科学曾经日益发展，艺术高度繁荣的时期一再出现，那也不过是因为现代的一切积聚财富的成就不这样就不可能获得罢了。"③ 按照马克思主义的观点，共产主义社会对利益的追求仍然是人类一切活动的根本动力。共产主义是公共利益能够真正实现的社会，但是并不否定个人利益，而是把公共利益置于个人利益之上，实现的是公共利益与个人利益相统一的利益。总之，对利益的关注贯穿马克思恩格斯全部理论与实践的始终，他们明确认为追求利益是人类一切活动的根本动力。

第二，马克思主义的宗旨就是要实现无产阶级的利益。首先，实现共产主义就是要实现无产阶级的利益。在阶级产生后的私有制社会里，只有少数剥削阶级的利益，而没有大多数劳动者阶级的利益，在资本主义社

---

① 《马克思恩格斯全集》第 1 卷，人民出版社，1995，第 187 页。
② 《马克思恩格斯文集》第 3 卷，人民出版社，2009，第 320 页。
③ 《马克思恩格斯文集》第 4 卷，人民出版社，2009，第 196 页。

会，只有少数资产阶级的利益，而没有无产阶级代表的广大劳动者阶级的利益。马克思恩格斯认为这断然不是一种合理的状态，他们怀着为绝大多数人谋利益的崇高追求，为了建立公正合理的新社会，在科学的道路上奋力攀登，充分论证了资本主义灭亡和共产主义胜利的历史必然性，深刻阐述了共产主义社会个人的自由全面发展和利益的最大化实现。其次，无产阶级政党是为无产阶级谋利益的政党。马克思主义认为，共产主义是人类社会发展的最高目标，实现共产主义需要无产阶级政党的领导。恩格斯在1889年回忆他与马克思关于建立无产阶级政党的态度时指出："无产阶级要在决定关头强大到足以取得胜利，就必须（马克思和我从1847年以来就坚持这种立场）组成一个不同于其他所有政党并与它们对立的特殊政党，一个自觉的阶级政党。"① 而无产阶级政党就是为绝大多数人谋利益的政党。马克思恩格斯在《共产党宣言》中指出："过去的一切运动都是少数人的，或者为少数人谋利益的运动。无产阶级的运动是绝大多数人的，为绝大多数人谋利益的独立的运动。"② 这是马克思主义的宗旨，当然也是马克思主义政党的宗旨。无产阶级政党既为利益而奋斗，又没有自身特殊的利益，才当之无愧地成为无产阶级的先锋队，才得到了以无产阶级为代表的绝大多数人的拥护和支持。

既然追求利益是人类一切活动的根本动力，既然马克思主义的宗旨就是要实现无产阶级的利益，以世界无产阶级为代表的绝大多数人就必然会掌握和拥有马克思主义话语权，去为自己的利益而奋斗。因此，宗旨的人民性是马克思主义国际话语权生成的动力源泉。

（三）理论的彻底性是马克思主义国际话语权生成的根本缘由

所谓彻底即透彻、深入、无所遗留，是对人们认识和处理问题达到最深刻和最全面程度的描绘。马克思主义理论的彻底性即马克思主义理论对以"资产阶级的灭亡和无产阶级的胜利是同样不可避免的"为中心思想的历史课题作了最深刻和最全面的揭示，这成为马克思主义国际话语权生成的根本缘由。对此应作以下理解：第一，理论彻底必然掌握群众。马克思主义诞生之前，不仅德国而且世界范围内都缺乏对资本主义向何处去、人

---

① 《马克思恩格斯文集》第 10 卷，人民出版社，2009，第 578 页。
② 《马克思恩格斯文集》第 2 卷，人民出版社，2009，第 42 页。

类社会向何处去这两大历史课题深刻全面的回答，更缺乏对人类社会发展规律的科学揭示。当时的德国处于国家分裂、专制盛行、经济落后、阶级分化、文化压制的状态，国家的统一与振兴、人的解放与发展，都迫切需要先进理论的指导。正是在这样的背景下，马克思大声疾呼，"向德国制度开火！一定要开火！"① 发挥这一重大作用的首先是先进的理论，马克思在《〈黑格尔法哲学批判〉导言》中表述了他那传世名言："批判的武器当然不能代替武器的批判，物质力量只能用物质力量来摧毁；但是理论一经掌握群众，也会变成物质力量。理论只要说服人［ad hominem］，就能掌握群众；而理论只要彻底，就能说服人［adhominem］。所谓彻底，就是抓住事物的根本。"② 毫无疑问，这里的群众是指以无产阶级为代表的绝大多数人。这是对德国先进理论的期望，是对科学理论发展最高指向的一般概括，也是对自身理论发展的要求。可见，马克思主义从诞生之时就知道了理论彻底的重要性。彻底的或抓住事物根本的理论之所以能说服和掌握群众，是因为首先，这样的理论从客观存在的事物出发，揭示了事物的本质或内部联系，揭示了事物发展的规律，具有真理性；其次，这样的理论的根本目的是服务群众，能够实现群众的利益，具有价值性。真理与价值紧密联系，不可分割。科学是真理与价值的统一。实现了真理性与价值性相统一的科学理论，是工人群众孜孜以求、迫切需要的理论。这样的理论必然掌握群众。

第二，马克思主义具有理论的彻底性。这是一个公认的结论，但需要深刻的理解：首先，马克思主义具有科学性。众所共知，马克思主义坚持世界的物质性和真理的客观性，力求按照世界的本来面目认识世界，力求全面地认识客观事物，并透过现象深刻地揭示事物的本质和规律，自觉地接受实践的检验，并在实践中不断丰富和发展。与此同时，马克思主义具有明确的价值性，它具有鲜明的政治立场，毫不隐讳自己的阶级本质，公开申明是为以无产阶级为代表的绝大多数人服务，坚持无产阶级解放和人类解放的有机统一。马克思主义是真理性与价值性相统一的科学理论，正如恩格斯所说："科学越是毫无顾忌和大公无私，它就越符合工人的利益和愿望。"③

---

① 《马克思恩格斯文集》第 1 卷，人民出版社，2009，第 6 页。
② 《马克思恩格斯文集》第 1 卷，人民出版社，2009，第 11 页。
③ 《马克思恩格斯文集》第 4 卷，人民出版社，2009，第 313 页。

其次，马克思主义还具有革命性。同样众所周知的是，马克思主义是关于推翻资本主义旧社会、建立共产主义新社会的理论。它坚持唯物辩证法，具有彻底的批判精神，"辩证法不崇拜任何东西，按其本质来说，它是批判的和革命的"①。马克思主义是科学性和革命性的统一，这是马克思主义最重要的特征，这种统一体现在马克思主义的创立过程、各个组成部分及其批判性和战斗性上，这成为马克思主义被无产阶级代表的大多数人认同和接受的重要原因。对此，列宁指出，马克思主义理论"对世界各国社会主义者所具有的不可遏止的吸引力，就在于它把严格的和高度的科学性（它是社会科学的最新成就）同革命性结合起来，并且不仅仅是因为学说的创始人兼有学者和革命家的品质而偶然地结合起来，而是把二者内在地和不可分割地结合在这个理论本身中"②。我们知道，马克思主义把推翻旧世界、建立新世界的革命性建立在科学、严谨的唯物史观和剩余价值论基础之上，从这一角度看，革命性是对马克思主义真理性的再强调；同时，革命的任务是要推翻资本主义旧社会和建立共产主义新社会，革命的目的是要实现无产阶级的利益，这也是对马克思主义价值性的再强调。说到底，马克思主义的革命性归属于科学性，又强化了科学性，更充分说明了马克思主义理论的彻底性。

既然理论彻底必然掌握群众，既然马克思主义具有理论的彻底性，马克思主义理论就能够说服人和掌握群众，以世界无产阶级为代表的绝大多数人就会认同和接受马克思主义，主动掌握和拥有马克思主义话语权。因此，理论的彻底性是马克思主义国际话语权生成的内在规定。

（四）实践的坚定性是马克思主义国际话语权生成的根本途径

实践的坚定性即坚定不移、坚持不懈、百折不挠地把理论付诸实践，用理论指导实践，并保证实践不断取得胜利。实践的坚定性是马克思主义国际话语权生成的根本途径。第一，实践是话语权生成的途径。话语权是言说和表达话语的权利与权力。任何话语都产生于实践，是人们在社会生产实践中形成的具有特定知识价值的客体，是一个由语言符号和知识价值构成的统一体。理论不等同于话语，可以转化为话语，但并非每一种理论

---

① 《马克思恩格斯文集》第5卷，人民出版社，2009，第22页。
② 《列宁选集》第1卷，人民出版社，2012，第83页。

都可以转化为群众话语，只有那些对群众密切关注的现实问题具有强大解释力并指导实践不断取得胜利的理论，才可能转化为群众话语。那些对现实问题缺乏解释力，不能指导实践取得胜利的理论，要么理论本身是非科学的，要么对待科学理论的态度是错误的，这样的理论都不能转化为群众话语。总之，实践产生理论，理论转化为话语，话语被言说和表达生成话语权。实践是话语权生成的途径。

第二，马克思主义具有实践的坚定性。首先，马克思主义具有实践性。实践是人类生存和发展的最基本的活动。马克思主义不仅重视实践，而且创立了人类认识史上科学的实践观。马克思在《关于费尔巴哈的提纲》这个"包含着新世界观的天才萌芽的第一个文献"[1]中，阐明了实践是感性的、对象性的物质活动，认为"全部社会生活在本质上是实践的"[2]，指出"哲学家们只是用不同的方式解释世界，问题在于改变世界"[3]，强调理论的重要使命在于指导实践改造世界。马克思恩格斯坚决反对脱离实践的思辨理论，他们提出必须把对旧社会的理论批判同实践、同实际斗争联系起来。他们宣称："我们的任务是要揭露旧世界，并为建立一个新世界而积极工作。"[4] 恩格斯曾对伯恩斯坦空谈理论嘲笑道："他已经赢得了脱离群众、在自己安静的书房里从旁空谈直接实践问题的名声。"[5] 因此，马克思主义的意义不仅在于说明世界，而且更为重要的在于改造世界。在国际共产主义运动史上，马克思恩格斯亲自参与到工人运动的实践中去，他们通过建立工人组织，领导建立无产阶级政党，起草工人组织和政党的"宣言""章程"，撰写文章、著作、书信和在工人中发表演说等诸多形式对工人群众进行科学社会主义宣传教育，对非科学社会主义思潮和流派进行批判，以提高工人群众的觉悟，保证这一事业不断发展壮大。其次，马克思主义具有实践的坚定性。马克思主义指导的国际共产主义运动从来都是在充满坎坷的道路上曲折前行的。马克思这位世纪伟人、千年最伟大的思想家一生颠沛流离，但从未被生活拮据、反动政府驱逐所难倒，而是坚

---

[1] 《马克思恩格斯文集》第 4 卷，人民出版社，2009，第 266 页。
[2] 《马克思恩格斯文集》第 1 卷，人民出版社，2009，第 501 页。
[3] 《马克思恩格斯文集》第 1 卷，人民出版社，2009，第 502 页。
[4] 《马克思恩格斯全集》第 1 卷，人民出版社，1956，第 414 页。
[5] 《马克思恩格斯全集》第 39 卷，人民出版社，1974，第 159 页。

决克服困难、积极工作，显示出大无畏的勇气和乐观精神；自从马克思主义与国际工人运动结合后，在第一国际时期、第二国际早期、第三国际时期，以及第二次世界大战后到东欧剧变、苏联解体之前，马克思主义推动国际共产主义运动实践都取得了比较大的胜利。但是，不同时期也都遭到了不同程度的挫折，有时甚至是巨大的打击。但是，无论遭到多大的挫折和打击，马克思主义从来没有放弃过对国际共产主义运动的指导，国际共产主义运动也从来没有停止过前进的脚步。尤其是在东欧剧变、苏联解体之后，马克思主义和科学社会主义事业在遭受到重大的打击后，世界真正的马克思主义者也从来没有放弃过对马克思主义的信仰和对科学社会主义事业的新探索，尤其是中国共产党领导中国特色社会主义建设取得了巨大成就，为低潮中复兴马克思主义和科学社会主义事业作出了巨大贡献，马克思主义国际话语权也再一次得到提升，这体现了中国崛起的世界意义。这实际上存在一个问题，即马克思主义在诞生后的相当长时间中，似乎没有依靠任何一种实力，怎么会获得国际话语权呢？任何一种话语权的获得和提升都需要以实力为依据，在世界上还没有一个国家走上社会主义道路的情况下，马克思主义指导国际共产主义运动取得的胜利就是一种实力，在世界上有国家走上社会主义道路后，社会主义建设取得的成就更是一种实力，这成为马克思主义国际话语权生成和提升的基础。

既然实践是话语权生成的途径，既然马克思主义具有实践的坚定性，马克思主义在艰辛的实践中不断被以无产阶级为代表的绝大多数人所掌握。因此，实践的坚定性是马克思主义国际话语权生成的根本途径。

三 马克思主义国际话语权初步生成的特点和经验

（一）马克思主义国际话语权初步生成的特点

1. 话语创立者具有崇高的品格

这主要是讲马克思主义话语创立者即马克思恩格斯具有崇高精神。他们的崇高精神与马克思主义国际话语权的初步生成有着紧密的联系。在本章讨论的时间范围内，马克思恩格斯就显示出以下精神：①不畏生活艰辛、为人类谋幸福的崇高献身精神。众所周知，马克思在中学毕业论文《青年在选择职业时的考虑》中就立下了要为人类福利而劳动的鸿鹄大志。1843 年 10 月底，马克思和新婚妻子燕妮来到巴黎，从此开始了那种备尝艰苦和充满自我牺牲的政治流亡生活。在巴黎由于马克思利用各种机会对普鲁士的反动势力展开批判，普鲁士政府勾结法国反动当局继续迫害马克思，1845 年 2 月，马克思被驱逐出巴黎来到布鲁塞尔。普鲁士政府继续向比利时当局提出驱逐马克思的要求，在这样的情况下，马克思只能脱离普鲁士国籍。稍微越出一点本章讨论的时间范围，1848 年欧洲革命爆发后不久，马克思又被比利时政府驱逐再次来到巴黎，后直接回德国参加革命，1849 年 5 月又被科隆当局驱逐回到巴黎，8 月再次被逐出巴黎来到伦敦。在此，他继续进行理论创作，领导国际工人运动。②深入实践活动之中、把理论与实际相结合的实践精神。马克思特别强调理论不仅要能解释世界，更要改变世界，他坚定不移地把自己的理论用作对实践的指导；他义无反顾地积极从事实践活动，并抽出宝贵的时间，尽可能地帮助工人们提高认识水平和思想境界等。毫无疑问，恩格斯也是这样做的。③彻底打破旧世界建立新世界、勇于破旧立新的革命精神。马克思恩格斯深刻论证了"资产阶级的灭亡和无产阶级的胜利是同样不可避免的"这一科学命题；他们与旧的反动势力进行毫不妥协的斗争等。正因如此，马克思称自己是一位世界公民，走到哪儿就在哪儿斗争。④不崇拜任何现存的东西，敢于无情揭露现存一切缺陷的批判精神。马克思主义在批判中产生，在批判中发展，批判精神是马克思主义的基本精神。马克思恩格斯不仅进行理论批判和实践批判，还不断地进行着自我批判，他们世界观和政治立场的"两个转变"就是明显的例证。⑤反对民族压迫和阶级压迫、实行无产阶级国际联合的国际主义精神。马克思恩格斯都认为革命的联合行动是无产阶级获得解放的首要条件之一，无产阶级的历史使命及其斗争的性质、目的和条件决定了必须实行国际联合，而且能够实行国际联合。《共产党宣言》深刻阐述了无产阶级国际联合具有必要性、可能性和必然性等。马克思恩格斯的这些精神绝不是割裂的、孤立的，而是互相联系和贯通的，共同结合构成了他们的崇高精神。他们在理论创立之初就显示出这些精神，似一座座丰碑，指引着路人，激励着后人，向着共产主义的远大目标前进；他们的这些品格对于马克思主义国际话语权的初步生成具有重要的意义。

2. 话语自身具有真理性

马克思主义是科学性、革命性、实践性、人民性、彻底性的统一，可以将这些特点统称为马克思主义的真理性。尽管马克思主义的真理性有一个形成、发展和完善的过程，尽管在本章讨论的时间范围内标志着唯物史观正式提出的《德意志意识形态》并没有公开发表，剩余价值理论在后来的《资本论》第一卷中才得到完整的科学表达等。但是，在本章讨论的时间范围内，马克思恩格斯公开出版的著作和发表的文章中已经用唯物史观分析人类社会及其发展规律，《共产党宣言》中"两个必然"的结论就是建立在这一基础之上的，人们从马克思恩格斯出版的著作中获得了对唯物史观基本原理的了解。因此，这一时期"马克思恩格斯的思想"或"体现科学社会主义实质的思想"尽管还不能称为马克思主义，所显示的特点与马克思主义正式诞生后的特点还有程度上的差异，但是，已经显示了出来。

3. 开创性地建立了作为话语重要主体的政党

导言关于本书研究框架的内容指出，马克思主义国际话语权的主体主要是世界无产阶级、马克思主义政党等。其中，马克思主义政党起着领导和组织的作用，可以说是最为重要的话语主体。在本章讨论的时间范围内，"马克思恩格斯的思想"或"体现科学社会主义实质的思想"已经显示出的真理性就获得了当时已经有一定存在空间、成员和影响的工人组织——正义者同盟领导人的认同和高度重视，他们抛弃了此前空想的平均的共产主义的指导思想和企图依靠少数人的暴动来实现自己的目标的密谋策略，接受了马克思恩格斯的思想，并派人专门前往布鲁塞尔和巴黎正式邀请马克思和恩格斯参加改组正义者同盟，这才有《共产党宣言》的发表和马克思主义的正式诞生，才有以科学社会主义为指导的第一个世界性无产阶级政党——共产主义者同盟的正式成立，这在马克思主义发展史、国际共产主义运动史上以及对马克思主义国际话语权的初步生成都具有开创性意义。说到底，这是"马克思恩格斯的思想"的真理力量使然。

4. 刚刚生成的国际话语权极其幼弱

共产主义者同盟拥有不同国籍的盟员，在欧美 8 国（德、英、法、比、荷、美、瑞士、瑞典）建立了支部，类似于在这些国家建立了共产党组织。① 一定程度上讲，共产主义者同盟的这些支部之间的关系，也可以

① 参见林怀艺《马克思恩格斯的民主建党思想及其现实启示》，《马克思主义研究》2008 年第 5 期。

看作各国共产党之间的关系。作为共产主义者同盟党纲的《共产党宣言》的发表，标志着马克思主义的正式诞生，同时意味着马克思主义不仅仅存在于创始人自己的国家，还存在于分布于不同国家的共产主义者同盟各个支部，马克思主义刚刚诞生就在这些支部获得话语权，这可称为马克思主义国际话语权。但是，必须看到，当时共产主义者同盟只有 8 个支部，盟员人数也比较少，还是秘密组织，几乎还没有群众基础，刚刚问世的马克思主义就受到反动当局的压制等。因此，初步生成的马克思主义国际话语权就像一个刚刚出生的婴儿一样还极其幼弱，但毕竟已经生成。

（二）马克思主义国际话语权初步生成的经验

1. 创立新理论深刻回答时代课题

到 19 世纪上半期，资本主义社会制度已经存在和发展了几百年，在资本主义生产方式推动了生产力巨大发展的同时，资本主义生产资料私有制和生产社会化的基本矛盾也暴露得越来越明显，资本主义向何处去、人类社会向何处去成为必须得到严肃回答的时代课题，围绕着对这一问题的回答产生了一系列的理论成果，马克思恩格斯的思想就是当时其中的成果之一。但是，马克思恩格斯的思想与其他理论成果有着根本的区别，对此，可以作以下几点理解。①正如上文指出，马克思恩格斯有着崇高的品格。这是能够创立马克思主义理论的不可或缺的主观条件。②基于崇高的品格，马克思在工作之初遇到了要对物质利益发表意见的"难事"，通过深入思考发现他原来信奉的黑格尔哲学以及整个西方哲学的唯心主义实质，开始对黑格尔哲学以及整个西方哲学进行深刻的批判；恩格斯也写出了《国民经济学批判大纲》这样的天才大纲。③基于这样的批判，马克思恩格斯终于发现人类历史的前提是人们的活动和他们的物质生活条件，从而创立了颠覆一切西方旧哲学的唯物史观，一开始就为他们的理论大厦奠定了牢固的基石，基于此马克思恩格斯才深刻揭示了人类社会发展规律，从而科学回答了重大的时代课题。④基于这样的理论创新，他们对当时回答时代课题形成的其他一系列理论，比如《共产党宣言》提到的包括"封建的社会主义""小资产阶级的社会主义""德国的或'真正的'社会主义"在内的"反动的社会主义"，以及"保守的或资产阶级的社会主义""批判的空想的社会主义和共产主义"等进行了深刻的批判，从而为无产阶级政党提供了科学的指导思想，为马克思主义国际话语权的初步生成创造了条件。由此可见，话语的真理性是赢得马克思主义国际话语权初步生成的先决条件。

2. 把解释世界和改变世界相统一

本章多次说道，尽管系统阐述唯物史观的《德意志意识形态》当时没有公开发表，但是，马克思恩格斯已经在他们这一时期公开出版的著作和发表的文章中运用唯物史观的基本原理分析人类社会及其发展规律，这一时期马克思恩格斯已经在运用唯物史观解释世界，并在《共产党宣言》中深刻揭示了"两个必然"的科学结论。与此同时，马克思还认识到，"全部社会生活在本质上是实践的"①，理论不仅要能够解释世界，更要能够改变世界，强调理论的重要使命在于指导实践改造世界。马克思恩格斯坚决反对脱离实践的思辨理论，他们提出必须把对旧社会的理论批判同实践、同实际斗争联系起来。他们宣称"我们的任务是要揭露旧世界，并为建立一个新世界而积极工作"②。笔者在"生成逻辑"部分说过，理论不等同于话语，可以转化为话语，但并非每一种理论都可以转化为群众话语，只有那些对群众密切关注的现实问题具有强大解释力并指导实践不断取得胜利的理论，才可能转化为群众话语。那些对现实问题缺乏解释力，不能指导实践取得胜利的理论，要么理论本身是非科学的，要么对待科学理论的态度是错误的，这样的理论都不能转化为群众话语。实践产生理论，理论转化为话语，话语被言说和表达生成话语权。正是由于马克思恩格斯注重改变世界的实践，他们解释世界的话语才与改变世界统一了起来，才初步生成了国际话语权。

3. 建立以科学理论为指导的工人组织和政党是拥有话语权的保障

以解释世界的科学理论指导改变世界，必须用这样的科学理论掌握群众，因为人民群众是历史的创造者，而马克思早就指出理论只要掌握群众就能成为物质的力量。那么，理论如何掌握群众呢？马克思恩格斯在创立他们的理论的同时就开始了掌握群众的实践探索，他们最重要的做法就是建立工人组织和政党，通过组织和政党领导和发动群众，从而掌握群众。上文在分析马克思恩格斯对"体现科学社会主义实质的思想"进行宣传时

① 《马克思恩格斯文集》第1卷，人民出版社，2009，第501页。
② 《马克思恩格斯全集》第1卷，人民出版社，1956，第414页。

指出，1846 年 2 月，马克思恩格斯在投身工人运动之初，就同一些志同道合的人在布鲁塞尔一起建立了共产主义通讯委员会。这是一个偏向学术性的组织，但它的一个重要的目的就是"进行社会主义宣传"，之所以通过组织进行宣传，是因为人们对组织的作用有一种无需论证的认同感，即组织的力量大于个人的力量，通过组织宣传会起到更好的效果。基于这样的认知，后来马克思恩格斯一下子就接受了正义者同盟领导人的邀请，帮助改组同盟，建立了共产主义者同盟，共产主义者同盟成为历史上第一个以科学社会主义理论为指导的国际性无产阶级政党。政党有其纲领、章程、宗旨等，相对于一般的组织而言更加规范，能更好地发挥领导和发动群众的作用。事实上，共产主义者同盟成为马克思主义国际话语权最初的话语主体。

4. 话语创立者亲自参与对"体现科学社会主义实质的思想"的宣传

马克思主义国际话语权的初步生成与马克思恩格斯亲自参与对他们的理论的宣传有着紧密的联系。上文也分析指出，在这一时期，马克思恩格斯主要通过出版著作、发表文章、在工人中发表演讲等途径，表达他们对现实问题的分析和看法，批判当时德国社会制度，揭露作为德国国家哲学的黑格尔法哲学存在的缺陷等。人们通过阅读他们的著作、文章，倾听他们的演讲等了解到他们的观点以及他们分析问题的基本原理，逐渐认识和了解到他们的理论初步显示的科学性、革命性、实践性、人民性等特点，开始有人逐渐认同和接受他们的思想。为什么正义者同盟领导人主动邀请马克思恩格斯帮助改组同盟呢？根本的原因就是他们通过这些途径了解到并认同接受了马克思恩格斯的观点。没有马克思恩格斯作为创立者的主动宣传，正义者同盟也就不可能对他们发出邀请。因此，只有进行理论宣传，理论才能掌握群众，才能生成话语权。

对照导言中确定的分析马克思主义国际话语权的基本框架的七个方面，这一时期，"体现科学社会主义性质"的话语开始形成，马克思恩格斯亲自对这样的理论进行宣传，取得的最重要的成效就是拥有了共产主义者同盟这一话语主体。但是这时话语传播的空间范围相当小，群众基础很弱，面临的阻碍非常大，因而成效很有限，初步生成的话语权很幼弱。

第二章
马克思主义国际话语权在欧美的初步确立

——从马克思主义诞生到第一国际解散

  1848 年《共产党宣言》发表，这一时期欧洲爆发革命，尽管当时欧洲大陆各国革命的目的各有不同，但就总体而言，这是一场资产阶级性质的民主革命，是为扫清资本主义发展障碍而进行的革命。革命中，资产阶级为了掌握政权，暂时联合了包括无产阶级在内的其他阶级，但当资产阶级获得政权后，就开始了反对工人阶级的活动，迫使工人阶级起来进行革命斗争，使这次革命也打上了无产阶级的烙印。革命中，共产主义者同盟经受了战斗洗礼，马克思主义经受了考验。1848 年欧洲革命最终失败，1852年 11 月 17 日共产主义者同盟被迫解散。从《共产党宣言》发表到共产主义者同盟解散时期，马克思主义仍然在一定程度上得到了传播，马克思主义国际话语权仍然在一定国际范围内和一定程度上被工人群众所掌握，并为此后国际共产主义运动的复兴和马克思主义国际话语权的提升奠定了一定的基础。但是，在这一时期马克思主义传播受到了极大扼制，工人群众对马克思主义国际话语权的掌握受到了极大阻碍。正如恩格斯在《共产党宣言》1888年英文版序言中所说，1848 年欧洲革命的失败，"又把欧洲工人阶级的社会的和政治的要求暂时推到后面去了。从那时起，争夺统治权的斗争，又像二月革命以前那样只是在有产阶级的各个集团之间进行了；工人阶级被迫局限于争取一些政治上的活动自由，并采取资产阶级激进派极左翼的立场。凡是继续显露出生机的独立的无产阶级运动，都遭到无情的镇压"①。《共产党宣

---

① 《马克思恩格斯文集》第 2 卷，人民出版社，2009，第 11 页。

言》1890年德文版序言又指出："随着由二月革命（1848年2月爆发的法国资产阶级民主革命——引者注）开始的工人运动退出公开舞台，《宣言》也退到后台去了。"[1] 1848年欧洲革命后，资本主义在各国得到了迅速发展，无产阶级力量不断壮大，到50年代末60年代初，各国工人运动重新活跃起来，并出现了加强国际联合的需要。1864年9月28日国际工人协会正式成立，简称"国际"，在第二国际成立后，该协会称为第一国际。第一国际成立后，在马克思和中央委员会或总委员会的领导下，积极开展各种活动，把国际工人运动引向了联合斗争的新阶段，在工人运动中产生了巨大影响，尤其是初步确立了马克思主义在工人运动中的指导地位。但是，在巴黎公社革命失败后，第一国际进入艰难的时期，最后于1876年7月15日宣布解散，从而退出了历史舞台。

本书认为从马克思主义诞生到第一国际解散是马克思主义国际话语权在欧美的初步确立的时期。"确立"有牢固地建立或树立之意，由于初步生成时的话语主体——共产主义者同盟在成立不久后的1852年11月遭遇镇压而解散，马克思主义国际话语权直到国际工人协会成立才有了体现政党特征的新话语主体（一直以来没有明确国际工人协会是国际工人政党，但是，马克思为国际工人协会起草了成立宣言和临时章程，因此国际工人协会最起码是一个体现政党特征的国际工人组织），因此，共产主义者同盟时期马克思主义国际话语权显然很不牢固；由于国际工人协会成立后马克思主义国际话语权的演进尽管坎坷曲折但从未中断，显然国际工人协会成立后马克思主义国际话语权比共产主义者同盟时期牢固得多，因此，本书把马克思主义诞生到第一国际解散这一时期作为马克思主义国际话语权在欧美的初步确立时期。第一章论证的马克思主义国际话语权的"初步生成"，侧重于马克思主义国际话语权从无到有的生成过程，本章的"初步确立"旨在说明马克思主义国际话语权初步生成后还比较弱小的存在状态。

需要特别说明的是，马克思主义国际话语权的空间范围与马克思主义国际传播的空间范围并不完全一致。马克思主义国际话语权必须有其确定的话语主体，是话语主体的话语权，没有话语主体则没有话语权。马克思主义国际传播并不一定要有确定的话语主体，可以是确定的话语主体即马

---

[1] 《马克思恩格斯文集》第2卷，人民出版社，2009，第20页。

克思主义者、马克思主义政党或组织的传播，也可以是没有确定的马克思主义话语主体的传播，即把马克思主义著作、文章及其思想作为一般读物或观点传播，通过这样的传播，有的读者可能对观点表示认同而成为马克思主义者，相当于成为一个马克思主义话语主体；有的读者可能一读而过，既不认同也不反对，没有成为话语主体；有的读者读后还可能成为反对者等。因此，马克思主义国际话语权的地域范围常常小于并包含于马克思主义国际传播的地域范围。马克思主义国际话语权的地域范围与马克思主义国际传播的地域范围完全一致或重合，是马克思主义国际话语权发展希望达到的最高层次——这种情况只有在共产主义作为世界历史性事业实现了的时候才能出现，而在现实中共产主义还远远没有实现。也正因如此，本章将分析指出，在马克思主义诞生到第一国际解散时期，尽管马克思主义除了在欧美传播外，在大洋洲、非洲和中东地区、亚洲等地区也有一定的传播，但由于这些地区还没有话语主体，因此这些地区还谈不上开始产生马克思主义国际话语权。因此，说马克思主义国际话语权在欧美的初步确立更为合适。

一 马克思主义的发展和国际传播

（一）马克思主义的发展

在本章讨论的时间范围内，《〈政治经济学批判〉序言》对唯物史观基本原理作了经典表达，《资本论》第一卷使剩余价值论作为一个科学的理论得到了完整的论证和表达，从而使马克思主义的理论基石得到彻底巩固，这成为马克思主义至今经久不衰的重要原因。本章内容主要包括梳理阐述马克思恩格斯在这一时期公开出版和发表的、公众能够阅读得到的新观点，在必要时也对未公开出版和发表的著作与文章的观点作相应的说明。第一章指出的《1844 年经济学哲学手稿》开启的"三大批判"分析框架，仍然是马克思主义诞生到第一国际这一时期的研究框架，这"三大批判"所形成的马克思主义哲学、马克思主义政治经济学和科学社会主义构成了作为整体的马克思主义的基本组成部分。这一时期，马克思主义这些基本组成部分得到了更明晰的表达和论证，而且整体性特征也更加明显，本书并非对马克思主义整体理论作事无巨细的全部阐述，只是对这一时期涉及马克思主义三大基本组成部分的公开发表的主要内容作一分析。这一研究方法同时适用于以下各章。

1. 《〈政治经济学批判〉序言》对唯物史观基本原理作了更清晰的经典表达

《〈政治经济学批判〉序言》是马克思为他在 1858 年 11 月至 1859 年 1 月写成的《政治经济学批判。第一分册》所写的序言，它是一篇独立成章的经典文献，在这篇序言中，马克思回顾了自己研究政治经济学和创立唯物史观的过程，并对唯物史观作了经典表达："人们在自己生活的社会生产中发生一定的、必然的、不以他们的意志为转移的关系，即同他们的物质生产力的一定发展阶段相适合的生产关系。这些生产关系的总和构成社会的经济结构，即有法律的和政治的上层建筑竖立其上并有一定的社会意识形式与之相适应的现实基础。物质生活的生产方式制约着整个社会生活、政治生活和精神生活的过程。不是人们的意识决定人们的存在，相反，是人们的社会存在决定人们的意识。社会的物质生产力发展到一定阶段，便同它们一直在其中运动的现存生产关系或财产关系（这只是生产关系的法律用语）发生矛盾。于是这些关系便由生产力的发展形式变成生产力的桎梏。那时社会革命的时代就到来了。随着经济基础的变更，全部庞大的上层建筑也或慢或快地发生变革。"[①] 这就科学阐明了人们的社会存在决定人们的社会意识等历史唯物主义的基本原理。同时指出："无论哪一个社会形态，在它所能容纳的全部生产力发挥出来以前，是决不会灭亡的；而新的更高的生产关系，在它的物质存在条件在旧社会的胎胞里成熟以前，是决不会出现的。"[②] 这就进一步告诉人们人类社会从低级向高级演进的历史必然性，但是，任何一个社会形态都不会自觉地、轻而易举地退出历史舞台，社会形态的革命，新的社会形态代替旧社会形态是一漫长的过程。总之，马克思对唯物史观的经典表达标志着人们对这一基本原理有了更清晰的认识和把握，为人们正确分析人类社会及其发展规律提供了科学的世界观和方法论。

2. 《资本论》第一卷对政治经济学的重大创新

1867 年 9 月，《资本论》第一卷出版，1872 年 7 月至 1873 年 4 月期间，以分册形式出版了第二版。马克思去世后，恩格斯分别于 1883 年、

---

① 《马克思恩格斯文集》第 2 卷，人民出版社，2009，第 591~592 页。
② 《马克思恩格斯文集》第 2 卷，人民出版社，2009，第 592 页。

1890 年又整理出版了第一卷第三、四版，后来通行的版本主要是第四版。第二、三卷也是在马克思去世后，恩格斯进行编辑整理，于 1885 年和 1894 年先后出版。卡·考茨基于 1905~1910 年整理出版了《资本论》第四卷，即《剩余价值理论》。从本章讨论的时间跨度看，当时人们能够看到的是《资本论》第一卷第一、二版。在《资本论》第一卷中，人们首先了解到的是对劳动价值论和剩余价值论的重大创新。本书第一章曾分析指出，马克思不是劳动价值论的原创者，当时对剩余价值理论才有了初步认识，但在《资本论》中对这两大理论实现了重大创新。首先，就劳动价值论而言，在 19 世纪 40 年代后期，随着唯物史观的创立，马克思实现了从劳动价值论的质疑者到赞成者的转变，此后，在这一基础上不断前行，在《资本论》第一卷中，马克思深刻地指出，商品具有使用价值和价值两个因素，商品的二因素根源于生产商品的劳动的二重性——具体劳动和抽象劳动；具体劳动生产使用价值，抽象劳动形成价值，价值是人类抽象劳动的凝结。这一重大发现不仅是对劳动价值论的重大创新，而且成为其研究政治经济的枢纽。其次，就剩余价值论而言，尽管在马克思之前就有人提出了剩余价值这一概念，但对其来源都缺乏科学解释。《资本论》第一卷终于揭示了谜底，这在本书下文"《资本论》第一卷对科学社会主义进一步深刻的论证和预示"部分将作比较详细的分析，这里只是一般地指出，马克思最根本的是区分了劳动与劳动力，在此基础上深刻揭示出在资本主义制度下劳动力成为商品，劳动力的价值是从事生产和再生产的工人及其家属的生活资料的价值，劳动力的使用价值是劳动。劳动不仅创造了劳动力的价值，而且创造了超出劳动力价值的、被资本家无偿占有的剩余价值。这一伟大发现不仅使剩余价值论成为马克思政治经济学的核心理论，而且指出了无产阶级用阶级斗争的方法推翻资本主义建立共产主义新社会的根本原因。

在此基础上进一步分析了资本主义生产过程的二重性。马克思首次区分了购买生产资料的不变资本和购买劳动力的可变资本，指出它们在价值形成和价值增殖过程中起着完全不同的作用：不变资本只把价值转移到产品上，只有可变资本才不仅生产出劳动力价值的等价，而且生产出剩余价值。这样，马克思就进一步揭示了剩余价值的真正来源。同时，在《资本论》第一卷中，马克思还论述了资本的积累过程，揭示了资本积累的本质、一般规律和历史趋势。①《资本论》第一卷最后指出："生产资料的集中和劳动的社会化，达到了同它们的资本主义外壳不能相容的地步。这个外壳就要炸毁了。资本主义私有制的丧钟就要响了。剥夺者就要被剥夺了。"②

3. 对剩余价值论作了彻底的论证并创新地阐述了科学社会主义基本观点

（1）《资本论》第一卷对科学社会主义进一步深刻的论证与预示。①对科学社会主义的深刻论证。尽管《资本论》研究的对象"是资本主义生产方式以及和它相适应的生产关系和交换关系"③，但是，深入研究《资本论》后便会发现，《资本论》对政治经济学的研究只是一种表象，实质上潜藏着的是对资本主义向何处去、人类社会向何处去这一时代课题的深刻回答。如果说马克思在19世纪40年代创立的唯物史观就深刻地揭示了人类社会发展规律和发展趋势，那么，就推翻资本主义和建立共产主义的过程中无产阶级成为主体力量以及把阶级斗争作为实现途径，马克思其实还一直在寻找其根本原因，一直在孜孜以求地为其提供经济学论证。只有将这两个问题从哲学和经济学两个方面论证清楚，才能为深刻阐释资本主义必然灭亡和共产主义必然胜利提供充分条件。《资本论》第一卷终于解开了资本家剥削无产阶级和无产阶级贫困化谜团，揭示了资本主义发展为共产主义的过程中无产阶级成为主体力量以及把阶级斗争作为实现途径的真正原因，从而把共产主义的实现建立在唯物史观和剩余价值论这两个基石之上。

劳动二重性理论和剩余价值理论是解开这一谜团的枢纽与核心理论。尽管在资本主义社会里，资本家宣称其与工人阶级之间是平等的，工人为其劳动多长时间，资本家就对工人付出相应的报酬，但是，人们早就发现存在着资本家对工人阶级的剥削，工人阶级是一个受剥削、被奴役的现代雇佣工人阶级，资本家剥削工人不是什么秘密。然而资本家是如何剥削工人的却始终没有得到科学的解释。马克思从早期研究政治经济学开始就一直在探寻着这一秘密，在《共产党宣言》《哲学的贫困》等著作中都有认识的新发展，这在上文已经有所论及。但是，直到在《资本论》第一卷中，马克思才第一次揭示了劳动力与劳动的不同之处，最终发现了这一秘密。《资本论》第一卷

---

① 参见《马克思恩格斯文集》第 5 卷，人民出版社，2009，第 3 页。
② 《马克思恩格斯文集》第 5 卷，人民出版社，2009，第 874 页。
③ 《马克思恩格斯文集》第 5 卷，人民出版社，2009，第 8 页。

详细地、深刻地、以无可辩驳的逻辑论证了在资本主义社会里资本家与工人之间看似是平等的关系，实际上资本家从工人那里买到的是劳动力这一特殊商品，工人的工资只是劳动力商品的价值或价格，而劳动是劳动力商品的使用价值。劳动力商品的特殊性就在于这一商品的使用价值，它不仅创造了自身的价值，而且创造了超越其自身价值的价值，即剩余价值，但剩余价值被资本家无偿占有。在《资本论》第一卷中，马克思系统深刻地分析了劳动力成为商品的历史的、制度的等多方面的原因，《资本论》第一卷第三、四篇直接以"绝对剩余价值的生产""相对剩余价值的生产"为标题，第五篇更以"绝对剩余价值和相对剩余价值的生产"为标题，系统地、创新性地揭示了生产绝对剩余价值和相对剩余价值的途径和方法，《资本论》第一卷共七篇，其中三篇直接分析的是剩余价值的生产，这成为该卷的最主要的内容，从而令人信服地揭示了无产阶级贫困化的资本主义制度根源。无产阶级的革命性与先进性决定了其通过阶级斗争的方法推翻资本主义、实现共产主义的历史必然性。无产阶级只有通过阶级斗争推翻资本主义，实现共产主义，才能解放全人类，最终解放自己。总之，《资本论》第一卷彻底、科学、完整地论证了剩余价值理论。

②对科学社会主义的深刻预示。这贯穿于《资本论》全部内容中，就第一卷而言，其中有一段经典的阐述："设想有一个自由人联合体，他们用公共的生产资料进行劳动，并且自觉地把他们许多个人劳动力当做一个社会劳动力来使用。……这个联合体的总产品是一个社会产品。这个产品的一部分重新用做生产资料。这一部分依旧是社会的。而另一部分则作为生活资料由联合体成员消费。因此，这一部分要在他们之间进行分配。这种分配的方式会随着社会生产有机体本身的特殊方式和随着生产者的相应的历史发展程度而改变。仅仅为了同商品生产进行对比，我们假定，每个生产者在生活资料中得到的份额是由他的劳动时间决定的。这样，劳动时间就会起双重作用。劳动时间的社会的有计划的分配，调节着各种劳动职能同各种需要的适当的比例。另一方面，劳动时间又是计量生产者在共同劳动中个人所占份额的尺度，因而也是计量生产者在共同产品的个人可消费部分中所占份额的尺度。"① 仔细阅读和分析这段经典论述，可以解读出

①《马克思恩格斯文集》第5卷，人民出版社，2009，第96页。

马克思设想的未来共产主义社会有以下几个方面的重要内容。第一，共产主义是一个自由人的联合体。《共产党宣言》就明确地表达了这一思想，《资本论》第一卷则作了更详细的阐述。结合马克思的相关论述可知，在自由人的联合体中，每个人都将得到全面、自由、充分的发展，人的发展是人类社会发展最终的价值取向，又以生产力高度发展为坚实基础。《资本论》第一卷还指出："作为价值增殖的狂热追求者，他（资本家——引者注）肆无忌惮地迫使人类去为生产而生产，从而去发展社会生产力，去创造生产的物质条件；而只有这样的条件，才能为一个更高级的、以每一个个人的全面而自由的发展为基本原则的社会形式建立现实基础。"① 第二，共产主义社会进行有计划、按比例的生产。"劳动时间的社会的有计划的分配，调节着各种劳动职能同各种需要的适当的比例"说明，在共产主义社会进行有计划、按比例的生产，能克服资本主义无组织、无计划的过度自由竞争的弊端。对未来共产主义社会这一方面的设想，《资本论》中还有比较多的论述。第三，共产主义有一个从低级向高级发展的过程。"随着生产者的相应的历史发展程度而改变"说明，共产主义社会是一个不断前行的、由低级向高级发展的社会，蕴含着在其发展过程中可以分为不同阶段的思想。马克思在后来的《哥达纲领批判》中正式提出了共产主义第一阶段和共产主义高级阶段的划分。第四，在不同的发展阶段可以有不同的分配方式。"每个生产者在生活资料中得到的份额是由他的劳动时间决定"说明，这个联合体中的分配方式是按劳分配。尽管按劳分配这个概念在当时没有提出，但意思已经表达得很清楚。而"这种分配的方式会随着社会生产有机体本身的特殊方式和随着生产者的相应的历史发展程度而改变"则进一步说明了，在共产主义社会除了按劳分配之外，还可以有其他的分配方式。也是在后来的《哥达纲领批判》中，马克思进一步提出了在共产主义社会高级阶段实行按需分配的设想。

　　（2）《法兰西内战》提出了"工人阶级不能简单地掌握现成的国家机器，并运用它来达到自己的目的"② 的重要思想。上文指出，在《共产党宣言》中马克思恩格斯指出，自有文字记载以来的文明史，即除原始社会

① 《马克思恩格斯文集》第 5 卷，人民出版社，2009，第 683 页。
② 《马克思恩格斯文集》第 3 卷，人民出版社，2009，第 151 页。

外，到目前为止的社会历史都是阶级斗争的历史。阶级斗争有多种途径和方法，社会革命是最典型的形式。为什么要进行社会革命？首先，旧政权已变成压迫人民的国家机器。《法兰西内战》分析指出，尽管资产阶级政权曾"充当了新兴资产阶级社会反对封建制度的有力武器"①，但是，代表着大资产阶级利益的法兰西第二帝国不仅"变成了巨额国债和苛捐重税的温床，不但由于拥有令人倾心的官职、金钱和权势而变成了统治阶级中各不相让的党派和冒险家们彼此争夺的对象"②，而且"国家政权在性质上也越来越变成了资本借以压迫劳动的全国政权，变成了为进行社会奴役而组织起来的社会力量，变成了阶级专制的机器"③。对于这样的资产阶级的国家机器，无产阶级绝不能把它当成解放自己的政治工具，而必须通过社会革命的方法摧毁它，打碎它。其次，总结了巴黎公社无产阶级政权的新经验。这些新经验包括，无产阶级取得政权后，必须建立人民的武装的军事制度；建立由普选选出的市政委员代表人民掌握政权的政治制度，而且特别指出，这些委员随时可以罢免，只能获取相当于工人工资的报酬；建立让一切人民享受教育权利的文化教育制度；建立司法人员选举制的法律制度；建立中央政府履行为数不多但很重要的职能与地方自治相结合的组织制度等。④ 总之，"公社的真正秘密就在于：它实质上是工人阶级的政府，是生产者阶级同占有者阶级斗争的产物，是终于发现的可以使劳动在经济上获得解放的政治形式"⑤。而以上新经验中的"选举制""罢免制""工薪制"等具有深远的指导意义。

4. 第一国际对马克思主义政党建设理论的发展

第一国际是一个国际性组织，不是一个政党，但是，又发展了马克思主义政党理论。主要原因是，首先，第一国际指出成立以科学社会主义为指导的政党的必要性。在第一国际成立的时候，世界上第一个国际性马克思主义政党——共产主义者同盟早就于1852年解散，民族国家内的无产阶级政党还没有诞生。因此，马克思亲自起草的《国际工人协会共同章程》，

---

① 《马克思恩格斯文集》第3卷，人民出版社，2009，第151页。
② 《马克思恩格斯文集》第3卷，人民出版社，2009，第152页。
③ 《马克思恩格斯文集》第3卷，人民出版社，2009，第152页。
④ 参见《马克思恩格斯文集》第3卷，人民出版社，2009，第154~155页。
⑤ 《马克思恩格斯文集》第3卷，人民出版社，2009，第158页。

实际上是在继《共产党宣言》后再次强调指出："无产阶级在反对有产阶级联合力量的斗争中，只有把自身组织成为与有产阶级建立的一切旧政党不同的、相对立的政党，才能作为一个阶级来行动。"① 由此可见，马克思特别重视以科学社会主义理论为指导的政党对工人运动的领导作用，强调必须在有条件的情况下及时成立以科学社会主义理论为指导的政党。其次，建立一个与"一切旧政党不同的、相对立的政党"的根本，就在于始终坚持《共产党宣言》中提出的党的性质、特点、纲领、宗旨和策略，说到底就是要以科学社会主义理论为指导，成为一个具有先进性的政党。为此，在第一国际时期，马克思恩格斯不仅利用各种条件极力宣传科学社会主义，而且深刻批判了对国际工人运动具有影响的一些非科学社会主义思潮与流派，包括法国机会主义流派——蒲鲁东主义，德国机会主义思潮——拉萨尔主义，英国改良主义思潮——工联主义，当时流行于欧洲工人运动中的无政府主义思潮——巴枯宁主义等，并战胜了这些思潮和流派。在第一国际成立之初还有很大影响的各种资产阶级改良主义流派，到第一国际结束时影响大大缩小了，有的已经奄奄一息。马克思主义逐渐成为工人运动的指导思想，这是工人运动发展的客观选择，也是马克思主义的重大胜利，为后来民族国家内马克思主义政党的建立奠定了基础。

　　5. 在运用唯物史观基本原理分析现实问题中提出新思想

　　（1）在分析1848年欧洲革命中提出新思想。② ①分析革命爆发又失败的原因。恩格斯指出："这些原因不应该从一些领袖的偶然的动机、优点、缺点、错误或变节中寻找，而应该从每个经历了动荡的国家的总的社会状况和生活条件中寻找。"③ 从社会存在与社会意识相互关系的原理看，"国家的总的社会状况和生活条件"就是社会存在，也就是说1848年欧洲革命必然爆发又必然失败的原因应该从社会存在中寻找，而不是从人们的思想意识中寻找。首先，深刻分析了欧洲革命爆发的必然性。恩格斯从德国总的社会状况和生活条件中分析德国革命爆发的原因，认为主要原因是德

---

① 《马克思恩格斯文集》第3卷，人民出版社，2009，第228页。
② 1848年欧洲革命失败后，从1850年至1852年，马克思恩格斯撰写了许多重要的著作总结这次革命的经验教训。其中最著名的有《1848年至1850年的法兰西阶级斗争》《路易·波拿巴的雾月十八日》《德国的革命和反革命》《德国维护帝国宪法的运动》《中央委员会告共产主义者同盟书》等，阐明了一系列新观点。
③ 《马克思恩格斯文集》第2卷，人民出版社，2009，第352页。

国"各个阶级的构成比任何别的国家都更为复杂"①。恩格斯指出，当时英国、法国资产阶级民主革命已基本完成，封建制度已经被消灭，而德国封建土地所有制还居于统治地位，德国的资产阶级尽管落后，但与封建主相比，毕竟是一个先进的阶级，当"他们进入反对派队伍（封建统治阶级的反对派——引者注）的时刻，应该看做德国的真正革命运动的开始"②。同时，德国的无产阶级虽然还不强大，但是也发动了1844年西里西亚的织工起义。"由于这些因素，最小的冲突也一定会引起一次大革命。"③ 恩格斯也是从这一原理出发分析巴黎六月起义的原因的。其次，深刻分析了欧洲革命失败的原因。1848年欧洲革命总体上说是资产阶级反对封建阶级的民主革命。资产阶级在反对封建阶级中表现出一种革命性，在与无产阶级的矛盾中又表现出一种反动性。正因如此，资产阶级在反对封建阶级时，不得不求助于无产阶级，而一旦人民群众的革命风暴兴起，资产阶级就会立即同反动势力妥协，一起来反对人民群众，这是资产阶级共有的特征，这就有可能导致无产阶级革命的失败。

②总结了1848年欧洲革命中的经验。④ 第一，进一步阐明了革命的群众运动是社会发展动力。尽管1848年欧洲革命有不同的阶级参与其中，但是，无产阶级代表的广大人民群众是一支重要的力量，甚至发挥了最为重要的作用。马克思指出的"革命是历史的火车头"⑤ 意即以广大人民群众为主体的革命是历史的火车头，因此，这一形象的比喻是对"历史活动是群众的活动"、人民群众创造历史等观点的再强调和新发展。另外，马克思恩格斯特别强调无产阶级领导下的工农联盟是人民的基本组成部分。马克思指出，无产阶级与农民组成同盟军，那么，"无产阶级革命就会形成一种合唱，若没有这种合唱，它在一切农民国度中的独唱是不免要变成孤鸿哀鸣的"⑥。总之，工农联盟对工人阶级领导的革命运动具有重要意义。

---

① 《马克思恩格斯文集》第2卷，人民出版社，2009，第353页。
② 《马克思恩格斯全集》第8卷，人民出版社，1961，第17页。
③ 《马克思恩格斯文集》第2卷，人民出版社，2009，第369页。
④ 参见《国际共产主义运动史》编写组编《国际共产主义运动史（从马克思主义诞生至十月社会主义革命胜利）》，人民出版社，1978，第139~156页；《国际共产主义运动史》编写组编《国际共产主义运动史》，人民出版社，2012，第43~46页。
⑤ 《马克思恩格斯文集》第2卷，人民出版社，2009，第161页。
⑥ 《马克思恩格斯文集》第2卷，人民出版社，2009，第573页注①。

第二，进一步提出"不断革命"的口号。《共产党宣言》第四章"共产党人对各种反对党派的态度"中曾提出坚持不断革命论和革命发展阶段论相结合的原则。后来，马克思在《1848 年至 1850 年的法兰西阶级斗争》中又强调了这一原则。不断革命实质上是指无产阶级要有革命的彻底性，既要在一定的情况下支持资产阶级革命进行到底，为无产阶级革命创造有利的条件，又要在完成的资产阶级革命的基础之上，推翻资产阶级的统治，建立无产阶级专政，这是对无产阶级革命策略的运用和发展。

③创新地提出无产阶级革命必须打碎旧的国家机器，建立无产阶级专政的国家政权。欧洲革命中的一个重要事实是当无产阶级起来独立行动时，以封建统治阶级为代表的一切反动阶级联合起来，利用国家机器镇压了无产阶级的起义。马克思认为，曾经在摧毁封建制度方面具有进步意义的资产阶级国家，不论其形式如何，都已变成镇压无产阶级和劳动人民的反动机器，不能幻想可以用它来为人民服务。1849 年 2 月，马克思刊载在《新莱茵报》上的《"新莱茵报"审判案》一文指出："三月革命只是改组了政治上层，而没有触动它的全部基础：旧官僚制度、旧军队、旧检察机关和那些从生到死终身为专制制度服务的旧法官。"① 1871 年 4 月，马克思在一封信中说："如果你查阅一下我的《雾月十八日》的最后一章，你就会看到，我认为法国革命的下一次尝试不应该再像以前那样把官僚军事机器从一些人的手里转到另一些人的手里，而应该把它打碎，这正是大陆上任何一次真正的人民革命的先决条件。"② 马克思的这些思想大大发展了马克思主义的国家学说。

（2）在为《纽约每日论坛报》撰写的评论文章分析国际问题过程中阐述新思想。从 1851 年秋起，马克思和恩格斯为当时的美国进步报纸《纽约每日论坛报》撰稿十多年，这些稿件收录于《马克思恩格斯全集》第一版第 8~13 卷及第 15 卷中，其论及范围具有世界性，涉及欧洲、中国、印度、俄国、美国等世界上很多国家；论及主题具有时代性，即主要论及的是当时世界上发生的一些重要事件，包括欧洲各国特别是最发达的资本主义国家英国的经济状况、欧洲各国的对外政策和外交问题、德国革命、科

---

① 《马克思恩格斯全集》第 6 卷，人民出版社，1961，第 278 页。
② 《马克思恩格斯文集》第 10 卷，人民出版社，2009，第 352 页。

伦共产党人案件、英国选举、意大利起义、希腊人暴动、波兰侨民、中国革命和欧洲革命、不列颠在印度的统治、自由贸易、资本主义列强的殖民主义政策和被压迫民族的民族解放斗争、美国内战以及其他许多国际问题；论及程度具有深刻性，对于所论及的问题都用唯物史观深刻分析其发生的原因及发展趋势，这些政论性文章的观点既成为马克思主义的重要内容，又是马克思主义创始人分析时事和国际问题的典范，在 19 世纪 50 年代初至 60 年代初国际共产主义运动总体处于低潮的背景下，这些文章对于宣传马克思主义、使人们仍然能够看到用马克思主义分析现实问题的基本观点以及蕴含于这些基本观点之中的马克思主义基本理论起到了重要作用。在此仅对涉及中国问题的主要观点作一说明。

马克思恩格斯在《纽约每日论坛报》发表的文章中有十篇涉及中国，根据辩证唯物主义与历史唯物主义、世界历史理论、资本主义的逻辑就是资本逻辑等基本原理提出了以下一些观点。①中国是一个闭关自守的国家。马克思指出："满族王朝的声威一遇到英国的枪炮就扫地以尽，天朝帝国万世长存的迷信破了产，野蛮的、闭关自守的、与文明世界隔绝的状态被打破，开始同外界发生联系。"① ②英国侵略战争在中国犯下了严重的罪行。马克思指出："广州城的无辜居民和安居乐业的商人惨遭屠杀，他们的住宅被炮火夷为平地，人权横遭侵犯，这一切都是在'中国人的挑衅行为危及英国人的生命和财产'这种站不住脚的借口下发生的！……英国人控告中国人一桩，中国人至少可以控告英国人九十九桩。"② ③鸦片贸易给中国人民带来了严重的身心伤害。马克思引用英国人的话说道："鸦片贩子在腐蚀、败坏和毁灭了不幸的罪人的精神存在以后，还杀害他们的肉体；每时每刻都有新的牺牲者被献于永不知饱的摩洛赫（古腓尼基人所奉祀的火神，以人做祭品——引者注）之前，英国杀人者和中国自杀者竞相向摩洛赫的祭坛上供奉牺牲品。"③ ④封闭落后的中国也会举起反对侵略的大旗。马克思指出："与此同时，在中国，压抑着的、鸦片战争时燃起的仇英火种，爆发成了任何和平和友好的表示都未必能扑灭的愤怒烈火。"④

① 《马克思恩格斯文集》第 2 卷，人民出版社，2009，第 608 页。
② 《马克思恩格斯文集》第 2 卷，人民出版社，2009，第 620~621 页。
③ 《马克思恩格斯文集》第 2 卷，人民出版社，2009，第 630 页。
④ 《马克思恩格斯文集》第 2 卷，人民出版社，2009，第 621 页。

恩格斯指出："波斯被打得一败涂地，而绝望的、陷于半瓦解状态的中国，却找到了一种抵抗办法，这种办法实行起来，就不会再有第一次英国对华战争那种节节胜利的形势出现了。"① ⑤中国革命有可能引发欧洲革命。马克思指出："中国革命将把火星抛到现今工业体系这个火药装得足而又足的地雷上，把酝酿已久的普遍危机引爆，这个普遍危机一扩展到国外，紧接而来的将是欧洲大陆的政治革命。这将是一个奇观：当西方列强用英、法、美等国的军舰把'秩序'送到上海、南京和运河口的时候，中国却把动乱送往西方世界。"② ⑥中国反抗英国侵略的战争、保家卫国的人民战争是正义的，中国人民的正义战争必将取得最终的胜利。马克思恩格斯对中国的前途寄予很大的希望。恩格斯指出："我们不要像道貌岸然的英国报刊那样从道德方面指责中国人的可怕暴行，最好承认这是'保卫社稷和家园'的战争，这是一场维护中华民族生存的人民战争。虽然你可以说，这场战争充满这个民族的目空一切的偏见、愚蠢的行动、饱学的愚昧和迂腐的野蛮，但它终究是人民战争。""过不了多少年，我们就会亲眼看到世界上最古老的帝国的垂死挣扎，看到整个亚洲新纪元的曙光。"③ 以上这些观点蕴含着辩证唯物主义与历史唯物主义基本原理。

（二）马克思主义主要在欧美的传播

1. 在欧美国家和地区的传播

1848 年欧洲革命失败，欧洲工人运动遭受了沉重的打击，欧洲工人阶级从前台退到了后台，但是，在共产主义者同盟正式解散之前，马克思、恩格斯及同盟盟员仍然坚持斗争，极力对刚刚诞生的马克思主义进行宣传。此后，在 19 世纪 50 年代大部分的时间中，马克思恩格斯尽可能地利用报刊发表文章，并于 1859 年出版了《政治经济学批判。第一分册》，使公众在一定范围内和一定程度上仍然能够听到马克思主义的声音，了解到马克思主义的观点。19 世纪 50 年代末 60 年代初，欧洲工人阶级开始从后台走向前台，1864 年国际工人协会成立后，欧洲工人运动掀起新的高潮，马克思主义成为国际工人协会的指导思想，随着《资本论》第一卷出版，马克思主义得到新的广泛的传播。

---

① 《马克思恩格斯文集》第 2 卷，人民出版社，2009，第 622 页。
② 《马克思恩格斯文集》第 2 卷，人民出版社，2009，第 612 页。
③ 《马克思恩格斯文集》第 2 卷，人民出版社，2009，第 626、628 页。

在俄国，马克思主义的传入和传播，是和俄国各族人民解放斗争的历史紧密地联系在一起的。马克思恩格斯的思想很早就传入俄国。19 世纪 40年代，别林斯基就曾读过马克思恩格斯发表在 1844 年《德法年鉴》上的文章。① 马克思的《政治经济学批判》一书在俄国很受欢迎。马克思在知道了有人就他的著作《政治经济学批判》的内容向莫斯科大学的学生作讲演后，1860 年 9 月，在一封信中写道："我的书在俄国引起了轰动，有一位教授在莫斯科就这本书作了讲演。我还从俄国人和懂德语的法国人那里收到许多封关于这本书的友好信件。"② 1870 年，一批俄国社会主义者建立了国际工人协会的俄国支部。马克思欣然答应了在总委员会中担任俄国支部代表。他对俄国支部委员所给予他的信任表示感谢。俄国支部的机关刊物《人民事业》先后刊载了马克思的书信和第一国际的文件。1872 年 3月 27 日，由俄国革命者罗巴琴、丹尼尔逊翻译的《资本论》第一卷俄文版正式问世。

这一时间内，马克思主义在美洲也已经开始传播。"1848 年革命失败后，由于欧洲各国反动政府的迫害，其中许多人逃往美国，成为马克思主义在美国的传播者。在这份名单中有著名的共产主义者同盟的活动家约瑟夫·魏德迈、弗里德里希·左尔格、罗萨、雅可比、克莱因、约翰·席克耳、塞巴斯蒂安·戴勒尔等人。与此同时，还有相当数量的革命者和同情革命的德国人在 1848 年后移居美国，成为革命思想的拥护者和传播者"③。这其中约瑟夫·魏德迈、弗里德里希·左尔格作出的贡献最大。1851 年，德国工人活动家约瑟夫·魏德迈就来到了美国，他是马克思、恩格斯的亲密战友，在极为困难的情况下，他一到美国就开始传播马克思主义。1852 年1 月，魏德迈创办的《革命》周刊陆续刊登了卡尔·马克思的《1845 年至1847 年商业危机史》《欧洲的党派》等文章，介绍马克思的理论和欧洲的社会主义运动，还刊载了《共产党宣言》第二章"无产者和共产党人"。1852 年 4 月，在魏德迈的努力下，马克思的《路易·波拿巴的雾月十八

---

① 参见胡为雄《马克思主义哲学在中国传播与发展的百年历史》，百花洲文艺出版社，2015，第 37 页。
② 《马克思恩格斯全集》第 30 卷，人民出版社，1974，第 563 页。
③ 张友伦、陆镜生：《美国工人运动史》，天津人民出版社，1993，第 142 页；转引自胡为雄《马克思主义哲学在中国传播与发展的百年历史》，百花洲文艺出版社，2015，第 39 页。

日》一书出版。同年夏天，魏德迈发起创建了美国第一个马克思主义组织——无产者联盟。该联盟努力宣传马克思主义，努力使自己成为一个以《共产党宣言》为理论基石的统一的工人阶级政党。1853 年 3 月，全美统一的工人阶级组织"美国工人同盟"在纽约成立。1857 年 10 月，"共产主义者俱乐部"亦在纽约成立。第一国际成立后，美国各地城市相继成立了工人协会，并于 1867 成立了第一国际美国支部。1872 年 9 月，第一国际在海牙大会之后，其总部迁往美国纽约，大批共产主义者和马克思主义者也从欧洲迁移到美国。因此，美国的工人运动很快进入活跃的状态，并在较长时期内得以持续。德国著名的马克思活动家弗里德里希·左尔格于 1852 年 6 月也来到了美国，一到美国就积极宣传科学社会主义，被称为"美国社会主义之父"。这一时期马克思主义在加拿大也有一定的传播，19 世纪 60~70 年代，加拿大建立了属于第一国际的马克思主义小组。[①]

　　这一时期内，拉美国家中主要是阿根廷、墨西哥的马克思主义宣传运动搞得比较好，其他国家和地区的宣传力度较小，有的还没有组织起来。阿根廷在欧洲移民、巴黎公社社员爱弥尔·多马士的鼓动下，1872 年 1 月 28 日，在布宜诺斯艾利斯成立了第一国际法国支部，同时，其他城市也建立起了类似的工人组织与小组。1872~1876 年，国际支部在阿根廷传播马克思主义和组织工人运动方面做了不少工作。1872 年 9 月，他们出版了《工人报》，这是拉丁美洲第一份马克思主义倾向的报纸，但是，遗憾的是，出了两期就被迫停刊了。19 世纪 70 年代中期，德国补选反社会党人的"非常法"，一批与此有关的德国人移居阿根廷，这批移民的到来，给社会主义运动增添了新的血液。19 世纪 60 年代，在阿根廷社会主义思想就有一定的传播，但是与乌托邦社会主义、无政府主义混合物。第一国际成立的消息传到墨西哥后引起了比较大的反响。1869 年末墨西哥第一国际的支持者比利亚努埃瓦在工人中散发国际工人协会章程的小册子，使马克思的影响逐渐扩大。1870 年 1 月 10 日在比利亚努埃瓦的领导下，各个同志会和协会联合成立了"劳动者组织中心"。同年 9 月改称为"墨西哥工人大团结"。这是马克思主义者在墨西哥也是在拉美成立的第一个无产阶

---

① 参见胡为雄《马克思主义哲学在中国传播与发展的百年历史》，百花洲文艺出版社，2015，第 39~44 页。

级组织。1871 年 7 月 9 日其机关刊物《社会主义者》周报第一期问世，明确提出自己的任务是捍卫工人阶级的权利和利益。同年底旧金山的第一国际会员提出要在墨西哥建立国际支部。一年后，墨西哥的一些工人组织同驻在纽约的总委员会建立了联系，正是这批科学社会主义者为在墨西哥成立社会主义政党准备了条件。① 从《共产党宣言》发表到国际工人协会时期的全过程看，马克思主义在欧美的传播有很大的曲折，但是传播渠道仍然具有多样化的特点。

（1）出版著作。这一时期公开出版的著作主要是《政治经济学批判。第一分册》、《资本论》（第一卷）、《法兰西内战》等。这些都是马克思恩格斯的经典著作，其出版对马克思主义起到了重大的宣传作用。1859 年 6 月，马克思出版了《政治经济学批判。第一分册》，这一著作的出版是马克思主义政治经济学创立的重要标志，在《资本论》未出版的情况下，其出版对宣传马克思主义政治经济学起到了重要作用，它进一步阐述了唯物史观的基本原则，尤其指出："无论哪一个社会形态，在它所能容纳的全部生产力发挥出来以前，是决不会灭亡的；而新的更高的生产关系，在它的物质存在条件在旧社会的胎胞里成熟以前，是决不会出现的。"② 这就说明新的社会形态取代旧的社会形态的长期性。《政治经济学批判。第一分册》使人们不仅一定程度上了解到马克思主义政治经济学内容，尤其对唯物史观、人类社会发展规律的核心观点有了更深刻的把握。

1867 年和 1872～1873 年，《资本论》第一卷出版了两版。《资本论》是马克思划时代的巨著。第一卷的出版，使人们真正认识到资本家剥削工人的秘密，夯实了剩余价值论这一唯物史观之外的另一个马克思主义理论的基石。唯物史观和剩余价值两大基石的坚固性，使马克思主义建立在无可辩驳的逻辑之上，建立在严谨的科学基础之上，对强化人们的马克思主义信念起到了进一步的推动和巩固作用。

《法兰西内战》是用英文写的，最初于 1871 年 6 月 13 日前后在伦敦印成小册子，同年又出了第二版和第三版。1871～1872 年，《法兰西内战》先后被译成德文、法文、俄文、意大利文、西班牙文、荷兰文、佛拉芒

---

① 参见祝文驰、毛相麟、李克明《拉丁美洲的共产主义运动》，当代世界出版社，2002，第 31～38 页。

② 《马克思恩格斯文集》第 2 卷，人民出版社，2009，第 592 页。

文、塞尔维亚-克罗地亚文、丹麦文和波兰文，在欧洲各国和美国的期刊上发表，同时，还出版了单行本。1872 年在布鲁塞尔出版了根据英文第三版翻译的法文版等。《法兰西内战》是以唯物史观分析现实重大问题的典范，提出了科学社会主义的一些重要观点，其中关于无产阶级政权实行"选举制""罢免制""工薪制"等制度的思想至今仍然具有重要的现实意义。

（2）发行报纸。①利用现有进步报纸。在这一过程中，马克思恩格斯花费较多时间甚至在一定时期将主要精力都放在这方面——为美国进步报纸《纽约每日论坛报》撰稿，其内容已在上文做了分析。由于当时马克思还不能流畅地用英文写作，也由于为《纽约每日论坛报》写稿的工作可能占用马克思的全部时间，他不能从事他和恩格斯认为具有首要意义的政治经济学方面的研究工作，所以为该报所写的许多篇论文和通讯是应马克思的要求由恩格斯执笔的。《纽约每日论坛报》成为这一时期马克思恩格斯公开发表文章的主要阵地。这些文章涉及了世界政治的各个方面，用唯物史观这一新的世界观对世界政治进行深刻的分析，也提出了一些重要的观点，得到了极高的评价。另外这一时期，美国工人同盟（多数是侨居美国的德国工人）的机关报《改革报》（1853 年 3 月 5 日至 1854 年 4 月 26 日在纽约用德文出版，起初每周出一次，后来每周出两次，从 1853 年 10 月 15 日起改为日刊）[1]也转载了马克思和恩格斯在《纽约每日论坛报》发表的一些文章。另外，在国际工人协会时期，马克思写出《国际工人协会成立宣言》后，在 1864 年 12 月 21 日《社会民主党人报》第 2 号上和 12 月 30 日第 3 号上以《欧洲工人阶级宣言》为题发表，该文在德国散发了 5 万份。[2] 从而扩大了国际工人协会和科学社会主义的社会影响，对提升马克思主义国际话语权发挥了积极作用。

②创办报纸。马克思恩格斯一直注重通过在报纸上发表文章宣传科学社会主义理论。在没有进步报纸可以直接使用的情况下，他们就克服困难，自己创办报纸。1847 年 6 月，正义者同盟改组大会即共产主义者同盟第一次代表大会在伦敦召开，决定创办《共产主义杂志》，但该杂志只在

---

① 参见《马克思恩格斯全集》第 28 卷，人民出版社，1973，第 878 页。

② 参见王学东主编《国际共产主义运动历史文献》第 5 卷，中央编译出版社，2011，第 26 页、503 页注 25。

1847 年 9 月初出了试刊号。1848 年欧洲革命声势浩大，广大工人阶级也都参与到了这场革命中来了，为了在这场资产阶级民主性质的革命中宣传共产主义思想并给工人阶级以指导，马克思恩格斯创办了大型日报《新莱茵报》，该报副标题为"民主派机关报"（《新莱茵报。民主派机关报》），1848 年 6 月 1 日正式出版，7 名编委都是共产主义者同盟成员，马克思担任主编。恩格斯曾回忆指出："如果我们当时不愿意这样做（创办报纸进行共产主义宣传和给工人阶级指导。——引者注），不愿意站在已经存在的、最先进的、实际上是无产阶级的那一端去参加运动并推动运动前进，那我们就只好在某一偏僻地方的小报上宣传共产主义，只好创立一个小小的宗派而不是创立一个大型的行动党了。"① 在 1848 年革命中，《新莱茵报》编辑部实际上发挥了同盟中央委员会的领导作用，成为无产阶级革命斗争的"直接指挥者"。与此同时，"由于编辑部和英国、法国、意大利、比利时、北美的民主派的领导人有私人联系，因此它能比任何别的报纸更正确更明白地给自己的读者报道国外的社会政治运动情况。从这方面看，'新莱茵报'不仅是德国民主派的，而且是欧洲民主派的机关报"②。

《新莱茵报。民主派机关报》停刊后，马克思又积极筹措出版新的机关刊物《新莱茵报。政治经济评论》（于 1850 年 3 月 6 日在汉堡出版第 1 期）。由于诸多条件的限制和当局的阻碍，《新莱茵报。政治经济评论》存在的时间也不长，1850 年 11 月 29 日，在汉堡出版最后一期合刊（5、6 期合刊）后也停刊了。《新莱茵报。民主派机关报》和《新莱茵报。政治经济评论》发表了大量的文章，《马克思恩格斯全集》中文第一版第 5、6、7 卷大部分的内容就是马克思恩格斯在这两份报纸上发表的，其政治立场就是宣传《共产党宣言》与《共产党在德国的要求》（马克思恩格斯为同盟起草的指导德国革命的纲领性文件）的基本精神，起到了教育和鼓舞人民群众的作用。为贯彻同盟的革命策略服务，它不仅关注德国的革命，而且关注欧洲其他国家的革命运动。

（3）发表演说和举办讲座。第一章指出，在马克思恩格斯参加工人运动的实践中，发表演说是一个重要的形式，他们用创立的新理论分析现实

---

① 《马克思恩格斯文集》第 4 卷，人民出版社，2009，第 5 页。
② 《马克思恩格斯全集》第 6 卷，人民出版社，1961，第 683 页。

问题，又在对现实问题的分析中表达他们的观点、传播他们的理论。从《共产党宣言》发表到第一国际解散，由于1848年欧洲革命失败后欧洲大陆统治者们对共产主义者同盟的活动严加镇压，由于共产主义者同盟解散之后国际共产主义运动进入比较长时间的沉寂，在这一时期，马克思恩格斯等科学社会主义者发表的演说比较少。目前可以查阅到的资料是，1872年9月8日国际工人协会最后一次代表大会海牙代表大会闭幕后，马克思在阿姆斯特丹群众大会上发表了演说。演说的主要内容是总结了国际工人协会此前的工作，说明了此后的打算，核心内容是强调无产阶级在进行各种形式的阶级斗争时，要坚定不移地把暴力革命、打碎资产阶级国家机器、建立无产阶级专政放在高于一切的地位，这是贯穿《共产党宣言》《法兰西内战》的一个重要思想。在国际工人协会解散前，1876年1月22日，恩格斯在1863年波兰起义的国际性纪念会上发表简短的演说，用马克思主义观点分析了波兰起义的历史意义。另外，1849年9月9日，共产主义者同盟盟员塞巴斯蒂安·载勒尔在伦敦共产主义工人教育协会上发表演说，他指出："无产阶级在二月革命之后尽管多次被打倒在地，但是它越来越强大。……当代一切政治斗争的实质似乎在于，它们在失败中经受锻炼，直到学会进行真正的阶级斗争。……为此我们勇敢地前进，教育人民准备进行大规模的斗争，我们要实实在在地向人民说明他们的真正利益。我们必须学会真本领，不再让别人夺走他们的胜利果实。"① 演说博得了会员们的热烈掌声。

在这一时期，马克思还给一定范围的工人举办过讲座。李卜克内西回忆说："在1850和1851两年当中，马克思开了一个政治经济学讲习班。他这样做完全不是由于心愿，但在他对一小部分朋友讲了几讲之后，由于我们的坚持，他终于答应给较多的听众讲授。在这些使一切有幸参加听讲的人都感到极大愉快的讲授中，马克思已经基本上阐发了他在《资本论》中所阐述的理论体系。"②

（4）发放传单。这主要是共产主义者同盟时期的一种迫不得已的做法。1848年欧洲革命中共产主义者同盟的活动受到了封建统治者的限制和

---

① 王学东主编《国际共产主义运动历史文献》第3卷，中央编译出版社，2011，第20~21页。
② 〔法〕保尔·拉法格等：《回忆马克思恩格斯》，马集译，人民出版社，1973，第38页。

打击，共产主义者同盟常常只能进行地下的秘密活动，通过发放传单发布号召、传递信息，而传单内容是根据《共产党宣言》的精神写出的，因此，发放传单自然也就成为共产主义者同盟宣传科学社会主义的举措。《共产党宣言》得以在伦敦公开出版，是因为 1848 年欧洲革命只发生于欧洲大陆，没有涉及英国，在德国等欧洲大陆地区，《共产党宣言》也是秘密发放的。德国"三月革命"初，共产主义者同盟科隆各支部就在其组织的民众大会上发放了《人民的要求》的传单，当时集会的有几千人——主要是工人，因此，比较多的工人获得了传单，《人民的要求》也获得了广泛的传播。此后，科隆共产主义者同盟又发放了对原来《人民的要求》的六点要求作了详细论证的扩充稿本，通过邮寄的方式寄送给了许多公民。① 3 月下旬，马克思和恩格斯在认真研究德国革命的一些重大问题的基础上，为同盟起草了《共产党在德国的要求》，它成为同盟指导德国革命的纲领性文件。3 月 30 日左右《共产党在德国的要求》印成了传单。到了 1851 年 4 月底，共产主义者同盟科隆中央委员会为了适应当时的新情况，决定对 1848 年 3 月发表的《共产党在德国的要求》加以修订，以便广为宣传。这份新的传单从 1851 年 4 月至 5 月底在美因河畔法兰克福和科布伦茨流传。② 马克思恩格斯总结德国 1848~1849 年革命经验的重要文献《共产主义者同盟中央委员会告同盟书》（1850 年 3 月）也被印成传单在同盟盟员中秘密散发。

（5）国际工人协会发挥了重要作用。国际工人协会对促进和推动各国工人运动的发展、支持被压迫民族争取民族解放的斗争、号召工人阶级学习科学社会主义理论等发挥了重要作用。在国际工人协会存续期间，1867 年 9 月马克思的鸿篇巨制《资本论》第一卷正式出版，不久后德国组织就发出学习《资本论》的号召："'我们，布鲁塞尔国际工人代表大会的德国代表，建议所有国家的工人都来学习去年出版的卡尔·马克思的《资本论》；呼吁协助把这部重要著作翻译成目前还没有翻译出来的各种文字。马克思的功绩是不可估量的，他是经济学家当中对资本和它的组成部分作

---

① 参见王学东主编《国际共产主义运动历史文献》第 2 卷，中央编译出版社，2011，第 721、723 页注 128、132。
② 参见王学东主编《国际共产主义运动历史文献》第 3 卷，中央编译出版社，2011，第 603 页注 419。

出科学分析的第一个人.'"① 这项决议由代表大会一致通过，并于 1868 年 9 月 15 日发表在《泰晤士报》埃卡留斯的通讯中。在国际的倡导下，《资本论》成为在欧洲工人中传播最广的著作之一，打破了反动阶级"用沉默置《资本论》于死地"的阴谋。当时侨居伦敦的列斯纳在读了《资本论》后，立即写信给马克思说，他甚至为失业而感到高兴，因为这使他有时间阅读《资本论》。第一国际瑞士支部创始人贝克尔收到马克思寄的《资本论》和马克思夫人关于学习这本书的方法建议后，立即回信说，对他来说，这是一件宝物，对世界来说，这是一个宝库，他满怀热望，想把它整个吞下去。他还写信给列斯纳说：这是我们的剑，我们的铠甲，是进攻和防守的武器。可以说，《资本论》教育和培养了一批批先进的工人战士②，促进了工人运动沿着正确的方向发展。

（6）与各种非科学社会主义流派进行斗争。③ 第一国际成立后，各国工人运动中存在影响很大的一些非科学社会主义思潮，主要是法国的蒲鲁东主义、英国的工联主义、德国的拉萨尔主义以及在 60 年代末出现的巴枯宁主义，等等。为了工人运动的健康发展，在马克思和恩格斯的指导下，国际内部不同时期开展了反对这些流派的斗争，并取得了斗争的胜利，进一步确立了马克思主义在工人运动中的指导地位，提升了马克思主义国际话语权。①与产生于法国的机会主义——蒲鲁东主义进行坚决的斗争。蒲鲁东主义是 19 世纪中期欧洲工人运动中有较大影响的小资产阶级社会主义思潮。早在 40 年代后期，马克思曾在《哲学的贫困》《共产党宣言》等著作中对蒲鲁东主义进行过深刻的批判，但它并未销声匿迹。1887 年恩格斯回忆指出："'20 年来，除了蒲鲁东的著作以外，罗曼语地区的工人就没有过任何别的精神食粮'。"④ 可见，在 19 世纪 60 年代蒲鲁东主义广泛传播，给国际工人运动带来了极大危害。1865 年马克思发表《论蒲鲁东》一文，对蒲鲁东的主要著作和理论作了概要的评述。在马克思恩格斯的领导下，通过第一国际 1865 年伦敦代表会议、1866 年日内瓦代表大会、1867

---

① 王学东主编《国际共产主义运动历史文献》第 10 卷，中央编译出版社，2015，第 268 页。
② 参见《国际共产主义运动史》编写组编《国际共产主义运动史》，人民出版社，2012，第 56 页。
③ 参见张爱武《全球化进程中的中国共产党先进性建设》，社会科学文献出版社，2012，第 64~66 页。
④ 《马克思恩格斯文集》第 3 卷，人民出版社，2009，第 240~241 页。

年洛桑大会、1868 年布鲁塞尔代表大会会上、会下的斗争，蒲鲁东主义在"国际"中的影响逐渐减弱。巴黎公社后，蒲鲁东主义在国际工人运动中的影响基本消除。恩格斯指出："公社也是蒲鲁东派社会主义的坟墓。"①

②与德国机会主义思潮——拉萨尔主义进行坚决的斗争。马克思曾针对自己写的《论蒲鲁东》一文指出："某些十分无情的打击看来是为蒲鲁东预备的，实际上都击中我们的'阿基里斯'（指拉萨尔——引者注）。"② 恩格斯直接撰写出版了《普鲁士军事问题和德国工人政党》，对拉萨尔支持普鲁士政府的立场、迷信普选权的机会主义等进行了深刻的批判。马克思主义者于 1869 年 8 月宣布建立德国社会民主工党（爱森纳赫派），德国社会民主工党成为世界上第一个在民族国家内建立的以马克思主义为指导的社会主义政党，也成为 19 世纪 60 年代德国马克思主义者反对拉萨尔主义斗争阶段性胜利的标志。但是，1875 年 5 月，爱森纳赫派与拉萨尔派又在哥达城召开了统一的代表大会，达成了与拉萨尔派妥协的纲领。为此，马克思撰写了著名的《哥达纲领批判》，不仅在当时对拉萨尔主义进行了进一步的批判，清算了拉萨尔主义的理论和路线，而且发展了科学社会主义理论，对后来国际共产主义运动起到了重要作用。

③与产生于英国的改良主义思潮——工联主义进行斗争。工联主义将无产阶级的斗争局限于在维护资本主义制度的前提下改善某一部分工人的状况，而放弃推翻资本主义制度的根本目标。马克思恩格斯一方面高度重视在英国工人中开展科学共产主义的理论宣传，另一方面与工联主义进行了不可调和、不妥协的斗争，为促进英国工人运动发展起到了很大作用。

④对当时流行于欧洲工人运动中的无政府主义思潮——巴枯宁主义进行批判。第一国际前期反对蒲鲁东主义的斗争掩盖了巴枯宁主义，19 世纪70 年代初巴黎公社失败后，巴枯宁主义充分暴露出来，马克思恩格斯与其进行了坚决的斗争。第一国际 1872 年海牙代表大会把巴枯宁及其主要分子开除出"国际"，海牙大会的这个决定，坚持了原则的立场，保持了国际组织的纯洁性，对后来无产阶级政党的建设有着重要的指导意义。恩格斯

---

① 《马克思恩格斯文集》第 3 卷，人民出版社，2009，第 109 页。
② 《马克思恩格斯全集》第 31 卷，人民出版社，1972，第 46 页。

在给倍倍尔的信中写道："如果我们在海牙采取调和的态度，如果我们掩饰分裂的爆发，那么，结果将会怎样呢？宗派主义者，特别是巴枯宁派，就会有一年之久的时间以国际的名义干出许多更加愚蠢而无耻的事情；……在这种情况下，国际确实就会灭亡，会因'团结'而灭亡!"[1] 马克思恩格斯先后写了《政治冷淡主义》（1872~1873 年）、《巴枯宁〈国家制度和无政府状态〉一书摘要》（1874~1875 年）、《总委员会关于继承权的报告》（1869年）、《论权威》（1872~1873 年）、《行动中的巴枯宁主义者》（1873 年）和《关于工人阶级的政治行动》（1871 年）等一系列著作，对巴枯宁主义进行了深刻的批判。

2. 在其他国家和地区的传播

在本章讨论的时间范围内，马克思主义主要是在欧美国家和地区传播，在其他地区只是有所涉及，但传播的范围和程度都极其有限，尤其缺少话语主体，因而尽管在其他国家和地区有一定的传播，但这些国家和地区还谈不上产生了马克思主义国际话语权。

（1）在大洋洲的传播。在大洋洲主要是在澳大利亚马克思主义有一定的传播，19 世纪 70 年代初，英国社会主义者同盟领袖之一 A.G. 叶文曾经到澳大利亚传播社会主义思想以及工人斗争经验。1872 年，澳大利亚的工人代表参加了第一国际的诺丁汉英国支部的会议。[2]

（2）在非洲和中东地区的传播。非洲曾经遭受欧洲国家的殖民统治，因欧洲和非洲是殖民与被殖民的关系，马克思主义在非洲也以各种渠道较早地得到一定的传播。在本章讨论的时间范围内，马克思主义主要是在北非以及中东地区开始有一定的传播。北非、中东阿拉伯国家是奉行伊斯兰教的国家，主要包括埃及、利比亚、苏丹、摩洛哥、阿尔及利亚、突尼斯、叙利亚、巴勒斯坦、黎巴嫩、伊拉克、沙特阿拉伯、伊朗、巴基斯坦等国。在中东地区，社会主义思想、马克思主义理论的传播相对于非洲大陆来说是比较早的。1871 年，在伊斯坦布尔的黎巴嫩人阿尔西底亚出版的《阿尔格瓦布报》上，刊登了涉及社会主义和巴黎公社的文章，不过文章

---

[1] 《马克思恩格斯文集》第 10 卷，人民出版社，2009，第 392 页。
[2] 参见胡为雄《马克思主义哲学在中国传播与发展的百年历史》，百花洲文艺出版社，2015，第 46 页。

把巴黎公社的社会主义者说成力图夺取财产和财富的"造反者"。①

（3）在亚洲的传播。马克思主义在亚洲的传播相对比较晚。1868 年明治维新后，日本提出"文明开化""殖产兴业""富国强兵"三大口号，走上了快速近代化的道路，在移植资本主义成果的过程中，各种社会科学思想不断涌入，社会主义思想便是其中之一。对于当时传入日本的"社会主义"，人们并不能作出空想社会主义与科学社会主义的区分，往往是混合使用，而且，"马克思主义"这一概念到 19 世纪 80 年代初在日本才开始出现。总体看来，尽管社会主义这一概念已传入日本，但是，在本章讨论的时间范围中，马克思主义的传播还不明确。在这一时期，亚洲其他国家还没有开始马克思主义的传播。

二　马克思主义国际话语权在欧美初步确立的坎坷经历

（一）共产主义者同盟遭遇镇压而解散

1. 短暂存在的共产主义者同盟一成立即成为马克思主义主要话语主体

共产主义者同盟是世界上第一个以科学社会主义为指导的无产阶级政党，并且以《共产党宣言》为纲领。在《共产党宣言》之前还有恩格斯起草的《共产主义信条草案》和《共产主义原理》。在相隔不到半年的两次代表大会期间，共产主义者同盟就起草了以辩证唯物主义和历史唯物主义为基础的三个重要文件，说明共产主义者同盟从成立时起就希望成为一个马克思主义政党，《共产党宣言》公开宣布了作为马克思主义政党的共产主义者同盟的性质、特点、纲领、宗旨等。在共产主义者同盟存在的不长的时间里主要宣传的《人民的要求》、《共产党在德国的要求》、《共产主义者同盟中央委员会告同盟书》（1850 年 3 月）等，也是共产主义者同盟的几个重要文件，都体现了马克思主义的基本观点。毫无疑问，共产主义者同盟是世界上第一个以科学社会主义为指导的国际性无产阶级政党。

2. 马克思主义获得幼弱的话语权

共产主义者同盟存在的空间范围小。在当时，共产主义者同盟是马克思主义的唯一话语主体，而马克思主义只是共产主义者同盟的主导话语。

---

① 参见华法·萨邦《社会主义和马克思主义在阿拉伯思想界中的传播》，转引自胡为雄《马克思主义哲学在中国传播与发展的百年历史》，百花洲文艺出版社，2015，第 47~48 页。

尽管共产主义者同盟是一个国际性无产阶级政党，不仅拥有不同国籍的盟员，而且在欧美8国（德、英、法、比、荷、美、瑞士、瑞典）建立了支部。但是，正如第一章最后指出的，共产主义者同盟盟员人数比较少，它还是秘密组织，几乎没有什么群众基础。而且即使在同盟内部，真正认同、接受马克思主义的盟员也只是少数。尤其是共产主义者同盟受到封建专制主义的镇压、迫害、围剿、攻击，只能秘密地活动，不能公开地宣传同盟的主张和马克思主义的观点，所以，这一时期马克思主义国际话语权还很幼弱。

3. 共产主义者同盟受到封建政府的镇压而解散

1848年欧洲革命时期，共产主义者同盟的注意力主要在德国，德国"三月革命"爆发后，4月初，三四百名革命者（其中多数是共产主义者同盟的盟员）在马克思恩格斯的指导下，带着《共产党宣言》和印成传单的《共产党在德国的要求》等文件，分散而秘密地返回了德国。德国"三月革命"的目的是要推翻封建专制制度，建立统一的民主共和国，因而，共产主义者同盟的活动必然受到德国封建专制主义者的镇压和迫害。在1850年6月《中央委员会告共产主义者同盟书》中，马克思和恩格斯确认："去年夏天革命政党所遭到的失败一度几乎完全破坏了同盟的组织。积极参加了各种运动的盟员都零落失散，失掉联系，通信地址已经无用，再加之害怕信件被人偷拆，曾经一度无法通信。因此，中央委员会的工作到去年年底为止一直陷于停顿。"① 1851年5月11日，普鲁士警察局蓄意制造了"科隆共产党人案"，最终导致同盟于1852年11月宣布解散。

共产主义者同盟解散到国际工人协会成立前，马克思主义因没有话语主体而处于沉寂状态。在19世纪50年代，国际共产主义运动走向了低潮，无产阶级革命退到了后台。对此，马克思恩格斯曾有过明确的评述："在这种普遍繁荣的情况下，即在资产阶级社会的生产力正以在整个资产阶级关系范围内所能达到的速度蓬勃发展的时候，也就谈不到什么真正的革命。只有在现代生产力和资产阶级生产方式这两个要素互相矛盾的时候，这种革命才有可能……新的革命，只有在新的危机之后才可能发生。但新

---

① 《马克思恩格斯全集》第7卷，人民出版社，1959，第359页。

的革命正如新的危机一样肯定会来临。"① 在共产主义者同盟解散后，马克思主义几乎在人们视野中消失。后来，恩格斯曾回忆指出："非常可悲的是，25年以来，除了这位'第二帝国的社会主义者'（蒲鲁东——引者注）的著作以外，罗曼语地区的工人就几乎没有过任何别的社会主义精神食粮。"② 这是1872年恩格斯写的《论住宅问题》第一篇结尾处的一句话，其中"25年以来"即1848年欧洲革命以来的25年，也就是说从1848年欧洲革命失败后至1872年恩格斯写作此文的时间范围内，在罗曼语地区人们是几乎看不到马克思主义著作和相关观点的。在这一时期，不存在作为马克思主义话语主体的政党、组织，持有马克思主义观点的人也少之又少。尽管之前出版的包括《共产党宣言》在内的马克思恩格斯的一些著作依然存在，在这一时期马克思还陆续出版了《政治经济学批判。第一分册》、《法兰西内战》、《资本论》（第一卷）等经典著作，发表了一些文章，马克思恩格斯的著作、观点还在一定程度上和一定范围内被人们阅读、了解，但由于缺少马克思主义话语主体，因而在这一时期马克思主义处于沉寂状态。

（二）国际工人协会成立后发展经历起伏

1. 国际工人协会成立到巴黎公社革命发生，马克思主义国际话语权逐渐提升

1848年欧洲革命后，欧美国家的工人运动经过了十余年的低落后重新高涨起来。在英国，1859年7月伦敦建筑工人为争取九小时工作制举行罢工，打破了宪章运动失败以来的沉寂局面，伦敦各行业工人组成职工委员会，在英国建立了一个工人运动的领导中心。在法国，1864年工人群众的数次罢工斗争，迫使波拿巴政府废除了禁止工人罢工、集会和结社的反动法令。在德国，工人群众的斗争也争得了罢工和建立组织的权利，各种工人组织如雨后春笋般建立起来，其中1863年5月在莱比锡建立的全德工人联合会，是德国无产阶级的独立政治组织。其他一些欧洲国家也相继建立了自己的组织。在美国，1857年建立了"美国共产主义者俱乐部"，1863年初又建立了全国性的工人联合会。与此同时，世界各国的民族民主运动

---

① 《马克思恩格斯文集》第2卷，人民出版社，2009，第176页。
② 《马克思恩格斯文集》第3卷，人民出版社，2009，第270~271页。

也高涨起来。1864 年 9 月 28 日，英国工人为声援波兰起义再次在伦敦圣马丁堂举行大会，同时还有法国工人代表以及侨居英国的德国、意大利、波兰、爱尔兰工人代表参加了大会，经大会讨论，决定成立国际性工人组织，并选出了一个由英、法、德、意等国工人代表组成的中央委员会（从 1866 年末起定名为总委员会①）作为领导机构。10 月 11 日召开的中央委员会会议宣布正式成立国际工人协会，1864～1865 年，国际在英、法、比、美、西、瑞（士）等国相继建立了支部，体现了国际工人协会的国际性。由此可见，国际工人协会是在 19 世纪 50 年代资本主义迅速发展，50 年代末 60 年代初国际工人运动重新活跃和出现了加强国际联合需要的背景下产生的，是国际工人运动的新发展，也可看成共产主义者同盟的延续。德国和国际工人运动著名活动家、共产主义者同盟盟员和第一国际委员弗里德里希·列斯纳回忆指出："1864 年，久已消失的共产主义者同盟以另一种形式复活了。国际工人协会建立了。工人们开始重新关心社会主义了，而且兴趣比过去任何时候都大。我们以往活动的果实现在成熟了。"②恩格斯指出："当欧洲工人阶级又强大到足以对统治阶级政权发动另一次进攻的时候，产生了国际工人协会。"③

国际工人协会的主要任务是寻求各国工人的协作与相互支持，壮大国际工人运动的力量，领导和指导国际工人运动按照科学社会主义的方向发展。马克思指出："成立国际是为了用工人阶级的真正的战斗组织来代替那些社会主义的或半社会主义的宗派。"④ 但是，国际工人运动在共产主义者同盟解散后经历了十多年的沉寂，在这十多年的时间中，唯一科学的、正确的、代表着无产阶级立场与世界观的马克思主义又被排挤而居于幕后，当时又存在着各种非科学社会主义思潮对工人运动的影响，因此，在国际工人协会时期，马克思主义国际话语权获得较大程度的提升，这可以从以下方面加以理解。

（1）马克思主义成为国际工人协会的主导话语。马克思主义成为国际

---

① 参见王学东主编《国际共产主义运动历史文献》第 5 卷，中央编译出版社，2011，第 497 页注 1。
② 王学东主编《国际共产主义运动历史文献》第 4 卷，中央编译出版社，2011，第 483 页。
③ 《马克思恩格斯文集》第 2 卷，人民出版社，2009，第 20 页。
④ 《马克思恩格斯文集》第 10 卷，人民出版社，2009，第 367 页。

工人协会的主导话语，换句话说即国际工人协会是马克思主义的话语主体。持这一观点的依据是从一开始马克思就成为国际工人协会的灵魂，亲自起草了体现科学社会主义原则的核心文件，科学社会主义成为国际工人协会的指导思想。到19世纪60年代初期，欧洲工人运动已经轰轰烈烈地开展起来，并且已经积聚了一定的力量，马克思一直关注着欧洲工人运动的发展，并敏锐地认识到这一工人力量的存在和发展，因此，马克思接受邀请，参加了1864年9月28日在伦敦圣马丁堂举行的大会，并被选为大会决定成立的国际工人协会中央委员会委员。一个多月后马克思在写给恩格斯的信中说："我知道伦敦和巴黎方面这一次都显示了真正的'实力'，因此我决定打破向来谢绝这类邀请的惯例。"①

虽然马克思只担任了中央委员会委员，但正如恩格斯所说："从这一届（1864年9月28日的国际成立大会——引者注）起到海牙代表大会（1872年召开的国际的最后一次代表大会——引者注）时止，每届总委员会的灵魂都是马克思。国际总委员会所发表的一切文件，从1864年的成立宣言直到1871年关于法兰西内战的宣言，几乎都是由他起草的。叙述马克思在国际中的活动，就等于撰写欧洲工人还记忆犹新的这个协会本身的历史。"② 马克思起草的文件都体现了坚定的原则性与策略的灵活性的高度统一，"实质上坚决，形式上温和"，既考虑到工人运动的实际水平和广大工人的接受和掌握能力，又体现《共产党宣言》早已宣布的科学社会主义基本原则。马克思指出协会遵循着科学社会主义基本原则，"只要看一下最初的章程（《协会临时章程》——引者注）和《成立宣言》就会发现这一点"③。马克思发挥指导作用的例子还有很多，比如，1871年9月底至11月初，马克思恩格斯参照国际历史代表大会以及伦敦代表会议的决议，对临时章程和组织条例重新作了修订，删除了已经过时的提法，形成了新的文本，等等。这些都表明国际工人协会是以科学社会主义为指导思想的。

（2）积极邀请工人组织参加协会，不断扩大马克思主义话语主体的规模和群众基础。19世纪60年代，欧洲资本主义得到了快速发展，工人阶级的力量不断壮大，各种工人协会纷纷建立。国际工人协会成立后，为了

---

① 《马克思恩格斯文集》第10卷，人民出版社，2009，第213页。
② 《马克思恩格斯文集》第3卷，人民出版社，2009，第456页。
③ 《马克思恩格斯文集》第10卷，人民出版社，2009，第367页。

扩大自己的队伍、壮大自身的力量，要求各种工人组织迅速加入协会中来。1864 年 11 月 22 日中央委员会会议一致通过了马克思提出的《关于接受工人组织加入国际工人协会的条件的决议草案》，邀请各工人组织作为团体会员加入该协会，并规定加入该协会的团体有权各选派一名代表参加中央委员会。① 通过查阅中央编译出版社出版的《国际共产主义运动历史文献》可知，从协会成立至 1866 年上半年近两年的时间里，协会中央委员会的一项重要任务就是讨论接受各种团体加入协会事宜。现列举一些主要团体加入协会的情况。

在 1865 年 1 月 10 日召开的中央委员会会议上，宣读了三个团体——伦敦工人教育协会、条顿尼亚与和谐协会写的《致国际工人协会中央委员会》的公开信，它们申请加入国际工人协会，协会接纳了这三个团体。②

在 1865 年 1 月 24 日召开的中央委员会会议上，宣读了柏林排字工人协会和全德工人联合会的来信，两个团体表示完全赞同国际工人协会的原则，并对法律上的藩篱③阻碍他们加入协会成为会员一事表示遗憾，但是他们答应派代表出席代表大会。④

在 1865 年 2 月 14 日召开的中央委员会会议上，沃尔夫委员说，他受亚历山德里亚和布雷亚各工人团体的委托，向委员会表达他们的友好感情，还说他们诚恳赞同协会的目的，并希望不久后加入这个兄弟联盟。⑤

在 1866 年 1 月 9 日召开的中央委员会会议上，宣读了《人民论坛报》的一段报道："人民协会"和国际工人协会布鲁塞尔支部已经合并，因而《人民论坛报》实际上成了协会的机关报。《人民论坛报》是由一群工人和小资产阶级知识分子的代表、空想社会主义思想的拥护者、无

---

① 参见王学东主编《国际共产主义运动历史文献》第 5 卷，中央编译出版社，2011，第 16 页。

② 参见王学东主编《国际共产主义运动历史文献》第 5 卷，中央编译出版社，2011，第 29~30 页。

③ 阻碍全德工人联合会加入国际的，不仅有普鲁士的警察统治，也有联合会中拉萨尔领导的宗派主义立场。（王学东主编《国际共产主义运动历史文献》第 5 卷，中央编译出版社，2011，第 505 页注 34。）

④ 参见王学东主编《国际共产主义运动历史文献》第 5 卷，中央编译出版社，2011，第 32 页。

⑤ 参见王学东主编《国际共产主义运动历史文献》第 5 卷，中央编译出版社，2011，第 38~39 页。

神论"人民协会"的人创办的。该报从 1865 年 8 月起实际上成了国际在比利时的机关报。①

在 1866 年 5 月 15 日召开的中央委员会会议上，宣读了机械工人联合会和细木工联合会的来信，协会会员荣克作了访问箍桶匠协会的报告。②会议记录中没有明确这几个工人团体是否正式加入协会，但起码可以确定的是协会与这几个工人团体建立了联系，协会对这几个工人团体产生了影响。同时，从一些会议记录中查阅到国际工人协会还与掘土工人协会、裁缝工人协会、编筐工人协会、制帽工人协会、雪茄烟工人协会等建立了联系。

后来，在 1868 年 9 月召开的布鲁塞尔代表大会上，来自日内瓦的代表格拉利亚在报告中说："现在他们在日内瓦有 24 个支部，有 4000 会员。（这些支部是：中央支部、卡鲁日支部、德语支部；职业行会：表壳装配工行会、首饰匠行会、细木工行会、金银器工匠行会、瓦工行会、车身制造技工-锻工行会、石膏工-漆工行会、皮革整理工和鞣革工行会、弹簧制作工行会、雕刻工行会、盖房顶工行会、土方工行会、白铁工行会、八音盒制作工行会、印刷工行会、锁匠-修配工行会、毛料裁缝行会）。"③

由此可见，当时欧洲工人协会或团体分布的行业广泛，拥有的工人人数也比较众多。作为国际工人协会主导话语的马克思主义对这些组织和工人产生了很大的影响，马克思主义越来越被广大的工人所了解，也被一部分工人所认同和接受。

（3）德国社会民主工党（爱森纳赫派）的成立，有力推动了马克思主义国际话语权的提升。出席 1869 年 8 月德国社会民主工党（爱森纳赫派）的成立大会的有 262 名代表，代表 193 个地方组织和 148000 多名工人。公认的工人领袖倍倍尔、李卜克内西、白拉克等起着领导作用。倍倍尔在大会上作了关于党纲的报告。党纲草案于 1869 年 7 月 31 日刊登在《民主周报》的增刊上。这有力推动了马克思主义国际话语权的提升。

---

① 参见王学东主编《国际共产主义运动历史文献》第 5 卷，中央编译出版社，2011，第 116 页、527 页注 147。
② 参见王学东主编《国际共产主义运动历史文献》第 5 卷，中央编译出版社，2011，第 154 页。
③ 王学东主编《国际共产主义运动历史文献》第 10 卷，中央编译出版社，2015，第 12 页。

（4）俄美两国产生了微弱的马克思主义话语权。首先，在俄国，上文指出，1870 年，一批俄国社会主义者建立了国际工人协会（第一国际）的俄国支部，该支部成为俄国的马克思主义话语主体。俄国支部的机关刊物《人民事业》先后刊载了马克思的书信和第一国际的文件。1872 年 3 月 27 日，由俄国革命者罗巴琴、丹尼尔逊翻译的《资本论》第一卷俄文版正式问世。这些表明，在俄国马克思主义获得了一定的话语权，但非常微弱。其次，在美国，上文也指出，1848 年革命失败后，由于欧洲各国反动政府的迫害，许多人逃往美国，成为马克思主义在美国的传播者。在约瑟夫·魏德迈、弗里德里希·左尔格等著名的马克思主义者的努力下，一些宣传马克思主义的杂志得以创办，马克思的部分著作得以出版，第一国际美国支部于 1867 年成立。1872 年 9 月，第一国际在海牙大会之后将其总部迁往美国纽约，大批共产主义者和马克思主义者也从欧洲迁移到美国。尤其是从 1851 年 8 月起，连续十多年，马克思恩格斯为《纽约每日论坛报》撰写评论文章。因此在当时的美国，也产生了微弱的马克思主义话语权。这说明马克思主义国际话语权空间范围有略微的扩大。

总之，国际工人协会在马克思主义国际话语权的提升中发挥过重要作用。当时的人们认为国际工人协会的影响力是巨大的，《泰晤士报》认为它有 25 万甚至大约 50 万的追随者。我们可以在国际工人协会会员的不同组织形式中发现这些较为庞大的数字的某种基础：工会的加入和政党的加入。英国由工联加入的总人数是 5 万人左右（当时的潜在会员数大约是 8 万人）。国际工人协会在法国工人罢工期间提供了帮助，由此吸纳了庞大的会员人数。在德国，虽然联合会为国家法律所禁止，但是全德工人联合会和德国工人协会联合会都声称它们坚决拥护国际工人协会的基本原则。在美国，全国工党联盟宣称为百万工人代言，声明自己坚决拥护国际工人协会的基本原则。[①] 同时，国际工人协会成立后与各种非科学社会主义流派，主要包括法国的蒲鲁东派、英国的工联派、德国的拉萨尔派以及在 19 世纪 60 年代末出现的巴枯宁派等进行斗争，并取得了很大的胜利。

---

① 参见〔英〕戴维·麦克莱伦《马克思传》，王珍译，中国人民大学出版社，2008，第 362 页。

2. 巴黎公社革命失败至国际工人协会解散，马克思主义国际话语权逐渐下降

巴黎公社失败后，各国资产阶级政府加紧了对工人运动的围剿和对第一国际的迫害，国际生存发展的外部环境空前恶化，这给总委员会和各国支部的正常活动造成很大障碍；同时，第一国际内部在如何对待巴黎公社的问题上，各派的矛盾趋于激化和表面化；另外，考虑到总委员会驻地继续设在伦敦，领导权有被工联主义者和布朗基主义者篡夺的危险，美国工人正在迅速成长等因素，在 1872 年海牙国际代表大会上，恩格斯提出把总委员会迁至纽约的建议，经过一场复杂的斗争后，恩格斯的建议还是以多数票通过了；而总委员会迁至纽约以后，它与欧洲各国支部的联系几乎完全中断了，尽管总委员会在美国还积极领导美国的工人进行政治的、经济的和理论的斗争，然而它已经主要是作为美国一国的工人组织而不是作为一个国际的工人组织从事活动。于是，总委员会于 1876 年 7 月 15 日在美国费拉德尔菲亚城（费城）召开最后一次代表会议，正式宣告国际解散。因此，巴黎公社革命失败后，共产国际即马克思主义话语主体受到资产阶级政府的迫害，直至最终解散，马克思主义国际话语权必然下降，但是，又不是完全丧失。因为国际组织的解散并没有中断无产阶级的国际联系。第一国际的解散，并不是它的崩溃和破产，而是表明工人运动"由第一个时期转入一个更高的时期"。第一国际基本上完成了它的历史使命，它是以胜利者的姿态自动退出了历史舞台。① 恩格斯在 1878 年回顾国际工人协会解散时指出："工人阶级运动已经大大发展，以致于这类形式上的联盟不仅不必要而且也不可能存在下去了。"② 因此，在这一阶段马克思主义国际话语权下降但不是完全丧失。

与共产主义者同盟相比较，国际工人协会的规模大得多，覆盖的地域范围广得多，持续时间长得多，马克思主义国际话语权也就提升了很多。本章讨论的时间范围内马克思主义国际话语权演进经历了共产主义者同盟时期马克思主义国际话语权在受到资产阶级政府遏制下顽强地生存但处于幼弱状态；共产主义者同盟解散到国际工人协会成立前因马克思主义没有

① 参见《国际共产主义运动史》编写组编《国际共产主义运动史（从马克思主义诞生至十月社会主义革命胜利）》，人民出版社，1976，第 320 页。

② 《马克思恩格斯全集》第 19 卷，人民出版社，1963，第 143 页。

话语主体而处于沉寂状态；国际工人协会时期马克思主义国际话语权逐渐提升后又趋于下降。这可以形象地描绘为波浪式变迁。波峰时期为共产主义者同盟时期和国际工人协会时期，但是，这两个时期波峰的高度有着很大的不同，共产主义者同盟时期的马克思主义只能说是泛起的涟漪，或者说是大海中泛起的小小的浪花，而第一国际时期则可以看成具有明显波峰的波浪。波谷的提法只是相对于波峰而言的，因共产主义者同盟时期并没有明显的波峰，因此，共产主义者同盟解散后到国际工人协会成立前马克思主义因没有话语主体而处于沉寂状态也并不表现为一个明显的波谷。相比较而言，第一国际时期的波峰要比共产主义者同盟时期的波峰高得多，第一国际解散后马克思主义国际话语权仍在一定程度上存在着，并将转入下一个更高的时期，因此，这时的波谷并未跌落到共产主义者同盟解散时的程度，而是高于当时的水平，从而体现了马克思主义国际话语权提升的总趋势。

三 马克思主义国际话语权初步确立经历坎坷的特点和经验

（一）马克思主义国际话语权初步确立经历坎坷的特点

1. 话语创立者彰显坚韧不拔的顽强品格

第一章分析指出在当时马克思恩格斯显示出崇高品格。本章讨论的时间范围——从《共产党宣言》发表到1876年国际工人协会解散的28年，是马克思恩格斯一生中从事理论研究和实践最重要的时期；与此同时，也是国际共产主义运动兴起后就遇到很大阻碍甚至在19世纪50年代陷入沉寂状态的时期。国际工人协会成立后国际共产主义运动进入一个相对高潮的阶段，获得了新的发展，这与马克思恩格斯坚韧不拔的顽强品格是分不开的，也就是说在第一章分析指出的马克思恩格斯的崇高品格又有了新的内涵，在原来已显示的崇高品格的基础上又彰显了坚韧不拔的顽强品格。这尤其可以从马克思的理论创新、创作和积极的实践活动中得到体现。首先，从理论创新、创作看，马克思早在19世纪40年代初担任《莱茵报》编辑时就开始注意经济问题，在19世纪40年代就写作了《1844年经济学哲学手稿》《哲学的贫困》《雇佣劳动和资本》等著作。1848年欧洲革命爆发后，他因回德国参加革命而中断了经济学的研究。革命失败后他侨居伦敦，从50年代初起，十几年如一日，写出了划时代的鸿篇巨著《资本论》。1867年9月，《资本论》第一卷出版。第二、三卷在马克思去世后由恩格斯整理编辑出版。除此之外，马克思恩格斯都为媒体写作评论文章，用唯物史观基本原理分析现实社会问题，尤其是马克思坚持为《纽约每日论坛报》撰稿十多年，甚至稿费作为一项重要的收入来源用来维持其家庭开支。没有持之以恒、坚韧不拔的精神是做不到这些的。1848 年欧洲革命失败后，为了营生，恩格斯还是回到了曼彻斯特他父亲的工厂工作。从那时一直到 1870 年，恩格斯仿佛过着两重生活：一个星期当中有六天，从上午十时到下午四时他得从事商业办事员的工作；傍晚，恩格斯回到自己的小房子里，这个时候他就成为自由人可以从事他的学术活动了。长期坚持不懈，非常自觉地、自律地、辛劳地从事相当程度上推动人类进步事业的工作，可见，恩格斯也显示了这一精神。正因如此，马克思在《资本论》的法文版序言和跋中总结道："在科学上没有平坦的大道，只有不畏劳苦沿着陡峭山路攀登的人，才有希望达到光辉的顶点。"① 其次，从积极的实践活动看，马克思恩格斯没有因为 19 世纪 50 年代国际共产主义运动的低潮而放弃科学社会主义的实践，而是积极参加和组织国际工人协会的各项活动，尤其是马克思，从 1864 年 9 月 28 日的国际成立大会到 1872 年召开的海牙代表大会，每届总委员会的灵魂都是马克思，国际总委员会所发布的一切文件，几乎都是由他起草的。另外，他们积极邀请工人参加协会，扩大协会的群众基础等。话语创立者的这些品格毫无疑问对于这一时期国际话语权提升的总趋势具有重要的作用。

2. 话语的整体性特征进一步得到体现

上文明确指出，马克思主义是包括多个学科在内的整体。在本章讨论的时间范围内，马克思又公开发表了一些重要的具有标志性的著作，唯物史观、剩余价值论、科学社会主义基本原理和观点获得了进一步明确的表达。尤其是《〈政治经济学批判〉序言》对唯物史观基本原理作了经典概括；《资本论》第一卷的出版，使剩余价值论作为一个科学的理论得到了完整的论证和表达，从而使马克思主义的理论基石得到了彻底的巩固，这成为马克思主义至今经久不衰的重要原因。此外，这一时期马克思主义军事学、历史编纂学理论也有相关成果问世等。因此，马克思主义的整体性特征进一步得到体现。

---

① 《马克思恩格斯文集》第 5 卷，人民出版社，2009，第 24 页。

3. 话语初步显示顽强的生命力

所谓"初步"，是指在当时马克思主义诞生后存在的时间还不长。马克思主义是在回答资本主义向何处去、人类社会向何处去这一重大时代课题过程中形成的众多理论中的一种，有许多理论昙花一现，早就被淘汰了，至今仍然具有强大生命力、对人类社会发展仍然起着指导作用的就只有马克思主义了。这样看来，马克思主义则显示出了持久、顽强的生命力，而不是"初步"显示出了生命力。马克思主义顽强的生命力是在实践中不断显现的。本章讨论的时间范围即马克思主义诞生至第一国际解散，也是西欧资本主义快速发展时期，马克思主义作为对资本主义批判最为彻底的理论并未因资本主义的发展而被人忘记，尽管 19 世纪 50 年代退到了历史的后台，但是，仍然得到不断的完善和发展，在国际工人协会成立后，马克思主义成为"国际"的指导思想，成为这一工人组织的主导话语。之所以能够这样，是因为马克思主义国际话语权的生成逻辑，理论上分析的这种生成逻辑在这一时期的实践中开始得到证明，这种生成逻辑和实践证明初步显示了马克思主义话语顽强的生命力。

4. 话语权变迁显示明显的曲折性和复杂性

在《共产党宣言》发表的 1848 年欧洲革命爆发，无产阶级也参加了这场资产阶级民主性质的革命。由于各国反动势力的强大，这场革命被镇压下去了，无产阶级的运动当然也遭受到打压，共产主义者同盟这一力量非常弱小的马克思主义话语主体被迫解散，初步生成的幼弱的马克思主义一下子陷入沉寂状态。直到十多年后国际工人协会建立，马克思主义才拥有新的话语主体，马克思主义国际话语权获得较大的提升，特别是国际工人协会在国际共产主义运动史上有着举足轻重的地位。也主要由于这个原因，这一章使用了"马克思主义国际话语权初步确立"的提法。但是，马克思主义国际话语权在巴黎公社失败后又逐渐下降。这种变迁曲折、复杂，最主要的原因是受到统治阶级的阻碍和打压。这说明，在极端对立的资产阶级社会里，广大的工人阶级要掌握和不断提升为自己谋利益的话语权绝不是轻而易举的，需要长期坚持不懈地斗争。

（二）马克思主义国际话语权初步确立经历坎坷的经验

1. 话语自信是提升话语权的前提

这一时期马克思主义国际话语权变迁显示明显的曲折性和复杂性。特别是《共产党宣言》刚刚发表，马克思主义初步生成，就一下子比较长时间地陷入了沉寂状态。国际工人协会成立后马克思主义又一下子被推到前台，成为工人运动的指导思想。另外，在当时的情况下，马克思主义还没有给工人群众带来眼见为实的实际利益和好处，凭什么有人就一直坚定不移地相信？凭什么就有人能坚定对马克思主义的话语自信？深入思考这一问题可知，除了马克思主义话语权有其内在的生成逻辑外，马克思主义话语创立者具有崇高的、高贵的品格是另外一个重要原因。在理论得到科学论证但还没有指导实践取得成功时，真理只凝结于理论或话语之中，还没有在现实中体现出来，也就是还没有得到实践的检验，这时的话语自信就是真理自信，坚定纯粹的真理自信必须树立为真理献身的精神。马克思主义创始人用自己的这种精神影响和感召他人，同时把这一精神渗透到他们的理论、话语之中，从而使马克思主义的认同、接受者也同时具备这种精神。总之，话语自信是提升话语权的前提。而马克思主义话语自信除了在于话语本身的真理性之外，还在于话语主体树立了为真理献身的精神。

2. 加强以组织或政党形式存在的话语主体建设

马克思主义话语主体一般是属于无产阶级的个人成员、无产阶级组织以及无产阶级政党。第一章指出，组织的力量大于个人的力量，政党是有其纲领、章程、宗旨的组织，相对于一般的组织而言更加规范，能更好地发挥领导和发动群众的作用。在这一时期，马克思主义在长时间沉寂后其国际话语权又得以逐渐提升，即使后来又逐渐下降，但没有消失，根本的原因在于国际工人协会的成立。一直以来我们把国际工人协会作为一个国际工人组织，没有明确把它当作一个国际工人政党，但是，马克思为国际工人协会起草了成立宣言和临时章程，其中蕴含了《共产党宣言》早已宣布的科学社会主义基本原则。因此，国际工人协会最起码是一个具有比较明显政党特征的国际工人组织，正是因为有了国际工人协会的组织和领导，马克思主义国际话语权得到提升。因此，国际工人协会的成立是这一时期马克思主义国际话语权总体提升的重要原因。

3. 努力扩大空间范围和夯实群众基础

根据马克思主义话语本身对人类社会发展规律的揭示，人类社会最终将实现共产主义。马克思恩格斯指出，共产主义是世界历史性事业，是全人类的事业。实现共产主义的根本力量即无产阶级是世界范围内存在的阶级，或称其为世界历史性阶级。因此，要实现共产主义这一全人类的目标，就要发挥无产阶级这一世界历史性阶级的主体力量。马克思主义国际话语权覆盖的空间范围必须不断扩大。作为马克思主义话语主体的国际工人协会比之前的共产主义者同盟的规模、覆盖的空间范围都要大，在俄国、美国还成立了国际工人协会支部等。这一时期马克思主义国际话语权覆盖的国际空间范围得到扩大。同时，马克思主义除了在欧美传播之外，还在大洋洲、非洲和中东等地区有一定的传播。

马克思主义国际话语权空间范围的扩大同时意味着群众基础得到加强，这主要体现为国际工人协会在成立后，发布了《关于接受工人组织加入国际工人协会的条件的决议草案》，邀请各工人组织作为团体会员加入该协会。这样的做法并非一定要、事实上也不可能让这些协会的成员都成为马克思主义者，但是，毫无疑问，扩大了马克思主义的影响，让更多的工人群众了解到马克思主义的观点，从而夯实了马克思主义国际话语权的群众基础，也只有这样才能不断增加马克思主义者的数量，最终提升马克思主义国际话语权。

4. 必须与各种非科学社会主义流派进行坚决的斗争

尽管马克思主义是指导国际共产主义运动沿着正确方向发展的科学理论，但是，在马克思主义形成和发展的进程中，始终存在着一些非科学社会主义理论误导着国际工人运动的发展。为了保障国际共产主义运动的正确发展方向，马克思主义与法国的蒲鲁东派、英国的工联派、德国的拉萨尔派以及在60年代末出现的巴枯宁派等进行坚决的斗争。特别值得指出的是，与拉萨尔派的斗争对于后来国际共产主义运动的发展和马克思主义国际话语权的演进都有长时间的影响。19世纪60年代中期，马克思恩格斯就与拉萨尔派开始了斗争，1869年8月，世界上第一个在民族国家内建立的以马克思主义为指导的社会主义政党——德国社会民主工党（爱森纳赫派）成立，这成为马克思主义者反对拉萨尔主义斗争阶段性胜利的标志。但是，1875年5月，爱森纳赫派与拉萨尔派又在哥达城召开了统一的代表大会，达成了与拉萨尔派妥协的纲领。为此，马克思撰写了著名的《哥达纲领批判》，不仅在当时对拉萨尔主义进行了进一步的批判，清算拉萨尔主义的理论和路线，而且发展了科学社会主义理论，对后来国际共产主义运动起到了重要作用。但是，爱森纳赫派对拉萨尔派的妥协，还是产生了比较严重的负面影响。这一部分将在第三章接续总结。

对照导言中确定的分析马克思主义国际话语权基本框架的七个方面，这一时期，马克思主义已经诞生，马克思恩格斯进一步发展和完善他们的理论，后来成立了国际工人协会这一话语主体，马克思主义传播的空间范围进一步扩大，群众基础得到加强，尽管马克思主义国际话语权总体上还比较弱小，但是呈现出不断提升的态势。

第三章
马克思主义国际话语权在欧美的曲折发展

—— 从第一国际解散到第二国际破产

第一国际解散后，各国的工人运动继续向前发展，马克思主义继续传播。到 19 世纪 80 年代末，在第一国际解散十多年后，欧美群众性的工人运动出现了新高潮，许多国家建立了社会主义政党，马克思主义在工人运动中的影响日益扩大。甚至在蒲鲁东主义、布朗基主义和无政府主义的传统长期阻碍工人阶级实行联合的那些拉丁语系国家中，也产生了接受马克思主义纲领和策略的工人政党。① 与此同时，国际工人运动中的机会主义流派法国可能派也加紧行动，联合英国工联和美国劳动骑士团以及一些国家的无政府主义者，决定于 1889 年 7 月在巴黎召开国际工人代表大会。在这样的情况下，1889 年 7 月 14 日，即法国大革命胜利一百周年纪念日，国际社会主义工人代表大会在巴黎隆重开幕。翌日，由法国可能派召集、代表了国际工人运动的另一个派别——改良主义派——的同名大会也在巴黎召开。这两次代表大会都没有制定正式的章程和共同纲领，没有设立任何常设的领导机构，但是国际社会主义工人代表大会的召开以及它所作出的在瑞士或比利时召开下一次代表大会的决议，实际上标志着第二国际的建立。从此，每隔几年召开一次代表大会就成为第二国际的主要活动方式。这是一个"几乎没有经过什么斗争就立即在一切重大问题方面都站到马克思主义立场上来了"② 的国际组织，是第一国际的继续。关于第二国

---

① 参见〔苏〕祖波克主编《第二国际史》第 1 卷，刘金质等译，人民出版社，1984，第 5 页。

② 《列宁全集》第 17 卷，人民出版社，2017，第 12 页。

际的分期有以下两种主要的观点。一种观点认为，第二国际从 1889 年成立到 1896 年，是它活动的第一阶段。1895 年恩格斯逝世后，由于伟大导师的革命思想影响的强大威力，1896 年的伦敦代表大会仍能作出许多基本正确的决议。① 但是，恩格斯逝世后，机会主义的气焰就日益嚣张，各国敌视马克思主义的分子更加肆无忌惮地宣扬改良主义的路线，叫嚷着要对马克思主义进行修正。还有一种观点认为，第二国际的历史可以相当明确地划分为两个阶段。前期（1889~1904 年）的特点是工人运动以横向为主比较"和平地"向前发展，马克思主义得到进一步传播，它在同无政府主义和改良主义斗争中地位得到提升，无产阶级组织日益成长。这个时期是无产阶级积聚力量准备迎接今后阶级斗争的必要阶段，即组织、教育和团结自己队伍的阶段。后期（1905~1914 年）的特点是阶级冲突日益加剧，国际工人运动中两派斗争日益尖锐化，并在 1905~1907 年第一次俄国革命时期达到了特别激化的程度，之后，改良主义得势，中派和公开的机会主义者建立了联盟，这个联盟背弃了马克思主义的基本原理，使第二国际破产。② 由于布尔什维克党常常把俄国 1905 年革命作为 1917 年革命的序曲，因此，把俄国 1905 年革命的爆发作为第二国际前、后期划分的标志存在着突出 1905 年革命的原因。笔者更倾向于以 1896 年伦敦代表大会的召开为标志进行划分，认为将从 1889 年第二国际成立到 1896 年第四次（伦敦）代表大会召开作为第二国际活动的前期更为合理，此后，机会主义和修正主义的影响日益扩大，第二国际越向后期发展，机会主义和修正主义越取得主导权，可以将 1896 年伦敦代表大会召开后到其破产作为第二国际活动的后期。第一次世界大战爆发后，第二国际大多数政党倒向本国政府一边，支持帝国主义战争，表明了第二国际在思想上和政治上的破产。从第一国际解散到第二国际解散，马克思主义国际话语权经历了第一国际解散后到第二国际建立之前的提升，然后到第二国际前期的进一步提升，再到第二国际后期逐渐下降的曲折发展过程。

---

① 参见《国际共产主义运动史》编写组编《国际共产主义运动史（从马克思主义诞生至十月社会主义革命胜利）》，人民出版社，1978，第 412 页。
② 参见〔苏〕祖波克主编《第二国际史》第 1 卷，刘金质等译，人民出版社，1984，第 4 页。

一　马克思主义的丰富发展和国际传播

（一）马克思主义的丰富发展

1. 马克思主义的丰富发展

（1）阐述和发展马克思主义哲学理论。①《反杜林论》对马克思主义哲学的阐述。杜林主义是在"最不起眼的哲学博士，甚至大学生，动辄就要创造一个完整的'体系'"①的背景下产生的，并很快渗透到了德国党内，"它可以毫无愧色地同 1845 年的老的'真正的社会主义'相媲美"②，迷惑了许多党员和知识分子，特别是对党的领导人产生影响，造成了严重的思想混乱。在这样的情况下，恩格斯停下《自然辩证法》的写作，于 1876 年 5 月底至 1878 年 7 月初，围绕杜林的所谓哲学变革、政治经济学变革、社会主义变革，以三组论文的形式在德国社会民主党的机关报《前进报》上陆续发表批判文章，后以《欧根·杜林先生在科学中实行的变革》（《反杜林论》是其简称）为题集结出版。恩格斯在世时，于 1878 年、1886 年、1894 年三次出版了该书，并为这三个版本都写了序言。《反杜林论》是马克思主义发展史上的一座丰碑，"其价值仅次于《共产党宣言》"③，其问世对于宣传马克思主义起了十分重要的作用。第三版序言最后指出："本书所主张的观点已经深入科学界和工人阶级的公众意识，而且是在世界上一切文明国家里。"④《反杜林论》引论部分一方面对杜林主义进行全面深刻批判，另一方面从正面对马克思主义的哲学原理进行了阐述，"因此消极的批判成了积极的批判；论战转变成对马克思和我所主张的辩证方法和共产主义世界观的比较连贯的阐述，而这一阐述包括了相当多的领域"⑤。在"哲学篇"中，恩格斯批判了杜林的原则从思维中来的唯心主义先验论，批判了杜林的唯心主义的形而上学的时空观和运动观、唯心主义的生物进化论、永恒真理观和超社会历史的道德观等错误观点，指出杜林是对黑格尔唯心主义的抄袭，指出"一切存在的基本形式是空间和

---

① 《马克思恩格斯文集》第 9 卷，人民出版社，2009，第 8 页。
② 《马克思恩格斯全集》第 34 卷，人民出版社，1972，第 51 页。
③ 姚颖：《恩格斯〈反杜林论〉研究读本》，中央编译出版社，2014，第 1 页。
④ 《马克思恩格斯文集》第 9 卷，人民出版社，2009，第 18 页。
⑤ 《马克思恩格斯文集》第 9 卷，人民出版社，2009，第 11 页。

时间""运动是物质的存在方式"① 等，阐明了人类认识的辩证过程、相对真理和绝对真理的关系以及马克思主义的道德观、平等观和自由观，等等。

②《家庭、私有制和国家的起源》（以下简称《起源》）运用唯物史观对家族、私有制和国家起源进行深刻揭示。第一，第一版序言阐述了马克思主义的两种生产理论，即物质资料的生产与再生产和人类自身的生产的理论。恩格斯指出："一定历史时代和一定地区内的人们生活于其下的社会制度，受着两种生产的制约。"② 时间越往前推移，社会制度越受血族关系的支配；随着生产的发展，社会成分发生分化，进而导致血族关系的解体、阶级对立的产生和私有制的形成等；以血族关系为基础的社会解体后，社会制度主要受所有制的支配。第二，在人类社会发展阶段的问题上，恩格斯接受了摩尔根的观点，把人类社会划分为蒙昧时代、野蛮时代和文明时代。前两个时代又各分为低级、中级、高级三个阶段，属于原始社会范畴。第三，关于家庭的起源。《起源》根据大量的研究资料指出，人类最早处于杂乱性关系阶段。家庭的起源和发展经历了血缘家庭、普那路亚家庭、对偶制家庭、一夫一妻制家庭的过程。这一通过实证得出的关于家庭起源的观点，从根本上批判了当时流行的"嫉妒心理"导致一夫一妻制家庭从来就有的观点，也批判了以此为私有制从来就有的观点进行的辩护。第四，关于私有制的起源。《起源》依据大量的事实指出，随着人类社会的发展，至今出现了三次社会大分工，第一次是游牧部落从野蛮人群中分离出来，第二次是手工业和农业的分离，第三次是商业与其他产业的分离。社会大分工是生产发展的结果，又促进了生产的发展，从而促进了财产的积余，最终人的贪欲必然导致私有制和阶级的出现，由此也促进了以血族关系为基础的社会的解体。总之，氏族制度只适合那种没有任何内部对立的社会，第一次社会大分工就导致了私有制的产生，在以私有制为基础的社会里，随着生产的发展，财富与阶级分化日益严重。第五，关于国家的起源。《起源》分析指出，商业活动、土地的买卖、人们为谋生而流动，使原来的氏族与部落的居民杂居，并引起社会结构的改变。于是，国家产生了，国家是社会发展到一定阶段的产物。与氏族组织相比，国家不是按血族而是按地区来划分和组织自己的国民，不是由

---

① 《马克思恩格斯文集》第 9 卷，人民出版社，2009，第 56、64 页。
② 《马克思恩格斯文集》第 4 卷，人民出版社，2009，第 16 页。

全体人民管理而是设立了公共权力来管理，具有强烈的阶级性。《起源》结尾处引用了摩尔根的一段话，指出："社会的瓦解，即将成为以财富为唯一的最终目的的那个历程的终结，因为这一历程包含着自我消灭的因素。管理上的民主，社会中的博爱，权利的平等，教育的普及，将揭开社会的下一个更高的阶段，经验、理智和科学正在不断向这个阶段努力。这将是古代氏族的自由、平等和博爱的复活，但却是在更高级形式上的复活。"① "下一个更高的阶段"当然就是马克思恩格斯揭示的共产主义社会，即摩尔根用他自己的方法揭示了人类社会最终发展目标，得出了与马克思恩格斯相同的结论，从而进一步论证人类走向共产主义的历史必然性。《起源》用唯物史观深入分析了家庭、私有制和国家起源的问题，对史前社会的发展作出了历史唯物主义的解释，不仅深刻批判了当时流行的家庭、私有制和以私有制为基础的国家是永恒的观点，而且把历史唯物主义的运用延伸到人类社会发展的整个过程。

③《路德维希·费尔巴哈和德国古典哲学的终结》对马克思主义哲学的阐述。第一，恩格斯分析指出了德国古典哲学的革命性。产生于18世纪末19世纪初欧洲资本主义特别是德国资本主义发展的特殊历史时代的德国古典哲学，尽管其革命性与已经引发法国大革命的法国哲学的革命性不一样，还没有引发实际的社会革命，尽管这一哲学来源于一些"教授""青年的导师"，甚至"被推崇为普鲁士王国的国家哲学"，但是德国的古典哲学蕴含着彻底的革命性因素。著作的第一部分通过分析"现实"与"现存"的异同，指出黑格尔的名言"凡是现实的都是合乎理性的，凡是合乎理性的都是现实的"，其深刻内涵不是保守的，而是真正革命的，甚至是爆炸性的，因为黑格尔还指出"现实性在其展开过程中表明为必然性"，这里的"现实"即指向未来的实现，并通过深入分析指出"凡是现存的，都一定要灭亡"。② 这里的"现存"是"现实"另一层含义，是指要走向灭亡的"现实"，因此，一切现存的包括当时现存的德国的政治制度等都是要灭亡的，这当然蕴含着爆炸性的革命因素。但是，黑格尔哲学最终还是解体了，它的革命性及其历史辩证法被形而上学的、封闭的历史观扼杀

---

① 《马克思恩格斯文集》第4卷，人民出版社，2009，第198页。
② 《马克思恩格斯文集》第4卷，人民出版社，2009，第268、269页。

了。恩格斯指出要克服黑格尔哲学的缺陷，要扬弃它。这一工作后经费尔巴哈，最终由马克思与恩格斯完成了，德国古典哲学因此而终结。恩格斯在这部著作中特别注解道，这一功绩主要是马克思的。第二，第一次提出哲学的基本问题是思维和存在的关系问题，并阐述了可知论与不可知论的划分这一认识论问题。恩格斯在这部著作中对本体论和认识论的基本问题作出了教科书式的回答，是对西方哲学思想的深刻总结和发展。第三，深刻指出费尔巴哈的革命性和缺陷。首先，费尔巴哈实现了德国古典哲学在自然领域的变革，实现了自然领域从唯心主义向唯物主义的发展。费尔巴哈的哲学变革和发展是与黑格尔哲学进而与德国古典哲学的决裂，实际上从哲学本体论角度宣告了德国古典哲学的终结。其次，费尔巴哈在社会历史领域没有前进。费尔巴哈在自然观上的变革并没有发展到历史领域，这就预示着历史唯物主义的创立将开辟一条新的哲学之路，人类社会发展规律将被揭示，从而蕴含着马克思主义诞生的重大意义。第四，概述了历史唯物主义的主要观点。主要有社会历史与自然发展的特点不同、人民群众是历史的创造者、人类社会的生产方式与经济基础决定上层建筑等。另外，19世纪90年代，历史唯物主义面临严重挑战，在这样的背景下，恩格斯从1890年至1894年在给一些人的信件中，有针对性地阐明了历史唯物主义的基本原理，主要包括突出强调了上层建筑诸因素的相互影响及其巨大的反作用，提出了历史发展的根本动力和合力的观点等，从而澄清了来自不同方面的对马克思主义的曲解。这些内容是在一些信件中表达的，并没有公开发表，因而公众无法知晓，只有等到信件的内容公开后，才引起了广泛的社会影响。所以，这里对这一内容只是简单提及，不作详述。

（2）深入阐述政治经济学理论。①《反杜林论》对马克思主义政治经济学的阐述。"政治经济学篇"在首先指出马克思主义政治经济学的对象和方法的基础上，一方面对杜林主义政治经济学观点进行了深刻批判，另一方面阐述马克思主义政治经济学的基本观点。恩格斯批判了杜林的政治暴力是经济产生的根源即政治决定经济的观点；批判了杜林的人对物的统治建立在人对人的统治基础之上的观点，指出在原始社会，大面积地产的经营都是由氏族公社完成的，在氏族公社中根本不存在大土地所有者，人对物的统治并非建立在人对人的基础之上，即并非在所有的社会形态中人对物的统治都是建立在人对人的基础之上的；批判了杜林的暴力是绝对的坏事的观点，指出暴力革命是为了推翻阻碍经济基础发展的政治权力，政治暴力是为经济基础服务的；批判了杜林脱离具体的历史内容而把劳动说成是永恒的自然规律的观点，指出这不过是 18 世纪德国教育家罗霍的再版多次的《儿童之友》中庸俗的陈词滥调；批判了杜林的财富是对人和物支配权的观点，指出这是双重的错误。第一，古代氏族公社和农村公社的财富绝不是对人的支配。第二，就是在那些在阶级对立中运动的社会里，如果说财富包含了对人的支配，那它主要地、几乎完全地是依靠和通过对物的支配进行对人的支配的。还批判了杜林的价值就是价格、劳动等价论即一切劳动时间都是等价的等观点，阐述了马克思主义的相关正确观点。

②《资本论》第二、三卷的主要观点。马克思在世时只出版了《资本论》第一卷，他去世后，恩格斯对第二、三卷进行了极其严肃、认真的整理，于 1885 年 7 月出版了第二卷，后再花费 10 年时间，于 1894 年 11 月出版了第三卷。《资本论》第二卷系统地阐述了资本的流通过程。资本的生产过程生产剩余价值，资本的流通过程实现剩余价值，因此，第二卷是对第一卷论述的资本生产过程的继续和补充。总体上，第二卷包括资本形态变化及其循环、资本周转、社会总资本的再生产和流通三篇内容。具体地看，在第一篇资本形态变化及其循环中，分析了货币资本循环、生产资本循环、商品资本循环，以及流通时间和流通费用等问题，指出三种资本循环的统一是产业资本正常运行的条件，资本循环的目的和动机是价值增殖；为了实现资本的不断增殖，资本家就必须使他的资本不断地、周而复始地循环下去，即资本必须周转，因此，在第二篇资本周转中，分析了周转时间和周转次数、固定资本和流动资本、预付资本总周转和周转周期、劳动时间、生产时间和流通时间、资本周转速度对剩余价值的影响等问题；在第三篇社会总资本的再生产和流通中，马克思按照社会总产品的实物形式，把社会生产分成两个部类：第I部类即生产资料生产和第II部类即消费资料生产。"马克思对社会总资本再生产的分析表明，社会总产品是否能顺利实现，归根到底取决于各生产部门是否按客观的比例进行生产和交换。在资本主义条件下，由于私有制和生产的无政府状态，社会总资本的再生产是在资本主义周期性经济危机中实现的。"① 第三卷具体分析了成本价格和利润、产业资本和平均利润、商

① 《马克思恩格斯文集》第 6 卷，人民出版社，2009，第六卷说明第 3~4 页。

业资本和平均利润、平均利润率下降趋势规律、借贷资本和利息、银行资本和银行利润、股份资本和股息、资本主义信用、资本主义土地所有权、级差地租、绝对地租等问题。对于第三卷的内容，恩格斯指出：“而第三卷则又如雷鸣电闪，因为它第一次从总的联系中考察了全部资本主义生产，完全驳倒了全部官方的资产阶级经济学。”①

（3）深入阐述科学社会主义基本观点。①《反杜林论》在科学社会主义问题上集中阐述了马克思主义的基本观点，进一步阐述了“两个必然”的思想，阐述未来共产主义社会的基本特征，指出：“只是从这时起，人们才完全自觉地自己创造自己的历史；只是从这时起，由人们使之起作用的社会原因才大部分并且越来越多地达到他们所预期的结果。这是人类从必然王国进入自由王国的飞跃。”②

②《哥达纲领批判》对科学社会主义的阐述。1875 年创作的《哥达纲领批判》到 1891 年才公开发表。这一重要文献一方面批判了“哥达纲领草案”拉萨尔主义的错误观点，另一方面提出了关于共产主义的一些重要设想，本质上在于强调工人阶级政党制定以科学社会主义原则为指导的纲领的重要性，消除错误思潮的干扰和影响。这里对其中未来共产主义的设想的主要内容作扼要的阐述。首先，资本主义和共产主义之间有一个过渡时期，共产主义划分为第一阶段和高级阶段，在不同的阶段实行不同的分配方式。第一，马克思指出：“在资本主义社会和共产主义社会之间，有一个从前者变为后者的革命转变时期。同这个时期相适应的也有一个政治上的过渡时期，这个时期的国家只能是无产阶级的革命专政。”③ 第二，共产主义划分为两个阶段。马克思指出：“但是这些弊病，在经过长久阵痛刚刚从资本主义社会产生出来的共产主义社会第一阶段，是不可避免的。”④ 这就提出了“共产主义社会第一阶段”的设想。这一阶段，“是刚刚从资本主义社会中产生出来的，因此它在各方面，在经济、道德和精神方面都还带着它脱胎出来的那个旧社会的痕迹。所以，每一个生产者，在作了各项扣除以后，从社会领回的，正好是他给予社会的。他给予社会

① 《马克思恩格斯文集》第 10 卷，人民出版社，2009，第 535 页。
② 《马克思恩格斯文集》第 9 卷，人民出版社，2009，第 300 页。
③ 《马克思恩格斯文集》第 3 卷，人民出版社，2009，第 445 页。
④ 《马克思恩格斯文集》第 3 卷，人民出版社，2009，第 435 页。

的，就是他个人的劳动量"①。这实际上指出了在共产主义第一阶段实行按
劳分配的分配方式。在这一基础上，马克思还指出："在共产主义社会高
级阶段，……社会才能在自己的旗帜上写上：各尽所能，按需分配！"② 这
就直接提出了"共产主义社会高级阶段"及其分配方式"按需分配"的设
想。关于共产主义社会划分为两个阶段的本质，是指共产主义尽管已经建
立在资本主义充分发展、生产力水平高度发达的基础上，但是，仍然是一
个由低级向高级发展的过程，在不同的阶段实行不同的分配方式，按需分
配是最高级的分配方式。其次，再一次强调在资本主义社会里工人的工资
"不是劳动的价值或价格，而只是劳动力的价值或价格"③。1867 年出版的
《资本论》第一卷就对这一问题作出了科学的说明，并正式确立了马克思
的剩余价值理论，因此，当人们在《哥达纲领批判》中再次看到这一观点
时，必然深化对这一理论的认识。马克思继续指出："过去关于工资的全
部资产阶级见解以及对这种见解的全部批评都被彻底推翻了，并且弄清
了：雇佣工人只有为资本家（因而也为同资本家一起分享剩余价值的人）
白白地劳动一定的时间，才被允许为维持自己的生活而劳动，就是说，才
被允许生存；整个资本主义生产体系的中心问题，就是用延长工作日，或
者提高生产率，增强劳动力的紧张程度等等办法，来增加这个无偿劳动；
因此，雇佣劳动制度是奴隶制度，而且劳动的社会生产力越发展，这种奴
隶制度就越残酷，不管工人得到的报酬较好或是较坏。"④ 这实际上对相对
剩余价值的生产作了精辟的概括。最后，无产阶级不能依靠资产阶级国家
帮助走向社会主义。无产阶级走向社会主义应该通过革命的方式，而不是
依靠资产阶级国家的帮助。合作社"只是在工人自己独立创办，既不受政
府保护，也不受资产者保护的情况下，才有价值"⑤。

　　③《法德农民问题》对农民是工人阶级同盟军的阐述。为了批判法、
德工人阶级政党内部在农民问题上的错误观点，1894 年 11 月，恩格斯写
了《法德农民问题》并发表于《新时代》杂志上。文章的核心观点如下。

---

① 《马克思恩格斯文集》第 3 卷，人民出版社，2009，第 434 页。
② 《马克思恩格斯选集》第 3 卷，人民出版社，2012，第 364~365 页。
③ 《马克思恩格斯文集》第 3 卷，人民出版社，2009，第 441 页。
④ 《马克思恩格斯文集》第 3 卷，人民出版社，2009，第 441 页。
⑤ 《马克思恩格斯文集》第 3 卷，人民出版社，2009，第 443 页。

首先，工人阶级政党要高度重视农民。这是因为农民数量多，是一支重要力量，尤其是他们也会因资本主义的掠夺和扩张最终成为无产者。恩格斯指出："农民到处都是人口、生产和政治力量的非常重要的因素"，"为了夺取政权，这个政党应当首先从城市走向农村，应当成为农村中的一股力量"，"一句话，我们的小农，同过了时的生产方式的任何残余一样，在不可挽回地走向灭亡。他们是未来的无产者"。① 其次，工人阶级政党掌握政权后，对待小农不应使用暴力剥夺他们的土地，而应采取合作社的办法引导他们向社会主义过渡。恩格斯指出："我们对于小农的任务，首先是把他们的私人生产和私人占有变为合作社的生产和占有，不是采用暴力，而是通过示范和为此提供社会帮助。"② 恩格斯的这些观点对当时甚至后来一些经济文化落后国家首先走上社会主义道路后的工人阶级政党正确处理农民问题起到了重要的指导作用。

④马克思恩格斯的东方社会理论。马克思恩格斯在早年就开始了对东方社会的关注，在19世纪五六十年代他们把中国、印度作为主要分析对象发表了一系列研究成果，并在其晚年系统提出以俄国为典型代表的东方社会理论。这一理论集中体现在以下一些文献中：马克思晚年的五大人类学笔记（菲尔笔记、柯瓦列夫斯基笔记、摩尔根笔记、拉伯克笔记、梅恩笔记等）、历史学笔记、1875年恩格斯的《论俄国的社会问题》、1877年马克思的《给〈祖国纪事〉杂志编辑部的信》、1881年马克思的《给维·伊·查苏利奇的复信》及三个复信草稿、马克思恩格斯的《〈共产党宣言〉1882年俄文版序言》、1894年恩格斯的《〈论俄国的社会问题〉跋》，以及马克思恩格斯同俄国政治活动家如丹尼尔逊、拉甫罗夫、查苏利奇、普列汉诺夫等的通信及其他有关俄国社会问题的手稿、札记。此外，1870年马克思在弗列罗夫斯基《俄国工人阶级的状况》一书上的批注，同年3月24日所写的《国际工人协会总委员会致日内瓦的俄国支部委员会委员》也具有重要的参考意义。在上述文献中，马克思恩格斯对俄国社会能否和如何不通过资本主义制度发展阶段而走上社会主义道路的问题，作了深刻的分析、研究和回答。③ 但是，从本章所讨论的时间段来看，当时公众能够知

① 《马克思恩格斯文集》第4卷，人民出版社，2009，第509、510、513页。
② 《马克思恩格斯文集》第4卷，人民出版社，2009，第524页。
③ 参见张爱武《世界历史性社会主义研究》，社会科学文献出版社，2005，第124页。

晓的是 1877 年马克思的《给〈祖国纪事〉杂志编辑部的信》（第一次用俄文发表于 1886 年《民意导报》第 5 期）、《〈共产党宣言〉1882 年俄文版序言》、恩格斯的《论俄国的社会问题》及 1894 年的《〈论俄国的社会问题〉跋》中的内容，其他读书笔记、信件等由于没有公开发表，因此公众无法知晓。马克思恩格斯的这一思想就是大家熟知的一些东方落后国家在一定条件下"不通过资本主义制度卡夫丁峡谷"理论。当时公众能够知晓的这一理论的原文核心观点是《〈共产党宣言〉1882 年俄文版序言》中指出的："假如俄国革命将成为西方无产阶级革命的信号而双方互相补充的话，那么现今的俄国土地公有制便能成为共产主义发展的起点。"[①] 以及 1894 年的《〈论俄国的社会问题〉跋》中指出的："不仅可能而且毋庸置疑的是，当西欧各国人民的无产阶级取得胜利和生产资料转归公有之后，那些刚刚进入资本主义生产而仍然保全了氏族制度或氏族制度残余的国家，可以利用公有制的残余和与之相适应的人民风尚作为强大的手段，来大大缩短自己向社会主义社会发展的过程，并避免我们在西欧开辟道路时所不得不经历的大部分苦难和斗争。但这方面的必不可少的条件是：目前还是资本主义的西方作出榜样和积极支持。只有当资本主义经济在自己故乡和在它兴盛的国家里被克服的时候，只有当落后国家从这个榜样上看到'这是怎么回事'，看到怎样把现代工业的生产力作为社会财产来为整个社会服务的时候——只有到那个时候，这些落后的国家才能开始这种缩短的发展过程。"[②] 这一文献中还阐述了其他一些重要观点，同时引用了《〈共产党宣言〉1882 年俄文版序言》中的一段话，以及 1877 年马克思《给〈祖国纪事〉杂志编辑部的信》中的相关观点。以上两段引文的主要内容可以解读为以下三个方面的内容。[③] 第一，像俄国这样经济文化落后的国家存在着直接走上社会主义道路的内部条件。第二，先进的资本主义国家已经走上了社会主义道路是这些国家走上社会主义道路的外部条件。这是"只有当资本主义经济在自己故乡和在它兴盛的国家里被克服的时候"的必然结果，所谓"被克服"，就是这些国家已经发生了社会主义革命而走上了社会主义道路。先进的资本主义国家之所以能够先走上社会主义道

---

① 《马克思恩格斯文集》第 2 卷，人民出版社，2009，第 8 页。
② 《马克思恩格斯文集》第 4 卷，人民出版社，2009，第 459 页。
③ 参见张爱武《世界历史性社会主义研究》，社会科学文献出版社，2005，第 125~126 页。

路，一个重要的原因就是"俄国革命将成为西方无产阶级革命的信号而双方互相补充"，即在存在着世界联系与交往的世界历史条件下，先爆发的俄国革命将会引发西方先进资本主义国家的无产阶级革命。第三，在以上内外部条件同时具备的情况下，像俄国这样经济文化落后的国家就有可能不通过资本主义制度的发展阶段而直接走上社会主义发展道路。以上引文中说得很明确："只有当落后国家从这个榜样上看到'这是怎么回事'，看到怎样把现代工业的生产力作为社会财产来为整个社会服务的时候——只有到那个时候，这些落后的国家才能开始这种缩短的发展过程。"

④马克思恩格斯在晚年曾提出利用议会民主和平过渡的思想。① 公开提出这一思想并产生重大社会影响的文献是恩格斯写于 1895 年的《卡·马克思〈1848 年至 1850 年的法兰西阶级斗争〉一书导言》。首先，恩格斯对 1848 年欧洲革命时期制定的无产阶级革命斗争策略进行了回顾与反思，当时马克思恩格斯认为，无产阶级和资产阶级的大决战已经开始，这个决战将在一个很长的和充满变化的革命时间中进行到底，而结局只能是无产阶级的最终胜利。但历史证明，"当时的看法只是一个幻想"，因为决战的条件不成熟，后来，斗争的条件又发生了改变。因此，"1848 年的斗争方法，今天在一切方面都已经过时了"。② 其次，结合历史条件的新变化，阐述了无产阶级革命斗争的新策略。巴黎公社革命失败后 20 多年，无产阶级得到了很大的发展，资产阶级的统治力也大大加强，在这种情况下，无产阶级革命的斗争策略也应发生相应的变化。恩格斯以德国社会民主党充分利用普选权所取得的胜利成果为例，指出："他们给了世界各国的同志们一件新的武器——最锐利的武器中的一件武器，向他们表明了应该怎样使用普选权。"同时指出，在无产阶级利用普选权已取得重大胜利的情况下，"我们的主要任务就是不停地促使这种力量增长到超出现行统治制度的控制能力，不让这支日益增强的突击队在前哨战中被消灭掉，而是要把它好好地保存到决战的那一天"。③ 对于这方面的观点，马克思也曾经有过表

① 参见《马克思主义发展史》编写组编《马克思主义发展史》，高等教育出版社，2013，第 167~169 页；高放、李景治、蒲国良主编《科学社会主义的理论与实践》，中国人民大学出版社，2014，第 78~79 页。

② 《马克思恩格斯文集》第 4 卷，人民出版社，2009，第 538 页。

③ 《马克思恩格斯文集》第 4 卷，人民出版社，2009，第 545、551 页。

达，1871 年巴黎公社失败后不久，马克思就开始强调运用和平与暴力两种手段进行斗争的必要性。他指出："我们应当向各国政府声明：我们知道，你们是对付无产者的武装力量；在我们有可能用和平方式的地方，我们将用和平方式反对你们，在必须用武器的时候，则用武器。"① 只是，这一观点是 1871 年 9 月 21 日马克思在国际工人协会伦敦代表会议上发言时提出的，公众并不普遍了解。1872 年，他在阿姆斯特丹群众大会上的演说中也提出过这一观点，只是在当时的背景下并没有引起充分的重视。另外，恩格斯还指出："须知革命权是唯一的真正'历史权利'——是所有现代国家无一例外都以它为基础建立起来的唯一权利。"② 由此可见，恩格斯并没有把普选权和参加议会这些合法斗争形式绝对化，只是说明，无产阶级的斗争策略并不是一成不变的，而应当随着历史环境和斗争条件的变化而变化。

本章讨论的时间范围，是马克思恩格斯的晚年时期，这一时期是马克思恩格斯将其理论丰富发展的时期，仅就上文讨论的、当时公开出版的著作看，第一，从马克思主义三大基本组成部分的基本框架看，《反杜林论》清晰地把马克思主义体系化，对马克思主义三大基本组成部分进行了阐述。第二，从哲学方面看，《家庭、私有制和国家的起源》对史前社会作了深入系统的考察，进一步论证和深化认识了唯物史观，从而使唯物史观适用的范围拓展到史前社会，换句话说，对整个人类社会发展史都可以作出唯物主义的解释。第三，从政治经济学方面看，《资本论》第二、三卷的出版，使人们对资本主义生产、流通、总生产的过程有了完整的了解。第四，从科学社会主义角度看，人们看到了一系列的新观点，极大地深化和拓展了对科学社会主义的认识。公众能够公开地了解到马克思主义的这些新观点，是第一国际解散后至第二国际前期马克思主义国际话语权不断提升的重要原因。

2. 列宁主义开始形成

尽管在马克思恩格斯思想与列宁主义之间存在着一个第二国际马克思主义时期，这一时期的理论家主要有德米特里·布拉戈耶夫、卡尔·考茨

---

① 《马克思恩格斯全集》第 17 卷，人民出版社，1963，第 700 页。
② 《马克思恩格斯文集》第 4 卷，人民出版社，2009，第 550~551 页。

基、安东尼奥·拉布里奥拉、保尔·拉法格、罗莎·卢森堡、弗兰茨·梅林、格奥尔基·瓦连廷诺维奇·普列汉诺夫、鲁道夫·希法亭等。① 但是，这些理论家只是对马克思主义进行宣传和解读，对马克思主义缺乏创新和发展，因而这些第二国际理论家"是一代'过渡型'的马克思主义者"②。与马克思恩格斯的世界观与政治立场有过两次转变不同，列宁从一开始就是一位马克思主义者。自 19 世纪 70 年代列宁刚出生，马克思主义就在俄国广泛传播，从一定程度上讲，列宁是读着马克思恩格斯的著作长大的。同时，当时俄国民主主义革命先驱对祖国前途和命运的探索和选择、良好家庭教育的熏陶等都为列宁马克思主义世界观的形成起到了积极的作用。有学者指出，1903 年孟什维克就开始从贬义上使用"列宁主义"这个概念，到 1923 年才从褒义上使用"列宁主义"一词。③ 但是，笔者认为，这并不意味着自从 1923 年从褒义上使用"列宁主义"这一概念时，列宁主义才产生。1903 年 7 月 30 日至 8 月 23 日，俄国社会民主工党第二次代表大会召开，俄国社会民主工党分化为布尔什维克和孟什维克后，布尔什维克作为多数派掌握了俄国社会民主工党中央的领导权。列宁指出："布尔什维主义作为一种政治思潮，作为一个政党而存在，是从 1903 年开始的。"④ 斯大林说："布尔什维主义和列宁主义实质上是一样的。这是同一个东西的两个名称。""列宁主义是一个完整的理论，他产生于一九○三年。"⑤

列宁主义主要内容包括无产阶级政党建设理论、无产阶级在资产阶级民主革命中的策略理论、帝国主义理论、一国或几国首先取得社会主义革命胜利的理论、经济文化落后国家社会主义建设的理论。而在本章讨论的时间跨度当中产生的主要是前两个理论，我们说列宁主义产生于 1903 年，也就是指当时这两个理论作为体系开始形成，在 1903 年前后列宁比较多地阐述了这两个理论。这两个理论列宁在比较多的场合都提到过，尤其是在一些会议上提到过，但是本章仍然基于当时公开出版的、公众能够看到的著作来阐述这些方面的内容。尽管这样所利用的文献受到一定的限制，那

---

① 参见方章东《第二国际理论家马克思主义观研究》，安徽大学出版社，2007，第 7 页。

② 孙伯鍨、侯惠勤主编《马克思主义哲学的历史和现状》上卷，南京大学出版社，2004，第 355 页。

③ 参见高放《"马克思列宁主义"提法的来龙去脉》，《文史哲》2001 年第 3 期。

④ 《列宁选集》第 4 卷，人民出版社，2012，第 135 页。

⑤ 《斯大林全集》第 6 卷，人民出版社，1956，第 306、305 页。

些没有公开出版的内容不被引用，但这并不影响这里完整地阐述这些理论。这一时期列宁主义已经形成，但是影响有限，还没有成为国际传播的主要内容，这里对这一时期列宁主义的前两个理论作一阐述。

（1）无产阶级政党建设理论。这是列宁最早阐述的理论内容。俄国社会民主工党成立之初在思想上就比较涣散和混乱，列宁围绕党的思想、政治、组织建设撰写了一系列著作，并筹备召开党的第二次全国代表大会。当时公开出版的主要著作是著名的《怎么办？》《进一步，退两步》。其主要内容包括以下几点：①无产阶级政党必须有科学理论的指导，才能成为先进的政党。在1902年3月出版的《怎么办？》一书中，列宁指出："没有革命的理论，就不会有革命的运动。""只有以先进理论为指南的党，才能实现先进战士的作用。"① 这两句经典名言内涵丰富。第一，工人阶级政党必须要有"革命的理论""先进理论"的指导，只有马克思主义理论才能深刻揭示和阐述党的性质和奋斗目标。第二，工人阶级政党必须把理论与实践结合，否则将会陷入运动的盲目性。第三，工人阶级政党的党员是先进的战士，他们的先进性不仅取决于他们的工人阶级的性质，而且取决于科学理论的武装，否则党员的先进性就不能体现出来。列宁的这些观点对于无产阶级政党的建设发挥过巨大的历史作用，甚至在今天仍然具有重大的现实意义，仍然是包括中国共产党在内的一切马克思主义政党建设的指导思想。

②无产阶级政党必须有严密的组织领导，才能成为坚强有力的政党。1904年5月，列宁在日内瓦出版了《进一步，退两步》这本著作，它在马克思主义历史上第一次详尽地批判了组织上的机会主义，制定了马克思主义政党的组织原则。书中指出，"目前使我们分为两派的意见分歧主要不是在纲领问题上，也不是在策略问题上，而只是在组织问题上"②。列宁关于马克思主义政党的组织路线主要包括以下几个观点。③ 第一，党由工人阶级先进分子组成。列宁指出："把作为工人阶级先进部队的党同整个阶

---

① 《列宁专题文集　论无产阶级政党》，人民出版社，2009，第39、52页。
② 《列宁全集》第8卷，人民出版社，2017，第198页。
③ 参见《国际共产主义运动史》编写组《国际共产主义运动史（从马克思列宁主义诞生至十月社会主义革命胜利）》，人民出版社，1978，第490~494页。

级混淆起来，显然是绝对不行的。"① 党员的先进性决定了工人阶级政党的先进性。第二，党是由工人阶级先进分子组成的组织。列宁认为，党应当有严密的组织，没有组织等于没有党。列宁指出："党应当是组织的总和（并且不是什么简单的算术式的总和，而是一个整体）"，"党只吸收至少能接受最低限度组织性的分子"。② 这里列宁强调了建立党组织的重要性。第三，党是无产阶级的最高组织形式。列宁指出："无产阶级在争取政权的斗争中，除了组织，没有别的武器"，"党应当并且将力求把自己的思想灌输到行业工会中去，使工会接受自己的影响"。③ 这不仅进一步说明了建立党的组织的必要性，而且说明了党组织与工会组织之间的关系，工会也是工人阶级的组织，但是，党组织是最高的组织。第四，党必须密切联系群众。列宁指出："要成为社会民主党，就必须得到本阶级的支持。"④ 这说明党组织与广大群众之间应当建立广泛的联系，党组织必须有深厚的群众基础。第五，党的组织原则是民主集中制。列宁指出："为了保证党内团结，为了保证党的工作集中化，还需要有组织上的统一，而这种统一在一个已经多少超出了家庭式小组范围的党里面，如果没有正式规定的党章，没有少数服从多数，没有部分服从整体，那是不可想象的。"⑤ 这里明确地表明了党集中统一领导的重要性，也是民主集中制的早期表述。第六，党的上层人物要服从党的组织和履行党员义务。列宁指出："随着我们真正的政党的形成，觉悟的工人应当学会辨别无产阶级军队的战士的心理和爱说无政府主义空话的资产阶级知识分子的心理，应当学会不仅要求普通党员，而且要求'上层人物'履行党员的义务。"⑥ 这一规定在无产阶级政党的建设和发展中也具有特别重要的意义。综上所述，以先进的工人阶级为阶级基础，以马克思主义理论为指导，保证党员的先进性，建立严密的党组织等，是列宁提出的关于保证工人阶级政党先进性的基本条件。

---

① 《列宁全集》第 8 卷，人民出版社，2017，第 254 页。
② 《列宁全集》第 8 卷，人民出版社，2017，第 252 页。
③ 《列宁全集》第 8 卷，人民出版社，2017，第 415、259 页。
④ 《列宁全集》第 8 卷，人民出版社，2017，第 258 页。
⑤ 《列宁全集》第 8 卷，人民出版社，2017，第 387 页。
⑥ 《列宁全集》第 8 卷，人民出版社，2017，第 394~395 页。

（2）无产阶级在资产阶级民主革命中的策略理论①。列宁很早就对俄国社会民主党的革命任务进行思考，1898 年就出版了《俄国社会民主党人的任务》这本小册子。1904 年到 1905 年日俄战争以沙皇政府失败而告终，导致俄国社会矛盾激化，俄国爆发了 1905 年革命，但革命遭到沙皇政府的镇压而最终失败，这是一场深刻的资产阶级民主革命。为了总结这场革命的经验教训，列宁撰写并出版了《社会民主党在民主革命中的两种策略》《社会民主党和临时革命政府》《无产阶级和农民的革命民主专政》《社会民主党对农民运动的态度》等论著，在这些著作中，特别具有重大历史意义的是对民主革命的理论和策略进行了系统的阐述。①民主革命和社会主义革命以及从前者向后者转变的理论和策略。《共产党宣言》第四章中就明确表达过资产阶级民主革命与无产阶级革命绝不是对立的，在一定条件下无产阶级应该积极支持和参与资产阶级民主革命。马克思恩格斯指出，"共产党人到处都支持一切反对现存的社会制度和政治制度的革命运动"，"共产党人到处都努力争取全世界民主政党之间的团结和协调"，"德国的资产阶级革命只能是无产阶级革命的直接序幕"。② 列宁则根据俄国的社会现实，进一步明确从民主革命和社会主义革命相结合的角度指出刚刚成立的俄国社会民主党的任务："一种是社会主义的表现（反对资本家阶级，目标是破坏阶级制度，组织社会主义社会）；另一种是民主主义的表现（反对专制制度，目标是在俄国争得政治自由，并使俄国政治制度和社会制度民主化）。……社会民主党人……始终坚持他们的社会主义任务与民主主义任务的不可分割的联系。"③ "现在我们来谈谈社会民主党人的民主主义任务和民主主义工作。我们再说一遍：这个工作与社会主义工作有不可分割的联系。"④ 因此，无产阶级是民主革命的一支重要力量。另外，列宁还指出："我们不能跳出俄国革命的资产阶级民主的范围，但是我们能够大大扩展这个范围，我们能够而且应当在这个范围内为无产阶级的利益而奋斗，为无产阶级当前的需要、为争取条件积蓄无产阶级的力量以便将

来取得完全胜利而奋斗。"① 这说明当时列宁清醒地认识到俄国革命的民主主义性质，已经明确认识到社会主义革命在民主主义革命之后，民主主义革命成功后要向社会主义革命转化。

②无产阶级必须实现在资产阶级民主革命中的领导权。在这一问题上，布尔什维克与孟什维克进行着激烈的争论。孟什维克认为，无产阶级根本不要参与到民主革命中去，更不谈对其领导了。"新火星派认为积极实现民主革命不是社会民主党人的事情，而是民主派资产阶级分内的事情，因为无产阶级的领导和起最重要作用的参与会使革命的'规模缩小'。"② 而列宁则认为："马克思主义教导无产者不要避开资产阶级革命，不要对资产阶级革命漠不关心，不要把革命中的领导权交给资产阶级，相反地，要尽最大的努力参加革命，最坚决地为彻底的无产阶级民主主义、为把革命进行到底而奋斗。"③ 1917 年俄国二月革命后，出现了两个政权并列的局面，但是列宁认为无产阶级仍然充当了领导者的角色，只是由于无产阶级还不够成熟，所以政权落到了资产阶级手中，无产阶级面临的主要任务是，使这场民主革命尽快地转变为社会主义革命。

③建立工农联盟。布尔什维克和孟什维克在无产阶级领导权问题上的根本分歧是如何对待农民。列宁坚决驳斥了孟什维克否认工农联盟的观点。列宁指出："无产阶级要在和不彻底的资产阶级民主派作斗争时不致被束缚住手脚，就应当有充分的觉悟和足够的力量把农民提高到自觉革命的程度，领导农民举行进攻，从而独立实行彻底的无产阶级的民主主义。"④ "只有无产阶级才能成为彻底的民主战士。只有农民群众加入无产阶级的革命斗争，无产阶级才能成为战无不胜的民主战士。如果无产阶级力量不够，做不到这一点，资产阶级就会成为民主革命的首领并且使这个革命成为不彻底的和自私自利的革命。"⑤

④建立工农民主专政。列宁认为，俄国民主革命的基本纲领和最近目标是建立工农民主专政。列宁指出："我们的纲领不是旧的，而是新的纲

---

① 《列宁全集》第 11 卷，人民出版社，2017，第 34 页。
② 《列宁全集》第 11 卷，人民出版社，2017，第 93 页。
③ 《列宁全集》第 11 卷，人民出版社，2017，第 34 页。
④ 《列宁全集》第 11 卷，人民出版社，2017，第 42 页。
⑤ 《列宁全集》第 11 卷，人民出版社，1987，第 42~43 页。

领，即俄国社会民主工党的最低纲领。我们有新的口号：无产阶级和农民的革命民主专政"，"除了实行无产阶级和农民的革命民主专政以外是没有别的办法的"，"我们所能得出的保证革命彻底胜利的口号就只能是无产阶级和农民的革命民主专政"。① 在这场民主革命中，工人阶级创造了工人代表苏维埃这一政权组织形式。

（二）马克思主义的国际传播

1. 在欧美的传播

（1）在西欧国家和地区的传播。①出版马克思恩格斯的著作。这一时期列宁主义的一些理论已经形成，但是进行国际传播的主要还是马克思主义的理论。第一国际解散后，在19世纪70年代后期至80年代欧洲各国工人运动继续发展，并促进了马克思主义的广泛传播。这一时期，新出版的马克思恩格斯的著作主要是上文提到的《反杜林论》《社会主义从空想到科学的发展》《家庭、私有制和国家的起源》《路德维希·费尔巴哈和德国古典哲学的终结》等，具有特别重大意义的是分别于1885年与1894年出版了马克思《资本论》第二卷和第三卷，它们是恩格斯付出了辛勤劳动整理出来的。另外，之前已经出版的马克思恩格斯的著作，有些进行了再版或出了新的版本。这一情况在新的国际共产主义运动的中心德国体现得尤为突出，根据不完全统计，《社会主义从空想到科学的发展》仅仅1883年一年就印行了三版，共达一万册，《共产党宣言》前后两次也印行了一万册。此外，还印行了《家庭、私有制和国家的起源》、《路易·波拿巴的雾月十八日》、《反杜林论》、《哲学的贫困》、《论住宅问题》、《资本论》第一卷和第二卷、《路德维希·费尔巴哈和德国古典哲学的终结》等著作的新版、第二版或第三版。德国社会民主党的机关报刊——《新时代》杂志和《社会民主党人报》还以摘要的形式刊登了上述一些著作的重要部分，并发表文章介绍这些著作的基本思想，号召所有读者认真地学习。②

②利用现有的报刊和创办新的报刊。首先是利用现有报刊登载文章。据笔者认真查阅，这些文章都发表在以下报刊上。这些报刊有德文《法兰

---

① 《列宁全集》第11卷，人民出版社，2017，第42、43、119页。

② 参见《国际共产主义运动史》编写组编《国际共产主义运动史（从马克思列宁主义诞生至十月社会主义革命胜利）》，人民出版社，1978，第356~357页。

克福报和商报》、《福斯报》①、《工人报》②、《柏林人民报》③、《社会主义评论》杂志④、《新时代》杂志⑤，法文《民意道报》⑥、《社会主义者大学生》报⑦、《社会评论》杂志⑧，英文《世俗纪事和自由思想进步年鉴》⑨、《劳动旗帜报》⑩、《新堡每日纪事报》⑪，俄文《社会民主党人》杂志⑫，意大利文《人民报》⑬ 等。其次是创办新的宣传、普及马克思主义的报刊。如德国社会民主工党在原来中央机关报《人民国家报》（1869~1876 年）和《前进报》（1876~1878 年）之后，于 1879 年开始出版的德国社会民主党秘密机关报《社会民主党人报》（1888 年迁到伦敦），1872 年初美国纽约国际法国人支部的机关报《社会主义者报》，1877 年茹尔·盖得在巴黎创办的《平等报》，1879 年 10 月建立的法国工人党先后出版的《平等报》《社会主义者报》《新纪元》等报刊，19 世纪 80 年代初英国民主联盟出版的机关报《正义报》和《今日》杂志，美国工人党的《劳动旗帜》报等。⑭ 第二国际成立后，一些社会主义民主党或工人党等又创立了一系列新的报刊。比如，在 1891 年 8 月召开的比利时布鲁塞尔大会上，德国社会民主党给大会提交的报告中指出，1890 年 10 月，德国社会民主党召开的哈雷代表大会宣布创办新的中央机关报《前进报》。哈雷代表大会后，德国社会民主党特别重视党的报刊。随着党的成长壮大，党的报刊有了较快的发展，到 1891 年第三季度，在德国出版的政治报刊总共有 69 种，除了这些政治性报刊外，还有每周出版一期的科学评论杂志《新时代》，以及

① 参见《马克思恩格斯全集》第 19 卷，人民出版社，1963，第 162 页。
② 参见《马克思恩格斯全集》第 22 卷，人民出版社，1965，第 60、76 页。
③ 参见《马克思恩格斯全集》第 22 卷，人民出版社，1965，第 99 页。
④ 参见《马克思恩格斯全集》第 19 卷，人民出版社，1963，第 201 页。
⑤ 参见《马克思恩格斯全集》第 21 卷，人民出版社，1965，第 220 页。
⑥ 参见《马克思恩格斯全集》第 19 卷，人民出版社，1963，第 131 页。
⑦ 参见《马克思恩格斯全集》第 22 卷，人民出版社，1965，第 487 页。
⑧ 参见《马克思恩格斯全集》第 22 卷，人民出版社，1965，第 328 页。
⑨ 参见《马克思恩格斯全集》第 19 卷，人民出版社，1963，第 169 页。
⑩ 参见《马克思恩格斯全集》第 19 卷，人民出版社，1963，第 279、291、295、298、303、307、310、314、318 页。
⑪ 参见《马克思恩格斯全集》第 22 卷，人民出版社，1965，第 6 页。
⑫ 参见《马克思恩格斯全集》第 22 卷，人民出版社，1965，第 13 页。
⑬ 参见《马克思恩格斯全集》第 19 卷，人民出版社，1963，第 109、134、171 页。
⑭ 参见《国际共产主义运动史》编写组编《国际共产主义运动史》，人民出版社，2012，第 89 页。

一系列文学和教育方面的报刊，它们很多是作为党的政治刊物的增刊发行的。① 西班牙工人党提交的报告指出，目前，党出版的报纸有 4 种：《社会主义者》，在马德里出版；《社会战争》，在巴塞罗那出版；《人民呼声》，在阿利坎特出版；《阶级斗争》，在毕尔巴鄂出版。这 4 种报纸都是周报。② 毫无疑问，这些报刊对宣传传播马克思主义起到了重要的作用。

③马克思主义理论家对马克思主义的宣传与传播。正如上文指出，第二国际时期形成了一支阵容强大、理论功底扎实的宣传与传播马克思主义的人才队伍。这些理论家在宣传与解读马克思主义方面作出了重要贡献。首先，他们出版马克思恩格斯一些主要著作的普及版及有注释的读本。例如，考茨基编辑出版了《资本论》第 1 卷的普及本，普列汉诺夫对恩格斯《路德维希·费尔巴哈和德国古典哲学的终结》进行注释，梅林为自己编辑出版的马克思恩格斯遗著添加导言、注释等。其次，出版通俗的介绍马克思个人及其基本思想的著作。例如，梅林根据他长期收集、研究、校印马克思主义创始人遗著掌握的资料写成的《马克思传》，生动再现了马克思的革命活动和基本思想，至今仍是最好的马克思传记读本；考茨基根据恩格斯关于"出一本新的、通俗的、简短的（篇幅比杰维尔的少一半）阐述剩余价值理论的著作"③ 的意见而撰写的《马克思的经济学说》，得到了恩格斯的较高评价。梅林认为，就通俗易懂而又透彻明了地介绍了《共产党宣言》的丰富思想这一点来说，他的著作可以同恩格斯那本《社会主义从空想到科学的发展》的小册子媲美，而在其他方面还有其独到的见解。最后，编写便于讲授、演讲的宣传材料，并开展形式多样的理论传播活动。

宣传与传播马克思主义的优秀人物除了上面提到的这些杰出理论家之外，还应包括威廉·李卜克内西（1826～1900）、奥古斯特·倍倍尔（1840～1913）、克拉拉·蔡特金（1857～1933）等。此三位虽然是偏重革命实际的革命战士，但他们同样为马克思主义宣传与传播作出了重大贡

---

① 参见王学东主编《国际共产主义运动历史文献》第 15 卷，中央编译出版社，2015，第 83～86 页。
② 参见王学东主编《国际共产主义运动历史文献》第 15 卷，中央编译出版社，2015，第 164 页。
③ 《马克思恩格斯全集》第 36 卷，人民出版社，1975，第 84 页。

献。李卜克内西不仅是一个演说家，而且还是一个杰出的政治家、社会学家、作家。他的许多演讲被印成宣传社会主义的传单或载入刊物，他还写了许多论著和文章。这些作品涉及政治、历史和生活经历方面。从总体上看，李卜克内西的作品主要关涉两大主题，即宣传马克思主义基本理论与讨论当时重大的实践问题。李卜克内西曾是多种报刊的主编、编辑、记者，这为他传播马克思主义提供了大好的机会。倍倍尔是以革命实践家而出名的，但是他也为宣传马克思主义理论作出了不少贡献。他在德国国会、社会民主党和第二国际代表大会上的一些重要发言就是运用马克思主义分析和解决实际问题的典范，在发言中他表述了无产阶级革命策略，详细地阐述了科学社会主义等。同时，倍倍尔还写了一些历史和理论著作。蔡特金是国际妇女运动和国际共产主义运动的杰出活动家和领袖，她发掘了马克思关于妇女解放理论，并着力使这一理论为广大妇女所掌握，并使之成为妇女解放自己的思想武器。蔡特金也为马克思主义理论宣传与教育发挥了重要作用。①

④在传播中与各种非马克思主义思潮进行斗争。第一，与法国的可能派进行斗争。上文已经指出，19 世纪 80 年代后期，正当马克思主义者着手建立第二国际时，法国的可能派纠集英国的社会民主联盟、英国工联、美国的劳动骑士团等组织，决定于 1889 年 7 月成立由他们把持的第二国际。在这样的情况下，经恩格斯倡议，各国工人党决定，在 1889年 7 月 14 日，即法国人民攻占巴士底狱一百周年纪念日，在巴黎召开第二国际成立大会。尽管可能派所主持的代表大会这时也在巴黎开幕，但在大会的 550 多名代表中法国人占了 477 名，只有极少数其他国家的代表，这使这个大会实际上成为法国可能派的代表大会。这一事实不仅说明了在国际工人运动中马克思主义者与非马克思主义者不断进行着坚决的斗争，而且进一步巩固了马克思主义在国际工人运动中的指导地位。第二，与各种机会主义思潮进行斗争。自马克思主义在国际工人运动中取得统治地位以来，当时国际工人运动内部又滋长了一些机会主义思潮，包括：德国的以青年派为首的左倾机会主义和以福尔马尔为代表的右倾

---

① 参见方章东《第二国际理论家马克思主义观研究》，安徽大学出版社，2007，序言第 36~40 页。

机会主义；法国除了可能派之外的无政府工团主义等。这一时期，恩格斯撰写的《1845 年和 1885 年的英国》《〈论住宅问题〉一书第二版序言》《卡·马克思〈法兰西内战〉一书导言》《1891 年社会民主党纲领草案批判》《〈英国工人阶级状况〉1892 年英国版序言》等文章以及许多书信，深刻分析了这些机会主义产生的原因和实质，剖析了其特征和活动规律，对各种机会主义进行了深刻的批判。[①] 第三，特别与伯恩施坦修正主义进行坚决的斗争。19 世纪 90 年代后期，由于资本主义的发展，工人阶级队伍不断扩大，工人阶级政党的阶级基础和人数得到加强和增加，第二国际一些党在选举中取得了一定的胜利，在合法斗争中取得了一定成就，国际工人运动中的机会主义者趁机宣扬社会改良主义，甚至公开要求修正马克思主义，由此得名的修正主义开始成为党内的主要危险。伯恩施坦是其突出代表。1873 年，伯恩施坦同杜林结成反党小宗派。1875年，他主张同拉萨尔实行无条件的妥协。1879 年，他同赫希伯格、施拉姆组成"苏黎世三人团"，发表《德国社会主义运动的回顾》等文章，受到马克思和恩格斯的严厉批评。1881～1890 年，他担任《社会民主党人报》主编，在宣传马克思主义上做一些工作，得到恩格斯的信任。恩格斯逝世后，他写了一系列文章提出他的修正主义观点，为反对暴力革命而实行纯粹的"和平长入社会主义的改良主义路线"制造理论根据，从而从根本上推翻马克思主义。

伯恩施坦修正主义是一种国际思潮，是使第二国际时期马克思主义受到最大挑战的思潮，在社会民主党内和国际上都有很多的追随者，在不同的国家有不同表现形式，在德国是新康德主义，在俄国是经济主义和合法马克思主义，在法国是修正主义等。这在各国党内引起了很大的震动。德国社会民主党的马克思主义理论家、女革命家、波兰人罗莎·卢森堡（1871～1919）在批判伯恩施坦修正主义中发挥了杰出的作用。另外，德国和国际共产主义运动中杰出的女革命家和妇女运动的先驱人物克拉拉·蔡特金也是站在与修正主义斗争最前列的积极战士之一。当伯恩施坦刚开始散布反马克思主义谬论时，她就立刻指出有加以揭发的必要。在 1898 年德

---

① 参见中国人民大学马列主义发展史研究所《马克思主义史》第 1 卷，人民出版社，1996，第 830～831 页。

国社会主义党的斯图加特代表大会上，在与修正主义的激烈争论中，两位女革命家罗莎·卢森堡和克拉拉·蔡特金成为论战的核心人物。与此同时，其他国家的马克思主义者，如俄国的普列汉诺夫、法国的拉法格、保加利亚的布拉戈耶夫、日本的片山潜等也都参加了反对修正主义的斗争。

（2）在俄国的传播。第二章讨论的主要是 19 世纪 60～70 年代马克思主义在俄国的大致的传播情况。但是，当时马克思主义还没有成为俄国社会思想中的一个独立的派别，接触到马克思主义思想的，主要是革命知识分子、青年学生和先进工人中为数很少的代表人物。当时，民粹主义是马克思主义传播道路上的主要的思想障碍。马克思主义在俄国的迅速传播，实际上是到 19 世纪 80 年代才开始的。1883 年，俄国革命青年中的先进分子普列汉诺夫、阿克雪里罗得等建立的"劳动解放社"，对传播马克思主义起了重大的作用，普列汉诺夫是该社会的组织者和领导者。"劳动解放社"陆续翻译出版了马克思的《雇佣劳动与资本》（1883 年）、《哲学的贫困》（1886 年），恩格斯的《俄国社会关系》（1894 年）等。总之，差不多"劳动解放社"出版的全部书籍，在 19 世纪 80～90 年代都传入了俄国，马克思主义的著作比较广泛地传播开了。

列宁对各种非马克思主义的批判[①]。在俄国工人阶级政党的建立及发展过程中，马克思主义受到了国内、国际各种非马克思主义思潮的抵制和攻击。列宁对这些思潮进行了深刻的批判，坚决捍卫了马克思主义，保证了俄国马克思主义政党发挥先进性作用。《读懂列宁》一书提出了列宁从事革命活动三个时期[②]，即 1894～1903 年第一个十年，1904～1913 年第二个十年，1914～1923 年第三个十年。本章讨论的时间跨度包含前两个十年，下文就对前两个时期列宁对一些错误思潮的批判作一分析。

1894～1903 年，即第一个十年。历史要求这一时期的俄国回答"俄国向何处去"的问题，就是要认识俄国社会发展道路问题，实践的主题是为建立无产阶级新型政党作准备。在这一过程中，第一，深刻批判了自由主义民粹主义。列宁对此进行批判最主要的著作有 1894 年出版的《什么是"人民之友"以及他们如何攻击社会民主主义者?》一书，该书严厉反驳了

---

① 参见张爱武《全球化进程中的中国共产党先进性建设》，社会科学文献出版社，2012，第 118～124 页。

② 参见张翼星、贺翠香、陈岸瑛《读懂列宁》，四川人民出版社，2001，第 47～50 页。

自由主义民粹主义的理论观点和政治纲领，科学地阐述了马克思主义的哲学、政治经济学和科学社会主义的基本理论，论证了俄国工人阶级作为最先进、最进步阶级的伟大作用，明确地提出了马克思主义的工农联盟思想和建立工人阶级政党的任务，从而给自由主义民粹主义以毁灭性打击。1899 年出版的《俄国资本主义的发展》则深刻研究了俄国农业资本主义的产生和发展、俄国工业资本主义的产生，揭示了俄国资本主义发展的规律性、特点和矛盾，全面论证了无产阶级在即将到来的民主革命中的领导作用等重大问题，从而彻底完成了从思想上粉碎民粹主义的任务。第二，深刻批判了"合法马克思主义"。"合法马克思主义"又称"司徒卢威主义"，是流行于 19 世纪末的俄国的一种打着马克思主义旗号、有意歪曲马克思主义的自由资产阶级思潮。司徒卢威等人常常穿着马克思主义的外衣、打着马克思主义的旗号、采用马克思主义的某些词句，在当时合法的即经过沙皇政府批准的报纸杂志上发表有利于资产阶级的文章，所以被人们称为"合法马克思主义"者。他们拒不承认资本主义灭亡的历史必然性，而是标榜"客观主义"立场，对资本主义进行抽象的超阶级的阐释，以求肯定资本主义制度，反对无产阶级革命和无产阶级专政。第三，深刻批判经济主义。列宁于 1899 年写了《俄国社会民主党人抗议书》《我们的纲领》《我们的当前任务》《迫切的问题》《我们党的纲领草案》《俄国社会民主党中的倒退倾向》《论〈宣言书〉》等，1900 年 2 月流放期满获得自由后，创办《火星报》并以此为阵地发表了《我们运动的迫切任务》《从何着手?》《同经济主义的拥护者商榷》等文章，1902 年 3 月出版的《怎么办?》一书从理论上、思想上、政治上、组织上全面系统地批判了经济主义，使经济主义受到沉重打击，1902 年《工人事业》杂志和《工人思想报》就停刊了。

　　1904～1913 年，即第二个十年。第一，首先与孟什维主义进行坚决的斗争。孟什维主义反对集中制，拥护自治制；认为少数服从多数、部分服从整体是粗暴地硬性压制党员的意志和自由；仇视组织性纪律性，赞美无政府主义，把党的组织说成是凶恶可怕的"工厂"，把党的纪律污蔑为"农奴制"，反对由上下各级党的机关构成的严密体系，不要党的章程等。列宁与之进行了坚决的斗争。1904 年，他专门写了《进一步，退两步》一书，对孟什维主义进行了全面的批判，并进一步阐明了新型政党的性质、党员条件和组织原则等。第二，参与对伯恩施坦修正主义的批判。在 1899

年写的《书评 卡尔·考茨基〈伯恩施坦与社会民主党的纲领。反批评〉》、1902 年 3 月出版的《怎么办?》等中,列宁对伯恩施坦修正主义进行了批判。1908 年写的《马克思主义和修正主义》一文,揭露了伯恩施坦修正主义对马克思主义在哲学、经济学和政治(阶级斗争学说)方面的基本原理所作的修正,对伯恩施坦理论进行了系统的、彻底的批判。第三,系统地批判国际上流行的经验批判主义。经验批判主义的理论核心是要素说和原则同格论,企图以此消除从物到意识和从意识到物这两种观点的尖锐对立。经验批判主义的思想主要来源于康德、贝克莱和休谟的哲学理论,是不可知论和主观唯心主义的混合物。在当时,经验批判主义成为一种国际性的哲学思潮,它为许多唯心主义哲学家所承袭,也被第二国际的修正主义者用来反对马克思主义,他们主张用经验批判主义来"修正"马克思主义,这使得经验批判主义在俄国也很快流行起来。它直接危害辩证唯物主义和历史唯物主义这一马克思主义的理论基础,造成了工人思想上的混乱。俄国社会民主党的普列汉诺夫首先站出来与之进行了论战。1908 年 10 月,列宁写出了《唯物主义和经验批判主义》一书,对经验批判主义进行了有力的、系统的、深刻的批判和回击。

(3)在美洲的传播。第一国际解散后,在美国的一些马克思主义活动家继续进行着马克思主义的研究和宣传工作。第二章指出,被称为"美国社会主义之父"的弗里德里希·左尔格开始研究马克思主义的工人运动史,他收集和整理了有关第一国际的大量史料,并选辑了马克思、恩格斯同美国马克思主义者的通信等。另一位马克思主义活动家和理论家丹尼尔·德莱昂(1852~1914),生于委内瑞拉,曾求学于德国和荷兰,后移居美国通过学习马克思主义著作而成为马克思主义者,1890 年加入美国社会主义工党,次年担任该党机关报《人民报》编辑。在 19 世纪后期,他的著作《改良还是革命》《对社会的社会主义改造》等对在美国宣传和坚持马克思主义作出了贡献。① 德国"爱森纳赫派的最热心的理论家"约瑟夫·狄慈根(1828~1888)两度侨居美国,在这期间对马克思主义的传播也作出了贡献。1886 年,他在芝加哥担任美国社会主义工党的中央机关报

_____

① 参见胡为雄《马克思主义哲学在中国传播与发展的百年历史》,百花洲文艺出版社,2015,第 40~41 页。

《社会主义者》的编辑，撰写了一系列宣传和阐述辩证唯物主义哲学世界观的文章，对在美国传播马克思主义哲学起了较大作用。①

在本章讨论的时间内，19 世纪 70 年代中后期，德国实行反社会党人的"非常法"，一批与此有关的德国人移居阿根廷，给社会主义运动增添了新的血液。70 年代末，出现了一批新的工人组织，如 1878 年成立的印刷工人联合会，1885 年成立的粗木工和细木工联合会，1886 年成立的面包工人联合会，1887 年成立的火车司机和司炉联合会。到 1895 年全国已先后成立了 50 多个工会组织。1888 年在布宜诺斯艾利斯成立了"国际社会主义小组"，参加者除阿根廷人外，还有来自法国、意大利、西班牙、荷兰和比利时的移民，1889 年"国际社会主义小组"派代表参加了在巴黎召开的第二国际第一次代表大会。② 第二国际在阿根廷也产生了比较大的影响，根据第二国际的决议，在阿根廷组织了庆祝五一节、争取八小时工作制、禁用童工、保护妇女健康权益等活动，马克思主义得到大力的宣传。在本章讨论的时间内，1878 年 7 月 4 日在墨西哥成立了第一个社会党，到 1879 年有 17 个大小不一的政治组织加入该党；出版了《社会主义者》报，该报为消除无政府主义的有害影响，经常刊登有关马克思主义的文章予以驳斥。1888 年还发表《共产党宣言》，这是马克思著作在墨西哥第一次用西班牙语出版。③ 古巴的马克思主义传播由于受到两个因素的制约而相对滞后。巴黎公社只是对古巴工人运动起了诱发作用，工人运动得到渐进的发展。1883 年在纽约的很多古巴工人参加了为马克思逝世而举行的追悼会。古巴革命家何塞·马蒂为这次追悼会写的文章说，国际是马克思的事业，所以，全世界人民都来悼念他。卡尔·马克思正在寻找新的原则来创立世界的道路，他唤起沉睡的人们并教导他们用什么方法抛弃正在走向衰亡的原则。何塞·马蒂的纪念文章和有关追悼会的报道在古巴广为传播，

---

① 参见中国人民大学马列主义发展史研究所《马克思主义史》第 1 卷，人民出版社，1996，第 740 页；胡为雄《马克思主义哲学在中国传播与发展的百年历史》，百花洲文艺出版社，2015，第 41 页。

② 参见祝文驰、毛相麟、李克明《拉丁美洲的共产主义运动》，当代世界出版社，2002，第 34~35 页。

③ 参见祝文驰、毛相麟、李克明《拉丁美洲的共产主义运动》，当代世界出版社，2002，第 38~39 页。

也只有到了这时，第一国际和马克思的名字才在工人中流传开来。①

2. 在其他国家和地区的传播

（1）在大洋洲的传播。在本章所讨论的时间范围内，大洋洲马克思主义的传播仍然主要是在澳大利亚，并在原来的基础上有了一定的发展。1890 年，澳大利亚有影响的工人领袖拉尼创办了《劳动者报》，发表了《共产党宣言》《哥达纲领批判》《雇佣劳动和资本》等马克思主义著作。另外，《资本论》（第一卷）也开始在澳大利亚出版。②

（2）在非洲和中东地区的传播。从本章讨论的时间范围看，从 1890年起，社会主义思想在阿拉伯国家流传日益广泛，马克思被当作一位"政治经济学者"来介绍。1894 年，阿尔穆达达夫在《社会主义者和无政府主义者》一文中，称卡尔·马克思是一位"国际闻名的世界社会主义协会的奠基者"。该文介绍了马克思的生平，如马克思对历史和哲学的研究尤其是对黑格尔哲学的研究，在法国参加过 1848 年革命，还撰写了著名的《资本论》，成为研究经济学的著名哲学家。③

（3）在亚洲的传播。第二章提到，马克思主义在亚洲的传播相对比较晚，在最早传播马克思主义的日本，19 世纪 80 年代初"马克思主义"这一概念才开始出现。在这一章讨论的时间范围内，马克思主义在日本的传播有了一定的进展，马克思主义得到进一步介绍，但是，人们对马克思主义仍知之甚少，马克思主义与日本社会没有实际的联系。继之，日本一些留欧旅美归来以及锐意求变的学者，因不满天皇的专制统治，成为传播马克思主义的主体，德富苏峰（1863~1957）、酒井雄三郎（1860~1900）等对各种社会主义学说进行介绍，其中包括马克思主义。继民权运动之后，日本开始了工人运动及社会主义运动。在这一过程中，产生的比较著名的马克思主义者有：片山潜（1859~1933）、幸德秋水（1871~1911）、安部矶雄（1865~1949）、堺利彦（1870~1933）等。他们通过翻译出版马克思恩格斯的著作和撰写有自己见解的文章或著作以宣传马克思主义。

---

① 参见祝文驰、毛相麟、李克明《拉丁美洲的共产主义运动》，当代世界出版社，2002，第40~41 页。

② 参见胡为雄《马克思主义哲学在中国传播与发展的百年历史》，百花洲文艺出版社，2015，第46~47 页。

③ 参见华法·萨邦《社会主义和马克思主义在阿拉伯思想界中的传播》，转引自胡为雄《马克思主义哲学在中国传播与发展的百年历史》，百花洲文艺出版社，2015，第48 页。

关于最早明确无误地把马克思及其学说介绍到中国来的时间，国内学术界有许多不同的研究结论，大致有 1898 年传入说、1899 年传入说和 1902 年传入说。从目前所能见到的文献资料来看，1899 年传入说更为合理和准确。1899 年 2 月，由李提摩太节译、蔡尔康纂述的《大同学》第一章"今世景象"刊登在《万国公报》第 121 期上，其中关于马克思及其思想的介绍，是迄今所知中文报刊对马克思及其认识论的最早介绍。在中国传播马克思主义的人主要有留日学生、资产阶级维新派、资产阶级革命派、无政府主义者等。他们把通过不同的途径获得的对马克思主义的了解在中国进行传播。

在本章讨论的时间范围内，马克思主义在印度也有了零星的传播。1912 年 3 月，印度的《现代评论》刊物发表了署名为哈尔达雅尔的一篇最早介绍马克思的文章。同年秋，拉姆克里希拉·派莱出版了马克思的简短传记。[①] 除以上所述的日本、中国、印度之外，在这一时期其他亚洲国家还没有马克思主义的传播。同时，日本、中国、印度的传播也极其有限，只有到了第四章讨论的时间范围，马克思主义在亚洲才有比较广泛的传播，马克思主义国际话语权在亚洲才有比较大的提升。

二 马克思主义国际话语权经历从提升到下降的过程

（一）第一国际解散到第二国际成立马克思主义国际话语权继续提升

1. 马克思主义进一步得到传播并成为一定范围工人群众中的主导话语

马克思主义在国际范围拥有一定的话语主体和群众基础。这一时期，通过上文所指出的传播手段，马克思主义不仅在欧洲、美洲得到传播，在亚洲主要是日本和中国，马克思主义也开始传播。在大洋洲也有进一步的传播。各国出版的马克思和恩格斯的许多最重要著作，在 80 年代便开始深入工人阶级过去从未达到过的阶层中去。各国发行的许多工人报刊，它们在宣传社会主义思想、启发无产阶级觉悟、教育和组织工人群众、反对资产阶级思想对工人运动的侵蚀等方面，起了很大的作用。

---

① 参见胡为雄《马克思主义哲学在中国传播与发展的百年历史》，百花洲文艺出版社，2015，第 54 页。

2. 马克思恩格斯在国际工人运动中继续发挥着主导作用

恩格斯在《1877 年的欧洲工人》中指出："可见，在欧洲各地，不论我们朝哪里看去，工人阶级运动都在前进，不但顺利而且迅速，更重要的是，处处的精神都是同样的。完全的协调一致恢复了，各国工人之间通过这种或那种方式进行的经常的和定期的联系也随之而恢复。"① 继统一的德国社会民主党建立之后，在 19 世纪 70~80 年代，第一批社会主义政党在欧美各国纷纷建立。它们是：丹麦社会民主工人党（1876 年）、美国社会劳工党（1877 年改称）、法国工人党（1879 年）、西班牙社会主义工人党（1879 年）、意大利工党（1882 年）、俄国"劳动解放社"（1883 年）、英国社会主义同盟（1884 年）、比利时工人党（1885 年）、挪威工人党（1887 年）、奥地利社会民主工党（1888 年）、瑞典社会民主工人党（1889 年）、瑞士社会民主党（1889 年）。② 但当时各国刚建立的这些工人党还不成熟，严格说来有的还不是马克思主义政党，大多数党实际上未能同其他社会主义派别划清界限，未能彻底清除机会主义、改良主义、无政府主义等错误思潮影响。为此，马克思恩格斯在进行理论著述的同时，花费了巨大精力关注当时各国党的建立和成长，对年轻的各国工人党给予了多方面的指导和帮助。但无论怎么说，这一时期工人运动发展的特点是，马克思主义的地位得到了加强，以及它同工人群众之间的结合进一步加强。1883 年马克思逝世后，运动的领导权由恩格斯掌握。德国、法国、英国、美国、意大利、西班牙、俄国和其他国家的社会主义者都向恩格斯求教。恩格斯继续同工人政党和社会主义政党中的机会主义、教条主义和宗派主义等进行了坚决的斗争。总之，马克思恩格斯在国际工人运动中继续发挥着主导作用。

（二）第二国际前期马克思主义国际话语权进一步提升

1. 第二国际前期代表大会上马克思主义国际话语权的体现

（1）马克思主义作为主导话语被人们言说和表达。以下两方面的考察可以对此作出说明。①会场布置充满着马克思主义的氛围。根据中央编译局出版的《国际共产主义运动历史文献》，1889 年 7 月 14~20 日在巴黎召开的第二国际成立大会会场，张贴着马克思的语录："全世界无产者，联

---

① 《马克思恩格斯全集》第 25 卷，人民出版社，2001，第 175 页。
② 参见《国际共产主义运动史》编写组《国际共产主义运动史》，人民出版社、高等教育出版社，2012，第 93 页。

合起来！"摆放着根据马克思主义的观点写的"从政治和经济上剥夺资本家阶级的所有权，实行生产资料社会化！"① 的标语。"全世界无产者，联合起来！"是《共产党宣言》的结语，是向全世界无产者发出的团结战斗口号，《共产党宣言》发表后，一直激励着全世界工人阶级团结、协作和共同前进，对国际工人运动的发展发挥了并仍然在发挥着巨大的影响。"剥夺资本家阶级的所有权，实行生产资料社会化"是马克思主义的核心观点，是全世界工人阶级的奋斗目标。把马克思主义的这些话语布置于会场，毫无疑问表示着第二国际成立时在第二国际内部马克思主义是一种主导话语，标志着马克思主义在第二国际内部拥有很高的话语权。荷兰代表多梅拉·纽文胡斯在发言中指出："当我踏进整个大厅的时候，我第一眼看到的就是我们尊贵的朋友和导师卡尔·马克思的话。他给我们留下的遗嘱：'全世界无产者，联合起来！'马克思没有说：全世界社会主义者！而是十分明确：全世界无产者！请看，我们宣布了这个福音！我们不允许把这个教导变成一句僵死的话，我们必须在实践中实现它。"② 1893 年 8 月 6~12 日在瑞士苏黎世召开的第二国际第三次代表大会会场，装饰着用参加代表大会的 16 个国家（第一次会议记录是 16 个国家，后来增加到 18 个国家。——引者注）的文字写着的"全世界无产者，联合起来！"的标语，主席台上方悬挂着一幅瑞士革命家玛格丽特·格罗伊利希绘制的马克思的出色画像，画像周围饰以红旗。③ 恩格斯亲自参加了这一次代表大会，这是他第一次也是唯一一次出席的第二国际代表大会。恩格斯的参加当然使会议的马克思主义气氛更加浓厚了。1896 年 7 月 27 日至 8 月 1 日在英国伦敦召开的第二国际第四次代表大会会场，常务委员会的右侧悬挂着一幅同真人一样大的卡尔·马克思的半身像，相框四周用鲜花和树叶装饰着。④ 总之，会场的这些布置都说明了当时在第二国际内部马克思主义拥有主要的话语权。

　　②会议代表用马克思主义创始人的话语表达自己的观点。马克思主义

<hr>

① 王学东主编《国际共产主义运动历史文献》第 14 卷，中央编译出版社，2013，第 42 页。

② 王学东主编《国际共产主义运动历史文献》第 14 卷，中央编译出版社，2013，第 72 页。

③ 参见王学东主编《国际共产主义运动历史文献》第 16 卷，中央编译出版社，2013，第 45 页。

④ 参见王学东主编《国际共产主义运动历史文献》第 18 卷，中央编译出版社，2015，第 6 页。

是为广大劳动者阶级谋利益的理论，维护工人阶级的权利、实现工人阶级的利益的举措，是与马克思主义一致的，或者说是符合马克思主义理论要求的。在成立大会上，很多代表都提出：实行正常的八小时工作日，禁止使用 14 岁以下童工等举措。① 有代表提出：在机房里 24 小时值班的司炉工每天工作 8 小时，每星期要有一整天的休息时间，禁止一切体罚，取消对应得工资的任何克扣等。② 7 月 20 日召开的第十次会议，专门讨论了劳工保护立法等问题，其中就有实现八小时工作日的问题、满足工人的文化精神方面的需要问题，指出实现八小时工作日是劳动从资本中解放出来的第一步等。大会在听取有关国家工人运动发展状况报告的情况下，讨论了"国际劳工立法，规定工作日""实现劳动保护要求的途径和手段"，通过了关于国际劳工立法的决议，要求为实行八小时工作日、禁止使用童工和夜工、禁止实行实物工资以及为工人参加工厂检查机构而斗争，并指出这些要求不是目的本身，无产阶级的最终目的是推翻资本主义制度。③ 1891 年第二国际第二次（布鲁塞尔）代表大会主要讨论了劳工立法问题、罢工问题、反军国主义问题、五一节问题等重大的策略原则问题。1893 年第二国际第三次（苏黎世）代表大会专门发表了"八小时工作日"声明，指出八小时工作日是使工人阶级从资本的奴役下彻底解放出来的最重要的先决条件之一，也是改善工人阶级状况最重要的措施，争取八小时工作日的斗争必须在所有国家内开展，因为只有实行八小时工作日的国际立法才能保证其持久性和发挥造福社会的作用。④ 毫无疑问，这些都是马克思主义创始人思想的体现。1896 年第四次（伦敦）代表大会是恩格斯去世后的第一次代表大会，德国社会民主党代表辛格尔以沉痛的心情表达了对恩格斯的哀悼和缅怀，他说道："他（恩格斯——引者注）离开了我们，但是他的精神、他的学说引导着我们。我们对他辛勤工作、不懈奋斗的一生，对他

---

① 参见王学东主编《国际共产主义运动历史文献》第 14 卷，中央编译出版社，2013，第 153 页。
② 参见王学东主编《国际共产主义运动历史文献》第 14 卷，中央编译出版社，2013，第 155~156 页。
③ 参见王学东主编《国际共产主义运动历史文献》第 14 卷，中央编译出版社，2013，编辑说明第 2 页。
④ 参见王学东主编《国际共产主义运动历史文献》第 16 卷，中央编译出版社，2013，第 78 页。

为全世界工人阶级利益的献身精神所能做出的最好感谢，就是努力追随他那热心负责、尽心尽职和无私牺牲的精神。"① 对恩格斯的怀念和哀悼就是对马克思主义的坚持。

（2）马克思主义一定程度上成为代表大会分析和解决问题的基础理论。在1889年第二国际成立大会第一次会议上，大会主席之一保尔·拉法格在所致的欢迎辞中指出："资产阶级正在庆祝它的革命100周年。这个革命曾宣布过，它要确立人们之间的正义、自由和平等。但是除了对工人进行最残酷、最无节制的剥削之外，这场革命没有带来任何更好的结果。资产者只是打倒了贵族，而为自己取得社会统治权。他们摧毁了封建的巴士底狱，仅仅是为在全国建立资本主义的劳工巴士底狱，资产者把无产阶级的男人、妇女和儿童赶到那时去受过度劳动的折磨。"② 大会主席之一瓦扬在大会开幕式上的讲话中也指出："对那些派出代表参加这里显示团结的大会的社会主义者来说中，都是明白无误的：尽管道路可能有曲折，但最终要达到由社会占有劳动手段和劳动资料。"③ 荷兰代表多梅拉·纽文胡斯在叙述荷兰工人阶级的状况时，在一般意义上分析资本家对工人剥削的基础上指出："但荷兰工人受到的经济奴役恐怕更加严重。因此他们除政治解放外，日益迫切地要求社会的彻底解放，废除资本主义生产——雇佣制。"④ 毫无疑问，以上这些观点都是用马克思主义观点阐述在资本主义制度下无产阶级所遭受到的剥削与压迫，说明资本主义制度的不合理性和实现社会主义的必然性，只有推翻资本主义制度才能实现无产阶级的解放。总之，第二国际前期的几次代表大会都在一定程度上用马克思主义分析和解决问题。

2. 一些工人群众在马克思主义旗帜下一定程度上被动员起来

（1）1891年第二国际第二次（布鲁塞尔）代表大会。奥地利社会民主工党的报告指出，工人阶级中一切有阶级觉悟的分子都在由卡尔·马克思奠定了理论基础的社会民主主义原则的基础上团结起来了。一个知道自

---

① 参见王学东主编《国际共产主义运动历史文献》第18卷，中央编译出版社，2015，第8页。
② 王学东主编《国际共产主义运动历史文献》第14卷，中央编译出版社，2013，第43页。
③ 王学东主编《国际共产主义运动历史文献》第14卷，中央编译出版社，2013，第45页。
④ 王学东主编《国际共产主义运动历史文献》第14卷，中央编译出版社，2013，第128页。

己的革命的最终目的是使全体劳动人民共同占有劳动资料，是完成一个必然的历史发展过程（而只有有阶级觉悟的无产阶级本身才能成为这一历史发展过程中的承担者）的政党，正如该党的海因费尔德纲领所宣布的那样，必须把"在政治上将无产阶级组织起来，使它意识到自己的地位和使命，在精神上和物质上使它做好并保持战斗的准备"当作自己的任务。①

比利时工人党的报告指出，在党的支持下，各种不同的行业都结成了全国联合会。结成全国联盟的工人有矿工、冶金工人、木材工人、油漆工、烟草工人、石头雕刻和琢磨工人以及乘务员，其中有些全国联盟，例如，矿工全国联合会，已和别国的同行结成了国际联合会。②

丹麦社会民主工人党的报告指出，丹麦工人开始在社会主义的基础上组织起来，在两个基础——政治基础和行业基础——上进一步组织起来了。名叫"社会民主联盟"的政治组织，包括 140 个团体，共有约 17000 个成员。在这些团体中有 90 个农业工人协会，它们的会员约有 6000 人。行业组织包括 300 多个团体，大约有 35000 个成员，不下 12 个行业，这些行业工人是：木工、泥瓦工、细木工、卷烟工、裁缝、织工、制桶工、铁匠和机械制造工、杂工、画匠、白铁匠和鞋匠。他们都有强大的、组织很好的协会，这些协会在全国都建立了广泛的、为数众多的分支机构。③

西班牙社会主义工人党的报告指出，他们有一个"劳动者同盟"，抵抗力量的一切联合会或协会都被吸收参加了这个同盟。还有 4 个行业联合会，即毛纺织工业工人联合会（手工织布工人、纺纱工人等）、锁匠联合会、木桶匠联合会和印刷工人联合会，而印刷工人联合会加入了"劳动者总同盟"。④

美国犹太无产阶级中的社会主义工人运动报告指出，社会主义工人运动在犹太人中刚开始；但是，在相当短的时间里，却已取得了巨大进展，

① 参见王学东主编《国际共产主义运动历史文献》第 15 卷，中央编译出版社，2015，第 113 页。
② 参见王学东主编《国际共产主义运动历史文献》第 15 卷，中央编译出版社，2015，第 124 页。
③ 参见王学东主编《国际共产主义运动历史文献》第 15 卷，中央编译出版社，2015，第 131 页。
④ 参见王学东主编《国际共产主义运动历史文献》第 15 卷，中央编译出版社，2015，第 163 页。

获得了一些辉煌的成就，并且引起了美国和德国工人的重视，甚至热情的支持。成千上万的俄国、罗马尼亚、匈牙利的犹太人来到美国，除了少数的例外，大都加入无产阶级行列，并且成了组织起来的工人中最忠诚的反资本家斗士。①

法国工人党的报告指出，自从新的团体在阿莱斯、鲁昂、特鲁瓦、索特维尔、马罗讷、埃尔伯夫、达尔内塔勒、鲁贝、博瓦、科德里、大弗雷努瓦、富尔米、维涅耶等地成立或合并以来，他们在布鲁塞尔第二国际代表大会上代表的这类组织和第一线的力量，几乎已增加了两倍，包括北部省、加来海峡省、埃纳省、马恩省、奥布省、下塞纳省、阿列省、卢瓦尔省、罗讷省、加尔省、埃罗省、罗讷河口省、奥德省和吉伦特省的大工人中心在内。②

荷兰社会主义工人运动的报告指出，他们一方面尽力发展理论以增强精神力量，另一方面在实践中让工人自己表达自己的愿望，努力巩固社会主义的阵地。荷兰在各方面还是一个落后的国家，但他们的工作还是获得了一定的成果。因此，他们认为，他们有权利说，在世界性的劳工反对资本的斗争中，荷兰社会民主党人无愧地捍卫了自己的事业。③

匈牙利社会民主主义工人运动的报告指出，不可否认，社会民主主义思想已在不可低估的范围内深入农村居民中了，社会主义的宣传在农业工人当中开展，并且，随土地因农业资本的积累而集中到越来越少的人的手中，这种宣传将在这些工人中发展壮大，成为一个有强大影响力的因素。匈牙利工业无产阶级的阶级斗争取得的一个明显进步，既表现在工会组织和因此而获得的益处方面，也表现在社会民主党报刊发行量的增加上，特别是表现在目标明确、有阶级觉悟的党这个组织上。④

---

① 参见王学东主编《国际共产主义运动历史文献》第 15 卷，中央编译出版社，2015，第 165 页。

② 参见王学东主编《国际共产主义运动历史文献》第 15 卷，中央编译出版社，2015，第 168~169 页。

③ 参见王学东主编《国际共产主义运动历史文献》第 15 卷，中央编译出版社，2015，第 204 页。

④ 参见王学东主编《国际共产主义运动历史文献》第 15 卷，中央编译出版社，2015，第 212 页。

波兰代表团的报告指出，在伦贝格、克拉科夫和斯坦尼斯拉沃夫都有由社会党人领导的工人组织，这些组织都能根据他们党的需要迅速扩大。①

罗马尼亚工人党的报告提出，罗马尼亚基本上是农业国。该党的实际活动的最初表现是在农民中积极开展鼓动工作。社会主义者的鼓动，其功绩在于使农民了解这项法律。这种鼓动所取得的成绩也是相当显著的。农民大量汇集到雅西来要求获得土地。他们感到，在出版专门在农民中间进行宣传的《工人》周报的同时，还必须成立一个劳动者俱乐部，在这个俱乐部里，也就是在劳动者中间，社会主义者将告诉劳动者他们遭受苦难的真正原因和实现他们的正当要求的方法。②

瑞士职业工会联合会的报告指出，一个把所有瑞士工人协会集中起来的运动正在形成。在瑞士的一些大城市，这种联合已经实现。在伯尔尼就有 40 多个结成同盟的小团体。③

挪威工人党的报告指出，挪威工人党成立于 1887 年。它包括 17 个团体，共有 2500 名党员，其中 400 名是女党员。该党拥有两家报纸：《社会民主党人》和《工人之声》。④

阿根廷工人联盟的报告指出，社会民主党人用秘密集会的方式在布宜诺斯艾利斯、拉普拉塔、查斯科马斯、圣菲、门多萨以及其他地方庆祝了劳动节。他们正竭尽全力同和他们作对的命运进行斗争，以利于解放无产阶级和人类的崇高事业——他们绝不放松。⑤

俄国《社会民主党人》杂志编辑部给国际社会主义工人代表大会的报告指出，在俄国历史上，与工业无产阶级一起第一次出现了一支能够推翻沙皇政府并使俄国加入文明民族大家庭的革命力量。他们可以毫不夸张地

---

① 参见王学东主编《国际共产主义运动历史文献》第 15 卷，中央编译出版社，2015，第 215 页。

② 参见王学东主编《国际共产主义运动历史文献》第 15 卷，中央编译出版社，2015，第 218~229 页。

③ 参见王学东主编《国际共产主义运动历史文献》第 15 卷，中央编译出版社，2015，第 235 页。

④ 参见王学东主编《国际共产主义运动历史文献》第 15 卷，中央编译出版社，2015，第 236 页。

⑤ 参见王学东主编《国际共产主义运动历史文献》第 15 卷，中央编译出版社，2015，第 239 页。

说，俄国未来的一切进步都取决于俄国无产阶级在智识方面的发展。①

（2）1893 年第二国际第三次（苏黎世）代表大会。大会组织委员会
执行委员会主席卡尔·毕尔克利在所致的欢迎词中说道："我曾经参加过
60 年代最初的几次国际（第一国际——引者注）代表大会——日内瓦、洛
桑和巴塞尔的代表大会。今天与当时多么不同啊！在不到四分之一世纪的
年代中无产阶级运动取得了多么大的进展！当时是一些朝气蓬勃的分子组
成的小协会，而今天聚集在这里的真正是千百万组织起来的工人的代
表……并且还有千百万人在注视着我们的工作。"②

德国社会民主主义运动情况的报告指出：5 月 1 日举行庆祝活动成为该
党的决议，并且在德国有该党组织的数以千计的城镇，该党的一些成员于 5
月 1 日这一天向成千上万的人宣告他们与全世界有阶级觉悟的无产阶级的
国际团结，表明他们不打碎阶级统治和人剥削人的桎梏誓不罢休的坚强意
志。同时，五一节还是拥护国际和平、反对统治阶级国际挑拨行径的庄严
示威。③ 从"该党组织的数以千计的城镇"中可见当时德国影响的广泛性。

澳大利亚社会民主联盟的报告指出，几乎 1/4 的澳大利亚议员来自工
人队伍，他们的观点和愿望多少都具有社会主义的性质，即使他们的纲领
并非如此。在议会中的工人代表人数和劳工立法问题上，澳大利亚和新西
兰远远走在世界上所有其他国家的前面。……澳大利亚这个实行八小时工
作日的国家，将是世界上第一个实现人们现在正努力争取实现的劳苦阶级
的解放的国家。④

比利时工人党和比利时社会主义运动情况的报告指出，一些与该党建
立了联系的行业的全国联合会最终成立——冶金工人联合会、林业工人联
合会、烟草工人联合会、油漆工人联合会、车厢装配制造工人联合会、碎
石工人联合会、制鞋工人联合会；另外还有三个同样与该党建立了联系的
联盟，它们是社会主义大学生和研究生联盟，互助协会，社会主义音乐、

---

①　参见王学东主编《国际共产主义运动历史文献》第 15 卷，中央编译出版社，2015，第
　　253 页。

②　王学东主编《国际共产主义运动历史文献》第 16 卷，中央编译出版社，2013，第 45 页。

③　参见王学东主编《国际共产主义运动历史文献》第 16 卷，中央编译出版社，2013，第
　　148 页。

④　参见王学东主编《国际共产主义运动历史文献》第 16 卷，中央编译出版社，2013，第
　　175 页。

合唱和戏剧协会；自 1891 年第二国际代表大会召开以来，与该党建立联系的团体约有 100 个。①

英国社会民主联盟的报告指出，自 1891 年布鲁塞尔代表大会召开以来，社会民主联盟作为一个组织取得了最令人满意的进步。过去两年中，社会民主联盟在伦敦成立了 5 个新支部，在地方上成立了 20 个新支部。②

荷兰民主社会主义工人运动的报告指出，社会民主联盟下属支部的数目在这两年内已比苏黎世大会以前增加了一倍多。实际上，社会民主联盟在苏黎世大会时期在荷兰 56 个市镇中拥有 56 个支部，而现在则已有 118 个支部。而且目前在荷兰各地，新的支部还在建立。③

匈牙利社会民主主义工人运动情况的报告指出，下述行业协会开始了自己明确的活动，在布达佩斯有木匠行业协会、裁缝行业协会、鞋匠行业协会、车工行业协会、装订工行业协会、炉工行业协会、花边编织工行业协会、金饰工行业协会和粗木工行业协会。在这一基础上，还列举了布达佩斯正在筹备成立的行业协会，以及雷斯堡、阿拉德、泰梅什堡、喀琅施塔特等地的行业协会。④

（3）1896 年第二国际第四次（伦敦）代表大会。

德国工会运动报告显示了中央和地方的工会组织机构情况，如表 3-1 所示。

表 3-1　1891~1895 年德国中央和地方的工会组织机构情况

单位：个，人

年份	中央组织	会员人数	其中女会员人数	地方协会	总计	矿工组织减少的人数
1891	62	277659	—	约 10000	287659	13000

---

① 参见王学东主编《国际共产主义运动历史文献》第 16 卷，中央编译出版社，2013，第 178 页。

② 参见王学东主编《国际共产主义运动历史文献》第 16 卷，中央编译出版社，2013，第 205 页。

③ 参见王学东主编《国际共产主义运动历史文献》第 16 卷，中央编译出版社，2013，第 205 页。

④ 参见王学东主编《国际共产主义运动历史文献》第 16 卷，中央编译出版社，2013，第 265~266 页。

续表

年份	中央组织	会员人数	其中女会员人数	地方协会	总计	矿工组织减少的人数
1892	56	237094	4355	约 7640	244734	29700
1893	51	223530	5384	约 6280	229810	26526
1894	54	246494	5251	约 5550	252044	194
1895	51	254135	6671	约 5275	259410	8821

资料来源：参见王学东主编《国际共产主义运动历史文献》第 18 卷，中央编译出版社，2015，第 84 页。

　　比利时工人党提交的题为《基于社会主义观点的合作》的报告提供了自 1881 年以来建立的合作社的数目。根据该报告，1895 年建立了 94 个合作社：食品供应合作社 28 个，生产合作社 8 个，储蓄与信贷合作社 23 个，乳品与农业合作社 20 个，销售合作社 6 个，其他合作社 9 个。[①]

　　丹麦社会民主党提交的报告指出，1896 年在丹麦约有 720 个行业协会，成员有 42000 多人，1893 年丹麦大约有 400 个协会，成员约有 35000 人。这就是说，在三年里该党的工会运动增加了大约 320 个组织和 7000 名会员。之所以会有这么快的发展，是由于他们成功地将中小城市的工人以及农村的工人吸收到他们的运动中来了。[②]

　　美国关于工人运动的报告指出，1893 年美国社会劳工党有 113 个支部，主要分布于东部 4 个州。从那时起，纽约市的 29 个支部统一合并为 1 个支部，其他地区也有类似的合并。即使这样，到写这份报告时，支部的数目是 200 个，分布于 25 个州。在苏黎世召开第二国际代表大会以来的 3 年中，美国社会主义运动的进展是以稳健为特点的，它所表现出的坚实基础不比蕴含永恒结果的希望少。[③]

---

① 参见王学东主编《国际共产主义运动历史文献》第 18 卷，中央编译出版社，2015，第 110 页。

② 参见王学东主编《国际共产主义运动历史文献》第 18 卷，中央编译出版社，2015，第 84 页。

③ 参见王学东主编《国际共产主义运动历史文献》第 18 卷，中央编译出版社，2015，第 134 页。

除以上的这些报告外，荷兰、意大利、波兰、俄国、瑞典等国家工人运动的报告阐述了这些国家在第二国际的框架范围内进行的工人运动。

《第二国际史》指出："第二国际的总路线在前期基本上是正确的，尽管有过个别的错误。当时摆在第二国际面前的主要任务，即把国内和国际工人运动的力量结合起来的任务胜利地完成了。到十九世纪末，社会主义运动已经是一般强大的力量：千百万选民投票选举社会党人，工人政党的议会党团积极进行活动；甚至英国的工联也开始卷入了为无产阶级利益而进行的政治斗争。社会主义运动成了群众性运动，这在很大程度上是第二国际促成的。"① 而这一引文中所讲的第二国际前期是本章开头已经指出的1889年至1904年，本书所界定的第二国际前期是1889年至1896年第二国际第四次代表大会的召开，处于引文所说的第二国际前期的前期，这更能说明本书所分析的第二国际前期总路线基本是正确的。上文的分析说明，在第二国际前期，在第二国际内部马克思主义是主导话语，拥有较大的话语权，在第二国际领导下的工人群众中，马克思主义也获得了一定程度的话语权。

3. 第二国际前期：马克思主义国际话语权也受到很大的制约

第二国际前期马克思主义国际话语权在得到比较大的提升的同时，也受到很大的制约。从第二国际成立大会（被称为马克思主义者代表大会）看，第一，这不是一个纯粹的马克思主义者代表大会，在会议代表中，除了马克思主义者外，还有无政府主义者和社会改良主义者，这些代表在会议开始的时候就主张不惜任何代价同翌日召开的可能派代表大会合并，尽管合并没有成功，他们的目的没有实现，但是，这一定程度上冲淡了马克思主义作为主导话语的氛围。第二，可能派代表大会有606名代表参加，其中524名为法国代表，外国代表82人，来自14个国家，主要是英国社会民主联盟和工联的代表。比利时和意大利等国工人在派代表参加马克思主义者代表大会的同时，派代表出席了这个大会。② 因此，可能派代表大会也是一个国际性的会议。马克思主义者代表大会在以马克思主义为指导，领导国际工人运动发展的过程中，受到了可能派改良主义的影响，马

---

① 〔苏〕祖波克主编《第二国际史》第1卷，刘金质等译，人民出版社，1984，第6页。
② 参见王学东主编《国际共产主义运动历史文献》第14卷，中央编译出版社，2013，编辑说明第1页。

克思主义国际话语权被弱化。第三，第二国际在组织形式上比较松散，没有一个高度集中的领导中心，没有正式的规章和明确的共同纲领，没有总的机关刊物，在第二国际涉及的国家的群众中还不能有组织地宣传马克思主义。第四，第二国际尽管是一个国际性的组织，但不是一个世界性的组织，只是涉及欧美一些国家，从地域范围来看也是有限的。尽管上文也尽力论证这一时期马克思主义在欧美之外的一些国家和地区有一定的传播，但是，人们对马克思主义仅限于了解，谈不上能够运用马克思主义指导和分析问题，也谈不上马克思主义在这些国家和地区拥有一定的话语权。毫无疑问，这些因素制约了第二国际前期马克思主义国际话语权提升的程度，如果没有这些因素的制约，第二国际前期马克思主义国际话语权提升的程度必然更高。

（三）第二国际后期马克思主义国际话语权逐渐下降

1. 代表大会对一些问题的分析和作出的一些决议仍然符合马克思主义的要求

第二国际后期，马克思主义仍然在一定程度上得到遵循，代表大会对一些问题的分析和作出的一些决议仍然符合马克思主义的要求。比如，1900年第二国际第五次（巴黎）代表大会的决议指出："根据前几次国际代表大会的决议，本次大会认为限制工作日应当依然是全体劳动者不断努力的目标，并且宣布应该通过法律规定各国各行业劳动者每天工作最长时间暂定为八小时。""大会宣布，只有在工会强有力地组织起来的地方，才有可能规定最低工资额；不可能用普遍和单一的方式确定各国的最低工资额，在最广泛的意义上说，它无论如何应当与必需的生活资料相符合。"[①]大会决议指出："现代无产阶级是以资本对劳动的政治和经济剥夺为基础的资本主义生产体系的必然产物。无产阶级的觉醒和解放，如果不与那些资本主义利益的维护者发生冲突，是不可能实现的。而资本主义就其自身的结构来说，也不可避免地要导致生产资料的社会化。"[②]参加1904年第二国际第六次（阿姆斯特丹）代表大会的荷兰代表在开幕式致词中说道："荷兰社会民主党向派代表前来参加大会的人们——千百万生活在饥寒交

---

① 王学东主编《国际共产主义运动历史文献》第19卷，中央编译出版社，2015，第96~97页。

② 王学东主编《国际共产主义运动历史文献》第19卷，中央编译出版社，2015，第97页。

迫中的群众——表示感谢！它向工人大军的先锋战士、受压迫人们的领袖和帮手、致力于在解放自己的同时解放全人类的无产阶级的代表表示欢迎！"① 大会一致通过了关于五一节和妇女选举的决议案，责成所有的无产阶级组织，凡在有可能于 5 月 1 日停工而又无损于工人利益的地方，应当争取停止工作。社会党应当在立法机关中提出妇女选举权的要求。② 列宁第一次参加了 1907 年第二国际斯图加特代表大会，会后他写的带有会议综述特色的文章《斯图加特国际社会党代表大会》指出："总的说来，斯图加特代表大会在一系列最重大的问题上将国际社会民主党的机会主义派和革命派作了鲜明的对比，并且本着革命的马克思主义的精神解决了这些问题。"③ 1910 年第二国际第八次（哥本哈根）代表大会"在修正主义的喧嚣中，仍然通过了正确的或者基本上正确的决议，这是列宁（列宁也参加了这次代表大会。——引者注）运用正确的斗争策略的胜利。会议期间，以列宁为首的布尔什维克又联合波兰、德国、保加利亚、荷兰等国的左派，召开了联席会议，以协调步调，展开对修正主义的斗争，从而才在一系列问题上取得了胜利"④。哥本哈根代表大会后，战争危机更趋严重，1912 年 11 月第二国际非常代表大会通过了著名的巴塞尔反战宣言。列宁对这一宣言给予很高的评价："决议总结了各国大量的反战宣传鼓动文献，最确切而全面地、最庄严而正式地阐述了社会党人对战争的观点和策略"，"巴塞尔宣言正是针对当前这场战争制定了各国工人在国际范围内进行反对自己的政府的革命斗争策略，制定了无产阶级革命的策略"⑤。综上所述，代表大会对一些问题的分析和作出的一些决议仍然符合马克思主义的要求。

2. 反对修正主义的斗争取得了一定的胜利

1904 年第二国际第六次（阿姆斯特丹）代表大会通过了法国代表盖得提出的决议草案——把 1903 年德国社会民主党德累斯顿代表大会反对

---

① 王学东主编《国际共产主义运动历史文献》第 20 卷，中央编译出版社，2017，第 53 页。
② 参见王学东主编《国际共产主义运动历史文献》第 20 卷，中央编译出版社，2017，第 128 页。
③ 《列宁全集》第 16 卷，人民出版社，2017，第 85 页。
④ 《国际共产主义运动史》编写组编《国际共产主义运动史（从马克思列宁主义诞生至十月社会主义革命胜利）》，人民出版社，1978，第 596 页。
⑤ 《列宁全集》第 26 卷，人民出版社，2017，第 224~225、331 页。

修正主义的决议作为国际代表大会的决议。这一决议中有两句话表述得非常明确："大会无比坚决地谴责那种旨在改变我们久经考验的以阶级斗争为基础的卓有成效的策略，以向现存制度让步的政策代替通过战胜我们的敌人来夺取政权的斗争的修正主义企图。""根据 1900 年巴黎国际社会党代表大会通过的考茨基决议案，社会民主党不得企求参加资产阶级社会的政府。"① 对这一提案，比利时代表王德威尔得和奥地利代表阿德勒曾提出修正，修正的主要内容是将以上引文的第一句话中的"修正主义"删除；将第二句话修改为："鉴于在资产阶级社会中参加政府的危险和不利之外，大会重申 1900 年国际代表大会通过的考茨基决议，并再次肯定这一决议。"② 但是这一修正意见没有得到通过。德国代表倍倍尔与法国代表饶勒斯围绕德累斯顿决议进行了激烈的争论，倍倍尔同时谴责了法国米勒兰入阁使"法国的社会民主党受到其重大影响。这是一种思想的混乱"；"1900 年，米勒兰并没有欢迎国际社会党代表大会，却去对欧洲最血腥的暴君沙皇鞠躬"。③ 最后大会通过了德累斯顿决议。这说明，第二国际内部始终在进行着反对修正主义的斗争，并取得了一定的胜利。在世界工人运动的中心由西欧移到俄国后，列宁始终进行着对非马克思主义思潮和流派的坚决斗争，上文指出，1908 年列宁写了《马克思主义和修正主义》一文，对伯恩施坦修正主义进行了深刻的批判。同时，从 1904 年第二国际阿姆斯特丹代表大会开始，列宁就单独派布尔什维克代表参加第二国际代表大会。总体说来，第二国际在反对修正主义的斗争中取得了一定的胜利。

　　3. 机会主义力量不断壮大

　　世界工人运动的分歧最初起源于西欧社会民主党内部。争论最早是在德国社会民主党内围绕着福尔马尔的改良主义展开的。如果说 1900 年第二国际第五次代表大会通过的"橡皮性"决议说明在入阁问题上第二国际向修正主义分子作了让步的话，如果说这种让步实际上导致修正主义者后来

---

① 王学东主编《国际共产主义运动历史文献》第 20 卷，中央编译出版社，2017，第 92、93 页。
② 王学东主编《国际共产主义运动历史文献》第 20 卷，中央编译出版社，2017，第 94 页。
③ 王学东主编《国际共产主义运动历史文献》第 20 卷，中央编译出版社，2017，第 111、112 页。

在这个问题上得寸进尺，放弃把合法斗争只是作为一种策略而一味强调选举权、和平过渡到社会主义的话，那么这次会议通过的决议关于"市政社会主义"的内容，表明第二国际在修正主义道路上已经越走越远。决议指出："鉴于不能把'市政社会主义'一词理解为社会主义的特殊形式，而只能理解为社会主义的一般原则在政治活动的某个特定领域内的应用"；"鉴于一旦实现真正的自治，市镇就可以成为非集中制经济生活的绝妙的实验室，同时也可以成为一座利用地方上的社会主义多数来反对中央政权中的资产阶级多数的强大的政治堡垒"；"重视市镇改革——这些改革的重要性是由它们所起的'集体主义社会的萌芽'这个作用赋予的"。① 显然，这是用资产阶级的社会主义替代了科学社会主义，这与伯恩施坦一再鼓吹的"地方自治体社会主义"如出一辙，这说明第二国际的指导思想在恩格斯去世后不久就在一定程度上偏离了马克思主义。实际上从1900年的巴黎代表大会起，第二国际内部已分成三派，即支持米勒兰入阁的修正主义右派，反对修正主义的马克思主义正统派以及介于两者之间的中派。1907年第二国际第七次（斯图加特）代表大会开幕式"主席台的两边分别摆着马克思和拉萨尔的巨大画像"②。马克思曾在1875年《德国工人党纲领批注》（《哥达纲领批判》）中对拉萨尔主义进行了深刻的批判，现在第二国际却把拉萨尔的肖像与马克思的肖像并列摆放在主席台上，说明到这时第二国际与马克思主义已经愈行愈远，机会主义的力量越来越强大。1910年哥本哈根代表大会尽管通过了一些正确的或者基本上正确的决议，但是，这次大会思想上的混乱又是极其明显的，大会全部进程表明，第二国际中革命路线与修正主义路线的斗争十分剧烈，预示着马克思主义同修正主义的决裂不可避免。1912年11月召开的第二国际非常代表大会通过了巴塞尔反战宣言，而修正主义者之所以举手赞成巴塞尔反战宣言，乃是慑于无产阶级革命斗争的压力。一战爆发后，第二国际27个社会民主党中的24个转向了社会沙文主义和社会帝国主义。

总之，第二国际作为一个新的国际组织，召开过九次代表大会，通过了关于国际劳工立法、限制使用女工和童工、实行八小时工作制、实施劳

---

① 王学东主编《国际共产主义运动历史文献》第19卷，中央编译出版社，2015，第103~104页。

② 王学东主编《国际共产主义运动历史文献》第22卷，中央编译出版社，2014，第120页。

动保护法等决议，这些决议都是针对资本主义剥削制度而制定的，在很大程度上训练和教育了工人阶级，提高了工人阶级的觉悟，从而推动了国际共产主义运动的发展，并在一定程度上坚持和传播了马克思主义。但是，巴黎公社后欧洲资本主义社会长期处于相对和平发展的环境，不少人幻想不经过革命斗争而通过议会"和平长入"社会主义，把有条件地利用合法的议会斗争策略变成了合法主义、议会主义；比较多的工人贵族和小资产阶级进入第二国际党的各级领导机构；阶级合作的思想超越了阶级斗争的思想；第二国际后期右、中派的力量不断增强，而左派力量又比较分散、幼弱，在理论上、政治上也不够成熟。这使得在第二国际后期机会主义力量不断壮大，马克思主义越来越得不到重视，马克思主义的指导思想被修正主义的指导思想所代替，工人群众运动因得不到正确的领导而逐渐被削弱，从而使马克思主义话语权在第二国际前期还得到提升的情况下，到第二国际后期越来越弱化。在本章讨论的时间范围内，马克思主义国际话语权经历了从第一国际解散到第二国际成立前的提升，第二国际前期的进一步提升，以及第二国际后期逐渐下降，可形象地将这一演进过程描绘为马克思主义国际话语权经历了起伏。但是这种"起"与"伏"也不是均等的，毕竟第二国际解散后左派的力量还存在着，所以"起"的幅度大于"伏"的幅度，或"伏"的跌落程度小于"起"的上升程度，从而体现了马克思主义国际话语权继续提升的总趋势。总之，这一时期马克思主义国际话语权主要还是存在于欧美，其演进经历了曲折的发展。

三　马克思主义国际话语权从提升到下降过程的特点和经验

（一）马克思主义国际话语权从提升到下降过程的特点

1. 传播范围和程度获得进一步扩大与深入

在第二章讨论的时间范围内，马克思主义除了在欧美的传播，在大洋洲、非洲、中东等地区也有一定的传播。在本章讨论的时间范围内，传播的范围和程度都获得进一步的扩大和加深。所谓传播程度即马克思主义在人们社会生活中的影响程度，表现为出版的著作、发行的报刊的丰富程度，人们对马克思主义的了解程度等。从传播范围看，主要还集中在欧美，在大洋洲、非洲、中东等地区也进一步传播，同时在亚洲的日本、中国、印度等地区也开始传播。从传播的程度看，出版的著作、发行的报刊更多、更丰富，人们对马克思主义的了解更加深入等。比如，在欧洲，马克思恩格斯的著作大量出版，马克思主义类的报刊大量发行等；在世界其他地区，马克思恩格斯的著作也得到了更多的出版，介绍马克思主义理论的文章也越来越多，人们对马克思主义的了解越来越多、越来越深入，更重要的是开始产生越来越多的、坚定的马克思主义认同者、后继者等。

2. 群众基础总体得到加强

这一时期随着马克思主义传播范围和程度不断扩大与加深，更多工人群众的觉悟得到启发；统一的德国社会民主党建立之后，在 19 世纪 70~80 年代，第一批社会主义政党在欧美各国纷纷建立，尽管这些工人党还不成熟，甚至严格说来有的还不是马克思主义政党，但是，总体说来马克思主义的地位及其与工人群众之间的结合也得到进一步提高与加强；特别是第二国际成立后，采取很多措施帮助工人争取权利，比如禁止使用童工、争取八小时工作日和劳动保护等，一些工人群众在马克思主义旗帜下被动员起来，欧美很多国家建立了工人组织和工人联盟，五一国际劳动节更是成为动员、号召国际工人的重要契机，也成为提高工人群众的马克思主义觉悟的契机。这些都表明马克思主义的群众基础不断加强，马克思主义在这些工人群众中获得了一定程度的话语权。

3. 话语主体建设出现比较大的波折

从第一国际解散到第二国际成立时期，马克思主义话语主体主要表现为 19 世纪 70~80 年代在欧美等国成立的第一批社会主义政党，尽管这些工人党有的还不成熟，严格说来有的还不是马克思主义政党，但是马克思主义的地位还是得到了提升。一些政党经常向马克思、恩格斯请教，1883 年马克思逝世后，德国、法国、英国、美国、意大利、西班牙、俄国和其他国家的社会主义者都向恩格斯求教，恩格斯在国际工人运动中继续发挥着主导作用。尽管第二国际成立时就不是一个纯粹的马克思主义者组织，在会议代表中还有无政府主义者和社会改良主义者；尽管第二国际在组织形式上比较松散，没有一个高度集中的领导中心，没有正式的规章和明确的共同纲领，没有总的机关刊物等，但是在其前期马克思主义仍然是主导话语，加上由恩格斯领导等，其仍然发挥着马克思主义话语主体的作用。而到了后期，第二国际由于内部机会主义力量不断壮大而不断向修正主义让步，与马克思主义愈行愈远，后来第二国际内部分裂为右、中、左三派、中派和右派又合流，左派力量很弱。一战爆发后，第二国际27个社会民主党中的24个转向了社会沙文主义和社会帝国主义，在这一时期，第二国际作为马克思主义话语主体的作用就越来越弱了。综观这一时期马克思主义话语主体的变化，恩格斯的逝世是一个转折点。恩格斯活着的时候，他是维护马克思主义崇高地位不可撼动的权威，但是他去世后这一权威空缺了，机会主义、修正主义等错误观点就有了抬头的机会，马克思主义话语主体的力量从而被削弱。不难看出，话语主体的领导者是不是坚定不移的马克思主义者，是否能坚定不移地坚持马克思主义的指导地位，是否能坚定不移地与错误观点作坚决的斗争以捍卫马克思主义等决定着马克思主义话语主体建设的成效。马克思主义话语主体的权威需要在实践中提升，马克思主义话语主体的建设需要在实践中不断探索。

4. 话语主体建设的波折导致话语权比较大的变化

这一时期随着马克思主义话语主体建设的波折，马克思主义话语权也出现了正相关的变化，即马克思主义国际话语权经历从第一国际解散到第二国际成立时期的提升、第二国际前期的进一步提升、第二国际后期的逐渐下降的过程。在资本主义主导的世界历史时代，作为批判资本主义最为彻底的科学理论，马克思主义的传播及其国际话语权的提升必然遭受资产阶级及其政府的阻碍，难以自发地进行，需要一种主体力量努力推进。导言中提出，分析马克思主义国际话语权演进的基本框架包括"话语""话语主体""群众基础""传播途径""空间范围""外部影响""取得的成就"等七个方面，其中"话语主体"自然处于核心地位，起着领导作用。"话语主体"对其他六个方面起着决定性作用，话语主体建设的波折必然导致话语权的变化。因此，在马克思主义国际话语权演进的过程中，话语主体的马克思主义信念的坚定程度是一项重要的影响因素和判断依据。

（二）马克思主义国际话语权从提升到下降过程的经验

1. 必须持之以恒地加强话语主体建设

话语主体的建设对话语权的变化具有决定性影响，因此，要提升马克思主义国际话语权必须持之以恒地加强话语主体建设。这里的话语主体主要指起组织领导作用的马克思主义组织、政党、主要领导人等。上文曾指出，政党有党章、纲领等，比一般的组织更规范，组织领导能力更强，因此，最重要的是加强马克思主义政党建设。在建设过程中除了要制定严格的党章和政治纲领之外，还应该越来越规范地建立"组织工作条例""纪律工作条例""党内监督工作条例"等，以保证马克思主义政党性质、宗旨、正确的发展方向，保证党的领导者、全体成员思想的纯洁性，自觉地抵制各种各样的机会主义、修正主义的侵蚀等。只有通过建设强有力的马克思主义话语主体，加强领导力量，才能不断提升马克思主义国际话语权。

2. 话语自身需要与时俱进创新发展

马克思主义创始人从来没有把他们创立的理论当作僵死不变的教条，而是当作不断变化发展的理论，他们在《共产党宣言》1872年德文版序言中就指出："这些原理的实际运用，正如《宣言》中所说的，随时随地都要以当时的历史条件为转移。"① 马克思主义创始人一直是这样做的，随着时间的推移、资本主义的发展、时代特点的变化等，到了19世纪70年代，他们提出了利用议会民主和平过渡与建立工人民主共和国的思想，提出不发达国家有可能不通过资本主义制度的卡夫丁峡谷过渡到社会主义的思想等，这些都是对他们自身创立的理论的发展。第二国际后期修正主义、机会主义盛行，但是，20世纪初列宁主义开始形成，这是对"正统的马克思主义"（导言已作说明）的重大发展，只是当时列宁主义的力量薄弱、影响小，发挥的作用还有限。但也正是因为列宁主义形成并不断发展，才有了"正统的马克思主义"的延续和发展，也才有了马克思主义国际话语权生生不息的演进，直至今日在艰难曲折中获得新的提升。列宁是马克思主义创始人之后正统马克思主义的主要继承者之一，为创新马克思主义作出了重要贡献。

3. 必须旗帜鲜明地与机会主义作斗争

在本章讨论的时间范围内，马克思主义者在马克思主义国际话语权演进过程中与法国可能派、伯恩施坦修正主义等进行了坚决的斗争，列宁对俄国自由主义民粹主义、经济主义、孟什维主义等进行了深刻的批判，参与对伯恩施坦修正主义的批判等。这里特别需要强调对伯恩施坦主义的批判。第二章经验总结的最后一点指出，爱森纳赫派对拉萨尔派的妥协，还是留下了比较严重的负面影响。那么，这里要接续指出的是

---

① 《马克思恩格斯文集》第2卷，人民出版社，2009，第5页。

这一负面影响为小资产阶级空想社会主义理论体系杜林主义渗透到党内提供了机会，杜林主义迷惑了一些党员和知识分子，造成了一定的思想混乱。而这对恩格斯去世后伯恩施坦修正主义的产生、泛滥也带来了很大的影响。这里的关联性是这样的：杜林主义渗透到党内后，恩格斯花两年时间撰写了《反杜林论》，对肃清党内杜林主义的影响发挥了极其重要的作用。但是，正如本章上文所指出，1873 年伯恩施坦同杜林结成过反党小宗派，1875 年他主张对拉萨尔实行无条件的妥协，1879 年他同赫希伯格、施拉姆组成"苏黎世三人团"，发表《德国社会主义运动的回顾》等文章，受到马克思和恩格斯的严厉批评。尽管 1881～1890 年他担任《社会民主党人报》主编，为宣传马克思主义做了一些工作，得到恩格斯的信任。但是，可以看出伯恩施坦一开始就是一个机会主义分子，恩格斯去世后他就写了一系列文章提出他的修正主义观点。这告诉我们，在马克思主义国际话语权演进过程中，与机会主义斗争要深刻认识到对方的本质，切不可被其表象所迷惑。

4. 话语权提升需要加强硬实力建设

话语权是一种软实力，以硬实力为基础。话语权要获得提升从根本上需要有硬实力的支撑，在完全脱离硬实力的基础上提升话语权是极其艰难的。所谓硬实力，是指在以理论形式存在的话语的指导下取得实践成就。实践成就越大，硬实力就越强，话语就越得到人们的认同和接受，话语权就会提升。马克思主义指导实践取得的成就可以用一句话表达：国际共产主义运动不断向前推进和取得胜利。又可以具体理解为在马克思主义的指导下取得工人运动的胜利、社会主义由理论向实践的转变、社会主义社会形态的建立和完善、社会主义建设取得越来越大的成就、社会主义制度优越性越来越得到彰显等。在世界上还没有一个国家走上社会主义道路的情况下，马克思主义指导国际共产主义运动取得的胜利就是一种硬实力，在世界上有国家走上社会主义道路后，社会主义建设取得的成就更是一种硬实力，这成为马克思主义国际话语权生成和提升的基础。

第四章
马克思主义国际话语权
从欧美到亚洲的大发展

——从第二国际破产到第三国际解散

第一次世界大战爆发后，第二国际尽管作为一个组织形式上仍然存在，但是实际上名存实亡。本章把第一次世界大战的爆发作为第二国际破产的标志，讨论的时期范围是 1914 年 8 月至 1943 年 5 月。本章涉及一系列"国际"的名称及其演变：1919 年 2 月，第二国际右派在伯尔尼召开了社会党国际代表会议，此次会议有英、法、德、俄、意、奥等 26 个国家的 102 名代表出席，宣布"第二国际的复活"，因它维护资产阶级、反对无产阶级专政，被列宁指责为"黄色的、背叛的、变节的国际"①，故被称为"黄色国际"。但是，实际上这次代表会议没有能够从组织上正式恢复第二国际，直到 1920 年 7~8 月再召开的日内瓦代表大会才正式从组织上恢复了第二国际，并决定将执行局由布鲁塞尔迁到伦敦，故称其为"伦敦国际"。这样"恢复后的第二国际"常被称为"伯尔尼国际""黄色国际""伦敦国际"。1919 年 3 月，由左派演变而来的各国共产主义组织——一些国家的共产党和事实上已经是共产党的各国社会民主党左派在莫斯科宣布建立"第三国际"，"第三国际"又被称为"共产国际""红色国际"。1921 年 2 月，原第二国际的中派在奥地利维也纳开会，成立社会党国际工人联合会，因将驻地设在维也纳，故被称为"维也纳国际"，又称"第二半国际""灰色国际"（因既有别于第二国际，也有别于第三国际而得

---

① 《列宁全集》第 37 卷，人民出版社，2017，第 93 页。

名）。至此，国际工人运动出现了三分天下的态势。[①] 1923 年 5 月，第二国际社会党的右派和中派在汉堡召开合并大会，正式宣告成立社会主义工人国际。社会主义工人国际的成立，标志着第二国际在组织上的正式终结，社会主义工人国际于 1940 年 5 月停止活动。1943 年 5 月，第三国际解散。还要说明的是，第一次世界大战后，国际工人运动出现了分化，西方马克思主义开始产生。因此，本章在主要探讨以第二国际左派和第三国际为主线的正统马克思主义国际话语权演进的同时，还将涉及社会主义工人国际和西方马克思主义对马克思主义国际话语权演进的影响，在此基础上综合分析马克思主义国际话语权的演进。

一 马克思主义的发展和国际传播

从第二国际思想政治上的破产到第三国际解散总体上可以分为第一次世界大战时期和第三国际时期。第一次世界大战时期，以列宁为代表的第二国际左派仍然用马克思主义分析时代特征，在国际共产主义运动和马克思主义受到严重挑战和削弱的大背景下，重点提出了帝国主义理论和一国或几国首先取得社会主义革命胜利的理论，这两大理论对后来乃至当下人们认识帝国主义的实质和经济文化落后国家的社会主义革命问题都产生了重大指导作用，因此，可以说这一时期仍然在很大程度上发展和传播了马克思主义。第三国际时期，列宁提出了新经济政策，对经济文化落后的苏俄的社会主义建设进行了初步的探索，斯大林对马克思主义哲学和政治经济学的发展作出了积极的贡献，中国共产党提出了马克思主义中国化的第一个理论成果——毛泽东思想等，这进一步发展和传播了马克思主义。本书以公开发表的观点为分析蓝本。

（一）列宁斯大林对马克思主义的发展和毛泽东思想的形成

1. 列宁主义的发展

（1）提出帝国主义理论。[①]《帝国主义是资本主义的最高阶段》（以下简称《帝国主义论》）一书的主要内容。第一，帝国主义具有历史过渡性。列宁指出，帝国主义在"经济上的基本事实，就是资本主义的自由竞

---

① 参见田保国等《世界共产党与社会民主党关系论纲》，社会科学文献出版社，2011，第 78~85 页。

争为资本主义的垄断所代替。……垄断是从资本主义到更高级的制度的过渡"①。所谓垄断，是指少数资本主义大企业或大企业联合起来，通过控制某个或若干部门的生产和流通以获得高额垄断利润。垄断必然导致生产的高度社会化，而生产资料却愈来愈集中到少数金融寡头的手里，使资本主义的基本矛盾越来越加剧，最终发展到不可调和的地步，导致帝国主义向共产主义过渡。

第二，给帝国主义下了三个定义。第一个定义："帝国主义是资本主义的垄断阶段。"② 这是一个最简短的定义，核心内容是垄断。第二个定义："帝国主义是发展到垄断组织和金融资本的统治已经确立、资本输出具有突出意义、国际托拉斯开始瓜分世界、一些最大的资本主义国家已把世界全部领土瓜分完毕这一阶段的资本主义。"③ 这一定义是从垄断这一根本特征出发，进一步揭示出包含五个基本特征的定义，是对帝国主义更深刻、更全面、更详细的描绘。第三个定义：帝国主义是"垄断的""寄生的或腐朽的""垂死的"资本主义。在《帝国主义论》中没有直接这样说明，但是该书第十章除了继续强调帝国主义经济的垄断实质之外，进一步分析指出"必须说帝国主义是寄生的或腐朽的资本主义"，"是垂死的资本主义"④，即帝国主义必然灭亡，会由新的、更高的社会形态所替代。可见，这第三个定义是分开阐述的。1916 年 8 月，列宁在公开发表的《帝国主义和社会主义运动中的分裂》一文中作了整体性的概括："帝国主义是资本主义的特殊历史阶段。这个特点分三个方面：（1）帝国主义是垄断的资本主义；（2）帝国主义是寄生的或腐朽的资本主义；（3）帝国主义是垂死的资本主义。"⑤

第三，对考茨基的帝国主义定义和超帝国主义论进行了深刻的批判。曾经是第二国际理论权威的考茨基认为："帝国主义是高度发达的工业资本主义的产物。帝国主义就是每个工业资本主义民族力图吞并或征服愈来愈多的农业区域，而不管那里居住的是什么民族。"在此基础上，考茨基

---

① 《列宁专题文集　论资本主义》，人民出版社，2009，第 175 页。
② 《列宁专题文集　论资本主义》，人民出版社，2009，第 175 页。
③ 《列宁专题文集　论资本主义》，人民出版社，2009，第 176 页。
④ 《列宁专题文集　论资本主义》，人民出版社，2009，第 210、211 页。
⑤ 《列宁全集》第 28 卷，人民出版社，2017，第 69 页。

提出了他的"超帝国主义论":"'从纯粹经济的观点看来,资本主义不是不可能再经历一个新的阶段,即把卡特尔政策应用到对外政策上的超帝国主义的阶段',也就是全世界各帝国主义彼此联合而不是互相斗争的阶段,在资本主义制度下停止战争的阶段。"① 首先,列宁对考茨基关于帝国主义的定义作了批判,指出:"帝国主义的特点,恰好不是工业资本而是金融资本……恰好不只是力图兼并农业区域,甚至还力图兼并工业极发达的区域……因为第一,世界已经瓜分完了,在重新瓜分的时候,就不得不把手伸向任何一块土地;第二,帝国主义的重要特点,是几个大国争夺霸权,即争夺领土。"② 其次,列宁对这个"超帝国主义论"进行了批判,指出:"这个理论背弃马克思主义到了何等彻底而无可挽回的地步","超帝国主义'论'就如同什么'超农业论'一样是荒唐的","考茨基关于'和平的'超帝国主义那种愚蠢可笑的胡说",难道一些帝国主义国家"现在不是在按照以完全非和平的方式改变着的新的实力对比重新瓜分世界吗?"③等等。

②马克思主义的社会民主党人对待帝国主义战争的正确态度。《帝国主义论》写于第一次世界大战期间,大致在相同的时期,列宁还从其帝国主义的基本观点出发,论述了马克思主义的社会民主党人对待帝国主义战争的正确态度。笔者认为,这方面的内容隶属于列宁帝国主义理论的大框架,属于这一理论的组成部分。这些内容体现在当时列宁所写的一系列文章中,主要有《战争和俄国社会民主党》(1914 年 10 月)、《第二国际的破产》(1915 年 5~6 月)、《社会主义与战争》(1915 年 7~8 月)、《论欧洲联邦口号》(1915 年 8 月)、《无产阶级革命的军事纲领》(1916 年 8 月)等。第一,深刻揭露第一次世界大战的实质。列宁指出:"强占别国领土,征服其他国家;打垮竞争的国家并掠夺其财富;转移劳动群众对俄、德、英等国国内政治危机的注意力;分裂工人,用民族主义愚弄工人,消灭他们的先锋队,以削弱无产阶级的革命运动——这就是当前这场战争唯一真

① 《列宁专题文集　论资本主义》,人民出版社,2009,第 177 页。
② 《列宁专题文集　论资本主义》,人民出版社,2009,第 178、180 页。
③ 《列宁专题文集　论资本主义》,人民出版社,2009,第 180、181、182 页。

实的内容、作用和意义。"① 这是"帝国主义的、掠夺的、反无产阶级的性质"② 的战争。列宁的这些观点，是从其关于帝国主义的定义出发，对帝国主义战争反动实质的深刻揭示，是对马克思主义帝国主义战争观的科学阐述。

第二，指出社会民主党对反对战争应负的责任。列宁指出："社会民主党的责任，首先是揭露这场战争的这种真实意义，无情地揭穿统治阶级即地主和资产阶级为了替战争辩护而散布的谎言、诡辩和'爱国主义的'花言巧语。"③ "我们的议会代表团——国家杜马中的俄国社会民主党工人党团——认为自己的不可推卸的社会主义职责是，不投票赞成军事拨款，甚至退出杜马会议厅以表示更强烈的抗议；认为自己的职责是谴责欧洲各国政府的政策是帝国主义政策。"④ 因此，马克思主义的社会民主党人应该承担起揭露战争的帝国主义实质的责任，举起反战的大旗，为争取和平进行斗争。

第三，揭露第二国际机会主义者的本质。列宁指出："第二国际的破产是……机会主义的破产。机会主义者早就在为这一破产准备条件了：他们否定社会主义革命而代之以资产阶级改良主义；他们否定阶级斗争及其在一定时机转变为国内战争的必然性，而鼓吹阶级合作；他们在爱国主义和保卫祖国的幌子下鼓吹资产阶级沙文主义，而忽视或否定《共产党宣言》中早已阐明的一条社会主义的基本真理，即工人没有祖国；他们在同军国主义的斗争中局限于感伤主义的小市民观点，而不承认所有国家的无产者必须以革命战争来反对所有国家的资产阶级；他们把必须利用资产阶级的议会制度和资产阶级所容许的合法性变成盲目崇拜这种合法性，而忘记了在危机时代必须有秘密的组织形式和鼓动形式。"⑤ "国际的破产就是大多数正式社会民主党令人触目惊心地背叛了自己的信念，背叛了自己在斯图加特国际代表大会和巴塞尔国际代表大会上的演说、决议等等中所作的最庄严的声明。"⑥ 一句话，第二国际的机会主义者根本不懂马克思主

① 《列宁全集》第 26 卷，人民出版社，2017，第 12 页。
② 《列宁全集》第 26 卷，人民出版社，2017，第 227 页。
③ 《列宁全集》第 26 卷，人民出版社，2017，第 12 页。
④ 《列宁全集》第 26 卷，人民出版社，2017，第 15～16 页。
⑤ 《列宁全集》第 26 卷，人民出版社，2017，第 16～17 页。
⑥ 《列宁全集》第 26 卷，人民出版社，2017，第 223 页。

义，不懂马克思主义关于无产阶级与资产阶级斗争的策略，并且背叛了自己的信念，这些机会主义者就是在战争问题上的社会沙文主义者。

第四，制定了无产阶级在战争中的策略。列宁提出马克思主义社会民主党应该深刻揭露战争的本质，坚决反对这种性质的战争，要制定正确的策略，这一策略就是"无产阶级现在都应当希望自己的政府失败""变当前的帝国主义战争为国内战争，是唯一正确的无产阶级口号"。① 这两句话所表达的含义是一个整体。列宁还指出："一方面，政府在军事上遭到挫折（'失败'），会有助于政府间的战争转变为国内战争，另一方面，以实际行动努力实现这种转变也就不能不促使政府失败。"② 因此，无产阶级对待帝国主义战争的策略应该是：促使沙皇政府在帝国主义战争中失败，使革命者最终取得胜利。希望沙皇政府在帝国主义战争中失败并不是不爱自己的祖国，他们只是不爱并要推翻沙皇专制主义统治下的俄国，只爱自由的、民主的、共和的俄国。当然，马克思主义社会民主主义者并不是反对一切战争，他们反对一切反动的、侵略的战争，支持推翻反动统治者的国内战争。

（2）提出一国或几国首先取得社会主义革命胜利的理论。列宁是一位坚定的马克思主义者，始终以马克思主义立场、观点和方法分析问题，针对 20 世纪初一些社会民主党人提出要建立欧洲联邦的设想，1915 年 8 月列宁专门发表了《论欧洲联邦口号》一文，深入分析了建立欧洲联邦不仅是不可能的，而且是反动的。之所以不可能是因为资本主义已经进入帝国主义阶段，世界殖民地已被少数几个大国瓜分完毕，在这样的情况下讲"欧洲联邦"实际上等于让欧洲各实力不同的资本主义国家平等地缔结瓜分殖民地的协定，这当然是不可能的；之所以是反动的是因为实际上所谓欧洲联邦是欧洲少数几个资本主义大国联合起来共同保护既得殖民地和共同镇压欧洲社会主义运动。与此同时，当时第二国际一些社会民主党人则将建立欧洲联邦与共产主义革命的多国同时胜利论联系在一起，认为只有建立了欧洲联邦，多国共产主义革命同时胜利才会有保证，从而把建立欧洲联邦看作社会主义革命的口号。针对这些观点，列宁用马克思主义观点

---

① 《列宁全集》第 26 卷，人民出版社，2017，第 298、18 页。
② 《列宁全集》第 26 卷，人民出版社，2017，第 298 页。

分析时代特征，敏锐揭示了当时资本主义发展不平衡的现实，创造性地指出："经济和政治发展的不平衡是资本主义的绝对规律。由此就应得出结论：社会主义可能首先在少数甚至在单独一个资本主义国家内获得胜利。"① 1916年8月，在《无产阶级革命的军事纲领》一文中，列宁进一步表述了这一思想："资本主义的发展在各个国家是极不平衡的。而且在商品生产下也只能是这样。由此得出一个必然的结论：社会主义不能在所有国家内同时获得胜利。它将首先在一个或者几个国家内获得胜利，而其余的国家在一段时间内将仍然是资产阶级的或资产阶级以前的国家。"② "不平衡"内含着有可能在世界资本主义统治链条"牢固"的一国或几国——其基本矛盾极度恶化——首先取得社会主义革命的胜利，也可能在世界资本主义统治链条"薄弱"的地方——资本主义统治力量薄弱——首先取得社会主义革命的胜利。也就是说，首先取得社会主义革命胜利的一国或几国，既有可能是发达的国家，也可能是落后的国家。用"必然"取代"可能"，表达了列宁在这一问题上思想的发展。

在这样的情况下，列宁思考的一个重大问题就是：俄国向何处去？为此，他撰写了著名的"四月提纲"，指出："俄国当前形势的特点是从革命的第一阶段向革命的第二阶段过渡，第一阶段由于无产阶级的觉悟和组织程度不够，政权落到了资产阶级手中，第二阶段则应当使政权转到无产阶级和贫苦农民手中。"③ 应当立即实现由资产阶级民主革命向社会主义革命的转变，建立无产阶级专政，全部政权归苏维埃。后来，由于形势的发展，和平获得政权已无法实现，列宁组织和武装群众，通过暴力革命夺取了政权。这些理论丰富和发展了马克思主义国家学说，为布尔什维克党发动十月革命进行了思想理论上的准备。

十月革命的胜利，是对列宁关于一国或几国首先取得社会主义革命胜利理论——其中包含着关于经济文化落后的一国或少数几国首先取得社会主义革命胜利理论科学性的实践证明，但十月革命却遭到了俄国经济学家、孟什维克主义者苏汉诺夫，俄国早期马克思主义的传播者但后来成为孟什维克主义者的普列汉诺夫，以及第二国际机会主义者代表人物考茨

---

① 《列宁专题文集　论社会主义》，人民出版社，2009，第4页。
② 《列宁专题文集　论社会主义》，人民出版社，2009，第8页。
③ 《列宁专题文集　论社会主义》，人民出版社，2009，第19页。

基、伯恩施坦等人的质疑和攻击，他们认为十月革命是早产儿，无产阶级夺取政权过早了，建立社会主义制度所必需的生产力水平太低了，等等。对此，列宁对十月革命的合理性作出了马克思主义的科学解释，对十月革命早产论者进行了有力的回击。在《论我国革命》一文中，列宁指出："他们都自称马克思主义者，但是对马克思主义的理解却迂腐到无以复加的程度。马克思主义中有决定意义的东西，即马克思主义的革命辩证法，他们一点也不理解。马克思说在革命时刻要有极大的灵活性，就连马克思的这个直接指示他们也完全不理解。""他们根本不相信任何这样的看法：世界历史发展的一般规律，不仅丝毫不排斥个别发展阶段在发展的形式或顺序上表现出特殊性，反而是以此为前提的。""既然建立社会主义需要有一定的文化水平……我们为什么不能首先用革命手段取得达到这个一定水平的前提，然后在工农政权和苏维埃制度的基础上赶上别国人民呢?"[①] 简言之，这些十月革命的攻击者是机械的教条主义者，不懂得用马克思主义的辩证法分析新的革命形势，列宁认为在资本主义统治薄弱的地方可以先取得社会主义革命的胜利，然后进行社会主义建设发展生产力。这是俄国以及所有后来走上社会主义道路国家的理论基础。后来，虽然发生了东欧剧变、苏联解体，但这绝不是列宁一国或几国首先取得社会主义革命胜利理论是错误的证明，恰恰是违背马克思列宁主义的严重结果，这在下文会进一步分析。中国特色社会主义建设取得巨大成就证明了列宁这一理论的科学性，我们既要认识到科学社会主义的科学性、合规律性，又要认识到它的艰巨性、复杂性、长期性。

（3）对经济文化落后俄国的社会主义建设进行了初步探索。如果说列宁提出的经济文化落后的一国或几国可以首先进行社会主义革命并取得胜利的理论实现了对马克思主义的重大发展的话，那么经济文化落后国家如何进行社会主义建设也是一个崭新的课题，需要进行新的探索并作出回答。对列宁这方面的思想，笔者曾经进行了比较详细的探讨，包括经济、政治、文化建设要实现的目标和要采取的主要途径。并且从马克思恩格斯世界历史理论角度对列宁的社会主义观进行了分析，指出列宁的社会主义革命的本质是世界革命，俄国胜利只是世界革命的序幕，并由此讨论了共

---

① 《列宁专题文集　论社会主义》，人民出版社，2009，第357~358、359页。

产国际第二次代表大会通过的由列宁起草的《民族和殖民地问题提纲初稿》，提纲指出共产党应帮助封建关系或宗法关系比较顽固的国家和民族进行资产阶级民主革命，笔者认为这一思想实际上对中国共产党二大制定反帝反封建的民主革命纲领起到了重要的指导作用——这是对"四月提纲"中提出的要立即把俄国资产阶级民主革命转向社会主义革命思想的发展；笔者还认为，一国或几国可以先取得社会主义革命的胜利但是不能建成社会主义，这与马克思恩格斯关于社会主义是世界历史性事业的思想是一致的。这里主要对经济建设的目标和主要途径作一宏观的概述，这是列宁关于经济文化落后国家社会主义建设最具标志性的思想。从经济建设的宏观目标看，列宁曾用两个公式作过形式的描述。他说："乐于吸取外国的好东西：苏维埃政权+普鲁士的铁路秩序+美国的技术和托拉斯组织+美国的国民教育等等等等++=总和=社会主义。"[1] "共产主义就是苏维埃政权加全国电气化。"[2] 从第一个公式可以看出这些"好东西"是先进的、现代工业化的物质基础，第二个公式单独从全国电气化角度表达了与第一个公式同样的含义。而要建设这样的先进物质基础，又是以发达的生产力为前提的。说到底，这两个公式表达的社会主义经济建设的根本目标是要有发达的生产力。这与马克思恩格斯关于共产主义的最终目标是一致的。现实地看，这就是说经济文化落后国家走上社会主义道路后要加快物质基础的建设，大力发展生产力。

从经济建设的主要途径看，俄国在十月革命胜利后，在取得击退国内外敌人企图颠覆新生苏维埃政权战争的胜利后，在经过了短暂的"直接过渡"的探索和实施迫不得已的"战时共产主义"政策后，提出"新经济政策"，并从1921年10月后开始实施，其主要内容是：用实物税代替余粮征集制；以市场为导向，大力发展商品经济，在国家的领导下，实行自由贸易制，承认和利用市场的积极作用，大力发展社会主义商品经济；在分配方面实行按劳取酬，极大地调动了劳动者的积极性；允许经济、个体经济的存在；等等。另外，第一个公式实际上也蕴含着在历史转变为世界历史后，社会主义建设的一个重要途径就是以开放的眼光看世界，坚持对外开

---

① 《列宁全集》第34卷，人民出版社，2017，第520页。
② 《列宁全集》第40卷，人民出版社，2017，第30页。

放，学习外国的一切好东西，包括向先进的资本主义国家学习，不因社会主义与资本主义社会制度的区别而拒绝向资本主义国家学习，人为地断绝与资本主义国家的交往。

2. 斯大林对马克思主义理论的主要贡献

斯大林对马克思主义哲学、马克思主义政治经济学和科学社会主义的发展都作出了一定的贡献。但是，在本章讨论的时间范围内斯大林主要是在马克思主义哲学和科学社会主义理论方面作出了贡献，还有一些贡献存在于第五章所讨论的时间范围内。这里论及的对马克思主义哲学的主要贡献主要体现在 1938 年写的《论辩证唯物主义和历史唯物主义》中。文章开篇第一句话就指出了他的核心观点："辩证唯物主义是马克思列宁主义党的世界观。"[①] 在此基础上他指出马克思主义辩证法的基本特征是，与形而上学相反，辩证法认为事物是联系的、运动的，把发展过程看作不显著的、潜在的量的变化到根本的、质的变化的发展过程；指出与历史唯物主义相比辩证唯物主义具有决定性意义；等等。[②] 但是，该文对有些概念阐释不彻底，比如在阐述马克思主义哲学唯物主义时没有涉及实践的范畴，对生产力的界定不够准确等。可见，该文也存在着一定的缺陷。

斯大林对科学社会主义的贡献主要是进一步强调了列宁的建党学说和阐发了无产阶级专政学说。对于列宁的建党学说，在 1924 年《论列宁主义基础》的讲演中他概括为六个方面："党是工人阶级的先进部队""党是工人阶级的有组织的部队""党是无产阶级阶级组织的最高形式""党是无产阶级专政的工具""党是意志的统一，是和派别组织的存在不相容的""党是靠清洗自己队伍中的机会主义分子而巩固起来的"。[③] 斯大林的这些概括也存在一定的片面性，过分强调了"清洗""集中"等而忽视党内民主，苏联党的建设出现的问题与这些认识有很大的关系。关于无产阶级专政学说，斯大林除了在《论列宁主义基础》中进行了论述，还在 1926 年的《论列宁主义的几个问题》中进行了阐述。斯大林的这些论述，对无产阶级专政的建立和巩固具有重要的现实意义，但是，苏联在具体实践过程中，在对阶级斗争形势估计上出现了严重偏差，苏联 30 年代末肃反扩大化

---

① 《斯大林文集（1934—1952 年）》，人民出版社，1985，第 200 页。
② 《斯大林文集（1934—1952 年）》，人民出版社，1985，第 200~206 页。
③ 《斯大林选集》上卷，人民出版社，1979，第 261、263、265、267、269、270 页。

与此有很大关系。①

在本章讨论的时间范围内形成的斯大林社会主义建设模式，在第二次世界大战之前对加快苏联社会主义建设、为第二次世界大战奠定经济和军事基础等发挥了重要的、积极的历史作用，是战争与革命时期社会主义建设的一种模式，但是，苏联在战争与革命的时代背景发生变化后没有能够及时改革，导致僵化和教条化，这给社会主义事业带来了严重的问题。经过激烈的党内斗争，1929 年斯大林击败托洛茨基-季诺维也夫和布哈林反对派（1929 年 11 月 26 日，布哈林等在《真理报》登载声明，表示承认错误，这标志着反布哈林斗争的结束），确立了自己在联共（布）党内的最高领导地位。这之后正式结束新经济政策，斯大林建设社会主义的理论、方针、政策为全党和全国人民所接受，斯大林模式逐渐形成。这一模式是一个统一的完整体系，政治、经济和思想文化体制之间相互联系、相互补充、相互依存。按照斯大林模式进行的加速建设，取得了巨大的成就并发挥了一定的历史作用。"苏联人民在联共（布）和斯大林领导下，创建了自己的社会主义建设模式，把国家建设成世界一流的社会主义强国，达到俄国历史上从未有过的强盛，苏联经济特别是重工业的迅速发展，国家崛起之快震惊全球，人们对苏联人民为追求平等和强国而迸发出来的劳动热情和献身精神赞叹不已，对联共（布）的强有力的领导和斯大林的意志力量也感到惊叹和折服。"② 总之，这一模式开创了工业化的新路，并为卫国战争取得胜利奠定了比较坚固的物质军事基础。但是这一模式存在着重大弊端，这些弊病使十月革命后列宁开创的社会主义现代化、工业化新路变成了歧路。③ 历史地看，列宁的新经济政策是一种创新探索，斯大林时期国际环境的变化提出了加快苏联社会主义建设的步伐的要求，因此，斯大林时期正确的做法应该是在新经济政策的基础上采取可行的办法加快社会主义建设的速度，废除新经济政策就脱离实际了。战争结

---

① 参见《马克思主义发展史》编写组编《马克思主义发展史》，高等教育出版社，2013，第 263~264 页。

② 徐天新：《斯大林模式的形成》，人民出版社，2013，第 4 页。

③ 这些弊端主要是：政治上过度集权，缺少民主与法治；经济上管得过死，缺少效率与效益；思想文化上管得过严，缺少独立与自由；对外关系中输出革命，盛行大党主义和大国主义；培植了一个党政军高薪官僚特权集团。（参见高放、李景治、蒲国良主编《科学社会主义的理论与实践》，中国人民大学出版社，2014，第 118~120 页。）

束后，本应使在特殊背景下形成的斯大林模式逐渐退出历史舞台，但苏联反而把这一模式楷模化和固定化，这产生了诸多严重的后果，最终导致了苏联解体的悲剧。

　　3. 毛泽东思想的形成[①]

　　刘少奇在党的七大上所作的《关于修改党的章程的报告》指出："毛泽东思想，就是马克思列宁主义的理论与中国革命的实践之统一的思想，就是中国的共产主义，中国的马克思主义。""毛泽东思想，就是马克思主义在目前时代的殖民地、半殖民地、半封建国家民族民主革命中的继续发展，就是马克思主义民族化的优秀典型。"[②] 还指出："这就是毛泽东同志关于现代世界情况及中国国情的分析，关于新民主主义的理论与政策，关于解放农民的理论与政策，关于革命根据地的理论与政策，关于建设新民主主义共和国的理论与政策，关于建设党的理论与政策，关于文化的理论与政策等。"[③] 这些理论成果后来得到了进一步的发展，尤其在新中国成立后，毛泽东提出了社会主义改造理论和经济文化落后国家社会主义建设初步探索的理论成果。

　　共产国际解散的时间是 1943 年 5 月，党的七大召开时间晚于共产国际解散大致两年，能不能说 1943 年 5 月共产国际解散的时候毛泽东思想就已经形成了呢？笔者认为答案是肯定的。第一，标志着毛泽东思想萌芽、初步形成、成熟的一些著名文章和著作都是在 1943 年 5 月之前写成的。标志着毛泽东思想萌芽、初步形成的文章和著作自不必说，标志着其成熟的一些文章和著作，如《论反对日本帝国主义的策略》（1935 年 12 月）、《中国革命战争的战略问题》（1936 年 12 月）、《实践论》（1937 年 7 月）、《矛盾论》（1937 年 8 月）、《论持久战》（1938 年 5 月）、《〈共产党人〉发刊词》（1939 年 10 月）、《中国革命和中国共产党》（1939 年 12 月）、《新民主主义论》（1940 年 1 月）等也都是在共产国际解散之前写的。第二，1943 年 7 月，王稼祥就使用了"毛泽东思想"这一概念，并指出其是马克

---

　　① 毛泽东思想的形成发展历经中国共产党成立时期的萌芽时期、大革命时期和 1935 年遵义会议之前的土地革命战争时期的初步形成时期、遵义会议之后和抗日战争时期的成熟时期、解放战争和新中国成立后的继续发展时期。1945 年 4 月 23 日至 6 月 11 日召开的党的七大把毛泽东思想确立为指导思想。

　　② 《刘少奇选集》上卷，人民出版社，1981，第 333 页。

　　③ 《刘少奇选集》上卷，人民出版社，1981，第 335 页。

思列宁主义中国化的理论成果。他指出："中国民族解放整个过程中——过去现在与未来——的正确道路就是毛泽东同志的思想，就是毛泽东同志在其著作中与实践中所指出的道路。毛泽东思想就是中国的马克思列宁主义，中国的布尔塞维主义，中国的共产主义。"① 刘少奇在中共七大上对毛泽东思想的界定与王稼祥的提法有很强的一致性。总之，1943 年 5 月共产国际解散之时毛泽东思想就已经形成的认识是成立的，毛泽东思想形成于本章讨论的时间范围内。

（二）马克思列宁主义的国际传播

1. 第一次世界大战爆发到十月革命前的传播

战争是人类处理矛盾和冲突最极端的方法，世界大战更是人类自身造成的最大规模的不幸与灾难。由于第二国际思想上政治上的破产、战争等因素的影响，这一时期宣传、传播的内容为马克思主义列宁主义；传播的范围主要是以俄国布尔什维克党为代表的第二国际左派范围内，世界其他地域的马克思主义的传播和影响被很大程度地削弱。第三章曾作出说明，在当时的时间范围内尽管列宁主义中的无产阶级政党建设理论、无产阶级在资产阶级民主革命中的策略理论已经提出，但是由于这些理论在当时的国际影响还有限，还没有成为国际传播的主要内容。本章讨论的时间范围内，列宁主义的影响越来越大，也开始有一定的国际传播。这里对以俄国布尔什维克党为代表的原第二国际左派对列宁主义相关理论的传播作一阐述。

第一次世界大战爆发到十月革命前的传播主要表现为出版著作、发表文章等。第一次世界大战爆发后，第二国际大部分社会民主党都走上了机会主义道路，只有以俄国布尔什维克党为代表的第二国际左派坚定不移地坚持马克思主义，并根据马克思主义立场、观点和方法分析时代特征，形成了列宁的帝国主义理论和一国或几国首先取得社会主义革命胜利的理论。马克思主义是不断发展的、随时随地以当时的历史条件为转移进行实际应用的理论，列宁的帝国主义理论和一国或几国首先取得社会主义革命胜利的理论是第一次世界大战时期形成的，对后来其他国家社会主义革命都具有重要的指导意义。这一时期第二国际左派对马克思主义的宣传、传

---

① 王稼祥：《中国共产党与中国民族解放的道路——纪念共产党廿二周年与抗战六周年》，《解放日报》1943 年 7 月 8 日；转引自《安徽史学》1986 年第 3 期。

播突出表现为对这两大理论的宣传、传播，其主要手段之一就是出版著作和发表文章，除了上文提到的并已经进行详细分析的《帝国主义论》和几篇重要的文章，包括主要阐述一国或几国首先取得社会主义革命胜利理论的两篇著名文章——1915 年 8 月的《论欧洲联邦口号》和 1916 年 8 月的《无产阶级革命的军事纲领》外，在这一时期，列宁实际上还出版和发表了一系列著作与文章，主要收录于《列宁全集》第二版第 26~32 卷。由此可见，哪怕处于战争时期，列宁仍然尽可能地挤出时间，勤奋笔耕，创新、阐述、宣传、传播马克思主义。比如出版的著作除了《帝国主义论》外，还有《社会主义与战争》（1915 年 7~8 月）、《无产阶级在我国革命中的任务（无产阶级政党的行动纲领草案）》（1917 年 4 月）、《大难临头，出路何在？》（1917 年 9 月）等。发表的一系列文章在此不一一列举，翻开收录这一时期著述的《列宁全集》，必然有一个全面的了解。

2. 十月革命爆发到第三国际解体时期的传播

（1）十月革命爆发到第三国际成立前主要通过召开全国性会议进行宣传。1917 年，布尔什维克党参与和领导了二月革命、直接领导了十月革命，这两个重大事件发生后，布尔什维克党都召开了全国性的会议。十月革命后，1918 年 3 月 6~8 日，召开了俄共（布）第七次（紧急）代表大会，这是十月革命胜利后布尔什维克党首次召开的代表大会，会议直接提到了列宁的帝国主义理论和一国或几国首先取得社会主义革命胜利的理论中的一些重要内容。中央委员会政治报告指出："内战已经成为事实。我们在革命初期甚至在战争初期所预言的，当时被很大一部分社会党人所怀疑甚至嘲笑的变帝国主义战争为国内战争这一点，1917 年 10 月 25 日已经在一个最大而又最落后的参战国中成为事实。"这是马克思主义社会民主党人对待帝国主义战争的一个重要观点。对于为什么在经济文化落后的一国进行社会主义革命能够得到群众的支持，报告指出："我们提出的'全部政权归苏维埃'的口号已经经过群众长期历史经验的实际检验而成为他们的切身要求。"对于经济文化落后的一国首先进行社会主义革命所面临的困难，报告也指出："由于历史进程的曲折而不得不开始社会主义革命的那个国家愈落后，它由旧的资本主义关系过渡到社会主义关系就愈困难。"①

---

① 《列宁全集》第 34 卷，人民出版社，2017，第 2~4 页。

等等。毫无疑问，报告的这些内容就是对列宁主义新理论的宣传和传播。

（2）第三国际时期的宣传。①共产国际的成员组织通过发行报刊进行宣传。1922 年 2 月 21 日至 3 月 4 日在莫斯科召开的共产国际执行委员会第一次扩大会议上，一些共产党提到了出版报刊的情况，德国共产党的报告指出：“党拥有 43 种日报，其中 3 种为独立报纸，20 种地方报纸。”① 法国共产党的报告指出：“党拥有 5 种日报和 40 多种周刊。党的中央机关报《人道报》的发行量达 18 万份。”② 关于英国形势的报告指出：“英国社会党、社会主义工人党和社会主义同盟相互接近。在发展过程中，这些组织在组织上联合起来，18 个月之前，它们与其他革命组织一起建立了英国共产党。”“由于党在罢工期间的举动和在反对政府斗争中的表现，党获得广大群众的同情，这种情况在党报的发行中表现的最为清楚。罢工前《呼声报》的发行量为 30000 份，4～5 个月后，《共产党人报》（前身是《呼声报》）的发行量达到 4.5 万份。”③ 关于意大利形势的报告指出：“意大利共产党现有 5 万名党员，其青年组织有 3 万名成员。它拥有 3 种日报，发行量达 8 万份。人们正在印制创造意大利缺乏的共产主义书刊。”④ 美国共产党的报告指出：“我们用多种语言出版了 8 种日报、15～17 种周刊和许多月刊。我们传单的印数达 100 万份，通过我们的地下组织分发。”⑤ 等等。通过发行报刊进行宣传是这一时期的一个重要途径。

②俄共（布）、联共（布）⑥ 对马克思列宁主义的宣传。第一，组织

① 王学东主编《国际共产主义运动历史文献》第 33 卷，人民出版社，2018，第 17 页。
② 王学东主编《国际共产主义运动历史文献》第 33 卷，人民出版社，2018，第 23 页。
③ 王学东主编《国际共产主义运动历史文献》第 33 卷，人民出版社，2018，第 27、28 页。
④ 王学东主编《国际共产主义运动历史文献》第 33 卷，人民出版社，2018，第 30 页。
⑤ 王学东主编《国际共产主义运动历史文献》第 33 卷，人民出版社，2018，第 36 页。
⑥ 在本书中是对列宁领导的以马克思主义为指导的俄国无产阶级政党的一个总体称呼。其具体名称有一个演变的过程：1898 年 3 月，俄国社会民主工党正式成立；在 1903 年 7 月召开的俄国社会民主工党第二次代表大会上，社会民主工党分化为支持列宁的多数派即布尔什维克和反对列宁的少数派即孟什维克；1912 年 1 月召开的俄国社会民主工党第六次代表大会将孟什维克清除出党，将党名改为俄国社会民主工党（布尔什维克），从而结束了两个对立派别形式上统一的局面，同时也朝着建立组织严密、革命性强的共产党方面迈出了实质性的一步；1918 年 3 月，布尔什维克党第七次代表大会决定把党的名称改为俄国共产党（布尔什维克），简称俄共（布）；1925 年 12 月，布尔什维克党的十四大决定将俄共（布）改称为全联盟共产党（布尔什维克），简称为联共（布）；1952 年 10 月，布尔什维克党的十九大又决定将联共（布）改为苏联共产党，简称苏共。这些名称在一定的情况下可以交互使用，如涉及其他无产阶级政党将作特殊说明。

出版马克思列宁主义著作。列宁早就提出要把马克思主义从外面灌输给工人群众的著名思想。十月革命胜利后，俄共（布）获得了执政权，俄共（布）中央和苏维埃政府十分关注马克思主义的理论宣传和教育工作。1918 年 5 月人民委员会决定创办社会主义社会科学院（1923 年改名为共产主义学院）。1921 年 1 月，俄（共）布中央决定在莫斯科成立马克思恩格斯研究院，同时根据列宁的提议成立红色教授学院。从此，苏联开始有计划地出版马克思主义著作，培养有较高修养的马克思主义理论研究人员。

《列宁全集》（俄文版）第一版是在列宁生前（1920）年开始出版的，于 1926 年完成，限于当时的条件，所收文件很不全。列宁逝世后 1925 年至 1932 年出了《列宁全集》第二、三版，该书起初的主编是加米涅夫，然而不久加米涅夫因反对斯大林而被开除出党，所以联共（布）撤去加米涅夫的主编职务，改由布哈林、莫洛托夫和斯克沃尔佐夫-斯捷潘诺夫三人任主编。第二、三版内容完全一样，只是装帧不同，其特点是在附录中刊载了许多与正文相关的文件资料，包括党的一些文件，很有价值。① 第四版于 1941 年开始编辑出版，但一直到 20 世纪 50 年代初才出齐，这里只是提一下，第五章再作说明。

第二，开展马克思列宁主义的大众化教育。十月革命取得胜利后，尽管俄国社会主义建设一切都是从零开始，但是，由于列宁特别重视对工人群众的马克思主义灌输，特别重视在俄国这样经济文化落后的国家进行社会主义建设，除了快速发展生产力、发展工农业生产之外，还要加强社会主义文化建设，因此，俄国从社会主义建设之初就逐渐开始了马克思列宁主义大众化教育。一开始主要对学生尤其是大学生进行马克思列宁主义的教育，培养他们的马克思主义的世界观；有组织地培养教授马克思列宁主义的老师，建立各级党校，举办各种培训班等；在具备一定条件的情况下，开展对广大工人群众的马克思列宁主义教育。列宁逝世后，一些党和国家领导人着重推动对列宁主义的学习。特别是斯大林，他在 1924 年做了《论列宁主义基础》的讲演，比较详细地阐述了列宁主义的内容；1926 年，斯大林又发表了《论列宁主义的几个问题》，对列宁主义的定义、主要问

---

① 郑异凡：《〈列宁全集〉俄文第五版的普查》，https：//www.thepaper.cn/newsDetail_forward_2061170。

题等进行了阐述。尽管其中有一些对列宁主义不严谨的论述，但这些内容从总体上奠定了列宁主义的基础，使人们更便于了解和把握列宁主义。

从 20 世纪 30 年代开始，斯大林高度重视对工人群众的马克思列宁主义教育。在这一背景下，由西洛可夫、艾森堡等六位哲学家合著的《辩证法唯物论教程》出版，由米丁和拉祖莫夫斯基等集体编写的《辩证唯物主义和历史唯物主义》出版。这两本教科书长期作为高等院校统一使用的教材，直到斯大林逝世后才退出苏联高等教育的历史舞台。同时，通过学习党史强化马克思列宁主义的学习。联共（布）的历史是推翻沙皇制度、推翻地主阶级政权的历史，是在国内战争时期粉碎外国武装干涉的历史，是在俄国建成苏维埃国家和社会主义社会的历史。因此，学习联共（布）的历史有助于推进马克思列宁主义的学习。1938 年，斯大林亲自参与编写的《联共（布）的党史简明教程》出版，该书不仅成为高校党史教材，而且掀起了全民学习党史的高潮，进而也推动马克思列宁主义的学习。总之，在这一时期，联共（布）高度重视马克思列宁主义教育，也取得了很大成效。①

③马克思列宁主义在中国的传播。从中国共产党的历史来看，我党在成立初期曾有领导有计划地翻译出版了一批马克思恩格斯的著作。即使在抗日战争时期，我党也有领导有计划地翻译出版了一批马克思恩格斯的著作，马克思的经济学巨著《资本论》的中文全译本就是在抗日战争时期出版的。以延安为中心的陕北根据地，不仅是抗日战争时期最大的解放区，而且是中共中央和中央军委的所在地，这里既是党中央领导全国进行抗战的中心，也是马列著作的出版中心。1938 年，毛泽东指出："普遍地深入地研究马克思列宁主义的理论的任务，对于我们，是一个亟待解决并须着重地致力才能解决的大问题。我希望从我们这次中央全会之后，来一个全党的学习竞赛，看谁真正地学到了一点东西，看谁学的更多一点，更好一点。在担负主要领导责任的观点上说，如果我们党有一百个至二百个系统地而不是零碎地、实际地而不是空洞地学会了马克思列宁主义的同志，就会大大地提高我们党的战斗力量，并加速我们战胜日本帝国主义的工作。"②

---

① 参见孙自胜《苏联马克思主义哲学教育研究》，中国社会科学出版社，2015，第 46～47 页。

② 《毛泽东选集》第 2 卷，人民出版社，1991，第 533 页。

总之，在共产国际时期，马克思列宁主义文献在苏俄（苏联）、中国得到大规模的传播，在第三国际其他成员党内也有广泛的传播。同时，在欧洲其他国家，如英国以及匈牙利、捷克、罗马尼亚、保加利亚以及南斯拉夫成立前都有不同程度的传播。

二 马克思主义国际话语权在欧亚的大发展

（一）十月革命的胜利标志马克思主义国际话语权在苏俄的初步实现

第三章分析指出，第二国际早期马克思主义国际话语权有很大程度的提升，后期被削弱的主要原因在于机会主义力量不断壮大，很多政党站到本国资产阶级政府的立场上，充当了帝国主义侵略战争的帮凶，他们的修正主义最终转向了社会沙文主义和社会帝国主义，导致马克思主义话语的主体数量出现了断崖式下降。但是，数量固然重要，却不是决定性因素，坚定存在着的左派坚持着不懈的斗争，坚守和发展着马克思主义话语权。第一，深化对马克思主义的认识和理解，用马克思主义的立场、观点和方法分析战争，揭示帝国主义争夺利益的实质，作出最主要贡献的是列宁，他提出了帝国主义理论、一国或几国首先取得社会主义革命胜利的理论，从而创新和发展了马克思主义。第二，加强国际联合。1916 年 4 月，召开了第二次齐美尔瓦尔德会议。参加这次会议的有俄国、英国、意大利、瑞士、波兰、罗马尼亚、保加利亚、美国、葡萄牙等国家的 44 名代表。在这次会议上左派分子占了 12 名，比上次会议左派分子的数量有所增加。会上尽管以列宁为首的左派提出的关于反对社会和平主义的决议草案没有被通过，但是，由于广大群众日益向左转和左派坚持斗争，这次会议通过的决议比第一次齐美瓦尔德会议前进了一步。它申斥了社会和平主义，谴责了第二国际执行局的机会主义立场，提出了停止战争的要求，并且重申了只有实现社会主义才能得到持久和平的观点。昆塔尔会议上通过的决议，是左右两派斗争和妥协的结果，因此，以列宁为首的左派在赞成这些决议的同时又采取了保留态度。当然，在第一次世界大战期间，从总体上看左派的力量远远小于扼制马克思主义的力量。

十月革命胜利后，布尔什维克党成为执政党，标志着马克思主义成为俄国的主流意识形态和主导话语，将拥有更广泛的群众基础，俄国将沿着马克思主义指引的方向发展，将为提升马克思主义国际话语权提供更强的实力支撑等，从而为巩固和提升马克思主义国际话语权提供了极为重要的基础条件。这样看来，十月革命的胜利标志马克思主义国际话语权在苏俄的初步实现。所谓"初步实现"，既是相对于前文已经阐述过的"初步生成""初步确立"后马克思主义国际话语权进一步提升所达到的一种状态；也是相对于未来要进一步达到"基本实现""完全实现"等更高级的状态而所处的相对低的状态。只有到了共产主义，马克思主义国际话语权才能"完全实现"，"基本实现"可以看作向"完全实现"的过渡状态。十月革命胜利，布尔什维克党成为执政党，开启了世界无产阶级革命的新时代，为使马克思主义国际话语权达到更高级的状态迈出了坚实的一步。

（二）第三国际时期马克思主义国际话语权的大发展

1. 话语主体国际空间范围不断扩大

十月革命后不久，在 1918 年 3 月召开的第七次代表大会上，俄国社会民主工党（布尔什维克）正式改称为俄国共产党（布尔什维克）。布尔什维克从社会民主工党一步步地演化为共产党，从某种意义上也可以说是欧洲社会民主党共产党化的开端，其意义就在于它标志着革命左派与社会民主党右派的彻底决裂。布尔什维克与孟什维克之间的斗争，为其他国家革命左派断绝与社会民主党右派的关系、建立共产党提供了经验、树立了榜样和创造了一种模式，这就是：政治纲领上，从和平改良到暴力革命；组织原则上，从松散到集中；党的名称上，从社会民主党到共产党。明确的革命政治纲领、严格的组织纪律性、单一的共产党名称，这就是欧洲及世界共产党本质特征。[1] 后来，更多的社会民主党左派共产党化。从 1918 年初至 1919 年 3 月共产国际第一次代表大会前夕，欧美七个国家建立了共产党，这些党是阿根廷共产党（1918 年 1 月）、芬兰共产党（1918 年 8 月）、奥地利共产党（1918 年 11 月）、匈牙利共产党（1918 年 11 月）、波兰共产党（1918 年 12 月）、希腊共产党（1918 年 11 月）、德国共产党（1918 年 12 月），这些共产党后来成为第三国际的中坚。再后来，继续有一些社会民主党左派共产党化：美国社会党分裂产生了美国共产党（1919 年秋）、法国社会党分裂建立了法国共产党（1920 年 12 月）、意大利社会党分裂建

---

[1] 参见黄宗良、林勋健主编《共产党和社会党百年关系史》，北京大学出版社，2002，第 54 页。

立了意大利共产党（1921 年 1 月）等。

共产国际是以马克思列宁主义为指导的国际组织，是马克思主义最重要的话语主体，其规模的扩大当然意味着马克思主义国际话语权的提升。共产国际第一次代表大会即成立大会于 1919 年 3 月 2~6 日在莫斯科举行，出席大会的有来自 21 个国家的 35 个政党和组织的 52 名代表。这些政党和组织如下。欧洲（31 个）：德国共产党、俄国共产党、德意志奥地利共产党、匈牙利共产党、瑞典左派社会民主党、挪威社会民主党、瑞士社会民主党（反对派）、巴尔干革命社会民主联盟（保加利亚紧密派和罗马尼亚共产党）、波兰共产党、芬兰共产党、乌克兰共产党、拉脱维亚共产党、立陶宛-白俄罗共产党、爱沙尼亚共产党、亚美尼亚共产党、俄国境内德意志人侨居区共产党、俄国东部各民族联合小组、法国齐美尔瓦尔德左派、捷克共产主义小组、保加利亚共产主义小组、南斯拉夫共产主义小组、英国共产主义小组、法国共产主义小组、荷兰社会民主党小组、瑞士共产主义小组、土耳其斯坦支部、土耳其支部、格鲁吉亚支部、阿塞拜疆支部、波斯支部、齐美尔瓦尔德委员会。亚洲（2 个）：中国社会主义工人党、朝鲜工人同盟。美洲（2 个）：美国社会主义工人党、美国社会主义宣传同盟。① 这些政党和组织是一些国家的共产党和事实上已经是共产党的各国社会民主党左派，涉及欧洲、美洲和亚洲广阔的地域，当然最主要的是欧洲的政党和组织，它们是第一次代表大会的主体。

共产国际第二次代表大会于 1920 年 7 月 19 日至 8 月 7 日在彼得格勒召开，出席大会的有来自 41 个国家的 67 个政党和工人组织的 217 名代表。目前这些政党或组织的“名单很不齐全，并有许多错误。因此，现在要确定代表的实际名额，是不可能的”②。从共产国际比较翔实的文献资料看，可以有把握地说参加第一次代表大会的政党和组织都在邀请之列。同时，第一次代表大会的政党和组织所在的国家有可能有新组织参加第二次代表大会。除此之外，另一资料《各个政党和组织提交第二次代表大会的报告目录》中有欧洲的《冰岛的社会主义》，美洲的有《阿根廷的工人运动》，

---

① 参见王学东主编《国际共产主义运动历史文献》第 29 卷，中央编译出版社，2012，第 297~299 页资料整理。

② 王学东主编《国际共产主义运动历史文献》第 30 卷，中央编译出版社，2012，第 774 页。

亚洲的有《荷属印度的革命运动》《日本的总形势》《亚美尼亚的共产主义》①，提交这些报告的组织都是第一次参加共产国际代表大会，这自然也扩大了第二国际覆盖的国家范围。《执行委员会向第二次代表大会所作的工作报告》指出，共产国际执行委员会一直坚持一种意见：第三国际应恢复第一国际的传统，即不仅把一些政党看作国际工人组织，而且还把那些决心不是在口头上而是在行动上为解放工人阶级而斗争的其他庞大工人组织，也看作国际工人组织，属于这类工人组织的首先是革命的工会。共产国际执行委员会始终坚持这样一点：共产党员不应该脱离工会。另外，执行委员会把全面支持国际青年组织、国际妇女组织等作为自己的职责。②

共产国际第三次代表大会于 1921 年 6 月 22 日至 7 月 12 日在莫斯科举行，出席大会的有 52 个国家的 103 个政党和组织的 605 名代表。③ 据不完全统计，这些政党和组织如下。①欧洲。俄国：共产党。德国：统一共产党，共产主义工人党（只有发言权）。法国：社会党，工团革命少数派。意大利：共产党，工团主义者联盟，铁路工人工会，海员工会，社会党（只有发言权）。保加利亚：共产党。波兰和东加里西亚：波兰共产主义工人党，东加里西亚共产党，犹太工人总联盟（只有发言权）。捷克斯洛伐克：波希米亚德语区共产党，捷克社会党马克思主义左派，斯洛伐克社会党（只有发言权），加里西亚地区乌克兰居民国际社会党（只有发言权）。英国：统一共产党，独立工党左派。奥地利：共产党。匈牙利：共产党。南斯拉夫：共产党，菲弗克尔兴自治区社会党。乌克兰：共产党。芬兰：共产党。瑞典：共产党。挪威：工人党。西班牙：共产党，西班牙劳动同盟。阿塞拜疆：共产党。亚美尼亚：共产党。格鲁吉亚：共产党。希腊：共产党。比利时：共产党。荷兰：共产党。丹麦：共产党。瑞士：共产党，瑞士城市工人联合会（只有发言权）。罗马尼亚：共产党。拉脱维亚：共产党。爱沙尼亚：共产党，独立社会民主派。立陶宛：共产党。葡萄牙：共产主义小组。卢森堡：共产党。爱尔兰：共产主义小组。冰岛：共

---

① 王学东主编《国际共产主义运动历史文献》第 30 卷，中央编译出版社，2012，第 755～757 页。

② 参见王学东主编《国际共产主义运动历史文献》第 30 卷，中央编译出版社，2012，第 744～746 页。

③ 参见王学东主编《国际共产主义运动历史文献》第 31 卷，中央编译出版社，2011，编辑说明第 1 页。

产党。土耳其：共产党。②亚洲。远东共和国：共产党。日本：共产主义小组。波斯：伊朗共产党。爪哇：共产党。希瓦：共产党。布哈拉：共产党（只有发言权）。巴勒斯坦：共产党（只有发言权）。印度：共产主义小组（只有发言权）。中国：社会主义党左派（只有发言权），共产主义小组（只有发言权）。朝鲜：共产党（只有发言权），社会革命党（只有发言权）。③美洲。美国：共产党（统一共产党），世界产业工人联合会。阿根廷：共产党，共产主义工人联盟（只有发言权）。加拿大：共产主义小组。古巴：共产主义，乌拉圭：社会党。智利：社会党。④大洋洲。澳大利亚：共产党。⑤非洲。南非：国际社会主义联盟。①

共产国际第四次代表大会于 1922 年 11 月 5 日在彼得格勒开幕，9 日移至莫斯科继续举行，12 月 5 日闭幕，62 个国家的 66 个政党和组织的 408 名代表出席会议。②

共产国际第五次代表大会于 1924 年 6 月 17 日至 7 月 8 日在莫斯科举行，参加大会的有 49 个国家的 60 个政党和组织的 510 名代表。③

共产国际第六次代表大会于 1928 年 7 月 17 日至 9 月 28 日在莫斯科举行，出席大会的有 57 个政党和 9 个组织的 532 名代表。④

共产国际第七次代表大会于 1935 年 7 月 25 日至 8 月 20 日在莫斯科举行，62 个国家的 65 个共产党和国际组织的 513 名代表出席会议。⑤

尽管缺乏出席共产国际第六次代表大会的国家的数据，但从出席此次大会的政党和组织的数量与人员的数量可以推断，出席共产国际第六次代表大会的国家与出席共产国际第五次、第七次代表大会的国家数量相差不大。因此，共产国际第三次至第七次代表大会，出席的国家为 49~62 个，与会政党和组织的数量在 60 个左右，与会人数在 400 人以上，多达 605

---

① 参见王学东主编《国际共产主义运动历史文献》第 31 卷，中央编译出版社，2011，第 12~13 页。

② 参见王学东主编《国际共产主义运动历史文献》第 34 卷，中央编译出版社，2012，编辑说明第 1 页。

③ 参见王学东主编《国际共产主义运动历史文献》第 37 卷，中央编译出版社，2013，编辑说明第 1 页。

④ 参见王学东主编《国际共产主义运动历史文献》第 45 卷，中央编译出版社，2013，编辑说明第 1 页。

⑤ 参见王学东主编《国际共产主义运动历史文献》第 58 卷，中央编译出版社，2015，编辑说明第 1 页。

人。与会政党、组织和人员所在的地域范围，尽管以欧洲为主，但已涉及了世界各大洲，远远大于第一、二国际所涉及的地域范围。由此可见，与前两个国际相比，第三国际达到了前所未有的规模，这是这一时期马克思主义国际话语权提升的一个重要表现。

2. 话语主体以马克思列宁主义分析现实问题

（1）用马克思列宁主义分析时代问题。这主要是在前四次代表大会时期。共产国际第一次代表大会通过的《共产国际行动纲领》《关于资产阶级民主和无产阶级专政的提纲》《共产国际对全世界无产者的宣言》等决议，都是运用马克思列宁主义分析时代问题、符合马克思列宁主义的决议，充分体现了马克思主义国际话语权的掌握和使用。《共产国际对全世界无产者的宣言》铿锵有力地指出，72 年前，共产党向全世界宣布了自己的纲领，这个纲领就是《共产党宣言》。① 列宁指出："第三国际即共产国际的世界历史意义在于，它已开始实现马克思的一个最伟大的口号，这个口号总结了社会主义和工人运动历来的发展，表现这个口号的概念就是无产阶级专政。"② 第二次代表大会制定的《共产国际章程》指出，共产国际实质上应成为一个真正统一的世界性的共产党。③ 共产国际制定的《关于民族和殖民地问题的决议》《关于民族和殖民地问题的补充提纲》《加入共产国际的条件》等，对国际工人运动的发展，尤其对一些经济文化落后国家的民主革命和社会主义革命作出了马克思主义的分析，为在当时的时代背景下处理好民主革命和社会主义革命的关系发挥过重要的指导作用。第三、四次代表大会也产生了一些成果。

（2）用马克思列宁主义分析各国问题。这也主要是在前四次代表大会时期。共产国际在成立大会上就明确指出，成立共产国际的目的是推动马克思恩格斯开启的国际工人运动和共产主义事业的发展，这必然要帮助和指导国际成员分析本国问题。共产国际成立后，一方面通过召开代表大会帮助分析一些国家的问题并指导各国共产党领导工人运动，一方面通过发

---

① 参见王学东主编《国际共产主义运动历史文献》第 29 卷，中央编译出版社，2012，第273～283 页。
② 《列宁全集》第 36 卷，人民出版社，2017，第 291 页。
③ 参见王学东主编《国际共产主义运动历史文献》第 30 卷，中央编译出版社，2012，第678～682 页。

行委员会的中央机关刊物——《共产国际》作为各国共产党的思想指南。
共产国际执行委员会在它的第一次会议上，就决定用四种文字（德文、法
文、英文和俄文）每月出版一期执行委员会的机关刊物——《共产国际》。
这个刊物在极端困难的条件下如期问世，共产国际在头一年里就用上述四
种文字出版了 12 期《共产国际》，并通过种种巧妙的途径克服重重障碍，
把杂志送到一些共产党手中，同时在一些开展工人运动的主要国家中按期
再版这一杂志。[①] 第三次代表大会发布的《共产国际执行委员会的工作总
结报告》指出，在不到一年的时间内，在执行委员会的议程上提到德国问
题 21 次、意大利问题 12 次、美国问题 12 次、英国问题 9 次、罗马尼亚问
题 12 次、捷克斯洛伐克问题 10 次，其他国家的名字在执行委员会的议程
上有的出现过 2 次，有的 3 次，有的 4 次。[②] 列宁于 1921 年 3 月提出新经
济政策，到 10 月正式实施，这是俄国"这个孤立无援的而且几乎纯属农
业经济的国家"对向共产主义过渡的积极探索，而且的确需要克服巨大的
困难，其具体内容及实施办法在共产国际第三次代表大会召开之时还在探
索之中，因此，这次大会的这一论断对俄国新经济政策的实施必然也具有
积极的帮助与指导作用。第四次代表大会《季诺维也夫作共产国际执行委
员会工作报告》指出："我认为，我在执行委员会工作报告中最好是一个
国家一个国家地来谈。"[③] 紧接着对南斯拉夫、英国、奥地利、匈牙利、日
本、印度、澳大利亚等国家共产主义运动开展的情况、遇到的困难、取得
的进展等作了总体详细的总结。[④]

　　在此，特别以共产国际对中国共产党的指导和帮助为例作一更具体的
论证。中国共产党是在共产国际的帮助下成立起来的，成立后就成为共产
国际的一个支部，得到了共产国际的指导和帮助。第一，共产国际帮助成
立以马克思列宁主义为指导和以实现共产主义为奋斗目标的中国共产党，
赋予了中国共产党起点的先进性。第二，共产国际指导中国共产党制定了

---

① 参见王学东主编《国际共产主义运动历史文献》第 30 卷，中央编译出版社，2012，第
736~737 页。

② 参见王学东主编《国际共产主义运动历史文献》第 31 卷，中央编译出版社，2011，第
127 页。

③ 王学东主编《国际共产主义运动历史文献》第 34 卷，中央编译出版社，2012，第 47 页。

④ 参见王学东主编《国际共产主义运动历史文献》第 34 卷，中央编译出版社，2012，第
47~64 页。

新民主主义革命时期的最低纲领，推进了中国共产党的先进性建设。现有的研究成果都表明，共产国际一大通过的《共产国际纲领》、二大对民族和殖民地问题讨论的成果和通过的《土地问题提纲》等对中国共产党二大初步确立新民主主义革命时期的最低纲领起到了重要的指导作用。中国共产党二大能够及时地、初步地制定一个大体上符合当时中国国情和世情的新民主主义革命时期的最低纲领，与共产国际的帮助是分不开的。第三，共产国际对中国共产党的组织建设也有重要的帮助，在中国共产党进行先进性建设方面起到了积极作用。民主集中制是马克思主义政党的组织原则。尽管马克思恩格斯没有直接使用民主集中制这一概念，但是，由马克思和恩格斯参与和指导的第一国际体现了民主集中制的精神。列宁则把民主集中制明确地确立为工人阶级政党的组织原则和组织制度。这些都是共识。列宁曾直接指出："加入共产国际的党，应该是按照民主集中制的原则建立起来的。"[1] 这一规定对中国共产党的组织建设当然具有指导作用。中国共产党六大文件指出："组织原则：中国共产党与共产国际的其他支部一样，其组织原则为民主集中制。"[2] 并且规定了民主集中制的三条主要内容。但是，中共二大通过的《中国共产党章程》第三章"会议"、第四章"纪律"部分中有关条文明显地体现了民主集中制的要求，而且可以明确地说这一要求受到了《加入共产国际的条件》的影响，因为中共二大召开时中国共产党人已经知道了加入共产国际的条件。在中共二大通过的《中国共产党加入第三国际决议案》后附有"第三国际的加入条件"。而后来将民主集中制正式确立下来与共产国际的指导和要求也是相关联的。所以，中国共产党将民主集中制规定为组织原则受到了共产国际指导。另外，党的干部队伍建设在党的组织建设中居于核心地位。共产国际在帮助各国共产党建设的时候，还十分重视各国党的干部队伍的建设，尤其重视用马克思主义武装东方各国的共产党人，创办了东方劳动者共产主义大学，而且为了帮助中国培养工农群众干部，直接创办了莫斯科中山大学，从而为中国共产党培养了许多具有马克思主义理论水平的干部。尽管有些干部在后来中国新民主主义革命过程中犯了教条主义、经验主义的错误，

---

① 《列宁全集》第 39 卷，人民出版社，2017，第 205 页。
② 《建党以来重要文献选编（一九二一——一九四九）》第 5 册，中央文献出版社，2011，第 472 页。

给中国共产党带来了极大的危害，但总体上从组织建设和培养干部来看，共产国际的帮助起到了积极的作用。①

3. 俄共（布）、联共（布）成为掌握执政权的马克思主义话语主体

俄共（布）、联共（布）作为马克思主义政党掌握了执政权，对马克思主义国际话语权的提升具有里程碑意义。第一，就马克思主义本身而言，是其自身价值和国际地位的显著提升，是其指导的科学社会主义从理论到制度实践质的飞跃。俄共（布）、联共（布）正是在掌握执政权的情况下，才在经济文化落后的俄国率先进行社会主义建设的初步探索，并获得了理论与实践的创新成果，丰富和发展了马克思主义。第二，就世界上第一个苏维埃国家而言，其在这一时期内社会主义建设取得巨大成就，为世界反法西斯战争取得最后胜利作出了巨大的贡献，为马克思主义国际话语权的提升提供了重要的经济、军事等硬实力基础。第三，为有计划地、完整地出版马克思列宁主义著作以及人们学习马克思列宁主义提供了条件。第四，扩大了马克思主义话语权的群众基础。广大的工人群众在共产党领导下进行社会主义建设，大大提高了广大工人群众对马克思主义的认识、了解、把握、接受和认同。第五，执政党掌握着马克思主义话语权，充分保障了马克思主义在社会主义意识形态建设中的统治地位，严格制约了反马克思主义流派和思潮的攻击，有利于马克思主义话语权提升到最高水平。

4. 一些"左"倾政策的后果制约了马克思主义国际话语权的提升

第三国际时期马克思主义国际话语权获得了很大的提升，但是由于一些主客观方面的原因，共产国际在一些问题的处理上采取了"左"倾做法，从而制约了马克思主义国际话语权的提升。也就是说，如果这些做法得以避免，那么，马克思主义国际话语权提升的幅度将会更大。对这方面的情况进行总结，目的是避免类似问题的再次发生，以利于马克思主义国际话语权获得更大的提升。

（1）对世界形势作了偏"左"的错误估计。20 世纪 20 年代中期后，随着帝国主义国家内部工人罢工浪潮迭起、帝国主义国家之间争夺殖民地

① 参见张爱武《全球化进程中的中国共产党先进性建设》，社会科学文献出版社，2012，第190~195 页。

而展开的斗争日趋激烈、帝国主义国家与苏联之间的矛盾与冲突日益加剧，斯大林认为资本主义灭亡的时机成熟。斯大林断言欧洲显然进入了新的革命高潮时期。斯大林的判断主要以苏联与西方国家的关系为基本出发点，偏重于主观推理，但是影响了 1928 年在莫斯科召开的共产国际第六次代表大会，大会根据斯大林的观点，把 1914～1928 年划分为三个时期：1914～1923 年是第一个时期，即资本主义体系发生尖锐危机和无产阶级进行直接革命进攻的时期；1924～1927 是第二个时期，即资本主义局部稳定和无产阶级革命进入低潮的时期；1928 年开始是第三个时期，即资本主义总危机急剧发展的时期。"第三时期"理论成了共产国际和各国共产党所有方针政策的基础。这一结论偏重于主观上的推理，缺乏科学的根据，是一种"左"倾观点，实践上也带来了危害。①

（2）推行"布尔什维克化"运动。1923 年德国革命失败，主要原因在于德国右倾机会主义分子把握了党的领导权，低估了革命形势等。共产国际五大认为这种现象不仅存在于德共党内，也存在于其他一些党内。那么，消除这种思想的办法就是使共产党布尔什维克化。共产国际五大以后展开了布尔什维克化运动，其主要内容是：首先，把俄国布尔什维克党的斗争经验教条化、神圣化，实际上就是要求其他政党盲目搬用俄共（布）的某些带有特殊性的做法；其次，加强对各国党的控制，遏制各党的独立自主倾向；最后，在各国党内培植一个俯首听命的领导集团。② 不从本国国情出发，强行布尔什维克化，必然带来严重后果。

（3）在处理与社会民主党和社会主义工人国际关系方面实行了"左"倾政策。一战结束后，原第二国际的右派恢复了第二国际，左派成立了第三国际，中派成立了第二半国际，1923 年 5 月，恢复后的第二国际与第二半国际合并成立了社会主义工人国际，从此出现了共产国际与社会主义工人国际并存的局面。如何处理好与社会主义工人国际的关系是当时共产国际面临的现实问题，处理得好坏对于马克思主义国际话语权的演进有着很大的影响。马克思恩格斯在《共产党宣言》第四章早就提出了可作遵循的

① 参见黄宗良、林勋健主编《共产党和社会党百年关系史》，北京大学出版社，2002，第 83～84 页。

② 参见黄宗良、林勋健主编《共产党和社会党百年关系史》，北京大学出版社，2002，第 81～89 页。

指导思想。那么，在共产国际刚刚成立需要大力推进国际共产主义运动的特殊时刻，处理好与恢复的第二国际、第二半国际及后来的社会主义工人国际的关系显得十分重要。但是，在第三国际时期，总体说来这一关系没有处理好，统一战线没有建立起来，其原因很多，其中对方的对立态度和做法是很重要的原因。比如，1922 年在共产国际推动下，三个国际在柏林召开了联席代表会议，共同商讨工人阶级共同行动的问题，但是，另外两个国际的消极对待导致这次会议无果而终。比如，社会主义工人国际成立后，在理论上更加主张"阶级合作"，主张对资本主义的改良主义的改造，政治上把加入资产阶级政府合法化、制度化，却对共产国际和苏维埃制度采取敌视和攻击的态度等。但是，共产国际也存在着比较严重的"左"倾做法。比如，因为社会主义工人国际右倾化，共产国际长期将其视为势不两立的敌人。以 1933 年德国法西斯希特勒上台为界线，1923 年到 1933 年两个国际在思想上、政治上、组织上一直处于全面对抗与对立的状态，1929 年 7 月召开的共产国际执行委员会第十次扩大全会在其决议中公开使用"社会法西斯主义"来为社会民主工党定性；1933 年后为了共同抗击法西斯，共产国际与社会主义工人国际之间的对抗有所缓和，1933 年 3 月共产国际执行委员会呼吁与社会主义工人国际共同反对法西斯主义，但是又特别强调社会民主工党是资产阶级的主要社会支柱，以至于良好的意愿没能实现。1935 年 7~8 月，共产国际召开的第七次代表大会确立了反法西斯主义统一战线的方针。在这样的情况下，尽管社会主义工人国际内的一些右翼分子仍然反对与共产国际合作，但是，社会主义工人国际在很大程度还是改变了以往僵化立场，积极与共产国际接触和进行直接的谈判，1937 年 6 月就共同行动达成了一致，从而使两个国际的关系发展到了最高峰。但是，由于 1939 年 8 月苏德签订《苏德互不侵犯条约》，二战爆发后，共产国际执行委员会根据苏联的口径草拟并通过了一份关于此时局势的提纲，没有谴责法西斯的侵略行径，也没有呼吁进行反法西斯的斗争，对待共产国际七大确立的政策的态度突然发生了一百八十度的大转变，完全抛弃了七大路线，几乎重新回到"阶级反对阶级"时期，而绝口不提反对法西斯主义。1940 年 5 月，社会主义工人国际停止了活动。到了 1941 年 6 月德国进攻苏联，各国共产党与社会民主党建立了法西斯主义统一战线，为反法西斯取得胜利作出了重大贡献。1943 年 6 月，共产国际也停止活动，退出了历史舞台。① 因此，共产国际与社会主义工人国际的统一战线实际上始终没有建立起来，这在很大程度上制约了马克思主义国际话语权的提升。

（4）在处理与成员党关系方面也存在着一些"左"倾错误，必然给各成员党建设带来消极影响甚至危害。我们知道，共产国际与俄（联）共（布）及俄国（苏联）政府是扭结在一起的，共产国际有着俄国的深刻烙印。列宁在共产国际第四次代表大会所作的《俄国革命的五年和世界革命的前途》的报告对共产国际第三次代表大会通过的《关于各国共产党的组织建设、工作方法和工作内容的提纲》中存在的把俄国经验神圣化、绝对化的情况进行了批评。他说："决议的俄国味太浓了，它反映的是俄国经验，所以外国人完全不理解，他们也决不会满足于把这个决议像圣像那样挂在墙角，向它祷告。这样做是什么也得不到的。他们应当吸收一部分俄国经验。"② 所以列宁建议："我希望在代表大会今后的进程中，能够同更多的来自不同国家的代表详细谈谈。"③ 这也就是说对于其他无产阶级政党来说"他们应当吸收一部分俄国经验"，而不是全盘接受，之后的共产国际的文件要更多地结合、反映各个国家的实际情况。毫无疑问，列宁曾明确指出了即使共产国际与俄共（布）有着特殊的关系，但是共产国际并不是完全输出俄国经验的机构，而是结合各国国情作有选择的介绍。但是列宁 1924 年 1 月就去世了，他的这些正确思想并未能够得到很好的贯彻。

共产国际对中国共产党先进性建设发挥指导作用的同时，由于"不了解实情，又发号施令，乱加指挥"，给中国共产党的先进性建设带来了严重的危害。有学者指出共产国际这个组织一开始就存在两大缺陷：一是建立共产国际的目的是推进世界革命，虽然当时欧洲一些资本主义国家出现了一些危机和动荡，但还谈不上资本主义末日已经来临，试图通过世界革命很快在地球上建立世界苏维埃共和国的打算，带有明显的乌托邦色彩；二是共产国际组织上的高度集中和集权，窒息了各国党的创造精神。尤其在斯大林当政后，共产国际既不了解实情，又发号施令，乱加指挥，不但

---

① 参见黄宗良、林勋健主编《共产党和社会党百年关系史》，北京大学出版社，2002，第 81~124 页。

② 《列宁全集》第 43 卷，人民出版社，2017，第 291 页。

③ 《列宁全集》第 43 卷，人民出版社，2017，第 290 页。

使各国共产党陷于十分被动和尴尬的地位，而且常常使各个国家的革命事业遭受损害。^① 给中国共产党建设带来的危害主要是使中国共产党在成立后的很长时间内没有能够形成实事求是的思想路线，陷入教条主义和经验主义的境地，从而导致即使中国共产党创造性地提出一些观点也被一些共产国际的代表凭其"先见之明"加以扼杀。这方面的典型可谓 1928 年共产国际第六次代表大会根据斯大林的观点提出的"第三时期"理论了。我们知道，1927 年中国大革命失败后到 1935 年遵义会议之前曾犯过三次"左"倾机会主义错误，而"第三时期"理论实际上成为 1930 年"左"倾冒险主义、1931~1935 年"左"倾教条主义的思想根源。有学者对此进行了深刻的论证。^② 从 1935 年遵义会议开始，中国共产党主要领导人开始认识到马克思主义中国化的重要性，1938 年，毛泽东在党的六届六中全会上提出"马克思主义中国化"的概念并推进形成了重要理论成果，这是对之前把俄国经验神圣化、唯共产国际指令是从反思的结果，是由之前的错误倒逼出来的。总之，中国共产党与共产国际的这种关系是在世界社会主义革命风起云涌、中国先进分子为寻求救国救亡道路的特殊背景之下形成的。在中国共产党领导新民主主义革命的 28 年时间中，从 1921 年 7 月中国共产党成立至 1943 年 5 月共产国际解散有 22 时间，中国共产党都是在这种特殊的关系中发展的。这种特殊的关系对中国共产党的先进性建设既有积极的贡献，也带来了严重的损害。周恩来在 1960 年 7 月 14 日至 15 日中共中央于北戴河召开的省、市、自治区委书记会议上所作的《共产国际和中国共产党》报告中把共产国际与中国共产党的关系分为三个时期，即"共产国际的初期（一九一九年三月——一九二七年七月）。这个时期共产国际的工作对于中国革命，还是有益的多，当然，也有个别的原则问题的错误"，"共产国际的中期（一九二七年七月——一九三五年七月）。这个时期，共产国际基本上是错误的，对我们中国党影响最大"，"共产国际的后期（一九三五年——一九四三年）。这个时期，中国党与共产国际联系

---

① 参见张玲《变奏——共产国际对中国革命的影响（1926~1935）》，上海交通大学出版社，2007，序言第 1 页。
② 参见张玲《变奏——共产国际对中国革命的影响（1926~1935）》，上海交通大学出版社，2007，第 72~86 页。

少了"。① 对于这一划分尽管也有不同的观点②，但是笔者认为周恩来是历史的见证者，而且当时就是中国共产党的主要领导人之一，对于这方面的情况比他更了解的人恐怕为数不多，因而本书仍然以周恩来的划分为准。与共产国际的关系使中国共产党在这一过程中的先进性建设经历了坎坷的历程。

5. 以偏左的态度看待作为国外马克思主义开端的西方马克思主义

导言中指出，对于 20 世纪 20 年代后"国外非正统的马克思主义"（直接称为"国外马克思主义"），本书将用马克思主义立场、观点和方法对它最具代表性的观点进行分析，探析其对马克思主义国际话语权演进的影响。对于国外马克思主义概念的界定，导言指出本书将采用王雨辰教授对张一兵教授主编的《当代国外马克思主义哲学思潮》中关于国外马克思主义概念评析提出的观点，认为国外马克思主义主要包括西方马克思主义、新马克思主义、后马克思主义、后马克思思潮、后现代马克思主义与晚期马克思主义、西方"马克思学"等组成部分。由于本研究的对象和篇幅所限，本书将在对不同时期国外马克思主义最具代表性的思潮及其观点作扼要梳理的基础上，分析其对马克思主义国际话语权的影响。对最具代表性的国外马克思主义思潮的选择，将以目前学界代表性著作的内容为依据，主要是上文说到的张一兵主编的著作③、刘敬东等主编的马克思主义理论学科研究生系列教材之一《当代国外马克思主义思潮》④、徐崇温主编的《西方马克思主义理论研究》⑤、衣俊卿主编的《西方马克思主义概论》⑥ 等，以及其他一些著作和文章。本章讨论的时间范围内的国外马克思主义主要是西方马克思主义，其对马克思主义国际话语权的影响这里作一分析。

---

① 参见《周恩来选集》下卷，人民出版社，1984，第 303、305、311 页。
② 参见张玲《变奏——共产国际对中国革命的影响（1926～1935）》，上海交通大学出版社，2007，第 3～4 页。
③ 张一兵主编《当代国外马克思主义哲学思潮》，江苏人民出版社，2012。（该著作上卷的副标题是"西方马克思主义的早期发展和人本主义思潮"，中卷的副标题是"西方马克思主义的科学主义思潮、法兰克福学派和英国的'新左派'"，下卷的副标题是"后马克思思潮、晚期马克思主义和后现代马克思主义"。）
④ 刘敬东、郇庆治、陆俊主编《国外马克思主义思潮评介》，北京师范大学出版社，2021。
⑤ 徐崇温主编《西方马克思主义理论研究》，海南出版社，2000。
⑥ 衣俊卿：《西方马克思主义概论》，北京大学出版社，2019。

（1）对西方马克思主义最具代表性的观点形成和发展的简要梳理。西方马克思主义这个概念是迄今为止在国外马克思主义研究过程中影响最大、争论最多也是最重要的一个概念。有学者指出，从 20 世纪 70 年代开始，西方马克思主义在理论逻辑和实践上都走向了终结，这个概念不足以涵盖 80 年代以来的左派激进思潮。① 综合学界的研究成果，西方马克思主义在 20 世纪的发展大致可以划分为 20 年代初至 30 年代初的形成阶段或第一阶段、30 年代至 40 年代的第二阶段、50 年代至 60 年代的第三阶段、70 年代以后的第四阶段。对于西方马克思主义流派，有学者做过以下分析。19 世纪 40 年代，就在马克思致力于创造自己的理论学说并最终科学地、最深刻地揭示了人类社会发展规律之时，另外两位重要的思想家——德国的叔本华和法国的孔德也在使自己的理论学说从不同侧面介入人类思想历程。叔本华的哲学开启了现代西方人本主义思潮，而孔德的学说则开启了现代西方实证主义或科学主义思潮。这两种思潮不仅直到今天依旧构成当代哲学的主要精神内涵，而且在 20 世纪 20 年代成为西方马克思主义产生的马克思主义之外的理论原因，以至于西方马克思主义也被划分为人本主义马克思主义和科学主义马克思主义"两种倾向/取向"。一般说来，在第二次世界大战之前，西方马克思主义主要表现为人本主义的倾向，第二次世界大战后，出现了人本主义与科学主义、结构主义等倾向的交锋，当然，从总体上看，人本主义倾向依旧在西方马克思主义中占据主导地位，如从存在主义立场重建马克思主义的存在主义马克思主义，法兰克福学派的社会批判理论等，均属于人本主义马克思主义思潮。② 科学主义马克思主义还包括分析的马克思主义。③

西方马克思主义中的人本主义马克思主义思潮先后产生过三个流派。第一个流派是黑格尔主义的马克思主义，它以卢卡奇、柯尔施、葛兰西、布洛赫为主要代表，法兰克福学派在初期也奉行黑格尔主义的马克思主义的思想路线。第二个流派是以奥地利学者赖希和法兰克福学派代表马

① 张一兵主编《当代国外马克思主义哲学思潮》（上），江苏人民出版社，2012，第 10~11 页。
② 参见衣俊卿《西方马克思主义概论》，北京大学出版社，2019，第 6~8 页。
③ 参见刘敬东、郇庆治、陆俊主编《国外马克思主义思潮评介》，北京师范大学出版社，2021，第 7~8 页。

尔库塞、弗洛姆等人为代表的弗洛伊德主义的马克思主义。第三个流派
是以梅洛-庞蒂和后期萨特为代表的存在主义的马克思主义。① 本章讨论
的时间范围是从第二国际破产到第三国际解散。与这一时期相对应的西方
马克思主义是 20 世纪 20 年代初至 30 年代初的形成阶段的西方马克思主义
和 20 世纪 30 年代至 40 年代第二阶段的早期的西方马克思主义。主要流派
有：①黑格尔主义的马克思主义。第一，20 世纪 20 年代初至 30 年代初西
方马克思主义形成阶段的代表性观点。西方马克思主义的形成有其特殊背
景，即俄国十月革命取得胜利而西方一些国家的革命相继失败。在这样的
情况下西方国家的共产党人和左派开始对这些革命失败的原因进行思考。
把这种对于西方革命失败的思考首先提到哲学的高度，并在后续掀起一股
思潮的，是匈牙利共产党人卢卡奇在 1923 年发表的《历史和阶级意识》
一书。在这本书里，卢卡奇把西方革命失败的原因归结为轻视革命主体作
用的经济决定论，以及由此引发的无产阶级意识的危机。为此，他用"总
体性"的观点去取代经济因素首要性的观点，用无产阶级阶级意识创造历
史的观点去取代不以人的意志为转移的历史规律性的观点；他在批评自然
辩证法和反映论的同时，强调意志、意识、意识形态、主观性等在社会发
展中的重要性，并提出了一种对马克思主义的自由主义和人道主义的解
释。卢卡奇的这种解释：一是把异化当作中心批判范畴，把资本主义社会
描绘成一个异化、物化了的世界，而把共产主义社会说成是"真正的人
性"和人的"总体的个性"的实现；二是使马克思主义离开对自然和社会
的"实证主义"研究，去探索主体和客体之间的辩证关系；三是主张把社
会看成各个相互作用和中介方面构成的"总体性"，主张"把孤立的事实
同总体性联系起来"；四是认为人本身是历史辩证法的客观基础，并据此
把人提到历史的主体的地位上，而拒斥唯物主义决定论。和卢卡奇的《历
史和阶级意识》一起代表这股思潮的，还有德国共产党人柯尔施的《马克
思主义和哲学》（1923 年）、布洛赫的《乌托邦精神》（1918 年）。然而对
于这一思潮的奠基和发展具有更大影响的，则是意大利共产党领袖葛兰西
所写的《狱中札记》一书中提出的"意识形态和文化上的领导权"的概念

---

① 参见徐崇温《怎样认识"西方马克思主义"》，重庆出版社，2012，第~10 页；参见徐崇
　温主编《西方马克思主义理论研究》，海南出版社，2000，第 36~46 页。

和理论。这些观点强调要恢复马克思主义的哲学基础，具体办法就是重新占有黑格尔关于人的自我意识的创造性观念，指出马克思主义的黑格尔根源，特别是马克思主义观的黑格尔基础。因此，这一思潮被称为黑格尔主义的马克思主义。① 第二，20 世纪 30 年代至 40 年代第二阶段早期的代表性观点。这主要是法兰克福学派提出和发展的早期观点。法兰克福学派的发展又大致可以划分为 20 世纪 20 年代末至 30 年代初的建立期、20 世纪 30 年代初至 40 年代末的发展期、20 世纪 40 年代末至 60 年代的鼎盛期和 20 世纪 60 年代末至今的衰落转型期。② 这与上文梳理的西方马克思主义的发展阶段有一定的重合。法兰克福学派的四个时期，直到 20 世纪 60 年代都属于早期/老批判理论范围，而批判理论还有 20 世纪 60 年代末到 80 年代中期的"新批判理论"和从 20 世纪 80 年代中期至今的"后批判理论"。③ 在本章讨论的时间范围内是法兰克福学派的建立期和 20 世纪 30 年代初至 40 年代早期。1923 年 2 月法兰克福大学建立研究马克思主义的机构社会研究所，第一任所长格律恩堡认为社会研究所的主要任务是致力于社会主义史和工人运动史研究。1931 年 1 月霍克海默出任第二任所长，他在发表的就职演说——《社会哲学的当前状况和社会研究所的任务》中将社会哲学研究确认为社会研究所的新方向，与马尔库塞一起确定了批判理论的基本纲领，将批判理论定位为"以辩证哲学与政治经济学批判为基础的"社会哲学理论。④ 法兰克福学派的理论构建与 20 年代卢卡奇、柯尔施所创建的"批判的马克思主义""人道主义的马克思主义"等有着直接的渊源关系；在这一时期还在很大程度上推崇黑格尔哲学等。这一时期的法兰克福学派也在一定意义上被归属于黑格尔主义的马克思主义。⑤ ②弗洛伊德主义的马克思主义。奥地利学者赖希是弗洛伊德主义的马克思主义的创始人，这一时期主要是以他的观点为代表。

① 参见徐崇温《怎样认识"西方马克思主义"》，重庆出版社，2012，第 1~10 页；参见徐崇温主编《西方马克思主义理论研究》，海南出版社，2000，第 1~5 页。
② 参见刘敬东、郇庆治、陆俊主编《国外马克思主义思潮评介》，北京师范大学出版社，2021，第 64~65 页。
③ 参见王凤才《"法兰克福学派"四代群体剖析（上）——从霍克海默到弗斯特》，《南国学术》2015 年第 1 期。
④ 参见王凤才《"法兰克福学派"四代群体剖析（上）——从霍克海默到弗斯特》，《南国学术》2015 年第 1 期。
⑤ 参见徐崇温主编《西方马克思主义理论研究》，海南出版社，2000，第 48~49 页。

赖希在把马克思和弗洛伊德统一起来的过程中提出了四个基本观点。一是说压抑性社会加诸群众的阶级统治形式是同心理学的过程相平行的。性压抑是经济奴役的一个主要工具，当经济条件需要少数人统治多数人时，就要压抑广大人民群众的性本能冲动，使他们的心灵结构适应于这种经济结构，使阶级关系得到稳定和巩固。二是说心理上的压抑虽然有助于使统治永久化，却也创造出为马克思主义所忽视的爆炸性冲突的源泉，新的文化革命运动可以把它用于解放，以便帮助个人去克服使他们不能采取社会革命行动的独裁主义性格。三是说在先前一切历史时代所特有的物质匮乏的条件下，广大群众的性本能的能量必然投入没完没了的生存斗争中去，而在现在，这种劳动、自我否定，却使技术发展到足以使未来的压抑成为不再必要的了，从而引发了人的本能同继续否定这种本能的文明之间的爆炸性冲突。四是说正如性禁阻是一般禁阻的关键性组成部分那样，为性解放而进行的斗争也是为超越资本主义社会的人类的总的解放而进行斗争的一个主要步骤和主要方面。① 以上黑格尔主义的马克思主义与弗洛伊德主义的马克思主义都归属于人本主义马克思主义流派。

（2）西方马克思主义形成与发展对马克思主义国际话语权的影响。西方马克思主义的一个基本特征，便是理论与有组织的工人运动相脱离。② 即它是一种学院派的理论，没有固定的话语主体和宣传对象等。因此，从评判影响马克思主义国际话语权的七大要素看，西方马克思主义对马克思主义话语本身的认识、理解和使用上产生了一定的社会影响。①一定程度上对马克思主义话语本身的认识、理解和使用产生了积极的社会影响。在本章讨论的时间范围内，西方马克思主义处于形成和发展的早期。尽管已经开始形成不同的流派，但是它们有一些共同的趋向。首先，坚持马克思主义的批判精神。西方马克思主义产生后就坚持马克思主义哲学的彻底的批判精神，努力使马克思主义成为批判资本主义的重要理论武器，一定程度上、一定范围内推进了马克思主义的发展，并扩大了资本主义批判涉及的范围，如意识形态批判、心理机制批判等。③ 西方马克思主义不是资产

---

① 参见徐崇温主编《西方马克思主义理论研究》，海南出版社，2000，第58~59页。
② 参见徐崇温《怎样认识"西方马克思主义"》，重庆出版社，2012，第12页。
③ 参见衣俊卿《西方马克思主义概论》，北京大学出版社，2019，第2页。

阶级哲学，不是资产阶级的帮办。不把西方马克思主义与马克思主义画等号，并不是完全否定西方马克思主义。① 其次，部分西方马克思主义者一定程度上怀着在西方实现社会主义的憧憬进行了探索。② 他们与马克思主义有着共同的理论渊源和共同的终极目标，寄希望于从马克思主义的著作和基本原理那里找到与已有观点不同，但是又属于马克思主义的解决资本主义问题的方法。基于这样的情况，他们对马克思主义观点的运用，甚至他们不同于正统的马克思主义者对"两个必然"的解读，他们的著作的出版和文章的发表，对马克思主义的传播仍然发挥了一定的作用，拓展了社会大众对马克思主义理解的视角，增加了社会大众对马克思主义了解的途径等，从而一定程度上提升了马克思主义国际话语权。② 一定程度上对马克思主义话语本身的认识、理解和使用产生了消极的社会影响。西方马克思主义有其独特的历史背景，并对马克思主义进行了视角独特的解读，对一些重大的历史事件作了有别于正统马克思主义的分析，与马克思主义有着重大的区别。从西方马克思主义的流派划分及其名称的由来看，西方马克思主义主要基于把马克思主义与从"水平轴"来说的现代资产阶级理论结合以及从"垂直轴"来说的上溯到西方某个哲学家的思想来解释马克思的著作。这种现象被称作"异化受精"，"异化受精"是西方马克思主义的一个极其重要的特色。西方马克思主义理论家所主张和实践的，是用现代西方哲学某个流派的思想去解释、"补充"和"革新"马克思主义，这是对两种截然不同的哲学世界观的折中混合，导致"公说公有理，婆说婆有理"的真理多元化。这种"解释"、"补充"和"革新"与马克思主义民族化、本土化不同，比如与马克思主义中国化不同。中国化马克思主义理论成果是马克思主义基本原理与中国实际的结合，既解决了中国的实际问题又发展了马克思主义。马克思主义中国化始终坚持马克思主义的指导地位，与西方马克思主义的多元化有着本质的区别。③ 因此，这样看来，西方马克思主义又在一定程度上误导了人们对马克思主义的科学认识，弱化、消解了马克思主义国际话语权。

---

① 参见徐崇温《怎样认识"西方马克思主义"》，重庆出版社，2012，第102~103页。
② 参见徐崇温《怎样认识"西方马克思主义"》，重庆出版社，2012，第72页。
③ 参见徐崇温《怎样认识"西方马克思主义"》，重庆出版社，2012，第14~22页。

综上分析，西方马克思主义对于马克思主义国际话语权的影响，主要体现为在一定程度上对马克思主义话语本身的认识、理解和使用的不同所带来的社会影响，并非对评判马克思主义国际话语权全要素性的、全方位的影响，因此，无论是积极的还是消极的影响都是有限的。马克思主义是开放的，是随着时空的变化而发展的，强调基本原理与具体实际的结合。同时，马克思主义本身就是在继承有价值的理论成果和批判错误的思潮中产生和发展起来的。因此，西方马克思主义的理论成果，无论是积极的还是消极的，甚至无论是正确的还是错误的，对于马克思主义的发展都有借鉴意义。积极的、正确的成果应该鉴别和吸收，消极的、错误的观点应该加以批判和驳斥，应在这样的过程中发展马克思主义。这样看来，以科学、辩证、发展的态度看待西方马克思主义，对于推进马克思主义的发展是有益的，是有利于马克思主义自身发展和完善的，从而有利于提升马克思主义国际话语权。但是，在当时的背景下，在西方马克思主义刚刚产生之时，在 1924 年共产国际第五次世界代表大会上，布哈林、季诺维也夫等先后指责卢卡奇、柯尔施的著作"回复到古老的黑格尔主义"，是"理论上的修正主义"，并宣布"我们不能容忍""在我们共产国际内有这种理论上的修正主义"。后来，柯尔施被开除出党，卢卡奇作自我批判，这就使这股思潮只能趋向党外，首先在德国法兰克福的社会研究所中得到发展；而在党内，则作为一种"地下"传统，或明或暗地存在于一些在理论上持异议的党员的著作中。[①] 这种左倾的态度和做法，从长远来看，实际上制约了马克思主义国际话语权的提升。需要强调的是，以上尽管是扼要的梳理和分析，但是希望达到从个别到一般的效果，旨在从一般意义上说明西方马克思主义对马克思主义国际话语权演进的影响。

综上所述，第一次世界大战爆发到十月革命前马克思主义国际话语权被严重削弱；十月革命发生后到第三国际解散时期，尽管受到来自自身错误的制约，但是，马克思主义国际话语权提升的力量大于制约的力量，特别是作为最重要话语主体的马克思主义政党数量以及群众基础、分布范围等都获得提升、巩固、扩大，可以说，这一时期马克思主义国际话语权获得从欧美到亚洲的大发展。

---

① 参见徐崇温《怎样认识"西方马克思主义"》，重庆出版社，2012，第 12 页。

三　马克思主义国际话语权在欧亚大发展的特点和经验

(一) 马克思主义国际话语权大发展的特点

1. 俄国十月革命取得胜利，马克思主义政党获得执政权

马克思恩格斯在《共产党宣言》中指出，工人革命的第一步就是使无产阶级上升为统治阶级，争得民主。俄国十月革命取得胜利、马克思主义政党获得执政权，是马克思主义的科学性和革命性的实践证明，是俄国马克思主义政党对马克思主义指导思想的成功践行，是科学社会主义从理论向实践的伟大飞跃，是人类社会从资产阶级民主革命时代向着无产阶级社会主义革命时代转变的标志，从此，人类社会开启了无产阶级社会主义革命的新纪元。在这样的背景下，马克思主义必然获得世界上更多政党、组织和广大人民群众的认同和接受，俄国是在列宁主义对马克思主义的发展之下、在经济文化落后的基础上取得十月革命胜利的，因此，十月革命的胜利给那些受着帝国主义掠夺和侵略的殖民地和半殖民地民族和国家提供了新的选择。中国的先进分子就是在听到十月革命的炮响、看到十月革命的胜利后接受马克思列宁主义的，从而确立了走共产主义道路的决心和理想，并开天辟地成立了中国共产党，经历千难万险，付出巨大牺牲，最终领导新民主主义革命取得胜利，成立了新中国。总之，无论用什么样的语言阐述十月革命胜利的重大意义都不为过，十月革命的胜利使马克思主义国际话语权获得前所未有的提升。

2. 话语主体建设得到显著加强

十月革命胜利后，马克思主义国际话语权的话语主体建设得到了显著加强。第一，俄国马克思主义政党成为执政党。根据马克思主义基本观点，这标志着俄国工人革命实现了第一步的目标。此后，新生的苏维埃政权领导打败多个帝国主义国家联合起来的武装干涉，在列宁的领导下创新地提出并实施新经济政策，开始了经济文化落后基础上社会主义建设的初步探索。尽管斯大林领导形成的斯大林模式存在着种种弊端，但是在当时的背景下，在本章讨论的时间范围内，通过两个五年计划的实施，苏联的工业化建设得到快速推进，其建设成果为在第二次世界大战中打败德国法西斯作出了重大贡献，我们必须正视这一客观事实。斯大林模式对社会主义建设的负面影响在二战后显得更为突出，苏联在和平建设情况下没有进

行及时的改革，这在下文将进一步分析。第二，社会民主工党左派正式改称为共产党。上文指出，1918 年 3 月俄国社会民主党工党（布尔什维克）正式改称为俄国共产党（布尔什维克）。紧接着，更多的社会民主党左派迅速共产党化，从 1918 年初至 1919 年 3 月共产国际第一次代表大会前夕，欧美七个国家先后建立了共产党。后来，共产党的队伍不断扩大。直接使用共产党这一名称，能够使人们直接将共产党与《共产党宣言》对应起来，从而更直接与马克思主义联系起来，加强对马克思主义的认同和接受。第三，成立共产国际。共产国际是以马克思列宁主义为指导的国际组织，是在本章讨论的时间范围内存在着的马克思主义最重要的话语主体，尽管犯过一些"左"倾错误，尤其是对一些成员党的指导因不了解情况所犯的"左"倾错误有时还比较严重，但是，总体上为推进国际共产主义运动发挥重大作用。而一些成员党，特别是中国共产党在共产国际的帮助下成立和发展起来，后来通过总结经验教训独立自主地探索本国的革命道路，取得了巨大胜利。所有这些对提升马克思主义国际话语权都发挥了积极作用。

3. 马克思主义开始分化产生不同的流派

本章一开始就指出，第二国际后期分化出的左、中、右三派，在第一次世界大战后，1919 年 2 月，原第二国际右派宣布"第二国际的复活"；1919 年 3 月，由原第二国际左派演变而来的各国共产主义组织宣布建立"第三国际"；1921 年 2 月，原第二国际的中派宣布成立"第二半国际"；1923 年 5 月，右派和中派宣告合并成立社会主义工人国际。社会主义工人国际的成立，标志着第二国际在组织上的正式终结，社会主义工人国际于1940 年 5 月停止活动，指导其行动的第二国际修正主义的马克思主义与马克思主义已相去甚远了。1943 年 5 月，第三国际解散，但是第三国际的马克思列宁主义作为正统的马克思主义仍然继续向前发展。与此同时，在这一过程中还产生了西方马克思主义，后来多样化的非正统的国外马克思主义就是在这一基础上形成和发展起来的。也就是说，马克思主义发展至今，在正统的马克思主义不断发展的同时，从 20 世纪 20 年代初开始产生西方马克思主义，后来逐渐产生不同流派的非正统的国外马克思主义。上文指出，从长远来看，以科学、辩证、发展的态度看待非正统的国外马克思主义，是有利于提升马克思主义国际话语权的。

4. 中国化马克思主义在艰辛探索中创新和发展

中国先进分子在接受了马克思列宁主义后，在共产国际的帮助下，于1921 年 7 月成立了中国共产党。中国共产党以马克思列宁主义为指导思想，怀揣为中国人民谋幸福和为中华民族谋复兴的初心使命，不畏流血牺牲，克服艰难险阻，在经历了幼年时期因不了解中国国情和不懂得中国革命的规律走过弯路之后，在中国革命的危急关头，深刻总结经验教训，确立了毛泽东在全党的领导地位。在毛泽东的领导下，中国共产党坚持把马克思主义基本原理与中国革命的实际相结合，坚持实事求是的思想路线，终于找到了符合中国国情的新民主主义革命道路，形成了马克思主义中国化的理论成果——毛泽东思想。在本章讨论的时间范围内，尽管还没有到党的七大召开正式提出毛泽东思想这一概念，但是由于本章讨论的截止时间与党七大召开相距时间不长，在本章讨论的时间范围内毛泽东思想的主要内容都已提出，也就是说马克思主义中国化第一个理论成果已经初步形成，在中国化马克思主义指导下，中国共产党已经由小到大、由弱到强，并拥有了广泛的群众基础，这也标志着马克思主义国际话语权提升到了新高度。

（二）马克思主义国际话语权大发展的经验

1. 创新和发展马克思主义是提升马克思主义国际话语权的前提和基础

在本章讨论的时间范围内，马克思主义获得了重大的创新和发展，最突出地表现为：第一，列宁主义实现了重大发展。本书第三章就引用斯大林的话，说明列宁主义作为一个完整的理论产生于 1903 年。列宁主义主要内容包括无产阶级政党建设理论、无产阶级在资产阶级民主革命中的策略理论、帝国主义理论、一国或几国首先取得社会主义革命胜利的理论、经济文化落后国家社会主义建设的理论。在第三章讨论的时间范围内产生的主要是前面两个理论，本章讨论的时间范围内列宁主义的发展主要就是列宁提出和深刻阐述了后三个理论，这些理论对十月革命胜利、俄国经济文化落后基础上社会主义建设的合理性给予了马克思主义的解释，不仅推动了马克思主义的发展和马克思主义国际话语权的提升，而且对人类社会的发展作出了巨大贡献。第二，斯大林对马克思主义理论的发展也作出了一些贡献。历史地看，实行新经济政策是当时俄国社会主义建设的正确决策。后来，斯大林比较早地结束新经济政策，社会主义建设的斯大林模式形成。的确，这种模式缺乏马克思主义的理论基础。辩证地看，斯大林对马克思主义哲学、马克思主义政治经济学和科学社会主义的发展都作出了一定的贡献。在本章讨论的时间范围内，主要是对马克思主义哲学和科学社会主义理论方面的贡献。这些贡献为联共（布）坚持马克思主义的指导、为取得反法西斯战争的巨大胜利、为提升联共（布）的国际地位从而提升马克思主义国际话语权发挥了重要作用。第三，毛泽东思想的形成和发展。毛泽东思想是马克思主义中国化的理论成果，指导中国革命走出了新民主主义革命的新路，进一步证明了马克思列宁主义是科学性和革命性的统一，也极大提升了马克思主义国际话语权。总之，创新和发展马克思主义是提升马克思主义国际话语权的前提和基础。

2. 增强马克思主义国际话语权提升的实力基础

这主要表现为第一次世界大战后，马克思列宁主义指导实践取得重大成就。第一，苏俄社会主义建设取得积极成就。列宁领导的布尔什维克党以马克思主义为指导领导十月革命取得胜利，获得执政权。在取得反对帝国主义武装干涉和国内反革命叛乱的战争胜利后，面对经济濒临崩溃的状态、政治文化的严重困境、小农占多数的特殊国情，列宁提出新经济政策这一重要的马克思主义创新的理论成果和重大政策举措，指导经济文化落后的苏俄的社会主义建设，在很大程度上实现了经济的恢复和发展，维护了国家的稳定。后来在斯大林的领导下通过两个五年计划的实施，苏联社会主义建设快速发展，为反法西斯主义战争取得胜利作出了巨大贡献。第二，着重体现为中国化马克思主义指导中国新民主主义革命取得了重大的胜利。中国共产党成立后领导的新民主主义革命历经千难万险，克服一个又一个困难，战胜一个又一个强大的敌人，到 1943 年已经取得了重大胜利。理论指导实践取得的成就是一种硬实力。话语权是一种软实力，软实力以硬实力为基础，短时间内，在硬实力不明显的情况下一种话语仍然获得话语权是因为话语具有真理性；长远地看，即使话语拥有真理性但不能指导实践取得成绩，话语权就会受到制约。因此，在本章讨论的时间范围内，马克思列宁主义指导革命和建设取得比较大的成就为提升马克思主义国际话语权奠定了实力基础。

3. 共产国际的成立和发展推进了马克思主义话语主体建设

共产国际是以马克思列宁主义为指导的国际组织，是马克思主义最重要的话语主体，其建立、发展及其规模的扩大意味着马克思主义国际话语权的提升。上文指出，出席共产国际第一至第七次代表大会的政党和组织的数量达到了第一、第二国际无可比拟的规模，所涉及国家的分布范围，尽管以欧洲为主，但涉及了世界各大洲，也远远大于前两个国际所涉及的地域范围。共产国际对这些政党和组织发挥了领导和帮助作用。特别值得强调的是，俄共（布）成为世界上第一个掌握执政权的马克思主义政党，对马克思主义国际话语权的提升更具有里程碑意义，率先在经济文化落后的一国进行社会主义建设的初步探索，并获得了理论与实践的创新成果，丰富和发展了马克思主义；开始有计划地、尽可能完整地出版马克思列宁主义著作；极大扩大了马克思主义话语权的群众基础；使马克思主义在意识形态中的领导地位得到巩固；等等。

　　4. 坚持马克思主义应避免犯"左"倾错误

　　对于"左"和右的理解，一般认为"左"倾冒进、右倾保守，二者的本质都是脱离实际、违背实事求是的思想路线。马克思主义的"两个必然"科学揭示了人类社会发展规律，但是，同时以科学的"两个绝不会"告知人们实现"两个必然"的艰巨性、长期性和复杂性。以马克思主义为指导必须有高度的理论自觉，真正地把"两个必然"和"两个绝不会"统一起来，否则就会犯"左"或右的错误。由于人们心理上常常有实现"两个必然"的急迫感，因此，在国际共产主义运动进程中，存在着犯"左"的错误的倾向，而且这种错误倾向的冒进性又常常被误认为是一种"进步性"而容易误导人。因此，这就需要马克思主义者不断总结经验教训，经常警示自己避免犯"左"倾错误。通过本章分析可以看到，在本章讨论的时间范围内，共产国际推动了马克思主义国际话语权获得了很大提升，但也犯了不少"左"倾错误，比如对世界形势的"左"倾估计、推行"布尔什维克化"运动、在处理与社会民主党和社会主义工人国际关系方面实行了"左"倾政策、在处理与成员党关系方面也存在着一些"左"倾错误、对待西方马克思主义偏"左"的态度等，这些都制约了马克思主义国际话语权的提升。如果这些错误得以避免，马克思主义国际话语权将得到更大的提升。但是，这些都已经成为历史，我们应该总结这方面的经验教训，避免以后再犯同样的错误。

第五章
马克思主义国际话语权的辉煌与挫折

——从第二次世界大战结束到 20 世纪 90 年代初

第二次世界大战的胜利，大大削弱了帝国主义的统治力量，和平、民主和社会主义力量突飞猛进，蓬勃发展。1944 年以来，东欧 7 个国家和西欧东德先后获得解放，走上社会主义道路；此后，20 世纪 40 年代后期、50 年代初期，亚洲的越南、朝鲜、蒙古国、中国先后走上社会主义道路；20 世纪 60 年代，拉丁美洲的古巴走上了社会主义道路；1975 年印度支那半岛人民抗美战争取得胜利后，柬埔寨、老挝也走上了社会主义道路。至此，共产党领导的社会主义国家由原来的 1 个即苏联增长到 16 个，马克思主义便成为这些国家的官方意识形态。此外，战后西欧的意大利、法国、奥地利、芬兰、丹麦、挪威、芬兰等国家的共产党都获得了比较大的发展。但是，20 世纪 80 年代末 90 年代初，东欧剧变、苏联解体，马克思主义及其科学社会主义事业都陷入了前所未有的低潮。在这一时期，马克思主义国际话语权经历了从大起到大落的演变和明显的辉煌与挫折的变迁。

一 马克思主义的发展和国际传播

（一）斯大林对马克思列宁主义的新贡献和中国化马克思主义的发展

1. 斯大林对马克思列宁主义的新贡献

斯大林担任苏联党和国家领导人 30 年，他的贡献是在不同时期作出的，第四章已对从第二国际破产到第三国际解散时期斯大林的贡献作了阐述。而在本章讨论的时间范围内，斯大林的贡献主要体现为在马克思主义哲学方面的新阐述和发挥，以及政治经济学方面的发展。在马克思主义哲学方面，继第四章已作说明的 1938 年写的《论辩证唯物主义和历史唯物主义》，斯大林于 1950 年写的《马克思主义和语言学问题》对马克思主义哲学原理作了新的阐述。1950 年 5 月 9 日至 7 月 4 日，苏联《真理报》组织了有关语言学问题的讨论，针对讨论中提出的问题，斯大林在这一年的 6~7 月写了几篇文章在《真理报》上发表，随后于 8 月以《马克思主义和语言学问题》为书名出版了单行本。该著作的核心观点主要有：“语言和上层建筑是根本不同的”①，经济“基础是社会在其一定发展阶段上的经济制度。上层建筑是社会的政治、法律、宗教、艺术、哲学的观点，以及同这些观点相适应的政治、法律等设施”②，“上层建筑是通过经济的中介……反映生产力发展水平的变化”③，“从旧质过渡到新质经过爆发的规律，不仅不适用于语言发展的历史，而且也不是在任何时候都适用于诸如基础或上层建筑之类的其他社会现象。对于分成敌对阶级的社会，爆发是必需的。对于没有敌对阶级的社会，爆发就决不是必需的了”④，等等。斯大林的这些思想坚持和发展了马克思主义哲学原理。

1952 年 2~9 月写的《苏联社会主义经济问题》，根据马克思主义政治经济学理论对经济发展规律作了有创新意义的阐述。斯大林指出：“经济发展的规律是反映不以人们的意志为转移的经济发展过程的客观规律。人们能发现这些规律，认识它们，依靠它们，利用它们以利于社会”⑤，“生产关系一定要适合生产力性质”是人类社会发展的一条基本经济规律，“国民经济有计划发展的规律，是作为资本主义制度下竞争和生产无政府状态的规律的对立物而产生的”⑥。在一个经济文化还比较落后的国家如果出现了无产阶级夺取政权的条件，他引用列宁的话指出，“不要放过夺取政权的有利条件，无产阶级应该夺取政权，不要等到资本主义使千百万中小个体生产者居民破产的时候”⑦，在无产阶级夺取政权后再领导这个国家的社会主义建设。斯大林重申和强调了列宁关于经济文化落后国家一国可

① 《斯大林文集（1934—1952 年）》，人民出版社，1985，第 549 页。
② 《斯大林文集（1934—1952 年）》，人民出版社，1985，第 547 页。
③ 《斯大林文集（1934—1952 年）》，人民出版社，1985，第 551 页。
④ 《斯大林文集（1934—1952 年）》，人民出版社，1985，第 566 页。
⑤ 《斯大林文集（1934—1952 年）》，人民出版社，1985，第 599 页。
⑥ 《斯大林文集（1934—1952 年）》，人民出版社，1985，第 602 页。
⑦ 《斯大林文集（1934—1952 年）》，人民出版社，1985，第 606 页。

以首先取得社会主义革命胜利的理论，以及社会主义国家商品生产、价值规律仍然发挥作用等。这些都是对马克思列宁主义的重要贡献。但是，斯大林认为在社会主义条件下商品经济只存在于消费领域、价值规律只存在于流通领域等观点又是不确切的，这使斯大林对社会主义经济问题的看法存在局限性。

第四章指出，尽管斯大林模式开创了工业化的新路，并为卫国战争取得胜利奠定了比较坚固的物质军事基础，但是斯大林模式存在缺陷，不能把斯大林模式说成对马克思主义的发展。在此再作强调和说明。在特殊背景下形成的斯大林模式，本来可以在战争结束后退出历史舞台，但苏联反而把这一模式楷模化和固定化，强行推广，产生了诸多严重的后果，最终导致了东欧剧变、苏联解体的悲剧。

2. 中国化马克思主义的新发展

（1）毛泽东思想的新发展。1981 年召开的党的十一届六中全会通过的《关于建国以来党的若干历史问题的决议》明确阐述了毛泽东思想包括新民主主义革命理论、社会主义革命和社会主义建设理论、革命军队建设和军事战略理论、政策和策略理论、思想政治工作和文化工作理论、党的建设理论等六个方面的主要内容以及实事求是、群众路线和独立自主三大活的灵魂。社会主义革命和社会主义建设理论是完全在本章讨论的时间范围内，即实际上是在新中国成立后形成的，其他五个方面在新民主主义革命时期就开始形成，尽管新中国成立后有些组成部分仍然继续发展，但是完全在本章讨论的时间范围内形成的理论就是社会主义革命和社会主义建设理论。这里主要对这一理论作一概述。

第一，形成了社会主义革命理论。社会主义革命理论即社会主义改造理论。其核心内容即过渡时期的总路线："从中华人民共和国成立，到社会主义改造基本完成，这是一个过渡时期。党在这个过渡时期的总路线和总任务，是要在一个相当长的时期内，逐步实现国家的社会主义工业化，并逐步实现国家对农业、对手工业和对资本主义工商业的社会主义改造。"① 社会主义改造取得了很大的成功，邓小平指出："我们的社会主义改造是搞得成

---

① 《建国以来重要文献选编》第 4 册，中央文献出版社，1993，第 548 页。

功的，很了不起。这是毛泽东同志对马克思列宁主义的一个重大贡献。"①
其理论成果是对毛泽东思想的发展。但是这一时期也出现了一些失误和偏
差，主要是"在一九五五年夏季以后，农业合作化以及对手工业和个体商
业的改造要求过急，工作过粗，改变过快，形式也过于简单划一，以致在
长期间遗留了一些问题。一九五六年资本主义工商业改造基本完成以后，
对于一部分原工商业者的使用和处理也不很适当"②。

第二，社会主义建设初步探索的理论成果。我国在社会主义改造基本
完成到十一届三中全会召开这22年的时间内进行了社会主义建设的初步探
索，也取得了一定的理论成果，同时取得了巨大的实践成就。初步探索取
得的理论成果主要有：调动一切积极因素为社会主义事业服务、正确认识
社会主义社会的矛盾、走中国工业化道路等。实践成就是在这些理论成果
的指导下取得的。但是，由于历史的局限、斯大林模式的影响、对马克思
恩格斯关于生产力水平高度发达基础上社会主义建设教条化的理解、对经
济文化落后国家进行社会主义建设认识的不足、对理想社会主义与现实社
会主义差别没有正确的认识等，这一时期形成的理论成果只能是个别的、
零星的，而不是全面的、系统的。既然是探索，曲折和失误是难免的，科
学的、完善的、创新的理论的形成更不可能一蹴而就。因此，在社会主义
建设初步探索过程中出现一些问题的根本的原因在于历史的局限性。后来
中国特色社会主义的形成和发展又说明了中国共产党是一个勇于纠错、不
断创新、与时俱进的马克思主义政党。

（2）形成了邓小平理论。邓小平理论是改革开放后形成的中国特色社
会主义理论体系的第一个理论成果。从邓小平理论形成和发展的过程看，
1987年召开的党的十三大就标志着邓小平理论轮廓的形成。党的十三大报
告指出："十一届三中全会以来，我们党在对社会主义再认识的过程中，
在哲学、政治经济学和科学社会主义等方面，发挥和发展了一系列科学理
论观点。包括：关于解放思想，实事求是，以实践作为检验真理的唯一标
准的观点；关于建设社会主义必须根据本国国情，走自己的路的观点；关
于在经济文化落后的条件下，建设社会主义必须有一个很长的初级阶段的

---

① 《邓小平文选》第2卷，人民出版社，1994，第302页。
② 《改革开放三十年重要文献选编》（上），中央文献出版社，2008，第189页。

观点；关于社会主义社会的根本任务是发展生产力，集中力量实现现代化的观点；关于社会主义经济是有计划商品经济的观点；关于改革是社会主义社会发展的重要动力，对外开放是实现社会主义现代化的必要条件的观点；关于社会主义民主政治和社会主义精神文明是社会主义重要特征的观点；关于坚持四项基本原则同坚持改革开放的总方针这两个基本点相互结合、缺一不可的观点；关于用'一个国家、两种制度'来实现国家统一的观点；关于执政党的党风关系到党的生死存亡的观点；关于按照独立自主、完全平等、互相尊重、互不干涉内部事务的原则，发展同外国共产党和其他政党的关系的观点；关于和平与发展是当代世界的主题的观点，等等。这些观点，构成了建设有中国特色的社会主义理论的轮廓，初步回答了我国社会主义建设的阶段、任务、动力、条件、布局和国际环境等基本问题，规划了我们前进的科学轨道。"① 这一概括可视为邓小平理论轮廓形成的标志。1992 年初邓小平发表的南方谈话，标志着邓小平理论走向成熟。因此，在本章讨论的时间范围内，到 1991 年底，邓小平理论已经基本形成，是马克思主义中国化的新的理论成果。尽管 1997 年党的十五大才正式使用"邓小平理论"这一概念，但是理论的形成与理论概念的使用并不一定都是同步的。

以上这些构成了本章讨论的时间范围内马克思主义发展新成果的主要内容。

（二）马克思列宁主义的国际传播

1. 马克思主义政党对马克思列宁主义的宣传

（1）联共（布）对马克思列宁主义的宣传。①继续出版马克思列宁主义著作。第四章指出，俄共（布）、联共（布）成为执政党后，组织出版马克思列宁主义著作，在 1928 年至 1946 年，出版了《马克思恩格斯全集》俄文版第一版。这一版本是当时收录马克思主义创始人遗著的最完备的文献。但是，该版存在重大的缺陷。该版译文有多处歪曲原意和不确切的地方，个别不是马克思和恩格斯写的文章被选编进来，而他们的许多具有重大理论意义和政治意义的著作却没有收录进去。第一版的说明、索引和其他参考资料也有错误。随着研究的深入和新文献的发现，联共

---

① 《十三大以来重要文献选编》（上），人民出版社，1991，第 56~57 页。

（布）在第一版出版接近尾声的时候就不得不酝酿编辑第二版。第二版的任务就是要消除第一版的这些缺点。在经过大规模的准备工作之后，1955年《马克思恩格斯全集》第二版正式发行，至1966年共出版39卷43册，此为"正卷"，此后联共（布）又于1968年开始出版"补卷"11卷，因此《马克思恩格斯全集》共计50卷53册（其中第26卷为三册，第46卷为两册）。《马克思恩格斯全集》俄文第二版迄今为止仍算得上是马克思恩格斯著述最完整的版本，它哺育了几代马克思主义研究者，成为中文版、朝鲜文版、罗马尼亚文版、塞尔维亚文版、波兰文版、保加利亚文版、捷克文版、匈牙利文版、乌克兰文版等的母本，对德文版、英文版、日文版、意大利文版、法文版以及历史考证版也有相当大的影响。①

在第四章讨论的时间范围内，苏共中央已经出版了《列宁全集》三个版本，并从1941年开始出版第四版，《列宁全集》第四版直到1950年才出齐，共35卷（后来双补出了10卷，共45卷）。1953年斯大林去世，赫鲁晓夫上台执政，组织人力编辑出版《列宁全集》第五版。以前各版的中译名虽然叫"全集"，但确切的译名应是"文集"，第五版的俄文书名才能叫"全集"，该版共45卷（不包括书信卷）。第五版于1957年开始出版，1965年出齐。

②采取多种方法组织学习。苏俄在社会主义建设过程中，高度重视马克思列宁主义的学习和教育。在二战结束至50年代初斯大林去世这一段时间里，联共（布）延续此前的要求和方法进行马克思列宁主义的教育。途径主要有②：第一，学校教育。八年级开设"共产主义道德基础"的选修课，九年级开设"苏维埃国家和法律基础"课程，十年级、十一年级开设"社会学"课程，大学阶段则开设"苏共党史""马克思列宁主义哲学""政治经济学""科学社会主义"四门必修课和有关的选修课。与中学相比，这些课程更具有系统性、条理性和理论深度。可见，这一时期苏联在学校推行了比较系统的教育。第二，通过课外、校外活动进行教育。如"十月儿童漫游十月革命的国家""到少先队员之邦旅行"，大学生的列宁

---

① 参见聂锦芳《清理与超越——重读马克思文本的意旨、基础与方法》，北京大学出版社，2005，第15页。

② 参见陈立思主编《当代世界的思想政治教育》，中国人民大学出版社，1999，第199~212页。

著作读书活动、共产主义道德理论探讨会等。第三，通过社会主义文化机构进行教育。二战后苏联建立了数量众多的国立和地方性博物馆，借此对青少年进行思想政治教育、爱国主义教育、革命传统教育等，以增加他们的知识、开阔他们的眼界，同时通过广播、报纸、杂志开展专题讨论等。另外，斯大林在此前发表了《论列宁主义基础》《论辩证唯物主义和历史唯物主义》的基础上，1950 年又写了《马克思主义和语言学问题》，1952年写了《苏联社会主义经济问题》，推动了马克思主义哲学和政治经济学的发展，并推动了马克思列宁主义的宣传和教育。

赫鲁晓夫时期。① 斯大林去世后，斯大林时期的一些问题被公开揭示出来，赫鲁晓夫试图克服斯大林时期的一些弊端，开启了一定程度的改革。在意识形态领域，首先，开始破除对斯大林的个人崇拜，同时创新性地开展马克思列宁主义教育。1956 年，赫鲁晓夫指出："对共产党员和全体劳动群众进行马克思列宁主义教育，创造性的发展革命理论，这是我们胜利前进的决定性条件。"提出必须编写一本通俗的、以历史事实为依据的马克思主义的党史教科书，恢复苏共历史的本来面貌，重新编写党史教科书来教育广大干部群众。1960 年 5 月，《苏联共产党历史》代替了《联共（布）党史简明教程》成为党史教科书。其次，二十大以后，苏共对现代修正主义和右倾机会主义进行了批判，以此为背景，在马克思主义哲学领域发动了批判哲学修正主义的运动。同时，继续开展全民马克思主义理论教育活动。

勃列日涅夫时期。② 如果说赫鲁晓夫看到了斯大林时期的一些问题，从而对苏联体制及马克思列宁主义教育进行了一定的改革的话，那么，勃列日涅夫时期，和平与发展已基本上成为时代主题，应该说这为苏联的改革提供了更好的时机，但是，勃列日涅夫却固守传统模式，因循守旧，在他执政的 18 年间，对苏联模式修修补补，只谈完善，不谈改革。他一上台就明确宣布始终不渝地贯彻由苏共二十大、二十一大、二十二大所制定的总路线，指出这是列宁主义的总路线。他认为苏联已经进入"发达社会主义"阶段，从而在意识形态宣传方面主要围绕所谓"发达社会主义"进行

---

① 参见孙自胜《苏联马克思主义哲学教育研究》，中国社会科学出版社，2015，第 51~57 页。
② 参见孙自胜《苏联马克思主义哲学教育研究》，中国社会科学出版社，2015，第 60~63 页。

教育。第一，加强党校系统化教育。编写各类学习教材，在学习中要求党员着重理解发达社会主义理论。第二，提高高校的思想政治教育水平。要求高等学校的教师不仅要成为传授一定实际知识的专家，而且要成为培养共产主义战士的意识、政治信念、求实精神和道德品质的教育者，大学生和研究生应当把深入掌握马克思、恩格斯和列宁的著作以及党的文献作为学习马克思列宁主义的基础。

戈尔巴乔夫时期。① 戈尔巴乔夫当选总书记后大力通过"新思维"推进全方位的改革。在意识形态领域强调新思维下思想政治教育改革的必要性。戈尔巴乔夫在1987年出版的《改革与新思维》中谈到这方面的内容时指出："在社会科学方面，烦琐的理论研究成风。有创造性的思想被排挤出社会科学领域，而肤浅的、唯意志论的评价和推断却成为只能加注释而不容反驳的真理。学术的、理论的和其他的讨论遭到阉割，没有这种讨论就不可能使思想得到发展和有创造性的生活。文化、艺术、政论乃至教育、医学也未能避免消极倾向。粗制滥造、形式主义、无谓的空谈也在那里露头了。"② 总之，戈尔巴乔夫对改革的愿望非常迫切。但是，从后来苏联解体的实际情况看，戈尔巴乔夫当时对社会科学领域的研究进行抨击有一定的必要性，但是存在偏颇，尤其是没有提出正确的理论用以指导社会科学理论领域的建设，马克思主义没有被科学地对待、正确地理解的局面并没有得到扭转。

（2）中国共产党对马克思列宁主义的宣传。①解放战争时期的宣传。第四章根据历史的脉络，对中国共产党在成立时期、土地革命战争时期、抗日战争时期的马克思列宁主义宣传作了阐述。解放战争时期，随着革命的迅速发展和即将胜利，在全党开展马克思列宁主义的宣传和教育日益成为一个重要议题，对此，中央高度重视。第一，1948年7月，党在华北创办马列学院即高级党校。同年12月，兼任院长的刘少奇在对第一班学员的讲话中特别强调了学习革命理论的重要性。1949年3月在党的七届二中全会上，刘少奇又指出要着重学习唯物史观、劳动创造世界、剩余价值、阶级斗争等马克思列宁主义的基本观点。③ 此后，各大解放区陆续创办了人

---

① 参见孙自胜《苏联马克思主义哲学教育研究》，中国社会科学出版社，2015，第64~69页。
② 〔苏〕米·谢·戈尔巴乔夫：《改革与新思维》，苏群译，新华出版社，1987，第17页。
③ 参见许启贤主编《中国共产党思想政治教育史》，中国人民大学出版社，2004，第201~202页。

民革命大学。第二，对广大党员和干部提出学习马克思列宁主义的要求。为此，1948 年 11 月，中共中央华北局发布《关于在职干部教育的决定》，要求所有党员和干部必须努力地、迅速地提高自己的理论水平、政治水平、政策和策略思想水平。该决定针对过去干部教育的经验教训，对于加强领导干部学习作出了具体规定，要求一切有阅读能力的党员和干部必须学习马克思主义理论知识，提供的学习书目包括《社会发展史》《共产党宣言》《社会主义从空想到科学的发展》《国家与革命》《新民主主义论》《论联合政府》《论改造我们的学习》等马克思主义经典文献。该决定的发布使解放区的学习正规化、制度化。①

②新中国前 30 年对马克思列宁主义的宣传。第一，下发文件和召开会议布置学习任务。为加强党对新中国意识形态领域和思想政治战线的领导，1951 年 5 月中共中央举行第一次全国宣传工作会议，研究制定了新中国宣传思想工作的方针政策。在这一次会议上刘少奇作了总结报告，强调了之后宣传工作的主要任务和发展方向。他指出："现在广大人民对于马列主义这个新思想的学习和接受，正在广大范围内展开，这是我们进行马列主义、毛泽东思想宣传的空前有利的条件。我们的宣传工作者，就要利用这种条件来加强马列主义的宣传，继续努力提高劳动人民的觉悟和理论水平，使我们中华民族在世界上成为有最高理论水平的民族之一。""进行宣传工作要运用好各种宣传工具，如宣传员网、报纸、刊物、出版、戏剧、电影、美术、音乐、广播、学校等，要把这些宣传工具都搞好，都加强，统统动员起来，运用起来。"② 可以看出，刘少奇对学习的必要性、主要内容及主要途径等都作了明确的说明。这当中有几个重要的做法值得作一阐述。首先，1950 年 4 月至 6 月底，著名哲学家艾思奇的讲座（广播稿为《历史唯物论——社会发展史》）在中央人民广播电台播出，后来又多次重播，此外，还有 30 多个地方人民广播电台转播这个讲座，除了个人收听外，很多单位组织收听，收听人数众多。由于这个讲座话语通俗易懂，说明道理深入浅出，在全国范围内产生了空前的影响。③ 其次，编写了第一

① 参见王炳照等《简明中国教育史》，北京师范大学出版社，2008，第 453~454 页。
② 《刘少奇选集》下卷，人民出版社，1985，第 81、85 页。
③ 参见胡为雄《马克思主义哲学在中国传播与发展的百年历史》，百花洲文艺出版社，2015，第 491~492 页。

本全国通用的马克思主义哲学教科书。新中国成立后的一段时间里，基本上是在苏联专家的帮助下使用苏联的教科书进行马克思列宁主义的学习。从1959年11月开始，经过讨论、撰写、再讨论、再修改，到1960年夏，中国的第一本马克思主义哲学教科书《辩证唯物主义 历史唯物主义》编写完成。这本教科书是一本甚至在某些方面比苏联的教科书水平更高的好书。[①] 第二，出版马列原著。为了让马克思列宁主义在中国思想文化领域占主导地位，我国1950年即重建了人民出版社，1953年成立中央编译局，开始有计划地编译出版马克思、恩格斯、列宁、斯大林的著作。中共中央决定从1955年开始，依照《马克思恩格斯全集》俄文第二版翻译出版《马克思恩格斯全集》中文第一版，这一工作历时30年，到1985年才完成。1972年我国出版了《马克思恩格斯选集》第一版。为了更加全面、完整地反映马克思恩格斯科学理论体系，更加准确、忠实地传达原文的思想和意蕴，1986年，经中共中央书记处批准，《马克思恩格斯全集》中文第二版的编译工作正式启动。1955～1959年，依照苏联编辑的《列宁全集》第四版第1～39卷，翻译出版《列宁全集》中文第一版（除最后一卷）。但是，这一版存在不足：大量的列宁文献没有收录在内，译文还不够完善，各卷的参考资料种类少，内容过于简略。[②] 因此，中共中央决定，由中央马克思恩格斯列宁斯大林著作编译局继续编译出版《列宁全集》中文第二版。《列宁全集》中文第二版以《列宁全集》第一版为基础并增收《列宁文集》俄文版中的部分文献编辑而成，共60卷。中文第二版《列宁全集》自1984年开始出版，1990年全部出齐。共分三大部分：第1～43卷为著作卷，第44～53卷为书信卷，第54～60卷为笔记卷。另外，1960年、1972年分别出版了《列宁选集》第一、二版。我国于1953～1955年出版了《斯大林全集》1～13卷，1979年出版了《斯大林选集》上、下卷。

③改革开放后的最初十年对马克思列宁主义的宣传。1978年12月党的十一届三中全会的召开开启了我国改革开放和社会主义现代化建设的新征程。实事求是是马克思主义的精髓和马克思主义政党的思想路线，如果说"文革"十年的根本错误在于违背了实事求是的思想路线的话，那么，

---

① 参见胡为雄《马克思主义哲学在中国传播与发展的百年历史》，百花洲文艺出版社，2015，第527～540页。

② 参见《列宁全集》第1卷，人民出版社，1984，《列宁全集》第二版编辑说明第2页。

党的十一届三中全会则重新确立了这一思想路线，中国的发展开始矫正到正确的轨道上来；如果说在"文革"十年我们也学习马克思列宁主义，但是在很多方面却违背了马克思列宁主义基本原理——也就是说在指导思想上出现了偏差的话，那么，党的十一届三中全会的召开则标志着又开始恢复对马克思列宁主义正确的认识、理解和运用——从而完成了指导思想的拨乱反正。改革开放之初，就明确了要在科学的马克思列宁主义指导下进行改革开放，而不是脱离、取消马克思列宁主义。1982 年召开的党的十二大指出："要在广大人民群众中，首先是干部和青年中，加强马克思列宁主义、毛泽东思想的教育。"① 学习和运用马克思列宁主义仍然是改革开放的一项重要的任务。培养中国特色社会主义建设者和接班人是我国高等教育的重要任务，因此，1980 年 7 月在当时全国积极消除"文革"影响、全面进行拨乱反正的大背景下，教育部就制定了《改进和加强高等学校马克思列宁主义课的试行办法》，提出必须明确马克思主义理论教育课在各类专业中都是必修课的地位。1985 年 8 月，中共中央颁发了《关于改革学校思想品德和政治理论课程教学的通知》，出台了高校思政课设置的新方案（简称"85 方案"）。这些举措为后来的高校思想政治教育奠定了坚实的基础。正是因为重新确立了实事求是的思想路线，才有了马克思主义中国化的新的理论成果，邓小平在党的十二大开幕词中提出了具有重大创新意义的"建设有中国特色社会主义"概念，从那以后"中国特色社会主义"成了历届党的全国代表大会的主题。党的十三大系统地阐述了社会主义初级阶段理论和党在社会主义初级阶段的基本路线，使中国特色社会主义理论得到不断的发展。

（3）其他社会主义国家对马克思列宁主义的宣传。二战后迅速出现了东西方对峙的局面。然而，苏联认为其社会主义实践经验具有普遍性，符合社会主义革命和建设的普遍规律，因此大力推行社会主义建设的苏联模式，表现出了严重的大国主义、大党主义。在苏联的强大压力之下，许多社会主义国家不顾具体国情，照搬苏联那一套政治经济体制；在意识形态和文化传播方面也是紧跟苏联，唯苏联马首是瞻。许多社会主义国家持续不断地传播苏联的电影、歌曲和各种文艺作品、社会科学论著。苏共中央

---

① 《改革开放三十年重要文献选编》（上），中央文献出版社，2008，第 276~277 页。

宣传什么、批判什么，他们就宣传什么、批判什么，亦步亦趋，随风转舵。① 在马克思列宁主义宣传方面，也是照搬或模仿苏联的做法，甚至曾一度直接使用苏联的马克思列宁主义教科书，主要通过灌输的方法对人们进行马克思列宁主义宣传，对广大工人群众进行社会主义思想、理想、信念的教育；要求工人群众的言行举止要符合社会主义的规范，包括参加有组织的政治活动，尽最大的努力从事生产，支持政府的各项政策，运用广播、电视、报社、书籍、电影、戏剧等宣传社会主义意识形态；重视对年轻一代的社会主义思想意识的教育，把学校作为马克思列宁主义宣传的主阵地，尽可能地减少西方思想意识对学生的影响；除了正规的教育机构以外，还建立为数较多的共产主义青年组织、社会主义青年联盟等。②

2. 发达资本主义国家和发展中国家共产党对马克思主义的宣传

（1）发达资本主义国家共产党对马克思主义的宣传。这主要是针对欧美日发达资本主义国家的共产党而言的。这一时期这些国家有 30 个（其中西欧 28 个③）共产党和共产主义组织。这些政党主要宣传的是马克思主义，它们直接把马克思主义或科学社会主义确立为指导思想，而不再提列宁主义，认为列宁主义是俄国化的马克思主义，不适用于欧美国家。英国伦敦劳伦斯-威沙特出版社、美国纽约国际图书出版公司和苏联进步出版社共同编辑出版了《马克思恩格斯全集》英文版，1975 年开始出版，共50 卷。英文版基本上是以俄文第二版和德文版为基础编辑出版的。所收录的著作和书信包括俄文第二版和德文版主卷和补卷中的全部著作和书信，这里有马克思和恩格斯生前发表的全部著作和一部分遗稿——生前未发表的手稿以及未完成的著作、提纲、草稿等，此外，还将部分地收录了马克思和恩格斯所作的提要、读书摘录和批语。这些材料以及个别著作的初稿、草稿被放在所在卷次后面的"准备材料"中。④《马克思恩格斯全集》

---

① 参见高放、李景治、蒲国良主编《科学社会主义的理论与实践》，中国人民大学出版社，2014，第 128 页。

② 参见〔美〕斯蒂芬·费希尔-盖拉蒂编《东欧各国共产党》，张月明等译，东方出版社，1986。

③ 参见《国际共产主义运动史》编写组编《国际共产主义运动史》，人民出版社，2012，第 322 页。

④ 参见聂锦芳《清理与超越——重读马克思文本的意旨、基础与方法》，北京大学出版社，2005，第 15～17 页。

英文版并非这些国家的共产党组织出版的，但是对于这些国家的共产党宣传马克思主义起到了积极的作用。

（2）发展中国家共产党对马克思主义的宣传。这主要是针对亚非拉发展中国家的共产党而言的。长期以来，这些国家受西方殖民主义统治，经济社会发展比较落后，第二次世界大战前后，这些国家的民族解放运动空前高涨，一批殖民地半殖民地国家赢得了政治独立，产生了 30 多个共产党和共产主义组织，在领导反帝、反殖民主义斗争中，进行着一定程度的马克思主义的宣传。比如亚洲的成立于 1942 年的泰国共产党，主要通过开办《大众报》《政治周刊》等左翼报刊、红色书店和"泰国人民之声"电台等重要机构进行马克思主义思想和共产主义运动的传播，红色书店大量出售马恩列毛的马克思主义经典著作以及当代共产主义作家的理论著述和文学作品。① 成立于 20 世纪不同时期的一些拉美国家共产党，也一直坚持着共产主义运动和对马克思主义的宣传。但是，总体说来，二战后拉美国家的共产党受到苏共比较大的影响，在苏共大党主义指挥下，拉美的共产党对马克思列宁主义的遵从和宣传未能独立自主地与本国实际结合起来进行理论创新，未能取得新成果。② 比如，20 世纪 50~60 年代，在苏联社会主义建设的巨大成就和中国革命胜利的鼓舞下，一大批赢得民族独立的非洲国家的执政党有的宣称信奉科学社会主义，要走苏联式的社会主义道路。它们对广大的民众也进行这样的社会主义的宣传。因此，在当时，社会主义成为非洲人民争取了解的理论和向往的理想社会制度。

二　马克思主义国际话语权经历大起与大落

（一）第二次世界大战结束到 20 世纪 70 年代末马克思主义国际话语权获得巨大提升

这里之所以将 20 世纪 70 年代末作为一个时间节点，是因为从 20 世纪 80 年代开始一些社会主义国家开始出现一些重大变化。比如波兰本来一直

---

① 参见杜洁《马克思主义在泰国的传播与影响研究》，中国社会科学出版社，2017，第 95~102 页。

② 参见祝文驰、毛相麟、李克明《拉丁美洲的共产主义运动》，当代世界出版社，2002，代序第 5 页。

由统一工人党掌握政权，但是，1980 年 9 月 22 日团结工会在罢工浪潮中建立，其会员人数很快发展到数百万人。团结工会成为波兰社会主义破产的主要推动力量，是拉开东欧剧变序幕的最早操纵者。苏联领导人勃列日涅夫 1982 年去世，此后，苏联进入剧烈动荡不安的岁月。20 世纪 70 年代末 80 年代初，中国开始进入改革开放和中国特色社会主义现代化建设新时期。这些方面的因素，使得从第二次世界大战结束到 20 世纪 70 年代末与 20 世纪 80 年代马克思主义国际话语权的演进有很大的不同。

1. 马克思主义政党力量空前壮大

从第二次世界大战后到冷战酝酿期，全世界的共产党由战前的 65 个发展到 76 个，党员总数也由 420 万人左右发展到 2000 多万人。需要强调指出的是：第一，社会主义国家的马克思主义政党掌握了执政权，这是这一时期马克思主义国际话语权提升至新高度最显著的标志。本章开头就指出，二战结束到 20 世纪 70 年代，世界上的社会主义国家从二战前只有苏联 1 个发展到共 16 个，马克思主义政党在这些国家掌握了执政权，马克思主义自然成为这些党和国家的指导思想，成为这些国家受法律保护的官方意识形态。第二，欧美日等发达国家共产党数量有 30 多个，共产党的力量迅速壮大。[①] 在欧洲资本主义国家中，共产党普遍取得了合法地位，有的党还组建了政府。1935 年，共产国际第七次代表大会召开时，资本主义国家的共产党员人数只有 7805 万人，1946 年增加到 500 万人。这说明共产党的力量和影响力都在迅速增长。[②] 另外，亚非拉等发展中国家有 30 多个共产党组织，力量也得到很大的增长，影响力进一步扩大。

2. 马克思主义政党的群众基础和空间范围获得了空前的发展

第一，马克思主义执政党拥有深厚的群众基础和广阔的空间范围。有资料表明："社会主义国家在战后从苏联一国发展到多国，从东欧到东亚，东西南北连成一体，拥有世界 1/3 人口和 1/4 土地的强大社会主义世界体系形成了。这个体系的形成，根本改变了战后国际力量对比和世界格局。20 世纪 60 年代，拉丁美洲的古巴走上社会主义道路。1975 年印度支那半

---

① 法共 1936 年只有 8 万名党员，1937 年底有 34 万名党员，1945 年有 50 多万名党员。意共 1943 年有 1.5 万名党员，1946 年有超过 177.6 万名党员，相当于 1943 年的 100 多倍。比利时共产党 1951 年的党员人数比 1940 年增加了 4 倍。

② 参见沈云锁、潘强恩主编《共产党通史》第 1 卷下册，人民出版社，2011，第 479 页。

岛人民抗美战争取得胜利后，柬埔寨、老挝也走上了社会主义道路。至此，共产党领导的社会主义国家达到 16 个。"① 第二，非执政的马克思主义政党也拥有一定的群众基础和比较广阔的空间范围。非执政的马克思主义政党不能把马克思主义作为官方意识形态，不能让本国最大多数人认同和接受马克思主义，但是，它们也从来不是孤军作战，也拥有一定的群众基础，正是在这样的基础上这些政党都发展到了相当的规模，比如，1947年，法国共产党党员人数达到历史最高的 90.8 万人，意大利共产党党员达到 200 万人，美共、日共的党员人数有了大幅度增长。有些政党还获得了参政权，比如，意大利共产党 7 次参与组阁，比利时共产党 1946 年拥有23 个议席，并在后来 39 年的时间里一直拥有议会席位，等等。世界范围内的共产党数量庞大，覆盖范围广。发达资本主义国家共产党除了美国共产党、日本共产党之外，有西欧共产党如法国共产党、意大利共产党、西班牙共产党、奥地利共产党、荷兰共产党等；亚非拉等发展中国家共产党包括南亚的印度、尼泊尔、斯里兰卡共产党等，东南亚的菲律宾、缅甸、泰国、马来西亚共产党等，西亚的叙利亚、伊拉克、黎巴嫩、伊朗共产党等，非洲的刚果、贝宁、安哥拉、莫桑比克、埃塞俄比亚、索马里、津巴布韦、马达加斯加等国的民族社会主义政党，拉丁美洲的巴西、秘鲁、玻利维亚、阿根廷共产党等。

3. 马克思主义政党领导的事业取得了积极的成绩

（1）社会主义建设的成就。①苏联是世界上第一个社会主义国家，二战后把苏联模式推广给其他社会主义国家，可以说成为社会主义建设的"领头羊"。就其自身建设而言，第二次世界大战使苏联的国民经济遭到巨大破坏，人口死亡 2000 多万，无数城镇村庄被毁，全国物质损失按战前价格计算共约 26000 亿卢布。西方曾经预言苏联要恢复被战争破坏的经济至少需要几十年时间，但在联共（布）的领导下，苏联主要依靠本国广大人民的积极努力，高速恢复并发展了社会主义经济，到第四个五年计划（1946~1950 年）结束时，苏联国民经济发展的主要指标都达到或超过了战前水平，人民物质文化生活水平有了较大的提高，这充分显示了社会主

---

① 高放、李景治、蒲国良主编《科学社会主义的理论与实践》，中国人民大学出版社，2014，第 124 页。

义制度的优越性。苏联科学界还打破了美国的技术垄断，掌握了原子能技术，1949 年 9 月 23 日成功研制原子弹，1954 年建成第一座原子能发电站。斯大林逝世后，赫鲁晓夫对苏联模式进行了比较有广度和深度的改革，比如实行党政领导职务分开，党中央第一书记不兼政府首脑；加强法制，整顿改组内务部机构；调整农业政策，改革农业管理体制；改组工业和建筑业管理体制；建立干部更新制度，取消一些高级干部的特权等。这些改革举措总体取得了一定的成效。勃列日涅夫对赫鲁晓夫时期的改革措施进行了调整，在前期实行了一些比较稳健的改革。在勃列日涅夫在任的 18 年里，苏联经济社会一度发展较快，从而成为与美国并驾齐驱的超级大国，综合国力达到了顶峰。②东欧国家社会主义建设普遍受到苏联模式的影响，它们有的是主动地仿效苏联模式，更多的是被迫采用苏联模式，导致其社会主义建设困难重重，但是，这些国家都进行了艰辛的探索，也取得了一定的成绩。需要强调指出的是，南斯拉夫自治社会主义是南共联盟对社会主义建设道路的有益探索，打破了社会主义只有一种模式的狭隘观念，使南斯拉夫经济社会发展取得了长足的进步。阿尔巴尼亚劳动党从 20世纪 60 年代起就与苏共分道扬镳，受苏联的影响也比较少，从 1951 年开始实施第一个五年计划，其社会主义建设取得了一定的成绩。③新中国成立后，进行了社会主义改造和社会主义建设的初步探索。就 1949 年到 20世纪 70 年代末这 30 年而言，习近平曾提出"两个不能否定"，即既不能用改革开放前的历史时期否定改革开放后的历史时期，也不能用改革开放后的历史时期否定改革开放前的历史时期。①我国社会主义建设也是在把马克思主义与中国实际结合的基础上进行的艰辛的探索。前 30 年建设的意义是：社会主义改造完成，标志着我国社会主义基本制度的确立，为当代中国一切发展进步奠定了制度基础，也为中国特色社会主义制度的创新和发展提供了重要前提。④二战后，越南、朝鲜、古巴、老挝、蒙古国在苏联等国的影响和帮助之下，走上社会主义道路后都取得了一定的成就。值得一提的是，古巴实行的社会福利闻名于世，尤其是长期实行免费教育、免费医疗和社会保险，使广大群众从中得到实惠，扩大了社会主义影响。

（2）发达资本主义国家共产党领导取得的成绩。第二次世界大战结束

---

① 《习近平谈治国理政》，外文出版社，2014，第 23 页。

到 20 世纪 70 年代末，一些主要发达国家的共产党根据战后国际形势和国内条件的发展变化，努力寻求符合本国国情的通向社会主义的道路。一些政党特别强调独立自主地把马克思主义应用于本国实际，探索本国社会主义革命和建设的独特道路。20 世纪 70 年代中期以后，以意大利共产党、西班牙共产党、法国共产党为代表的西欧发达资本主义国家共产党，经过战后长期的探索逐渐形成了大体一致的关于如何走向社会主义的一系列的理论观点，并将之付诸实践。人们把这些发达资本主义国家共产党以及他们探索走向社会主义道路的理论和实践称为"欧洲共产主义"。在 20 世纪 70 年代到 80 年代初，"欧洲共产主义"风靡一时，产生了比较大的影响。这是发达资本主义国家共产党在一个时期适应资本主义政治经济形势的新变化，对走向社会主义道路进行的一种探索。探索未获成功，但也留下了值得总结的经验教训。

（3）发展中国家共产党领导取得的成绩。二战后，亚非拉等发展中国家的共产党积极探索本民族自身的发展道路，积极投身于民族独立运动和社会进步事业，对共产主义运动发挥了引领和推动作用。

4. 对待国外马克思主义仍然延续了偏左的态度

（1）这一时期国外马克思主义最具代表性观点的简要梳理。①西方马克思主义的主要观点。第二次世界大战结束到 20 世纪 70 年代末，西方马克思主义的观点主要有：第一，人本主义马克思主义。首先，弗洛伊德主义的马克思主义。第四章对弗洛伊德主义的马克思主义创始人赖希的主要观点作了简要阐述。本章将分析它的另外两位主要代表人物，即马尔库塞和弗洛姆（他们同时是第一代法兰克福学派的成员）。马尔库塞是弗洛伊德主义的马克思主义的主要代表人物。马尔库塞在《爱欲与文明》（1955年）和《五篇论文：精神分析、政治和乌托邦》（1970 年）等著作中，考察了在 1929~1933 年资本主义空前的经济危机时期，欧洲工人阶级没有作为历史变革的动因而行动起来的原因。按照弗洛伊德精神分析学说的精神引出结论说，在资本主义制度下，人们不仅被外部的压迫者、统治者、财主所统治和剥削，而且也被阻止他们把自己解放出来的意识形式所统治和支配，从而一味追求物质享受以满足虚假需要，而不再有精神上的追求，在心理上麻痹消沉而不再有批判精神。解放被拖延了，因为人类已经在本能上与在根本上说来是不必要的劳动联系在一起了。人们被引导去相信自已能够在一个把异化劳动时间和自由时间明确区分开来的社会制度中得到快乐和自由。据此，马尔库塞就用弗洛伊德的文明哲学去考察资本主义统治的心理形式，并在此过程中对它做了一些修改，从而提出了弗洛伊德主义的马克思主义。马尔库塞提出"非压抑的升华""性解放""性欲文明"作为其乌托邦革命理想，企图使社会主义革命转入弗洛伊德所说的性本能的压抑和解放的渠道中去。弗洛姆是弗洛伊德主义的马克思主义的重要成员。和马尔库塞相比，他更加热衷于用弗洛伊德去补充马克思，运用马克思去修改弗洛伊德，搞"弗洛伊德—马克思的综合"。其主要观点在于，他认为人类有巨大的创造潜力，可以用它来克服人类与自然、与彼此之间的异化，建立一种奠基于兄弟般的爱的制度，因而，关于人类解放的途径，就可以用"爱"字来加以概括，就可以归结为建立"整个人类"同自然的再统一和人类彼此间完全团结的乌托邦。有人据此把弗洛姆称作"我们时代的费尔巴哈"。他的著作主要有《逃避自由》《马克思关于人的概念》《在幻想锁链的彼岸》《健全的社会》《爱的艺术》《占有还是生存》等。①

其次，存在主义的马克思主义。马尔库塞曾将存在主义与马克思主义进行联姻，他的"《历史唯物主义现象学概要》和《论具体的哲学》等著作，开创了以存在主义解读马克思主义的先例"②。存在主义的马克思主义发轫于德国，但真正将这一流派发扬光大的则是法国哲学家。正是在列斐伏尔、萨特和梅洛-庞蒂等人的努力下，存在主义才最终实现了与马克思主义的"综合"。③列斐伏尔是存在主义的马克思主义的重要代表人物，他的主要观点是日常生活批判。他认为，马克思主义是一种日常生活批判理论，但同时认为这种理论不完整，需要予以补充和完善，其方案就是用存在主义进行补充。他认为，马克思主义深刻揭示了日常生活中的"异化"，但是又不足以解决这一问题。因此，他提出要培养"总体的人"，使人从日常生活的异化状态摆脱出来。可以看出，列斐伏尔接受了马克思主义的

---

① 参见徐崇温主编《西方马克思主义理论研究》，海南出版社，2000，第60～62页。
② 俞吾金、陈学明：《国外马克思主义哲学流派新编·西方马克思主义卷》下册，复旦大学出版社，2002，第385页。
③ 参见刘敬东、郁庆治、陆俊主编《国外马克思主义思潮评介》，北京师范大学出版社，2021，第126页。

批判理论并进行了发挥，但提出要用存在主义去补充马克思主义。"总体的人"具有存在主义色彩。① 存在主义的马克思主义的另一个重要代表人物是梅洛-庞蒂。在萨特于 1943 年发表其存在主义的马克思主义代表作《存在与虚无》一书两年以后，梅洛-庞蒂就发表其《知觉现象学》一书，一方面肯定和称赞萨特书中所表述的存在主义观点，另一方面又叹惜其缺乏一种社会哲学，并力图用新的存在主义范畴去弥补这个缺陷。② 梅洛-庞蒂的另外两本存在主义的马克思主义著作《人道主义与恐怖》《意义与无意义》是对《知觉现象学》观点的继续，它们在全面批判苏联斯大林模式的马克思主义和萨特在历史观方面的绝对自由论等基础上，提出了存在主义的马克思主义观。主要认为马克思主义是一种强调主体和客体相统一的历史观，肯定革命暴力的作用，以及马克思主义是一种人学等。③ 然而，存在主义的马克思主义最著名也最重要的代表却是萨特，在他的《存在与虚无》一书遭到各方面的批评和抨击后，他在 1960 年出版《辩证理性批判》一书，转向存在主义的马克思主义。萨特认为，马克思主义是缺乏人的主观性的、没有人的学说，但是，在揭露异化和实践的物质力量方面，是唯一适应这个时代的哲学，是不可超越的。于是，他提出用存在主义去补充和结合马克思主义、发展存在主义的马克思主义的观点。《辩证理性批判》一书在西方"新左派"运动中具有较大影响，甚至被奉为行动指南。④

再次，阿多诺的否定的辩证法。法兰克福学派归属于人本主义马克思主义，20 世纪 40 年代末至 60 年代末，是法兰克福学派的鼎盛期。1949 年霍克海默和阿多诺应邀重返德国重建社会研究所⑤。这期间法兰克福学派的骨干力量霍克海默、阿多诺、马尔库塞、弗洛姆等继续建构和发展社会批判理论，而且还产生了新一代的理论家。这一时期，阿多诺的《否定辩证法》将法兰克福学派对现实社会的批判推向了新阶段。阿多诺认为，同

① 参见刘敬东、郇庆治、陆俊主编《国外马克思主义思潮评介》，北京师范大学出版社，2021，第 126~130 页。
② 参见徐崇温主编《西方马克思主义理论研究》，海南出版社，2000，第 63~64 页。
③ 参见刘敬东、郇庆治、陆俊主编《国外马克思主义思潮评介》，北京师范大学出版社，2021，第 133~135 页。
④ 参见徐崇温主编《西方马克思主义理论研究》，海南出版社，2000，第 64~66 页。
⑤ 由于纳粹取得权力，社会研究所被迫有过两次迁移，1933 年 2 月迁到日内瓦，1935 年迁到纽约的哥伦比亚大学。（参见刘文旋《法兰克福学派和社会研究所沿革考》，《马克思主义哲学论丛》2020 年第 3 辑。）

一性是西方哲学史的重要特征，但是，其内部实际上存在着差异和矛盾，不仅明显存在着非同一性，而且非同一性必须被当作辩证法的最核心的概念，它是一种"瓦解的逻辑"，包括差异、异质性、个别性、特殊性、非概念性等内容。这种非同一性是通过否定实现的。阿多诺认为，黑格尔的辩证法否定之否定的实质仍然是肯定，而为了彻底消解传统哲学的同一性必须摒弃所有的肯定，成为绝对的否定。这种绝对否定除了其绝对性和无条件性，还是革命的和批判的。这样，就确定了"否定辩证法"的"非同一性"的基本原则以及绝对否定的方法论。在此基础上，阿多诺用它们分析了社会生活的各个方面并着重分析了资本主义社会最大的弊端——法西斯主义的"奥斯威辛集中营"。从辩证法自身的否定性来看，阿多诺的"否定的辩证法"是一种彻底的、批判性的辩证法；从其思维方法和理论特征来看，它是一种关于"逻辑学和方法论"的辩证法；从它对一切概念和哲学体系的批判来看，它是一种具有"哲学本体论"性质的辩证法；从它的现实观照和历史批判来看，它又是一种关于社会历史理论的辩证法。但是，阿多诺的绝对否定本质上缺少一种历史视角，因为这种否定的"绝对性"，阻碍了它在理论上向前发展的可能，从而窒息了辩证法本身的批判性和革命性。[①]

最后，哈贝马斯的交往行为理论与历史唯物主义的重建。哈贝马斯是法兰克福学派第二代的主要代表人物之一，是以上所说的法兰克福学派鼎盛期产生的新一代理论家之一。哈贝马斯的交往行为理论以生活世界作为背景假设以及相互理解的"信息储存库"，对资本主义社会现代性问题进行了诊治。交往行为理论作为社会批判理论的发展，它仍然继承了霍克海默和阿多诺等人确立的现代社会批判的主题，但提出了从工具理性批判到功能理性主义批判的范式转型。但是哈贝马斯认为，交往行为理论要有建设性，要对社会进化作出解释，就必须关注马克思的历史唯物主义。在某种意义上，哈贝马斯试图用交往行为理论为历史唯物主义提供规范性基础，并以此重建历史唯物主义。他在重建之前对马克思的历史唯物主义进行了批判，他认为历史唯物主义的基础生产力在当今社会已经不再具有决

[①] 参见刘敬东、郇庆治、陆俊主编《国外马克思主义思潮评介》，北京师范大学出版社，2021，第75~79页。

定性作用，取而代之的应该是劳动和语言；个体学习机制在社会进化中发挥着重要作用，以道德认知为主旨的个体学习机制除了能够确立个体的道德发展，进而形成对集体同一性的维护和发展，它更是社会进化的根本动力。毫无疑问，这在很大程度上偏离了马克思的历史唯物主义。①

第二，科学主义马克思主义。从西方马克思主义产生一直到第二次世界大战前，人本主义马克思主义在西方马克思主义中居于绝对主导地位。第二次世界大战后，西方马克思主义的理论格局和学术生态发生了重大变化，即迅速兴起了一股与人本主义马克思主义相对立的科学主义马克思主义思潮。科学主义马克思主义主要包含两个不同的理论流派，即以意大利的德拉-沃尔佩和科莱蒂为主要代表的新实证主义的马克思主义，以法国的阿尔都塞和希腊的普兰查斯为主要代表的结构主义的马克思主义。② 首先，新实证主义的马克思主义。这个流派认为，无产阶级革命在西方国家之所以失败，是因为对现代资本主义作了不正确的理解，用含糊的人道主义和黑格尔修辞学去取代科学政策。为此，它断然否决在马克思主义和黑格尔之间有任何连续性，而主张把科学的辩证法规定为以"具体—抽象—具体"循环为标志的现代实验科学的唯物主义逻辑，把历史唯物主义铸造成一种道德上的"伽利略主义"，一种建立在青年马克思批判黑格尔的谵妄逻辑和从本质上升到假设以及从先验断言上升到实验预报的基础上的科学唯物主义的社会学，以便使它再次变成能够进行阶级分析和预言的预定性认识工具。这个流派对马克思思想的发展持一种从早期著作直线前进到《资本论》的无差别的见解，而它对社会科学的假设——推进形态的说明，则是极端自然主义的。③

其次，结构主义的马克思主义。结构主义的一个重要特点是把主体归结为一个非人结构的从属的代理人，根据这种"主体移心论"，结构主义否认个人在认识和实践中的作用，否认思维主体能够在认识论中居于哲学思考的中心地位。它把人融化到客观化的、无个性的和无意识的结构中

---

① 参见刘敬东、郇庆治、陆俊主编《国外马克思主义思潮评介》，北京师范大学出版社，2021，第110~116页。
② 参见刘敬东、郇庆治、陆俊主编《国外马克思主义思潮评介》，北京师范大学出版社，2021，第197页。
③ 参见徐崇温主编《西方马克思主义理论研究》，海南出版社，2000，第70~71页。

去，认为正是这些结构决定人的全部行为，它们是人类全部生存的结构，而主体则是消极被动的。但在另一方面，结构主义又认为，世界的结构并不是客观世界所固有的，而是人类心智的产物，是人的心灵的无意识的能力投射于文化现象而产生的，是人脑结构化潜能对混沌外界的一种整理和安排。在哲学上，结构主义属于那种认为理论对于经验具有首要性的理性主义传统。阿尔都塞按照结构主义精神解读马克思思想的结果，是把马克思的思想划分为早期非科学的意识形态时期和晚年的科学时期，把马克思主义解释成一种理论上的反人道主义、反历史主义、反经验主义和反还原主义（反经济主义）。① 普兰查斯在他的著作中表现了结构主义的马克思主义的理论倾向，所使用的主要理论概念，如生产方式、社会形态、相对自主性、占统治地位的结构、归根到底的决定等，可以看出是从阿尔都塞的结构主义的马克思主义的理论框架中引申过来的。②

最后，分析的马克思主义。分析的马克思主义思潮是 20 世纪 70 年代以来，活跃在英美理论界的一种相对年轻的马克思主义思潮，亦称作"博弈论的马克思主义""新古典马克思主义""理性选择的马克思主义"。运用分析哲学和实证社会科学的严格的演绎方法重新解读和阐释马克思的经典文本，试图在提出一系列新的概念和模型的基础上维护和重建历史唯物主义，是分析的马克思主义的基本标志和主要特征。分析的马克思主义作为兴起于英美地区的一种带有科学主义倾向和特点的新马克思主义思潮，在某种意义上促成了当代国外马克思主义由欧洲大陆向英美地区发展的地域转向。分析的马克思主义有以下一些基本特征：强调对抽象概念的必要性有一种沉着的承诺；在阅读和解释马克思的经典文本时注重对理论基础的探寻，即追求一种刨根问底的科学分析的态度，从而创造性地理解、阐释和推进马克思的思想；以非教条主义的方式探讨马克思主义；等等。③

②东欧新马克思主义。从 20 世纪 50 年代起，社会主义阵营内部就陆续出现官方的或民间的带有人道主义和民主化的改革倾向，对于以中央集

① 参见徐崇温主编《西方马克思主义理论研究》，海南出版社，2000，第 76 页。
② 参见刘敬东、郇庆治、陆俊主编《国外马克思主义思潮评介》，北京师范大学出版社，2021，第 244 页。
③ 参见刘敬东、郇庆治、陆俊主编《国外马克思主义思潮评介》，北京师范大学出版社，2021，第 270~274 页。

权为特征的计划经济体制和国家社会主义体制提出了质疑，并进行改革。其中最具代表性的是 1948 年的"苏南冲突"、1956 年的"波兹南事件"和"匈牙利事件"、1968 年的"布拉格之春"。这些历史事变促使一些具有人道主义倾向的知识分子和理论家批判东欧的现存社会体制和斯大林主义的社会主义模式，在这一过程中，他们普遍接受了青年马克思的异化理论和卢卡奇、布洛赫等人所代表的人本主义马克思主义构想，由此形成了以人本主义为特征的东欧新马克思主义。① 因此，从理论渊源看，东欧新马克思主义实际上归属于西方马克思主义中的人本主义马克思主义；而从社会历史情境看，东欧新马克思主义产生于当时东欧的社会主义国家，又与西方马克思主义之间有很大的区别。这一思潮对当时东欧社会主义国家建设、发展及其后来的演变，对正统马克思主义国际话语权的演进有着更直接的影响。因此，本书在这里将其置于与西方马克思主义并列的地位，将其作为国外马克思主义中的一个流派并进行简要的梳理。第一，南斯拉夫实践派。这是东欧新马克思主义中兴起最早、人数最多的流派，也是具有广泛国际影响力的一个学派。从辩证唯物主义角度看，实践属于认识论的范畴，但是，南斯拉夫实践派却把实践上升到了本体论的层面，使之成为人之存在的本质规定。这对于高扬人的主体性、将人类社会的发展视为一个实践的开放性的过程等有一定的意义，但是，也存在着深厚的人本主义马克思主义的色彩，陷入以"实践—自然"为本质的人道主义，引申出对与自由理念相悖的异化现实的批判，认为现实的社会主义仍然存在着种类异化现象，进而倡导自治社会主义，认为自治社会主义超越了存在异化问题的苏联模式的官僚体制、符合"实践—自由"的理论原则、本质上符合马克思主义的国家消亡理论等。第二，波兰的人道主义哲学。波兰新马克思主义并不是统一的流派，各个理论家的观点也有较大差异，但他们都把人道主义视为马克思主义的内在本质，并把人道主义哲学视为马克思主义理论的主要形式。代表人物之一沙夫认为，马克思主义是一种现实的人道主义、集体的人道主义、战斗的人道主义，是一种彻底的人道主义，宗旨就是要建立一个没有异化、肯定自己自由的社会形态——共产主义。但是，现实社会主义却存在异化现象。沙夫的批判值得关注，但是负面影响

---

① 参见衣俊卿《西方马克思主义概论》，北京大学出版社，2019，第 13 页。

也很严重。另一代表人物科拉科夫斯基在马克思恩格斯哲学差异论上秉持"褒马贬恩""以马否恩"的观点，与西方马克思学界的主流看法一致。马克思恩格斯的哲学观点有差异，但是将之上升为根本对立进而全面否定恩格斯的思想及其贡献毫无疑问是一种曲解，因此，负面影响也很严重。同时，他认为马克思思想包含三个主旨，即浪漫主义、普罗米修斯的传统、理性主义的决定论思想，这些都是对马克思思想的误读。第三，匈牙利布达佩斯学派。在东欧新马克思主义思潮中，这是与南斯拉夫实践派齐名的学派，领军人物是赫勒。她认为日常生活是其他社会关系的基础，她从马克思的异化理论和人道主义理论出发，提出对日常生活的人道化改造是促使整个人类社会走向人道主义的前提。日常生活的人道化有三重途径，即超越日常思维、日常交往的人道化、自为的个性之实现。赫勒对日常生活的关注是其人道主义哲学的特色表达。但不可否认，赫勒的日常生活哲学带有明显的人本主义马克思主义的理想性，与马克思的实践哲学存在较大差距。第四，捷克斯洛伐克的科西克的具体的辩证法。由于特定的历史原因，捷克斯洛伐克是东欧社会主义阵营中"斯大林化"程度较高的一个国家，因而它的新马克思主义思潮也呈现出形成时间晚、理论规模小、持续时间短等特点。在捷克的新马克思主义思潮中，最具代表性、影响最大的是科西克和他的《具体的辩证法——关于人与世界问题的研究》。科西克认为，辩证法的核心任务在于探究"物自体"。所谓物自体即事物本身。但是，人类在认识现实世界时只是在跟纷繁复杂的现象打交道，面对的是"伪具体的世界"，而非物自体本身。伪具体性掩盖了真实的世界，阻碍人们对真理的把握。科西克认为，真实的世界不是柏拉图理念论意义上的超验的世界，而是"人的实践的世界"，即在人的实践活动中得以生成的、通过实践而走向人化的世界。因此，应该摧毁伪具体世界走向现实的或真实的世界，科西克称之为"具体的总体性"。具体的总体性是以人的实践活动为核心和基石，实现了主体和对象性世界的双重解放：一方面指向了主体/人的自由实践，另一方面则在人的实践基础上承认对象世界的开放性、生成性、革命性，主体与客体的辩证关系呈现为一个不断实现自由的发展历程。这一观点从根本上说是基于人道主义立场而呼唤人的自由和解放。但是，当伪具体性被扬弃、具体的总体性走向生成的时候，仍有一种异化的情况可能出现，科西克称之为虚假的总体性，它表现为空洞的总体、抽象的总体、恶的总体。虚假的总体性这一哲学词语背后，实则隐藏着尖锐的现实批判的内容。科西克所说的虚假总体，在很大程度上就是指现实社会主义国家存在的异化现象，特别是政治异化现象。在他看来，无产阶级革命的任务原本是扬弃异化，扬弃伪具体的世界，追求个体自由的实现，但革命胜利后，社会主义政权却陷入了新的异化之中，陷入了虚假的总体，个体自由再一次被国家、政党等外部强制力所扼杀。① 东欧新马克思主义作为一种独立的理论思潮消亡于 20 世纪 70 年代。

③英国新马克思主义。英国的新马克思主义是指 20 世纪 50 年代末以来在英国产生，旨在把马克思主义本土化的一种学术倾向或研究思潮。其研究从 60 年代进入活跃期，逐渐产生了其代表人物，并显现出研究的基本特色。70 年代以后，其代表性著作先后出版，80 年代达到高潮，从而大大推进了西方国家的马克思主义研究。由于人物众多，研究领域涉及政治、经济、哲学和文化等诸多方面，其很难用"学派"来表征，所以人们习惯于笼统地把其称为"新左派"。英国新马克思主义主要包括汤普森和霍布斯鲍姆等人的新历史主义思想，威廉斯、霍加特、伊格尔顿、霍尔等人的文化唯物主义和文化政党思想，安德森、奈恩等人的新结构主义思想；科恩等人的分析的马克思主义思想，吉登斯等人的社会反思的马克思主义思想，科琴在科学技术哲学领域对马克思实践哲学的肯定和发展等。限于篇幅这里不详细展开，只是从总体上作一扼要说明：英国新马克思主义把人道主义、民主与和平作为理论分析的基础，把现实的人作为研究活动的着眼点，把改善人的现实生存状况、改进人的生活方式、提高人的社会实践能力、追求人的幸福和美好理想作为目标指向，坚持人的全面解放的哲学立场，倡导新文化生活方式，展现科学技术的社会意义，表现出强烈的人道主义、文化唯物主义和技术实践论的特色。②

④生态马克思主义。③ 生态环境议题在马克思恩格斯本人的著作中并不占有特别突出的位置，他们也没有形成系统化、逻辑化的关于生态批判

① 参见刘敬东、郇庆治、陆俊主编《国外马克思主义思潮评介》，北京师范大学出版社，2021，第 147~195 页。

② 参见刘敬东、郇庆治、陆俊主编《国外马克思主义思潮评介》，北京师范大学出版社，2021，第 342~345 页。

③ 参见刘敬东、郇庆治、陆俊主编《国外马克思主义思潮评介》，北京师范大学出版社，2021，第 412~419 页。

的理论专著。因而，生态马克思主义或生态学的马克思主义，在更大程度上是马克思恩格斯之后尤其是当代的马克思主义者和社会主义理论家，依据生态环境问题的现实政治意义日渐突出这一事实，逐渐形成的一种在马克思主义视角下关于生态环境难题或挑战的哲学政治分析。它的基本特点是，哲学取向上的历史唯物主义或以社会历史分析为主的方法，和政治取向上的共产主义或社会主义选择，并因此构成了其他绿色左翼环境政治社会理论流派的思想基础。随着西方马克思主义的形成和发展，生态马克思主义作为一种批判与抗拒现代资本主义的思潮也应运而生，并在 20 世纪 60 年代以来成为一个影响日益扩大的马克思主义流派。关于生态马克思主义的概念界定较具代表性的有两个，一个来自詹姆斯·杰克逊。杰克逊认为生态马克思主义是一种严厉批判西方资本主义的人类中心主义的观点。在生态马克思主义看来，资本主义制度内在地破坏人与自然的关系，民主资本主义的经济与自然的保护是不相容的。而要解决环境恶化难题和工人悲惨遭遇的唯一办法是消灭资本主义制度。马克思的人类解放概念是与他对通过社会主义社会的发展来克服人类与自然分离的思考相联系的。要想摆脱异化状态，人类就必须以一种理性的方式控制与自然的物质代谢，而这一目标只有在根除资本主义之后才能实现。另一个来自戴维·佩珀。佩珀认为生态社会主义把生态主义推向一个更现代主义视野的尝试，包括一种（弱）人类中心主义的形式、对生态危机成因的一种以马克思主义（唯物主义和结构主义）为根据的分析、强调社会变革的一种冲突性和集体行动的方法、提出关于一个绿色社会的社会主义处方与视点。生态马克思主义的基本观点主要包括：对生态环境问题成因的经济社会分析、对人与自然关系的历史辩证阐释、关于未来绿色社会的制度愿景或构想、关于走向未来绿色社会的道路或战略。欧美的生态马克思主义研究经历了 20 世纪 90 年代上半叶、20 世纪 90 年代末至 21 世纪初两个活跃时期，这将在第六章进行分析。

　　⑤女性主义马克思主义。① 女性主义马克思主义又作女权主义马克思主义，主要是指产生于 20 世纪 60 年代欧美国家以所谓"第二波"女性主

---

① 参见刘敬东、郇庆治、陆俊主编《国外马克思主义思潮评介》，北京师范大学出版社，2021，第 444~470 页。

义运动为现实政治基础、以女性主义和马克思主义相结合为理论特征的哲学理论流派。尽管这一理论流派有"马克思主义女性主义""社会主义女性主义""唯物主义女性主义"等不同名称，但马克思主义的唯物史观或社会经济结构视角，是女性主义马克思主义关于女性议题分析的共同的方法论基础。在具体的理论讨论中，女性主义马克思主义并不意味着简单地引经据典和阐发马克思恩格斯关于妇女解放的观点，而更多的是一种基于马克思主义理论方法的学术分析，甚至包括对马克思恩格斯妇女问题论述的批评。经过半个多世纪的发展，女性主义马克思主义已成为国外马克思主义思潮中一个特色鲜明的理论流派。女性主义马克思主义的发展大致可以划分为四个阶段：20 世纪 60 年代至 70 年代初的第一阶段、20 世纪 70 年代中后期至 80 年代初的第二阶段、20 世纪 80 年代中后期到 90 年代末的第三阶段、20 世纪 90 年代末以来的第四阶段。本书的这一章为了说明马克思主义国际话语权演进的过程，划分了第二次世界大战结束到 20 世纪 70 年代末、20 世纪 80 年代到 90 年代初前后两个时期，这一划分并不是针对国外马克思主义，更不是针对女性主义马克思主义的发展进行的。因此，为了保持女性主义马克思主义观点发展的延续性，就将其第二阶段的内容置于这里作一宏观、概要、总体性阐述，本章下文的后一时期不再涉及；同时说明一下，其第三阶段的内容是在本章与第六章讨论的时间范围内形成的，而第六章涉及的时间范围更大，就将其置于第六章阐述。经典马克思主义理论的核心概念（如阶级、生产和价值）或分析框架对女性主义马克思主义产生了重要影响。这一时期的代表性作品是玛格丽特·本斯顿的《妇女解放的政治经济学》（1969 年），以及玛丽亚罗莎·科斯塔和赛尔马·詹姆斯的《妇女的权力与社会颠覆》（1972 年）。这些作品提出无偿家务劳动是资本主义社会条件下妇女处于从属地位的特质根源或经济根源。实际上妇女所从事的家务劳动是创造剩余价值的主体劳动者的再生产过程中的一个重要环节，因此，妇女的家务劳动也是生产性劳动，妇女不必再进入生产性的工作场所，而应该由国家（政府和雇主）而不是个人（丈夫、父亲和男友）来支付从事家务劳动的妇女的工资，为此，妇女解放斗争应致力于拒绝社会性工作，致力于将家务劳动社会化。

这里简要介绍两位代表人物朱丽叶·米切尔和海蒂·哈特曼米的女性主义、马克思主义与社会主义的主要观点。首先，出生于新西兰、幼年迁居苏格兰的米切尔，发表论文《妇女：最漫长的革命》（1966 年），成为女性主义马克思主义学派的创立者。该文着重从马克思主义视角对妇女问题进行了理论传统的批判性追溯和新的理论综合，阐释了妇女受压迫的社会性根源和解放路径的新理论框架等，其要旨在于对资本主义社会条件下妇女受压迫的现实、深层原因与变革路径，提供一种女性主义马克思主义的阐释。其次，美国女性主义经济学家哈特曼，1976、1979 年先后发表论文《资本主义、父权制和性别化分工》和《马克思主义与女性主义的不幸婚姻：迈向更有进步意义的联合》，后来还出版了著作。哈特曼的基本理论观点是，在当代社会经济生活中，妇女通过两种途径发挥作用，一是从事有工资的工作，二是家务劳动。现实是，虽然妇女日益走出家庭进入市场，却不得不继续承担绝大部分的家务劳动，呈现出一种"双肩挑"或"双重负担"的状态。依此，她认为，为了实现男女平等，社会需要提供劳动力市场上的就业机会，并提高男性和女性平衡工作与家务劳动的能力。她认为上述性别不公正的深层原因是父权制存在并发挥作用，即通过控制女性对资源的接近权和她们的活动，男性可以控制女性的劳动力，从而以在很多方面明显偏向的方式使女性服务于男性和儿童教育。《资本主义、父权制和性别化分工》一文系统讨论了资本主义制度、父权制和男女性别化分工（隔离）之间的关系，提出妇女在劳动力市场中的现实处境或"工作的性别化隔离"是父权制和资本主义体制长期相互作用的结果。他认为要想理解西方资本主义社会的女性困境，就必须把马克思主义的历史唯物主义分析方法与女性主义关于父权制的社会历史结构分析结合起来，从而形成一种马克思主义女性主义分析的新方向。

综上所述，从二战结束后到 70 年代末是国外马克思主义快速、多样化发展的时期。本书选择介绍了内容最丰富、流派最多、影响最大的西方马克思主义中的一些重要流派。除此之外，还选择介绍了最具代表性的东欧新马克思主义、英国新马克思主义以及作为后现代马克思主义思潮的生态马克思主义、女性主义马克思主义在这一时期的主要观点等。

（2）国外马克思主义对马克思主义国际话语权的影响。沿用第四章分析西方马克思主义对马克思主义国际话语权演进的影响所使用的基本方法，从评判影响马克思主义国际话语权的七大要素看，国外马克思主义的影响主要表现为在对马克思主义话语本身的认识、理解和使用上所产生的一定的社会影响。①一定程度上对马克思主义话语本身的认识、理解和使用产生了积极的社会影响。第四章指出，当时西方马克思主义的积极影响主要表现坚持马克思主义的批判精神、对未来实现社会主义进行探索等。本章以上阐述内容的积极影响总体也可以进行这样的理解。第一，批判苏联模式的弊端。这一时期的西方马克思主义中的人本主义马克思主义、东欧新马克思主义等对苏联模式都展开了批评，尽管难免偏颇，但是有些批评或批判，比如日常生活批判理论确实触及了苏联模式的弊端。马克思主义认为共产主义是自由人的联合体。这样的联合体以高度发达的生产力水平为基础，其中的人们的物质文化生活丰富多彩，把人的发展视作最高目标等。苏联模式建立于战争与革命时代，有着特殊的时代背景。但是，战争结束后苏联不进行改革，仍然坚持不惜牺牲轻工业和农业优先发展重工业，仍然保持经济高度集中、政治高度集权、文化高度单一僵化等，这毫无疑问制约了人民生活水平的提高，影响了社会主义优越性的发挥。因此，国外马克思主义的批评或批判有积极的意义。第二，拓展了认识和理解马克思主义的方法。国外马克思主义的一个基本特征是多角度地解读马克思主义创始人的思想，比如从结构主义、分析哲学等角度来阐释，当然，这其中很多观点都偏离了正统马克思主义，有的直接就是错误的解读，但是其多视角、多角度认识和理解马克思主义所体现的方法，对于打破对马克思主义僵化、教条化理解的思维方式有一定的启示意义，值得借鉴。第三，运用马克思主义分析现实问题形成新的理论观点。比如生态马克思主义、女性主义马克思主义等。生态马克思主义强调资本增殖规律决定了对生态环境破坏的必然性，只有消灭资本主义制度才能解决人与自然之间的问题，才能真正建设生态文明；女性主义马克思主义则深刻揭示无偿家务劳动是资本主义社会条件下妇女处于从属地位的特质根源或经济根源，富有新意地提出妇女的家务劳动也是生产性劳动，妇女解放斗争应致力于将家务劳动社会化等。这些观点都有一定的积极意义。

②一定程度上对马克思主义话语本身的认识、理解和使用产生了消极的社会影响。第一，一些流派、思潮及其观点尽管冠以"马克思主义"的名称，但是与正统马克思主义有着重大区别。第四章分析指出，西方马克思主义理论家所主张和实践的，是用现代西方哲学某个流派的思想去解释、"补充"和"革新"马克思主义，这与马克思主义民族化、本土化不

同，比如与马克思主义中国化形成的中国化马克思主义有着本质的区别。那么，本章讨论的西方马克思主义以及其他一些国外马克思主义仍然存在这一问题。它们冠以马克思主义之名，却没有马克思主义之实。第二，空谈人道主义误读社会主义。人道主义是资产阶级的话语，是无视阶级和阶级分化、不讲阶级对立和斗争、无原则调和阶级矛盾、实则维护资产阶级利益的资产阶级理论。试问，在一个存在严重阶级分化和对立的社会里，不改变资本主义生产资料私有制，空讲人道主义，无产阶级就有"人道"了吗？就能保障无产阶级的经济利益和政治、文化权利吗？而西方马克思主义中的人本主义马克思主义、东欧新马克思主义、英国新马克思主义等思潮都在一定程度上误读了马克思主义异化理论，有意无意地将其与人道主义相关联，将马克思主义与人道主义人为拼凑在一起，毫无疑问这是错误的；同时，这些思潮更不能真正理解列宁一国或几国首先取得社会主义革命胜利的理论与实践创新以及经济文化落后国家社会主义建设的艰巨性、复杂性、探索性，不懂得现实社会主义与理想社会主义之间的区别，由此导致人们对现实社会主义的建设和前途不能有正确的认识。第三，有观点已明确表明，东欧新马克思主义给社会主义事业带来了更为直接的负面影响。东欧新马克思主义的人本主义思潮由于违反了马克思主义的基本原则，由于否定无产阶级专政和无产阶级政党的领导，成为催生 20 世纪 80 年代和 90 年代之交东欧剧变、苏联解体的重要理论原因，在世界社会主义运动史上产生了严重的负面影响。①

综上分析，马克思主义是开放的，是随着时空的变化而发展的。国外马克思主义的理论成果，无论是积极的还是消极的，甚至无论是正确的还是错误的，对于马克思主义的发展都有借鉴意义。积极的、正确的成果应该鉴别和吸收，消极的、错误的观点应该加以批判和驳斥，应在这样的过程中发展马克思主义。这样看来，以科学、辩证、发展的态度看待国外马克思主义，对于推进马克思主义的发展是有益的，是有利于马克思主义自身发展和完善的，从而有利于提升马克思主义国际话语权。但是，从第二次世界大战结束到 20 世纪 70 年代末，由于苏联模式本身存在弊端，又奉行大党、大国的沙

---

① 参见刘敬东、郇庆治、陆俊主编《国外马克思主义思潮评介》，北京师范大学出版社，2021，第 10 页。

文主义政策，因此苏联对于这些国外马克思主义基本上都采取排斥的态度，没有对积极的成果加以借鉴、吸收，从而对自身加以改革和完善，也没有对负面的内容进行抵制、批判，以积极的态度消除其负面影响，尤其是这一过程中的东欧新马克思主义给东欧社会主义国家带来了直接的负面影响，给苏联社会主义也带来了负面影响，成为东欧剧变、苏联解体的重要原因。所有这些方面都制约甚至削弱了马克思主义国际话语权。再次强调一下，以上尽管是扼要的梳理和分析，但目的是达到从个别到一般的效果，旨在从一般意义上说明国外马克思主义对马克思主义演进的影响。

以上五个部分的内容中，前三个部分主要论证在二战结束到 20 世纪 70 年代末，马克思主义国际话语权获得了极大的提升。第四、五部分主要指出马克思主义国际话语权提升遭遇的制约因素。如果没有这些制约因素或以开放的态度对待国外马克思主义，那么，马克思主义国际话语权将有更大的提升。但是，前三个部分提到的提升因素的力量远远大于第四、五部分提到的制约力量，因此，从总体上说，这一时期马克思主义国际话语权获得了极大的提升，是马克思主义国际话语权生成后的辉煌时期。

（二）20 世纪 80 年代到 90 年代初马克思主义国际话语权急剧下降

1. 苏联和东欧国家马克思主义政党领导的事业遇到的障碍越来越多

（1）苏共的改革走向歧途，共产党失去执政地位，苏联解体。1982 年 11 月 10 日，苏联领导人勃列日涅夫去世。两天后，认识到苏联体制存在一些问题的 68 岁的安德罗波夫成了苏共中央总书记，但是，他只执政了 15 个月，于 1984 年 2 月 9 日病逝。其后，73 岁的契尔年科接任苏共中央总书记，但他任职仅 13 个月便于 1985 年 3 月 10 日撒手人寰。第二天，3 月 11 日，在苏共中央非常全会上，被认为才华横溢、能把人民利益放在第一位、有丰富党务工作经验的、54 岁的、精力充沛的戈尔巴乔夫被推荐为苏共中央总书记。戈尔巴乔夫当选总书记后开始了大刀阔斧的改革，并在苏共二十七大上确立了改革的新方针。但是，他领导的改革以失败告终，直接导致苏联解体，使世界社会主义事业陷入低潮。就苏联解体的原因，这方面的研究成果汗牛充栋，在此仅对原因作简要的概括。

①戈尔巴乔夫标新立异的新思维是直接原因。第一，"人道的民主的社会主义"完全背离了科学社会主义。在改革新思维的指导下，戈尔巴乔夫正式举起了"人道的民主的社会主义"的旗帜。然而，实质上，"人道的民主的社会主义"同无产阶级的世界观格格不入，是西欧社会党鼓吹的"民主社会主义"和"社会民主主义"的变种。最终导致了苏联的解体。①第二，民主化、公开性、多元化是解体苏联的"三把刀子"。首先，戈尔巴乔夫认为民主是改革的实质，民主化是改革的决定性条件。但是他又脱离了当时苏联社会政治经济的实际情况，抽象地谈民主化，陷入了民主化万能论的空想。其次，戈尔巴乔夫采取了以体现公开性原则的一系列改革措施。但是，戈尔巴乔夫离开党性去讲公开性，结果扰乱了人们的思想，为各种反苏反共思想的发展提供了条件，并诱发了民族矛盾。最后，多元化是民主化和公开性发展的必然结果。大力鼓吹民主化和公开性，多元化便不可避免地出现。②戈尔巴乔夫这些标新立异的新思维成为苏联解体的直接原因。

②二战后错失三次改革机遇积聚的体制弊端是根本原因。马克思主义认为，任何社会都是要不断改革才能发展的。苏联模式是战争时期社会主义建设的一种特殊模式，当时代背景发生变化后，社会主义建设的理论、路线、方针、政策等都应随之变化，这是马克思主义实事求是思想路线的根本要求，不改革就违背了实事求是的思想路线。尤其是经济文化落后国家首先走上社会主义道路后进行的建设，更要根据世情、国情把马克思主义本土化、民族化，然后再以这种本土化的马克思主义指导本国的建设。但是，对于这一要求苏联的党和国家完全没有做到。尽管在这一时期苏联也曾获得一定的甚至比较大的发展，但是，其经济、政治、文化体制的弊端越积越深，最终沉疴难消。当到了戈尔巴乔夫时期不得不改革时，还是没有回到实事求是思想路线上来，甚至用想当然的新思维，从原来固守僵化的苏联模式，一下子走向极端，走上了完全违背科学社会主义的"人道的民主的社会主义"道路上来，导致苏联解体历史悲剧的发生。因此，苏

① 参见曹长盛、张捷、樊建新主编《苏联演变进程中的意识形态研究》，人民出版社，2004，第171~172页。
② 参见曹长盛、张捷、樊建新主编《苏联演变进程中的意识形态研究》，人民出版社，2004，第173~184页。

联三次错失改革机遇实际上是戈尔巴乔夫推行"人道的民主的社会主义"的体制根源。

③20 世纪 50 年代苏联哲学人道化是更深层次的思想原因。所谓苏联哲学的人道化，是苏联哲学从排斥人道主义到全面体现人道主义精神的深刻变化。主要表现为：第一，基本哲学原理的人道化。斯大林去世后，苏联哲学的一个重要倾向是从不同方向突出强调人的因素在本体论、认识论、历史观等领域的作用，强调人的意义，弘扬人道主义。第二，自然辩证法研究的人道主义倾向。第三，全球性问题研究的人道主义倾向。这是以现代社会条件下人的存在、人的发展问题为中心展开的，不是从科学、生产力和阶级斗争等而是从人道主义角度思考人类社会存在和发展的。苏联哲学人道化的主要原因是：首先，应该承认，就人类历史的大尺度来看，人道主义的兴起具有历史的必然性；其次，它与苏联社会的发展陷入困境有关。十月革命以后，尤其是 20 世纪 30 年代，苏联经济飞速发展达到连续数年年均增长近 18% 的高水平。但是长期以来激励苏联人为社会主义事业去奋斗拼搏甚至献身的，主要不是当下的物质利益，而是一种精神力量，是共产主义信仰，是当家作主的主人翁意识，是对社会主义优越性的坚定信念，在这种精神力量的鼓舞下，苏联人甘愿为共产主义目标的实现、为子孙后代的幸福，无私地奉献自己。这是社会主义制度的优越性和十月革命后苏联社会主义事业取得巨大成功的秘密所在。但是令人遗憾的是这种精神力量在 50 年代开始逐步丧失了，其原因有三。第一个原因是赫鲁晓夫在苏共二十大上以反斯大林为主要宗旨的秘密报告，极大地打击了苏联人的共产主义信仰；第二个原因是共产党内部日甚一日的腐败现象使苏联人民逐渐丧失了为他们提供精神动力的主人翁感，他们开始感到这个国家不属于他们，为之牺牲是不值得的；第三个原因是社会主义苏联的实际生活水平使苏联人感到失望。苏联人民的生活水平曾经在一个很长时期里是令他们感到自豪的事情，但从 60 年代起这种自豪感也不复存在了，原本正在缩小的与西方国家的生活水平上的差距逐渐拉大。由于以上原因，苏联人原有的遵纪守法、无私奉献的自觉性没有了。此外，在对发达社会主义理论研究中对共产主义新人的深入挖掘、转向对人的研究具有哲学发展的内在逻辑、苏联人灵魂深处根深蒂固的东正教传统等都是苏联哲学人

道化的原因。① 苏联哲学人道化是戈尔巴乔夫推行"人道的民主的社会主义"的深层次思想根源。

④西方实施和平演变战略是外部原因。自从 20 世纪冷战发生后，西方发达资本主义国家就对社会主义国家实行和平演变战略。面对西方的颠覆和演变活动，苏联和东欧国家的领导人不仅不重视和警惕，反而不断妥协。最终使内外反动势力相互勾结，加速了东欧剧变、苏联解体。

（2）东欧国家共产党改革失败，导致东欧剧变。在苏联解体前后原东欧的社会主义国家也发生了剧变，执政的共产党下台，社会主义制度改变。东欧剧变首先是从波兰、匈牙利开始的，然后蔓延到东欧其他社会主义国家。①波兰剧变。长期以来照抄照搬苏联模式，阻碍了波兰经济社会的发展，严重的经济社会问题引发波兰社会内部矛盾不断激化，在西方势力公开或隐蔽的支持、策动下，也由于波兰执政党和政府的失误，1980 年11 月波兰反对派团结工会成立并得到不断发展，逐渐成为与执政的波兰共产党相抗衡的政治力量，由此导致了日益激烈的政治动荡。1990 年 1 月 27日，波兰统一工人党召开了十一大，宣布党终止活动。一个执政 45 年，曾拥有近 300 万名党员的大党，就这样结束了政治生命。1990 年 12 月波兰议会通过宪法修正案，取消了宪法中统一工人党在国家政权中起领导作用的条款，并更改国名、国徽、国庆日，社会主义波兰消失。波兰剧变是东欧剧变的序幕和裂口，产生了巨大影响。②匈牙利剧变。匈牙利与波兰不同，反对派主要出在党内。1988 年 5 月，匈牙利共产党召开全国代表大会，总书记卡达尔和总理格罗斯在政治体制改革、国内形势、经济困境等问题上发生分歧，卡达尔被解除总书记职务，格罗斯当选总书记，波日高伊、涅尔什进入政治局，他们主张实行西方式的多党制、三权分立的议会民主制。这一切都以苏共和戈尔巴乔夫思想和主张作背景。此后，党内反对派进入最高领导层，党代会通过了实行政治多元化的决议，使社会主义工人党走向分裂。在 1990 年 3 月实行多党制后的首次大选中，社会党得票率仅占 8.5%，社会主义工人党得票率也仅占 4%，匈牙利的国家政权完全落入反对派手中。1988 ~ 1990 年，匈牙利"和平地"实现了政权更迭。

---

① 参见曹长盛、张捷、樊建新主编《苏联演变进程中的意识形态研究》，人民出版社，2004，第 30~48 页。

③其他东欧社会主义国家剧变。在戈尔巴乔夫"民主化、公开性、多元化"政治改革的影响下，捷克斯洛伐克的反对派势力得以滋长，并且最终取得胜利，1990 年，修改后的宪法删除了国名中"社会主义"字样；同样，民主德国反对派得到很大激励，1989 年 11 月，德国统一社会党召开十一届十中全会，中央政治局全体成员辞职，1990 年 10 月 3 日，民主德国正式并入联邦德国，结束了 41 年的历史；戈尔巴乔夫的改革同样给保加利亚造成巨大的震荡和冲击，也使其国内民族矛盾日益突出，1989 年 10 月，反对派联合成立民族力量同盟，向共产党发起挑战，1990 年 2 月保共十四大通过《保加利亚民主社会主义宣言》，主张实行多党制、议会民主制和民主社会主义，11 月，保加利亚人民共和国改名为保加利亚共和国；还有，罗马尼亚发生了武力对抗式的剧变；阿尔巴尼亚发生剧变；南斯拉夫民族矛盾引发解体。① 总之，进入 20 世纪 80 年代后，苏联和东欧国家在国内外各种因素的作用下，在背离马克思主义和科学社会主义道路上越走越远，相互促动，最终导致东欧剧变、苏联解体。

2. 东欧剧变、苏联解体后非社会主义国家的共产党受到巨大冲击

东欧剧变、苏联解体后，非社会主义国家的共产党有的被冲垮解散了，有的改旗易帜，那些在困境中坚持下来的也陷入政治目标迷茫、党员大量流失、基层组织瓦解、政治影响力骤降的局面。特别是在反共意识形态长期占据主导地位的发达资本主义国家，一些历史悠久、经验丰富、拥有稳定的干部队伍和组织体系的共产党，都陷入了很大的困境。②

3. 中国、越南、老挝、朝鲜、古巴五国坚持走社会主义道路取得新成效③

中国、越南、老挝、朝鲜、古巴五国走上社会主义道路后，社会主义建设都取得了一定的成就，但是，由于深受苏联模式的影响，也都走过弯路，遭遇过挫折。进入 20 世纪 80 年代后，这五国开始不同程度地吸取苏联模式的教训，坚持科学社会主义基本原则与本国实际相结合，努力探索和建设具有本国特色的社会主义。1978 年 12 月，中国共产党十一届三中

---

① 参见《国际共产主义运动史》编写组《国际共产主义运动史》，人民出版社，2012，第350~358 页。

② 参见沈云锁、潘强恩主编《共产党通史》第 1 卷下册，人民出版社，2011，第 687 页。

③ 参见高放、李景治、蒲国良主编《科学社会主义的理论与实践》，中国人民大学出版社，2014，第 171~225 页。

全会召开，中国开启了改革开放和社会主义现代化建设新时期。从理论创新上看，1987 年召开的党的十三大就标志着邓小平理论轮廓的形成。从实践上看，也是党的十三大制定"三步走"的战略部署，其中第一步，即1990 年比 1980 年国民生产总值翻一番、解决人民温饱问题的目标提前两年就完成了。改革开放后的第一个十年，在正确的理论、路线、方针、政策的指导和实施下，我国生产力快速发展，中国特色社会主义稳步发展。越南从 20 世纪 80 年代初开始出现改革的萌芽，1980～1981 年，越共中央对家庭联产承包责任制表示公开支持。1986 年越共六大召开，会议提出"有原则的革新"，即"革新要牢牢坚持社会主义既定方向，坚持并加强党的领导，尊重并发挥人民当家作主的权利"。自此，越南社会主义事业进入新的发展阶段，即革新阶段。即使在 20 世纪 80 年代末，苏联和东欧国家改革风起云涌之时，越南也仍然坚持六大路线，沿着社会主义道路前进。从 1986 年开始，老挝实行"有原则的全面革新"。1986 年 11 月，老挝人民革命党召开具有历史转折意义的四大，提出革新开放政策，以此为标志，老挝进入全面革新时期。在东欧剧变、苏联解体的背景下，老挝人民革命党于 1989 年 10 月召开的四届八中全会提出仍然要坚持社会主义的目标、马克思主义的指导思想、党的领导。1953 年 7 月，朝鲜停战协定签订，朝鲜人民在紧张的国际环境中艰难地开展社会主义事业。1970 年 11 月，朝鲜劳动党五大规定，党的指导思想是把马克思列宁主义创造性地体现于朝鲜现实的"主体思想"。1980 年 10 月，朝鲜劳动党六大通过的党章规定，朝鲜劳动党以伟大领袖金日成的革命思想——"主体思想"作为党的唯一指导方针，金日成于 1994 年 7 月去世，在东欧剧变、苏联解体的背景下，朝鲜仍然沿着"主体思想"指引的道路前进。1961 年 4 月，古巴在粉碎了美国雇佣军入侵后，正式宣布 1959 年推翻独裁者马蒂斯塔的革命是社会主义性质的革命，古巴遂成为拉丁美洲乃至西半球唯一的社会主义国家。古巴的社会主义建设取得了很大的成绩，但是，由于主要效仿苏联模式，因此也存在弊端，尤其对苏联和东欧国家的依赖较为严重。但是，在东欧剧变、苏联解体的背景下，古巴经济、政治建设都遭遇非常大的打击，1991 年 10 月古共召开四大，仍然强调坚持社会主义，绝不后退。

由此可见，从 20 世纪 80 年代到 90 年代初，世界上第一个也是综合国力最强的社会主义国家苏联最终解体，曾经是社会主义阵营中强大力量的东欧社会主义国家剧变，共产党失去执政地位，并受到打击和迫害，非社会主义国家的共产党受到巨大的冲击。资料表明，东欧剧变、苏联解体后，世界上的共产党数量由 180 多个减少到 130 多个，除中国、越南、老挝、朝鲜、古巴的共产党以外，其他各国共产党党员人数减少了 3000 多万，总人数由原来的 4400 多万减至 1000 多万，社会主义国家由十几个减少为几个。许多国家的共产党抛弃了马克思主义立场，或分裂瓦解，或改旗易帜。组织涣散、派别林立、思想混乱、互相攻讦成为冷战后各国共产党的普遍状况。可以说，东欧剧变、苏联解体在使社会主义的实践空间缩小的同时，也使马克思主义丧失了部分理论阵地，在使世界社会主义运动处境恶化的同时，也对现存的共产党政权造成了极大的压力和冲击。① 尽管中国、越南、老挝、朝鲜、古巴五国仍然坚持走社会主义道路，而且在这一时期也取得一定成效，但是，在当时这五国的力量远远逊色于苏联和东欧国家的力量；尽管中国国土面积大，人口数量多，但当时处在改革开放初期，生产力水平和综合国力都十分低下。在这样的情况下，西方发达资本主义一致认为，社会主义最终失败了，"历史终结"了。在这一时期，社会主义衰落的力量远远大于社会主义发展的力量，马克思主义国际话语权下降至 20 世纪最低点。

4. 缺乏对待国外马克思主义的正确态度也制约了马克思主义国际话语权的提升

本章主要根据国际共产主义运动和马克思主义国际话语权演进的实际情况，对 20 世纪 80 年代的国外马克思主义进行单独分析。首先，国外马克思主义在这一时期的发展中，西方马克思主义、东欧新马克思主义等思潮走向"终结"或"消亡"。但是，这又不是绝对的，不仅这些思潮还继续发挥着影响，而且有的观点还有一定的延续和发展，比如作为科学主义马克思主义中的分析的马克思主义产生于 20 世纪 70 年代，至今仍在不断发展。同样，上文介绍的英国的新马克思主义产生于 20 世纪 50 年代末的英国，但是，直到 80 年代才达到高潮，也仍然在继续发展。由于这些思潮的发展前后相续，主要观点本书已经有所涉及，限于篇幅这里不再阐述了。其次，这一时期有些思潮处于发展的过渡时期。这主要是指作为后现

---

① 参见沈云锁、潘强恩主编《共产党通史》第 1 卷下册，人民出版社，2011，第 786 页。

代马克思主义的生态马克思主义、女性主义马克思主义。上文指出，生态马克思主义20世纪70年代以来，经历了20世纪90年代上半叶、20世纪90年代末至21世纪初两个活跃时期，也就是说这两个活跃期是其主要的发展时期；而对于女性主义马克思主义而言，上文指出其发展经历了四个阶段：20世纪60年代至70年代初的第一阶段、20世纪70年代中后期至80年代初的第二阶段、20世纪80年代中后期到90年代末的第三阶段、20世纪90年代末以来的第四阶段。最后，"后马克思主义"于20世纪80年代末才开始产生①，主要内容形成于20世纪90年代以后，因此也将其置于第六章介绍。这样，这里就不直接介绍国外马克思主义的内容了。

这一时期国外马克思主义依然有着重大影响，作为马克思主义者对待国外马克思主义需要有正确的态度，即上文已经指出的对于国外马克思主义，积极的、正确的成果应该鉴别和吸收，对于消极的、错误的观点应该加以批判和驳斥，这样才能发展马克思主义。但是，在20世纪80年代，苏联和东欧国家马克思主义政党领导的事业遭遇到越来越严重的坎坷，其党和国家自身的问题日益严重，对共产主义的理想信念以及马克思主义意识形态的领导地位越来越弱化，党领导建设社会主义国家的领导力、执政力越来越不足，再加上西方和平演变的攻势越来越强，最终导致东欧国家共产党领导的改革相继失败，苏联的社会主义改革越来越偏离正确的轨道，在不久后的1991年12月苏联共产党失去执政权，苏联解体，这是苏联党、国家和人民的悲剧，更是国际共产主义事业的重大挫折。其实，在这一时期苏联、东欧一些社会主义国家也越来越重视对西方马克思主义的研究，比如苏联《共产党人》杂志上发表的文章、《和平和社会主义问题》杂志编辑部的文章，频繁地提到他们对西方马克思主义的看法。②但这也只是一种一般介绍和学术研究，没有起到通过这种介绍、研究、批判和借鉴等创新和发展马克思主义，以指导这些国家社会主义事业发展的作用。更具体地说，以西方马克思主义为代表的国外马克思主义中积极、正确的观点以及对苏联模式中肯的批评没有得到应有的重视，消极、错误的观点也没有受到应有的、深刻的批判和抵制，带来了广泛的负面影响，比如人

---

① 参见刘敬东、郇庆治、陆俊主编《国外马克思主义思潮评介》，北京师范大学出版社，2021，第472页。

② 参见徐崇温《怎样认识"西方马克思主义"》，重庆出版社，2012，第75页。

道主义观点被片面夸大，使马克思主义的阶级和阶级斗争理论被消解等，从而弱化了马克思主义国际话语权。东欧剧变、苏联解体是马克思主义国际话语权演进过程中遭遇的最严重的打击。

我国从 1978 年党的十一届三中全会后开始介绍西方马克思主义。1982 年天津人民出版社出版了徐崇温的专著《"西方马克思主义"》。但是，随着对西方马克思主义的介绍和讨论的逐步深入，一些受苏联模式影响较大的人，也倾向于把它看作"打着新马克思主义旗号的反马克思主义"；而一些受西方马克思主义影响较大的人，则倾向于把西方马克思主义看作马克思主义、马克思主义的现代化，甚至说西方马克思主义开辟的道路就是我们理论工作者的改革之路。在这样的情况下，由徐崇温主编的"国外马克思主义和社会主义研究丛书"于 1989 年开始出版，到 1997 年，一共出了 42 种，其中绝大部分是西方马克思主义各派代表人物的代表作。[①] 由此可见，随着我国开启改革开放新征程，20 世纪 80 年代西方马克思主义开始被介绍到我国学术界，但是，在如何对待西方马克思主义的问题上，一开始存在比较大的分歧，西方马克思主义在 20 世纪 80 年代还谈不上对中国化马克思主义的创新和发展起到过什么作用。但是，我国的改革开放是在重新确立实事求是思想路线的前提下进行的，坚定不移地推进马克思主义中国化，走中国特色社会主义道路。在对待以西方马克思主义为代表的国外马克思主义的态度上，尽管一开始偏颇比较严重，但是，在实事求是思想路线的指导下，我国逐渐形成正确的立场、观点和方法，以至于后来马克思主义理论学科对之进行深入的研究，对其研究主题、研究方法和研究思路等进行批判性借鉴。但是，总体来说，在 20 世纪 80 年代西方马克思主义对马克思主义中国化的发展以及对马克思主义国际话语权在中国演进影响不大。

根据以上分析，从马克思主义国际话语权演进的整体来看，缺乏科学、正确的态度，不能对国外马克思主义作出有效甄别等仍然制约了马克思主义国际话语权的提升。

从本章分析的第二次世界大战结束到 20 世纪 90 年代初这一历史时期看，第二次世界大战结束到 20 世纪 70 年代末，是马克思主义国际话语权

---

① 参见徐崇温《怎样认识"西方马克思主义"》，重庆出版社，2012，第 83~84 页。

获得巨大提升的时期，是马克思主义国际话语权生成后最为辉煌的时期；从 20 世纪 80 年代到 90 年代初，是马克思主义国际话语权被严重弱化的时期，是马克思主义国际话语权遭受重大挫折的时期。与第四章提出的马克思主义国际话语权"大落与大起"既有联系又有区别，本章的"大起"是在第四章"大起"基础上的延续，因此，至 20 世纪 70 年代末马克思主义国际话语权提升到了有史以来的新高度；本章的"大落"是在本章"大起"基础上的"大落"，"大落"后毕竟至少五个社会主义国家存在，在这些国家中执政的仍然是马克思主义政党，在其他国家还有一些非执政的共产党的存在。因此，在本章所说的"大落"后马克思主义仍然拥有的马克思主义国际话语权大于第四章所说的"大落"后马克思主义仍然拥有的国际话语权。与第四章分析的情况相比，马克思主义国际话语权仍然表现为总体的上升趋势。

三　马克思主义国际话语权大起与大落的特点和经验

（一）马克思主义国际话语权大起与大落的特点

1. 话语主体建设遭遇重大波折

从二战结束到 20 世纪 70 年代末，马克思主义话语主体——主要从马克思主义政党角度而言，首先，有 16 个国家的马克思主义政党成为执政党。马克思主义政党在这些国家掌握了执政权，马克思主义成为这些党和国家的指导思想，成为这些国家受法律保护的官方意识形态，党领导的社会主义事业也取得了前所未有的成就。尽管 16 个国家似乎数量不多，但是，从东欧到东亚，东西南北连成一体，形成了拥有世界 1/3 人口和 1/4 土地的强大社会主义世界体系，从而根本改变了战后国际力量对比和世界格局，社会主义体系内的马克思主义群众基础也得到了极大的巩固。其次，欧美日等发达国家共产党数量共 30 多个，亚非拉等发展中国家也有 30 多个共产党，尽管在这些国家里共产党不是执政党，但是，力量都得到很大的增长，影响力进一步扩大。而 20 世纪 80 年代到 90 年代初，苏联和东欧国家执政党建设出现越来越严重的问题，突出的表现就是马克思主义在意识形态的指导地位越来越弱化。就苏联来说，在改革新思维的指导下，戈尔巴乔夫举起与无产阶级的世界观格格不入的"人道的民主的社会主义"的旗帜，倡导形式上的所谓民主化、公开性、多元化，但实质上严重背离科学社会主义基本原则，也就是放弃科学社会主义的基本原则等，结果是苏联共产党建设被严重破坏，最终导致苏联的解体。而东欧国家共产党也不重视自身建设，无视被西方扶持的反动势力的挑唆和破坏，最终丧失了执政地位。在这一时期，苏联和东欧国家的社会主义事业也越来越陷入困境，最终全部失败。总之，在本章讨论的时间范围内，马克思主义话语主体建设遭遇重大波折，其领导的社会主义事业遭遇重大挫折。

2. 马克思主义遭遇西方资本主义阵营极力打压

第二次世界大战后，先后16个马克思主义政党获得了执政权，其他国家的共产党也都获得了很大的发展，国际共产主义运动取得了巨大的成就。在这样的背景下，以美国为首的西方资本主义阵营迅速挑起与以苏联为代表的社会主义国家之间的冷战，他们大肆敌对社会主义，疯狂攻击马克思主义，极力美化资本主义，对社会主义国家进行和平演变等，这是东欧剧变、苏联解体的一个重要原因。西方对苏联和东欧国家的打压能够富有成效的原因众多，包括西方资本主义国家已经存在了几百年，已经获得了很大的发展，而且它们的崛起与发展是建立在全球侵略、扩张、掠夺的基础上的，但是这些事实都被严密掩盖；而现实社会主义国家都是建立在经济文化落后基础上的，建设时间很短，一些社会主义国家的人们对现实社会主义建设的特殊性、艰巨性、复杂性、长期性的认识严重不足等。这些因素导致对东西方差距根源的认识出现严重偏差甚至错误，最终导致了马克思主义国际话语权的严重下降。

3. 产生了不同流派的国外马克思主义

国外马克思主义是在一些国外马克思主义者根据自己对马克思恩格斯思想的认识和理解、结合其他一些理论流派和思潮、依据一定的时代背景等基础上形成和发展起来的。在第四章讨论的时间范围内，西方马克思主义形成并得到发展。在本章讨论的时间范围内，形成了仍然以西方马克思主义为主导，但是又产生了其他流派的国外马克思主义，国外马克思主义出现了多样化、多元化发展的总态势。根据上文界定，本书将国外马克思主义作为对马克思主义国际话语权演进的一个影响因素进行分析。在本章讨论的第一个时间段，即从第二次世界大战结束到20世纪70年代末，在对待国外马克思主义的问题上，各社会主义国家基本上都采取了排斥的态度。国外马克思主义中的东欧新马克思主义给东欧社会主义国家还带来了直接的负面影响，给苏联社会主义也带来了负面影响，成为东欧剧变、苏联解体的重要原因。所有这些方面都制约甚至削弱了马克思主义国际话语权。在 20 世纪 80 年代到 90 年代初，首先，苏联和东欧社会主义国家总体延续了对待国外马克思主义的这种态度。尤其是国外马克思主义中的一些消极、错误的观点没有受到应有的、深刻的批判和抵制，带来了广泛社会性的负面影响，比如人道主义观点被片面夸大，使马克思主义的阶级和阶级斗争理论被消解等，从而弱化了马克思主义国际话语权。其次，我国从 1978 年党的十一届三中全会以后才开始介绍西方马克思主义，受过去极左思潮的影响，在对待以西方马克思主义为代表的国外马克思主义的态度上存在比较明显的偏颇。但是，西方马克思主义当时才刚刚被介绍进来，对中国化马克思主义的发展并无明显影响。20 世纪 90 年代以来，在实事求是思想路线的指导下，我国逐渐形成正确的立场、观点和方法，因此后来马克思主义理论学科对国外马克思主义进行深入的研究，对其进行选择性的借鉴、吸收、批判和抵制等。综上所述，从马克思主义国际话语权演进的整体来看，苏联和东欧国家缺乏科学、正确的态度，不能对国外马克思主义作出有效甄别，由此制约了马克思主义国际话语权的提升。

4. 马克思主义国际话语权起落差距突出

笔者认为，从第二次世界大战结束到 20 世纪 70 年代末马克思主义国际话语权获得巨大提升。作出这一判断的主要根据是，马克思主义政党力量空前壮大，表现为有 16 个社会主义国家的共产党掌握了执政权，领导社会主义建设取得了很大的成绩，群众基础和空间范围获得了空前的发展，社会主义国家拥有世界 1/3 人口和 1/4 土地等。可以看到，马克思主义话语主体增加、社会主义国家取得了巨大成就、马克思主义群众基础扩大是这一时期马克思主义国际话语权巨大提升的主要表现。另外，非执政的马克思主义政党也获得了很大的发展，并拥有一定的群众基础和比较广阔的空间范围等。这一时期马克思主义政党领导的事业尽管也遇到一些障碍，但是成就极其突出。之所以说从 20 世纪 80 年代到 90 年代初马克思主义国际话语权急剧下降，主要是因为苏联和东欧马克思主义政党领导的事业遇到重大阻碍，表现为苏联和东欧社会主义国家改革失败，共产党失去执政地位，东欧剧变、苏联解体。在这样的背景下，非社会主义国家的共产党受到巨大冲击。除此之外，尽管中国、越南、老挝、朝鲜、古巴五国坚持走社会主义道路，取得了一些新成效，但是与东欧剧变、苏联解体对社会主义事业的打击相比，这些成效在当时显得微不足道。在这样的情况下，马克思主义国际话语权遭遇重大削弱。对本章讨论的时间范围内前后两个阶段进行对比，明显可以看出马克思主义国际话语权起落差距巨大，表现为大起大落。

（二）对马克思主义国际话语权大起与大落的经验总结

1. 马克思主义政党掌握执政权是提升马克思主义国际话语权的重要举措

马克思主义政党在马克思主义国际话语权演进过程中发挥着统领性作用。马克思主义政党掌握执政权意味着马克思主义被确立为党和国家的指导思想，马克思主义的传播和宣传得到合法的保护，将拥有广泛和深厚的群众基础，社会主义建设事业将得到实质性进展等。马克思主义执政党数量越多，社会主义事业就发展得越好，群众基础就越牢固，空间范围就越广泛等。因此，提升马克思主义国际话语权最有效的、最根本的举措是马克思主义政党获得执政权。同时，当获得了执政权后，马克思主义执政党又必然坚定不移地坚持马克思主义指导，切实有效地加强党的建设，行之有效地维护和巩固党的领导，这是本章讨论总结出的最重要的经验教训。东欧剧变、苏联解体是马克思主义国际话语权演进史上、国际共产主义运动史上的巨大挫折。但是，事件已经发生，一味地埋怨是无用的，真正的马克思主义者应该坚定不移地相信马克思主义的科学性和革命性，应该更深刻地认识到实现社会主义的长期性、复杂性、艰巨性，应该善于把坏事变成好事，深刻总结和接受经验教训，这样马克思主义国际话语权才必然会获得新的提升。

2. 国际共产主义运动取得成就将为提升马克思主义国际话语权奠定硬实力基础

导言中比较深入分析了马克思主义国际话语权的生成逻辑在于无产阶级的归属性、宗旨的利益性、理论的彻底性、实践的坚定性等。但是，这些逻辑无论怎么严密、深刻，说到底还是一种软实力。马克思主义国际话语权生成后要得到不断的提升、巩固、再提升、再巩固，根本的要取决于其指导实践取得成就所形成的硬实力，总体来说就是国际共产主义运动取得越来越大的成就，而根本的是马克思主义政党取得执政权后领导社会主义事业不断向前发展。社会主义是超越资本主义的制度，是摒弃资本主义现代化缺陷的新的现代化道路和克服资本主义现代性文明弊端的新的文明形态，有着前所未有的优越性。如果社会主义事业能够得到发展，使越来越多的人认识和感受到社会主义的优越性，那么，必然会有更多的人认同、接受为建设社会主义指导思想的马克思主义，马克思主义国际话语权必然会得到提升。在本章讨论的时期范围内社会主义事业的坎坷和曲折，从现实角度证明了社会主义事业成败对于马克思主义国际话语权起落的决定作用。因此，世界社会主义事业的发展将为马克思主义国际话语权的提升奠定硬实力基础。

3. 以科学的态度对待国外马克思主义创新和发展马克思主义

任何一种国外马克思主义都是在一定的条件下形成和发展起来的，这些条件包括客观和主观条件。国外马克思主义到了 20 世纪 20 年代后才开始形成，从客观方面看，国外马克思主义形成和发展的条件与同时期正统马克思主义（为了突出与"非正统马克思主义"的对照，这里也使用"正统马克思主义"的表述）的发展所面临的条件是相同的，之所以出现非正统马克思主义与正统马克思主义的分野，根本的原因在于非正统马克思主义者与正统马克思主义者的立场或观点或方法是不同的。如果其中的某一两个方面不同，非正统马克思主义与正统马克思主义之间有差异，但也有程度不同的共性之处，这些共性也可能是进一步的创新和发展；如果立场、观点和方法都不同，那么，这种所谓的非正统的马克思主义只是打着"马克思主义"旗号但实际上与马克思主义完全异质的思潮。马克思主义本来就是在吸收人类历史发展进程中的文明成果基础上形成的，开放性是其基本的特征，因此，在其发展过程中除了自身与实践的结合与时俱进之外，还需要以开放的态度对待不同的理论成果。正如上文所指出，积极的、正确的成果应该鉴别和吸收，消极的、错误的观点应该加以批判和驳斥，应在这样的过程中发展马克思主义。这样看来，以科学、辩证、发展的态度对待西方马克思主义，能推进马克思主义的发展。上文也指出，在本章讨论的时间范围内，总体看来，各社会主义国家缺乏科学、正确的态度，不能对国外马克思主义作出有效甄别，由此制约了马克思主义国际话语权的提升。

4. "两制共存"时代马克思主义政党及其事业应严防西方的和平演变

在社会主义与资本主义"两制共存"的世界历史时代，西方资本主义反对马克思主义、诋毁社会主义的一个重要办法就是开展对社会主义国家的和平演变。东欧剧变、苏联解体的一个重要原因就是西方的和平演变，但这不是唯一的原因，因为外因通过内因起作用，而和平演变只是外因。和平演变之所以能发挥作用，根本的原因在于内，内部存在的问题为外因起作用提供了条件。除此之外，还在于现实的两种社会形态历史方位的特殊性。现实社会主义都建立于经济文化落后的基础之上，这决定了这样的社会主义理论与实践的创新性，以及与之相伴随的建设的复杂性、长期性、艰巨性；西方现实资本主义建立时间长，它的崛起建立在侵略、殖民、掠夺基础上，但是西方资产阶级统治者由于其伪善的实质，为了维护其统治地位，无视人类正义的基本准则，以其相对较强的硬实力对现实社会主义进行疯狂攻击，对一些社会主义信仰缺失者、立场不坚定者进行欺骗利诱，从而达到和平演变的目的。在本章讨论的时期范围内这一情况非常严峻，这一教训极其深刻。因此，在社会主义未来的发展进程中，既要加强自身建设，同时也要加强反对和抵制西方的和平演变，推进科学社会主义不断发展，努力提升马克思主义国际话语权。

第六章
马克思主义国际话语权的缓慢提升

——从 20 世纪 90 年代初至今

在这一时期，马克思主义国际话语权在急剧下降至 20 世纪最低点后缓慢提升。东欧剧变、苏联解体后，科学社会主义事业陷入 20 世纪以来的历史最低潮，马克思主义过时论甚嚣尘上，马克思主义国际话语权衰落至 20 世纪以来的最低点。但是，当人类社会进入 21 世纪后，随着现实社会主义国家的顽强坚持并取得越来越大的成就，随着资本主义经济危机不断发生，随着资本主义与社会主义的发展出现即使微弱但是人们仍然可以察觉的此消彼长的态势，人们越来越发现人类社会的发展离不开马克思主义，"马克思的幽灵"始终伴随着现实的世界并给予发展方向方面的指导，于是马克思主义国际话语权缓慢提升。

一 马克思主义的新发展和国际宣传

（一）中国特色社会主义理论体系与其他马克思主义执政党理论的发展

1. 中国特色社会主义理论体系不断发展①

"三个代表"重要思想。"三个代表"重要思想是在邓小平理论基础上形成的，是在对冷战结束后国际局势科学判断、在科学判断党的历史方位和总结历史经验、在建设中国特色社会主义伟大实践的社会历史条件下形

---

① 参见《毛泽东思想和中国特色社会主义理论体系概论》，高等教育出版社，2021，第 132~205 页。

成的。中国共产党"必须始终代表中国先进生产力的发展要求，代表中国先进文化的前进方向，代表中国最广大人民的根本利益"，这是对"三个代表"重要思想的集中概括，是它的核心观点。发展是党执政兴国的第一要务、建立社会主义市场经济体制、全面建设小康社会、建设社会主义政治文明、推进党的建设新的伟大工程等构成"三个代表"重要思想的主要内容，是党和国家必须长期坚持的指导思想。

科学发展观。科学发展观是在深刻把握我国基本国情和新的阶段性特征、深入总结改革开放以来特别是党的十六大以来实践经验、深刻分析国际形势、顺应世界发展趋势、借鉴国外发展经验的社会历史条件下形成和发展起来的。第一要义是发展、核心立场是以人为本、基本要求是全面协调可持续、根本方法是统筹兼顾，这是对科学发展观的集中概括，是它的科学内涵。加快转变经济发展方式、发展社会主义民主政治、推进社会主义文化强国建设、构建社会主义和谐社会、推进生态文明建设、全面提高党的建设科学化水平等是科学发展观的主要内容。总之，党的十六大以来的实践昭示我们，科学发展观不仅是指导经济建设的理论，而且是指导各方面建设的理论；不仅是指导发展的理论，而且是指导党和国家各项工作的理论；不仅是指导实践、推动工作的有力武器，而且是帮助人们认识和把握社会发展规律的世界观方法论。实践充分证明，科学发展观是指导全面建成小康社会、发展中国特色社会主义的正确理论。

习近平新时代中国特色社会主义思想。习近平新时代中国特色社会主义思想是在中国特色社会主义进入新时代、世界正经历百年未有之大变局、中华民族伟大复兴正处于关键时期的社会历史条件下形成和发展起来的。党的二十大修订的《中国共产党章程》指出："习近平新时代中国特色社会主义思想是对马克思列宁主义、毛泽东思想、邓小平理论、'三个代表'重要思想、科学发展观的继承和发展，是当代中国马克思主义、二十一世纪马克思主义，是中华文化和中国精神的时代精华，是党和人民实践经验和集体智慧的结晶，是中国特色社会主义理论体系的重要组成部分，是全党全国人民为实现中华民族伟大复兴而奋斗的行动指南，必须长期坚持并不断发展。在习近平新时代中国特色社会主义思想指导下，中国共产党领导全国各族人民，统揽伟大斗争、伟大工程、伟大事业、伟大梦想，推动中国特色社会主义进入了新时代，实现第一个百年奋斗目标，开启了实现第二个百年奋斗目标新征程。"① 坚持和发展中国特色社会主义是习近平新时代中国特色社会主义思想的核心要义。习近平新时代中国特色社会主义思想涵盖了经济、政治、法治、科技、文化、教育、民生、民族、宗教、社会、生态文明、国家安全、国防和军队、"一国两制"和祖国统一、统一战线、外交、党的建设等各方面，其主要内容可以概括为"十个明确"和"十四个坚持"。"十个明确"是习近平新时代中国特色社会主义思想最重要、最核心的内容，是起支撑作用的"四梁八柱"，即"明确中国特色社会主义最本质的特征是中国共产党领导，中国特色社会主义制度的最大优势是中国共产党领导，中国共产党是最高政治领导力量，全党必须增强'四个意识'、坚定'四个自信'、做到'两个维护'；明确坚持和发展中国特色社会主义，总任务是实现社会主义现代化和中华民族伟大复兴，在全面建成小康社会的基础上，分两步走在本世纪中叶建成富强民主文明和谐美丽的社会主义现代化强国，以中国式现代化推进中华民族伟大复兴；明确新时代我国社会主要矛盾是人民日益增长的美好生活需要和不平衡不充分的发展之间的矛盾，必须坚持以人民为中心的发展思想，发展全过程人民民主，推动人的全面发展、全体人民共同富裕取得更为明显的实质性进展；明确中国特色社会主义事业总体布局是经济建设、政治建设、文化建设、社会建设、生态文明建设五位一体，战略布局是全面建设社会主义现代化国家、全面深化改革、全面依法治国、全面从严治党四个全面；明确全面深化改革总目标是完善和发展中国特色社会主义制度、推进国家治理体系和治理能力现代化；明确全面推进依法治国总目标是建设中国特色社会主义法治体系、建设社会主义法治国家；明确必须坚持和完善社会主义基本经济制度，使市场在资源配置中起决定性作用，更好发挥政府作用，把握新发展阶段，贯彻创新、协调、绿色、开放、共享的新发展理念，加快构建以国内大循环为主体、国内国际双循环相互促进的新发展格局，推动高质量发展，统筹发展和安全；明确党在新时代的强军目标是建设一支听党指挥、能打胜仗、作风优良的人民军队，把人民军队建设成为世界一流军队；明确中国特色大国外交要服务民族复兴、促进人类进步，推动建设新型国际关系，推动构建人类命运共同体；

---

① 《中国共产党章程》，人民出版社，2022，第3~4页。

明确全面从严治党的战略方针，提出新时代党的建设总要求，全面推进党的政治建设、思想建设、组织建设、作风建设、纪律建设，把制度建设贯穿其中，深入推进反腐败斗争，落实管党治党政治责任，以伟大自我革命引领伟大社会革命。这些战略思想和创新理念，是党对中国特色社会主义建设规律认识深化和理论创新的重大成果"①。"十四个坚持"是新时代坚持和发展中国特色社会主义的基本方略，是落实习近平新时代中国特色社会主义思想的实践要求，即坚持党对一切工作的领导，坚持以人民为中心，坚持全面深化改革，坚持新发展理念，坚持人民当家作主，坚持全面依法治国，坚持社会主义核心价值体系，坚持在发展中保障和改善民生，坚持人与自然和谐共生，坚持总体国家安全观，坚持党对人民军队的绝对领导，坚持"一国两制"和推进祖国统一，坚持推动构建人类命运共同体，坚持全面从严治党。"十个明确"和"十四个坚持"相互融合、有机统一，系统回答了新时代坚持和发展什么样的中国特色社会主义、怎样坚持和发展中国特色社会主义的问题，体现了习近平新时代中国特色社会主义思想理论与实际相结合、认识论与方法论相统一的鲜明特色。习近平新时代中国特色社会主义思想是当代中国马克思主义、21世纪马克思主义，是中华文化和中国精神的时代精华，实现了马克思主义中国化新的飞跃。

2. 其他社会主义国家马克思主义执政党的理论发展②

东欧剧变、苏联解体后，除中国之外，越南、老挝、朝鲜、古巴四个社会主义国家，也进行着各具特色的社会主义建设理论与实践的新探索。越南在革新道路上不断探索，1991年6月召开的越共七大首次正式提出越南本土化的马克思主义——胡志明思想。越南共产党认为，胡志明思想源于马克思列宁主义，又发展了马克思列宁主义。越共十一大通过的《越南社会主义过渡时期国家建设纲领》（2011年）指出："胡志明思想是关于越南革命的基本问题的全面而深刻的系统观点，是创造性地运用和发展马克思列宁主义于我国的具体条件的结果，它继承和发展了我国民族的优良传统价值，吸收了人类文明的精华；它是我们党和我国人民无比巨大而宝

---

① 《中共中央关于党的百年奋斗重大成就和历史经验的决议》，人民出版社，2021，第24~25页。
② 参见高放、李景治、蒲国良主编《科学社会主义的理论与实践》，中国人民大学出版社，2014，第171~225页。

贵的精神财富，永远照亮我国人民争取革命事业胜利的道路。"① 2001 年 4 月的越共九大是 21 世纪后越南召开的一次承前启后、继往开来的大会。大会把 "社会主义定向的市场经济" 确定为经济体制改革的目标模式，并明确把民主确定为越南社会主义的理想目标之一。2006 年 4 月，越共召开了第十次全国代表大会。大会确定越南 2006~2010 年的总目标是：为在 2020 年成为现代工业化国家奠定基础。大会的另一个亮点是政治体制改革迈出了较大的步子，开始了党的最高领导人差额选举的尝试。

东欧剧变、苏联解体后，老挝没有放弃社会主义，继续把马克思主义基本原理同本国的具体实际相结合，探索社会主义发展的新路，对马克思主义如何本土化进行了理论探索，在始终坚持马克思列宁主义指导思想、科学认识社会主义发展模式和阶段、积极探索社会主义发展动力、清醒判断当今的时代特征等方面形成了丰富的本土化理论成果，为老挝建设具有本国特色社会主义、实行社会主义革新开放等提供了科学的理论指导。②

1994 年金日成逝世后，金正日于 1997 年任朝鲜劳动党总书记。金正日把金日成的主体思想进一步系统化，并称之为金日成主义，认为它是同马克思列宁主义有区别的独创的革命思想。1998 年，朝鲜最高人民会议通过的新宪法继续将主体思想规定为朝鲜的指导思想。2011 年 12 月，金正日逝世，金正恩掌握朝鲜大权。2012 年 4 月 6 日，金正恩发表文章宣布将朝鲜劳动党的指导思想更改为金日成—金正日主义。

古巴共产党马克思主义本土化的理论成果是菲德尔·卡斯特罗思想，这一思想将何塞·马蒂思想和马克思列宁主义结合起来。何塞·马蒂作为古巴独立运动领袖、思想家和诗人，在古巴拥有崇高的威望，对于古巴革命作出了巨大的贡献，其思想是古巴共产党的重要指南。何塞·马蒂思想和马克思列宁主义的结合，突出了古共的民族性、本土性，既符合古巴历史和现实的需要，又保证了马克思主义的指导地位，这体现了古巴共产党人的智慧。卡斯特罗思想主要包括：反对帝国主义、坚持民族独立、坚持社会平等公正、塑造社会新人、坚持无产阶级国际主义、正确看待全球

---

① 转引自潘金娥、周增亮《21 世纪越南马克思主义研究：路径与成果》，《世界社会主义研究》2018 年第 10 期。

② 参见齐英艳《马克思主义在老挝发展的经验启示》，《思想战线》2015 年第 5 期。

化、全面加强党的建设、正确对待宗教等。① 东欧剧变、苏联解体后，古巴挡住由此带来的冲击。1993 年 7 月 26 日，在纪念攻打"蒙卡达"兵营 40 周年大会上，菲德尔·卡斯特罗宣布为了拯救革命、拯救社会主义，必须采取几项重大经济改革措施，这标志着古巴改革正式开始。总的来说，古共深刻认识到，要坚持社会主义、实现社会主义，一定不能照搬外国模式，要寻找自己的道路、自己的办法，坚决走古巴自己的社会主义道路。实践证明，社会主义改革与建设并没有固定的模式和方法，只有从本国实际出发才能取得成功。这是经历了世界社会主义大起大落坎坷后得出的马克思主义结论。

相比较而言，中国共产党的创新理论成果内容最丰富，影响最大，作用也最显著。中国是一个有着 14 亿多人口的国家，而世界上发达资本主义国家人口总和也就是 10 亿左右，中国发生的重大事件都具有明显的世界历史性影响。东欧剧变、苏联解体以来，中国共产党励精图治、艰辛探索，中国特色社会主义建设也取得了巨大成就，从 2010 年开始我国成为世界第二大经济体，2019 年我国 GDP 总量已近 100 万亿元，按美元计算人均达 1 万美元。这样的成果保障了 2020 年全面建成小康社会。同时，党的十九大明确规划了到 2035 年基本实现社会主义现代化和 2050 年建成社会主义现代化强国的宏伟目标，中华民族正在伟大复兴的道路上稳步前进。

（二）现实社会主义国家对马克思主义的宣传

1. 中国共产党开展的对马克思主义的宣传、学习和教育

面对东欧剧变、苏联解体带来的急剧动荡的世界形势，面对东欧剧变、苏联解体带来的对科学社会主义和马克思主义的巨大冲击，西方发达资本主义国家欢呼雀跃，高调宣布社会主义和马克思主义失败了，资本主义胜利了，一时间"历史终结论"甚嚣尘上。然而，中国党和国家领导人沉着应对、冷静观察。1990 年 7 月 11 日，邓小平在会见加拿大前总理特鲁多时指出："东欧事件发生后，我跟美国人说，不要高兴得太早，问题还复杂得很。"② 1992 年初，邓小平在南方谈话中十分坚定地指出，我国

---

① 参见李辽宁、闻燕华《古巴马克思主义理论教育的特点及启示》，《社会主义研究》2006 年第 6 期。
② 《邓小平文选》第 3 卷，人民出版社，1993，第 360 页。

"不坚持社会主义，不改革开放，不发展经济，不改善人民生活，只能是死路一条。基本路线要管一百年，动摇不得"，"我坚信，世界上赞成马克思主义的人会多起来的，因为马克思主义是科学。它运用历史唯物主义揭示了人类社会发展的规律。……一些国家出现严重曲折，社会主义好像被削弱了，但人民经受锻炼，从中吸收教训，将促使社会主义向着更加健康的方向发展。因此，不要惊慌失措，不要认为马克思主义就消失了，没用了，失败了。哪有这回事！""我们要在建设有中国特色的社会主义道路上继续前进。"① 等等。这些振聋发聩的话语在今天看来都掷地有声，让人长久地沉思和惊叹于我们党对历史的洞察力。在南方谈话中，邓小平还提出了许多有新意、切实解决了我国当时面临的困惑和难题的新观点，成为我国继续发展中国特色社会主义新的宣言书，使我们在当时世界风云变幻的形势下初步稳住了阵脚。这不仅说明了中国共产党及其领导人的高超智慧，而且体现了他们对科学社会主义和马克思主义的坚定信仰。从那时至今，我国一直坚持着对马克思主义的学习、宣传和教育。

（1）兴起全党学习马克思主义的新高潮。1992 年初邓小平南方谈话后，同年 10 月召开的党的十四大，强调要坚定不移地走中国特色社会主义道路，坚定理想信念，指出建设有中国特色社会主义是指引我们实现新的历史任务的强大思想武器，学习马克思列宁主义毛泽东思想，中心内容是学习建设有中国特色社会主义理论，号召党员领导干部首先是高级干部要带头学好用好。学习要联系实际。由此可见，党的十四大的召开标志着中国共产党在东欧剧变、苏联解体的严峻形势下，能够坚定地站稳脚跟，看准方向，坚定不移地坚持和发展马克思主义，沿着科学社会主义道路前进。

在这一过程中，中国共产党特别强调加强党的领导干部建设。江泽民指出："要加强领导，首先必须加强对干部特别是领导干部的教育，努力提高他们的素质、责任感和工作水平。改革开放和现代化建设越深入，越要加强对干部的教育。这是摆在全党面前的一项严重任务。""在对干部进行教育当中，要强调讲学习，讲政治，讲正气。"② "三讲"教育对改革开

---

① 《邓小平文选》第 3 卷，人民出版社，1993，第 370~371、382~383 页。
② 《江泽民文选》第 1 卷，人民出版社，2006，第 483 页。

放和社会主义现代化建设中的马克思主义学习起了巨大的推动作用。讲学习，最主要的就是要学习马克思列宁主义和中国化的马克思主义。要学习、学习、再学习。讲政治，最主要的就是要始终坚持四项基本原则，警惕西方敌对势力西化、分化我国的政治图谋。讲正气，最主要的就是必须有正义感，有一腔浩然正气，坚定不移地践行全心全意为人民服务的宗旨，是全党首先是各级领导干部必须坚持树立和发扬的最大的正气。如此看来，"三讲"紧密相连，构成一个整体，核心就是要把中国共产党建设成为一个经得起风浪考验的马克思主义执政党。

（2）加强全体人民的马克思主义学习教育。党的十四届六中全会除了提出在领导干部中开展"三讲"教育活动，同时还提出要"努力提高全民族思想道德素质"。要加强社会公德、职业道德、家庭美德建设，要坚持马克思列宁主义、毛泽东思想，特别是用邓小平建设有中国特色社会主义理论武装全党、教育干部和人民，坚持用马克思主义立场观点方法研究新情况、解决新问题，在全社会形成团结互助、平等友爱、共同前进的人际关系，坚定共产主义理想信念，等等。因此，在全体人民中也开展了普遍的马克思主义学习教育活动。

（3）实施马克思主义理论研究和建设工程。在新世纪新阶段，2004年1月中共中央下发了《关于进一步繁荣发展哲学社会科学的意见》。为此，2004年4月中央专门召开工作会议进行贯彻落实这项重大部署，提出实施马克思主义理论和建设工程，进一步加强马克思主义理论队伍建设，形成充分反映当代中国马克思主义最新成果的学科体系和教材体系，形成一支老中青三结合的马克思主义理论研究和教学骨干队伍。2004年8月，中共中央、国务院发布《关于进一步加强和改进大学生思想政治教育的意见》。2005年5月，中央宣传部、教育部联合下发了《关于加强和改进高等学校哲学社会科学学科体系与教材体系建设的意见》，提出要大力开展马克思主义理论体系、马克思主义发展史和马克思主义中国化研究，在一级学科中，设立马克思主义理论学科。要根据中央实施工程的战略部署和总体要求，全面开展高等学校哲学社会科学重点教材建设工作。2005年12月，中国社会科学院成立马克思主义学院，此后出版了包括10卷本的《马克思恩格斯文集》和5卷本的《列宁专题文集》在内的一系列马克思主义经典文献、系列教材和宣传读本等。同时，在这一过程中一些高校成立了马克思主义学院于（此前只有北京大学 1992 年成立马克思主义学院），2011 年 1 月教育部颁发了一号文件《高校思想政治理论课建设标准（暂行）》，提出推动高校思想政治理论课教学科研二级机构的独立设置，从而推动了新的一批马克思主义学院的成立，后来又陆续颁发了马克思主义学院建设标准，并不断地推出修订本。高校马克思主义学院的成立和标准化建设对宣传传播马克思主义发挥了重要作用。党的十八大以来，马克思主义理论研究和建设工程发展到了新阶段，各级党组织和广大党员干部坚定不移地用习近平总书记重要讲话精神和治国理政新理念新思想新战略武装头脑，深入研究阐释党的最新理论成果，不断增强马克思主义说服力、影响力、战斗力。由此可见，实施马克思主义理论研究和建设工程是 20 世纪 90 年代以来在全党、全国人民中兴起马克思主义学习高潮的又一重大举措，在学习、宣传马克思主义方面不仅体现了彻底的坚定性，而且体现了与时俱进的创新性。

（4）党的十八大以来习近平主持召开相关座谈会推进马克思主义学习和宣传。党的十八大以来，党中央先后召开了全国宣传思想工作会议、文艺工作座谈会、新闻舆论工作座谈会、网络安全和信息化工作座谈会、哲学社会科学工作座谈会、学校思想政治理论课教师座谈会等，这些会议对加强和改进宣传思想文化工作和理论研究发挥了重要作用，而后两个座谈会特别强调了对马克思主义的学习和宣传。2016 年 5 月 17 日，在哲学社会科学工作座谈会上的讲话中，习近平指出，要坚持马克思主义在我国哲学社会科学领域的指导地位，我国哲学社会科学的一项重要任务就是继续推进马克思主义中国化、时代化、大众化；继续发展 21 世纪马克思主义、当代中国马克思主义；坚持以马克思主义为指导，要解决真懂真信的问题，核心要解决好为什么人的问题，最终要落实到怎么用上来；在构建中国特色哲学社会科学过程中，在指导思想、学科体系、学术体系、话语体系等方面充分体现中国特色、中国风格、中国气派等。① 2019 年 3 月 18 日，在学校思想政治理论课教师座谈会上，习近平指出，我们对思想政治工作高度重视，始终坚持马克思主义指导地位，大力推进中国特色社会主

---

① 参见《习近平在哲学社会科学工作座谈会上的讲话》，《人民日报》2016 年 5 月 19 日。

义理论体系建设，为思政课建设提供根本保证；不断深入认识和把握共产党执政规律、社会主义建设规律、人类社会发展规律；强化"四个自信"；以彻底的思想理论说服学生，用真理的强大力量引导学生；等等。①

尽管东欧剧变、苏联解体后，国际风云变幻莫测，在那艰难的境地里，中国共产党仍然临危不乱，坚定马克思主义信念。30 多年来，中国共产党推进马克思主义中国化，不仅指导我国改革开放和中国特色社会主义建设取得越来越大的成就，而且推进了马克思主义的大发展，使马克思主义从被怀疑、质疑甚至被否定到被越来越多的人接受和认同，用事实证明了"历史终结论"的终结。中国的发展甚至改变了人类社会发展的格局，使马克思主义越来越深得人心。

2. 其他社会主义国家执政党对马克思主义的学习、宣传和教育

东欧剧变、苏联解体后其他社会主义国家执政党也加强对马克思主义的学习、宣传和教育。古巴共产党要求每个党员都要分别到不同级别的党校进行长期和短期的政治培训。教师、科学家、新闻记者以及文化和艺术工作者也要提高马克思列宁主义水平。在这种思想的指导下，古巴的马克思主义理论教育形成了学校与社会的双向互动局面：一方面，学校的理论学习与社会实践紧密结合，通过学习解决思想认识问题；另一方面，社会全体成员日益受到学校教育的影响，其马克思主义的理论素质得到了很大提高。卡斯特罗曾指出，要努力把党校、共产主义青年联盟和群众组织的学校以及政治思想培训中心，都变成进行马克思列宁主义教育的模范机构。②

越南、老挝、朝鲜也都重视针对不同的对象通过多种形式加强对马克思主义的学习、宣传和教育，对广大党员、工人群众加强马克思主义教育，使其树立共产主义信念，加强学校尤其是高校的马克思主义教育，培养社会主义建设者和接班人。通过这些举措，深化人们对坚持和发展马克思主义的必要性和重要性的认识，在风云变幻的世界百年未有之大变局中，坚持以马克思主义为指导，坚定不移地走具有本国特色的社会主义道路。

---

① 参见《用新时代中国特色社会主义思想铸魂育人　贯彻党的教育方针落实立德树人根本任务》，《人民日报》2019 年 3 月 19 日。

② 参见夏小华、周建华《当代社会主义国家马克思主义理论教育的经验及启示——以古巴、越南为例》，《当代世界与社会主义》2009 年第 3 期。

二　马克思主义国际话语权的缓慢提升

（一）各国共产党的力量获得一定的恢复和发展

东欧剧变、苏联解体后，世界上共产党的数量由 180 多个减少到 130 多个，但是，在经历东欧剧变、苏联解体那一至暗时刻后，这些现存共产党的力量都逐渐得到了程度不同的恢复和发展。第一，在现存的五个社会主义国家执政的共产党力量不断壮大。中国共产党稳定阵脚，坚定信念，坚定不移地加强自身建设。党政军民学，东西南北中，党是领导一切的，党越来越发挥总揽全局、协调各方的作用，目前已经发展成为拥有 9000 多万名党员的世界第一大党。越南共产党是越南的唯一执政党。越南共产党始终坚持以马克思列宁主义和胡志明思想为指导，始终牢记"越南共产党不但是执政党，而且是越南唯一的政党。因此，党的建设具有特殊重要的意义，它关系国家的前途和命运"①。2008 年数据显示，越共党员人数为 310 多万，约占全国人口总数的 3.7%②，是目前世界上仅次于中国共产党的第二大马克思主义执政党。老挝人民革命党于 1989 年 10 月召开的四届八中全会提出仍然要坚持社会主义的目标、马克思主义的指导思想，坚持党的领导。1991 年老挝人民革命党召开五大，进一步强调要"有原则"，就是要以马克思列宁主义为思想理论基础，充分认识基本国情，不偏离社会主义道路。2016 年老挝人民革命党的十大把凯山·丰威汉思想与马克思列宁主义并列确立为党的指导思想；强调加强党的组织、作风、制度建设等。2016 年数据显示，老挝人民革命党拥有 20 多万名党员③，党员人数占全国人口的比例大约为 3%。朝鲜劳动党继续加强自身建设，在思想建设方面，将党的指导思想由原来的"主体思想"修订为"金日成—金正日主义"。在组织建设方面，强化党的唯一领导体系与党内团结。在党与人民群众的关系方面，强调以民为天，把人民团结在党的周围等。这些建设和

---

① 潘金娥等：《越南革新与中越改革比较》，社会科学文献出版社，2015，第 157 页。
② 参见中央对外联络部研究室《越南共产党重视新时期党的基层组织建设》，《党建》2008 年第 12 期。
③ 参见方文《老挝人民革命党第十次全国代表大会述评》，《学术探索》2016 年第 3 期。

改革，使朝鲜在面对国内外的重重难关时表现出顽强的生命力。① 古巴共产党坚持走社会主义道路，绝不后退。在思想建设方面，重视完善党的指导思想，1991 年古共四大创造性地把具有民族特色的何塞·马蒂思想融入党的指导思想，突出古共的民族性和本土性。在组织建设方面，强调精简机构，吸收新鲜血液。在作风建设方面，加强党风廉政建设，进一步增强党的公信力。古巴建立各级群众信访办公室，在社区、饭店、公园、汽车站等公共场所派专人收集各方面意见。这些措施为领导层及时准确地了解民情提供了保证。② 综上所述，东欧剧变、苏联解体后，在现实社会主义国家执政的共产党都逐渐得到了程度不同的发展，力量不断增强。

第二，原苏联加盟共和国和东欧国家共产党得到一定的恢复和发展。在东欧剧变、苏联解体后，真正的共产党人没有放弃自己的理想和奋斗目标，他们在艰难困苦中努力前行，积极而迅速地展开了恢复共产党组织和活动的斗争。1992 年，俄罗斯共产党就叶利钦总统的"禁共令"是否违反宪法向俄宪法法院提出申诉，经过共产党人半年多的反复斗争，俄宪法法院在同年 11 月 30 日作出一个折衷性的判决：确认总统禁止共产党高层领导机构活动符合宪法，而解散共产党区级以下组织违反宪法。这个"世纪审判案"实际上肯定了俄罗斯共产党合法生存和展开活动的权利。在此事件的影响、推动下，东欧中亚各国共产党人也都展开了求生存、求发展的不屈不挠的斗争，各国的"禁共令"在 1993 年 3 月到 12 月这一段时间里被纷纷取消。各国共产党开始走上了各自的艰难复兴之路。③ 东欧剧变、苏联解体后，东欧中亚地区由原来的 10 个国家分裂成了 27 个国家。在短短的几年时间里，东欧中亚各国就建立了数十个共产党性质的政治组织，有的组织还发展很快，已成为本国政治生活中举足轻重的政治力量。俄共在 1992 年底被允许恢复活动，1993 年 2 月俄共在莫斯科举行重建大会，通过了党的纲领性声明和新党章，选举了新的领导人。1993 年俄共在司法部重新注册，注册党员人数为 50 万。1995 年，俄共发展成为拥有 55 万名

---

① 荀寿潇：《浅析近年来朝鲜劳动党加强团结的举措》，"改革与创新——当代世界社会主义的理论与实践"学术研讨会暨当代世界社会主义专业委员会 2014 年年会，福州，2014 年 11 月。
② 参见高放、李景治、蒲国良主编《科学社会主义的理论与实践》，中国人民大学出版社，2014，第 216~217 页。
③ 参见沈云锁、潘强恩主编《共产党通史》第 1 卷下册，人民出版社，2011，第 630~631 页。

成员的俄罗斯第一大党，在后来的国家杜马选举中获得多数议席。另外，在俄罗斯还有一些主张以马克思列宁主义为指导的共产党组织，如俄罗斯共产主义工人党、全联盟布尔什维克共产党、俄罗斯共产党人党、俄罗斯共产党人联盟、俄罗斯劳动人民社会党等。但是，这些党大都只有几千人，在俄罗斯影响不大。除此之外，其他国家也都恢复共产党的活动。摩尔多瓦共产党人党是前苏联地区第一个通过选举上台执政的共产党；乌克兰共产党是乌克兰的第一大党；这一地区还有白俄罗斯共产党人党、塔吉克斯坦共产党、哈萨克斯坦共产党、亚美尼亚共产党，东欧地区有 8 个国家恢复和重建了共产党，分别是匈牙利工人党、波兰共产主义者联盟"无产者"、捷克—摩拉维亚共产党、"91"—斯洛伐克共产党、共产主义者联盟—维护南斯拉夫运动、南斯拉夫新共产主义运动党、罗马尼亚社会主义劳动党、重建的罗马尼亚共产党、保加利亚共产党、阿尔巴尼亚共产党。这些共产党组织在东欧剧变、苏联解体后，重举马克思列宁主义旗帜，为实现社会主义理想而奋斗。①

第三，发达资本主义国家共产党得到保留和一定的恢复与发展。东欧剧变、苏联解体使发达资本主义国家的共产党受到很大冲击，其政治力量和影响力严重下降，但是在东欧剧变、苏联解体后仍然得到保留和一定的恢复与发展。"目前多数发达国家仍然存在着共产党，各派共产党人仍在不屈不挠地为自己的理想和信念而斗争。"② 首先，西欧共产党。法国共产党在东欧剧变、苏联解体后，认真总结失败的教训，1996 年法共二十九大正式提出用"超越资本主义"的"新共产主义"论，代替了 1976 年提出的"法国色彩的社会主义"论，并注入新的内容。这一理论创新为欧洲社会主义思想的发展注入了新鲜活力，为欧洲共产党探索有欧洲特色的社会主义道路提供了新思路和新方法，对 21 世纪社会主义运动在欧洲的复兴起了推动作用。意大利共产党曾经是欧洲和西方发达国家最大的共产党，东欧剧变、苏联解体后不复存在。但是，在它的基础上，产生了两个新的政党，一是意大利"左翼民主党"，二是意大利"重建共产党"。"左翼民主党"实际上否定了马克思创立的科学社会主义基本纲领。而意大利重建共

---

① 参见沈云锁、潘强恩主编《共产党通史》第 1 卷下册，人民出版社，2011，第 631~636 页。
② 沈云锁、潘强恩主编《共产党通史》第 1 卷下册，人民出版社，2011，第 687 页。

产党则继续坚持共产主义信念，继续为社会主义和共产主义而奋斗。1993年，重建共产党就发展为拥有15万党员的大党，成为东欧剧变、苏联解体后西欧地区力量最大的共产党之一。1991年12月，在东欧剧变、苏联解体的同时，西班牙共产党召开十三大，坚持为社会主义和共产主义理想奋斗不变的"主流派"同主张取消党的"取消派"进行了激烈的斗争，最后以"主流派"获胜而结束，大会通过了《西班牙共产党致左派宣言》。西班牙共产党十三大的历史功绩在于，使东欧剧变、苏联解体冲击下的西共顶住了党内外、国内外的压力，坚持马克思主义、共产主义理想，使得这个有70多年历史的共产党得以保存下来，西共始终在为自身的发展不懈努力。此外，西欧共产党还有希腊共产党、葡萄牙共产党，北欧各国共产党包括荷兰共产党、丹麦共产党、挪威共产党、瑞典左翼党等。其次，美国共产党。东欧剧变、苏联解体后，美国共产党得以继续保留，至今继续保持着对诸如钢铁工人工会等几个主要工会的影响，积极参加反种族主义、反警察暴力、反资本主义全球组织（世贸组织、国际货币基金组织）的斗争。目前美共在美国左翼政党中是人数最多、影响也最大的党。再次，日本共产党。日本共产党是日本政坛上一支具有重大影响的左翼力量，其队伍庞大，1990年日本共产党有党员48万人，受东欧剧变、苏联解体的影响，1994年减少到36万人，2000年恢复到38万人。日共在近百年的发展历程中，经历了无数的艰辛与曲折，目前仍然在努力探索在发达资本主义国家实现社会主义的道路。最后，加拿大、澳大利亚共产党。东欧剧变、苏联解体后，加拿大共产党严重分裂，党员人数从3000名减少到约600名，加拿大共产党重申它是建立在马克思列宁主义科学原理之上的加拿大工人阶级的革命政党，力争为解决现行制度内部的矛盾和危机作出贡献。澳大利亚的共产党组织比较复杂，大致由三股力量组成：成立于1920年的澳大利亚共产党，成立于1996年的新澳大利亚共产党及成立于1964年的澳大利亚共产党（马列）。东欧剧变、苏联解体后，原澳大利亚共产党解散；1996年，成立于1971年的澳大利亚社会主义党更名为澳大利亚共产党（新澳大利亚共产党），现有党员数百人；当前仍扛共产主义大旗的当属澳大利亚共产党（马列），现有党员数百人。1992年12月，澳大利亚共产党（马列）召开八大时重申，党的最终目标是建立一个具有高水平生产力和文化的无产阶级共产主义社会。该党强调坚持马克思列宁主义，坚持工人阶级和共产党的领导，把马克思列宁主义与澳大利亚实际相结合。①

　　第四，发展中国家共产党得到一定的保留、恢复和发展。东欧剧变、苏联解体给发展中国家的共产党带来的冲击和震动要比给发达国家的共产党带来的冲击和震动小。在东欧剧变、苏联解体的冲击下，发展中国家的共产党虽然自身也发生了一定的变化，但是除少数党更名、变性、垮掉以外，大多数党都坚持了下来，并没有出现长期的、严重的混乱，有的党还有新的发展，"目前，发展中国家非执政的共产党有 50 多个，各共产党多次召开代表大会，和其他会议，深入分析苏东剧变的原因，探索其中的经验教训，重申对社会主义和共产主义的坚定信念"②。下面择其要者作一概述。在亚洲，力量最大的是印共（马）和印共。印共（马）党员人数从东欧剧变、苏联解体前的 46.5 万发展到当前的 63 万，印度共产党有党员 56 万人。尼泊尔共产党（联合马列）由 20 世纪 70 年代初的左翼小党，经过几年的时间一跃成为尼泊尔最大的政党。在非洲，南非共产党有较大的发展，党员人数由 1990 年的 2 万发展到现存的 8 万。塞浦路斯劳动人民进步党在国内政治生活中具有较大的影响力，现有 4 万名党员。在拉丁美洲，哥伦比亚共产党控制着全国最大的工会组织，有会员约 100 万人。萨尔瓦多共产党由 1992 年的约 1 万人，发展到目前的 6 万人。墨西哥民主革命党 1989 年组建时党员人数不多，现已发展到 127.2 万人，成为墨西哥第三大合法政党。巴西共产党由东欧剧变、苏联解体前的 9 万人发展到今天的 20 万人。这些非执政的发展中国家共产党坚持马克思列宁主义的旗帜和共产主义理想，普遍坚持党的性质不变，面对现实，冷静观察，调整斗争策略和具体政策，在实践中探索适合本国特点的革命建设道路。③

　　这里要强调指出的是，世界共产党是当下最主要的马克思主义话语主体，也是当下考察马克思主义国际话语权最重要的视角之一。但是，在东欧剧变、苏联解体后，有少数的机构、组织以及有世界影响力的个人通过各种形式纪念马克思恩格斯。比如，法国《当代马克思》杂志联合上百家的左翼刊物和研究机构，每隔三年召开国际马克思大会，参会人数有五六百人。第一届国际马克思大会于 1995 年在法国巴黎举行，时值恩格斯逝世

---

①　参见沈云锁、潘强恩主编《共产党通史》第 1 卷下册，人民出版社，2011，第 687~784 页。
②　沈云锁、潘强恩主编《共产党通史》第 1 卷下册，人民出版社，2011，第 792 页。
③　参见沈云锁、潘强恩主编《共产党通史》第 1 卷下册，人民出版社，2011，第 791~794 页。

100 周年，主题是"马克思主义 100 年回顾与前瞻"，此次会议出版了论文集。第二届国际马克思大会于 1998 年在巴黎召开，主题是"反对新自由主义"。第三届国际马克思大会于 2001 年 9 月在巴黎召开，这是新世纪的第一次国际马克思大会，主题是"资本与人类"，大会对人类和资本主义的新发展进行了探讨。第四届国际马克思大会于 2004 年 9 月在巴黎举行，主题为"帝国主义战争和社会战争"，与会学者从 13 个专题对马克思的思想和马克思主义学说进行了广泛的研讨和交流，大会首次设立了"拉丁美洲平台"和"中国论坛"。第五届国际马克思大会于 2007 年 10 月在巴黎召开，主题是"替代全球主义、反资本主义与世界政治选择"。第六届国际马克思大会于 2010 年 9 月在巴黎召开，大会主题是"危机、反抗、乌托邦"。再比如，东欧剧变、苏联解体之后，当代西方最为著名的四位思想家德里达、詹姆逊、哈贝马斯、吉登斯不约而同地走向马克思。四大思想家给我们的启示是：立足现实而不是理论，区分马克思主义理论中的"死东西"与"活东西"，重树马克思主义在群众中的威信。[①] 历史地看，这些机构和著名学者的活动对马克思主义走出危机、摆脱困境、提升话语权发挥过积极作用。

（二）共产党的国际分布范围在拓展

从上文的分析中可以清楚地看到，东欧剧变、苏联解体后共产党组织和共产党员人数都减少了，但是共产党组织仍然遍布国际范围。五个现存的社会主义国家中有四个在亚洲，即中国、越南、老挝、朝鲜。除此之外，还有日本共产党、印共（马）和印共、尼泊尔共产党（联合马列）等。在欧洲，一些发达资本主义国家也有共产党，如法国共产党、意大利重建共产党、西班牙共产党、希腊共产党、葡萄牙共产党、荷兰共产党、丹麦共产党、挪威共产党、瑞典左翼党等；原苏联加盟共和国和东欧地区有独联体国家的俄罗斯共产党、摩尔多瓦共产党人党、乌克兰共产党、白俄罗斯共产党人党、塔吉克斯坦共产党、哈萨克斯坦共产党、亚美尼亚共产党等，东欧地区有"91"—斯洛伐克共产党、共产主义者联盟—维护南斯拉夫运动、南斯拉夫新共产主义运动党、罗马尼亚社会主义劳动党、重

---

① 参见陈学明、马拥军《马克思主义的命运——苏东剧变后西方四大思想家走近马克思的启示》，载《当代国外马克思主义评论》第 2 辑，复旦大学出版社，2001，第 29~68 页。

建的罗马尼亚共产党、保加利亚共产党、阿尔巴尼亚共产党等。在美洲，有北美地区的美国共产党、加拿大共产党，拉美地区有现存五个社会主义国家之一的古巴共产党，还有哥伦比亚共产党、萨尔瓦多共产党、墨西哥民主革命党、巴西共产党等。在大洋洲有澳大利亚共产党等。共产党组织的这种空间分布具有国际性特征，其分布空间范围在缓慢拓展。

（三）各国共产党仍然巩固着群众基础

首先，在现存五个社会主义国家执政的共产党具有广泛的群众基础。目前，中国的总人口数量超过 14 亿，五个国家总人口合计超过 15 亿，当前世界人口总数接近 80 亿，五国人口占世界人口比例超过 18%。在这一总人口数量中，除了共产党员之外其他的大都是社会主义建设者，大都是共产党的群众基础。

其次，苏联解体后的独联体国家拥有广泛的群众基础。东欧剧变、苏联解体后，东欧地区共产党在外部社会民主党的压力下，或多或少社会民主党化了，而且内部又时常发生分裂，在东欧政治舞台上没有太大的活动空间，但是，苏联解体后的独联体国家共产党的影响要大得多，并获得比广泛的群众基础。摩尔多瓦共产党人党在 2001 年 2 月议会选举中获得 70% 的议席，获得执政权。尽管摩尔多瓦国家小，人口少，但是共产党人党的重新崛起也引起了世人关注，具有重要意义，它拥有广泛的群众基础。其他一些独联体国家，非执政的共产党中大多数都在议会选举中获得一定的席位，说明它们也都有一定的群众基础。比如，在 1999 年俄罗斯国家杜马选举中，俄共获得 113 席，成为国家杜马中的第一大党；1998 年乌克兰共产党在议会选举中获得 123 个议席，也成为议会第一大党；1995 年白俄罗斯共产党与农业党等建立左翼联盟，获得了 198 个议席的近一半，其中，白俄罗斯共产党人党占 42 席，高居各党派之首；亚美尼亚共产党在议会中有 8 个席位，是议会第二大党；等等。[①]

再次，发达资本主义国家的共产党拥有一定的群众基础。仍然从这些共产党获得的选票看或从议会选举中获得的席位看，比如，在 1995 年的总统选举中，法共候选人获 260 万张选票，得票率为 8.64%，改变了法共选票下降的趋势；在 1992 年 4 月，意大利重建共产党首次参加全国大选，一

---

① 参见沈云锁、潘强恩主编《共产党通史》第 1 卷下册，人民出版社，2011，第 631~636 页。

举获得 6.6% 的选票，35 个众议院席位和 20 个参议院席位，成为意大利国内第五大政党，在意大利政坛站住脚跟；在 1993 年 6 月的大选中，西班牙共产党获得 18 个议席，以西共为主体的联合左翼成为西班牙国内的第三大政治力量；在 2009 年 2 月的大选中，希腊共产党获得全国 300 个议席中的 22 个；葡萄牙共产党在议会选举中席位有所下降，但仍然占有一定的席位。1990 年日本共产党有党员 48 万人，受东欧剧变、苏联解体影响，1994 年党员人数减少到 36 万人。在 1993 年的大选中，日共在国会中的议席也从以前的 44 席下降到 24 席。但从 20 世纪 90 年代中期起，日共的势力和影响力又开始慢慢回升。2000 年日共党员恢复到 38 万人。日共在大选中也逐渐收复失地，在 1998 年的参议院比例代表选举中，日共获得了历史上最高的 820 万张选票，在 1999 年 4 月的统一地方选举中，日共在道、府、县议会选举中赢得了 152 个议席。与此同时，日本共产党在都议选、区议选、市议选等地方议会选举中也取得了很好的成绩，地方议员总数有 4000 多人。尽管后来也有起伏，但是日本共产党在这方面的成绩是有目共睹的。①

最后，发展中国家共产党拥有一定的群众基础。比如，在非洲，1990 年以后，在新南非内部有多位部长、副部长来自南非共产党，南非共产党在全国议会 400 个席位中占有 53 席；塞浦路斯劳动人民进步党是议会中的第二大党；摩洛哥进步与社会主义党在 1993 年议会选举中获 12 席。在拉丁美洲，哥伦比亚共产党控制着全国最大的工会组织，其所属游击队控制了全国 40% 的国土 700 个城市，成为事实上的执政者；萨尔瓦多共产党在 1997 年 3 月的议会选举中，获得席位由 1994 年的 25 席上升为 27 席；阿根廷共产党在 1994 年 4 月修宪代表大会选举中同几个政党结成的广泛阵线获得了 13.6% 的选票，与 1993 年 10 月相比，获得选票占比上升了 10 个百分点。② 在亚洲，在东欧剧变、苏联解体后，印共（马）、尼泊尔共产党（联合马列）、斯里兰卡共产党也在获得越来越广泛的群众基础。

（四）各国共产党领导的社会主义事业仍然在继续发展

首先，现存的五个社会主义国家的社会主义建设取得新成就。20 世纪

---

① 参见沈云锁、潘强恩主编《共产党通史》第 1 卷下册，人民出版社，2011，第 688~761 页。
② 参见沈云锁、潘强恩主编《共产党通史》第 1 卷下册，人民出版社，2011，第 792~794 页。

70 年代末 80 年代初以来，当时的社会主义国家进入普遍的改革或革新时期。东欧剧变、苏联解体后，世界共产党人都深刻认识到必须把马克思主义本国化、民族化，必须探索符合本国特色的社会主义道路，世界上社会主义建设模式从原来唯一的苏联模式转向多种模式。实际上，我国从 1978年底十一届三中全会召开开始，把工作中心转向经济建设，把坚持改革开放和坚持四项基本原则相结合，逐渐走出了一条中国特色社会主义道路，这一道路最大的特征就是中国特色和社会主义基本原则的统一。我国在世界风云变幻，东欧剧变、苏联解体，国际共产主义运动陷入严重低潮的情况下，坚定马克思主义信念，站稳社会主义阵脚，努力推进中国特色社会主义的发展。改革开放以来，特别是党的十八大以来，我国取得了一系列重大的历史性成就和发生了一系列重大的历史性变革；我国的社会主要矛盾从人民日益增长的物质文化需要同落后的社会生产之间的矛盾转化为人民日益增长的美好生活需要和不平衡不充分的发展之间的矛盾。当前，我国稳居世界第二大经济体的位置。2021 年 2 月 25 日，全国脱贫攻坚总结表彰大会在北京人民大会堂隆重举行，习近平庄严宣告："经过全党全国各族人民共同努力，在迎来中国共产党成立一百周年的重要时刻，我国脱贫攻坚战取得了全面胜利，区域性整体贫困得到解决，完成了消除绝对贫困的艰巨任务，创造了又一个彪炳史册的人间奇迹！"[1] 新中国在成立时还是一个积贫积弱、贫困人口世界最多的国家，如今比联合国确定的到 2030年世界全面脱贫的目标提前十年完成任务，这是了不起的成就。当下，中国特色社会主义进入新时代，为世界社会主义事业的发展作出了巨大的贡献。

越南从 1986 年越共六大召开开始进入革新阶段，至今经历 30 多年的探索，越南的革命事业也取得了巨大成就：经济呈持续高增长的态势，人民生活稳定，越南融入世界经济体系的程度越来越深。总之，越南的社会主义建设取得了很大成就。老挝的经济革新稳步推进，政治革新审慎探索，外交政策发生重大变化，老挝的社会主义建设取得积极成就。朝鲜也开始逐步改革，积极推进科技文化创新，提升军事和安全能力，拓展对外交往空间，推动经济发展，坚持以人为本，注重社会公正，推进全方位的

---

① 《习近平谈治国理政》第 4 卷，外文出版社，2022，第 125 页。

外交政策等。古巴经济建设取得了较为显著的成就，其社会安定，社会保障体系为全世界所称道。

其次，非执政的共产党也推动着社会主义事业的发展。社会主义是一项世界历史性事业，具有整体推进性和多途径发展的特征，即无论一个国家或民族不管当下建立什么样的制度，都在向着共产主义这一最终目标推进，并非只有建立了社会主义制度走上了社会主义道路才是在向着共产主义目标发展。马克思恩格斯在晚年也曾提出过利用议会民主和平过渡的思想，认为在一定条件下，工人阶级可以通过议会选举等和平手段达到自己的目的，当然他们同时强调了无产阶级保留革命权的重要性。因此，东欧剧变、苏联解体后，无论是原苏联加盟共和国和东欧地区恢复发展共产党，还是发达国家或发展中国家的共产党大多数积极参与了议会选举并获得了一定的席位，都符合马克思恩格斯在晚年提出的利用选举权进行合法斗争的思想，他们都坚持马克思主义指导思想，把实现共产主义作为奋斗目标。因此，他们的活动也都在推进着世界社会主义事业的发展。

（五）中国共产党以科学态度看待国外马克思主义推进中国化马克思主义的发展

1. 20 世纪 90 年代以来国外马克思主义思潮发展的简要梳理

（1）生态马克思主义的进一步发展。① 20 世纪 90 年代以来，欧美的生态马克思主义研究经历了 20 世纪 90 年代上半叶、20 世纪 90 年代末至 21 世纪初两个活跃时期。在这两个活跃期产生了比较多的代表人物及其代表作，本章主要以刘敬东等主编的《国外马克思主义思潮评介》为参考蓝本，对几个代表人物的主要观点作一扼要说明。①詹姆斯·奥康纳和约翰·贝拉米·福斯特的生态马克思主义。首先，奥康纳是美国新马克思主义经济学家、加利福尼亚大学圣克鲁兹分校教授和著名绿色左翼杂志《资本主义 自然 社会主义》的创办人。他 1998 年出版的《自然的理由：生态学马克思主义研究》是关于生态马克思主义思想的集大成之作。基于对资本主义制度双重内在矛盾的假定及分析，奥康纳提出，生态马克思主义是一种不同于全球资本主义和新自由主义的、在新社会运动特别是环境与生

① 参见刘敬东、郇庆治、陆俊主编《国外马克思主义思潮评介》，北京师范大学出版社，2021，第 412~443 页。

态运动中流行的各种地方自治主义方案的可靠替代，其实现有赖于建立发达国家中劳工运动与新社会运动之间、发达北方国家富裕基础上的生态主义与贫穷南方国家为了生存的生态主义之间的某种伙伴关系。这一著作包括历史与自然、资本主义与自然、社会主义与自然三个部分。其次，福斯特是美国俄勒冈大学社会学教授、著名左翼期刊《每月评论》的主编。他早期主要从事马克思政治经济学的研究，20 世纪 80 年代后期转向研究生态问题，先后发表了《脆弱的星球：环境经济史简论》（1999 年）和《马克思的生态学：唯物主义和自然》（2000 年）。其中，在《马克思的生态学：唯物主义和自然》一书中，他借助于"新陈代谢断裂"这一核心概念，重新阐释了马克思的生态唯物主义思想，这在生态马克思主义和绿色左翼学界产生了广泛的影响。2002 年和 2009 年，他又先后出版了《生态危机与资本主义》和《生态革命：与地球和平相处》，前者从环境危机视角批判了资本主义经济，后者则着重阐发了马克思的唯物史观与资本主义生产批判理论在对当今全球生态危机进行深刻批判上的意义，以及未来社会主义的生态可持续愿景。《马克思的生态学：唯物主义与自然》对"唯物主义"、"生态学"与"辩证的自然主义"、唯物主义自然观形成的历史过程，自然的本体论意义上的先在性、《资本论》中自然与社会的新陈代谢观、唯物主义自然观的自然历史基础与科学基础等进行了比较深刻的阐述，是迄今为止依据马克思恩格斯著述文本对马克思唯物主义自然观和生态学思想进行最为系统阐释的文本。其中"新陈代谢"或"物质变换"的断裂及修复，是福斯特用来阐述马克思恩格斯唯物主义生态观的核心概念，它们既可以用来形象而生动地批判资本主义社会条件下的人与自然之间的冲突和矛盾，又蕴含着或指向未来社会主义社会中对于可持续的人与自然的关系或"人类和土地之间关系革命性转变"的追求。但是，他对唯物主义自然（生态）观做的是一种固执或僵化的界定，而对绿色思想与政治中的生态中心主义或深生态学传统，福斯特似乎也采取了一种完全无视或贬斥的态度。

②戴维·佩珀和萨拉·萨卡的生态社会主义选择。首先，佩珀与《生态社会主义》。佩珀是英国牛津布鲁克斯大学地理系教授，主要研究领域是生态社会主义、环境政治理论和可持续发展。其《生态社会主义》主要对以下内容进行了阐述：生态社会主义；弱人类中心主义的价值取向；关

于"红绿之争"与"红绿联合"的观点，其中红色的绿色分子更倾向于马克思主义，绿色的绿色分子则更多地受惠于无政府主义；绿色分子、马克思主义者和无政府主义者的政治经济学与政治意识形态；马克思主义自然观及其环境主义意蕴；生态无政府主义的绿色社会观等。其次，萨卡与《生态社会主义还是生态资本主义》。萨卡是德籍印度学者，自1982年起移居德国的科隆市，积极参与了德国的生态环境运动和绿党政治，并在随后发表了大量关于绿色政治与选择性政治的著述。1999年出版了他最重要的著作《生态社会主义还是生态资本主义》，主要对以下内容进行了探讨：人类面临的两个难题即如何克服生态危机和选择资本主义还是社会主义，以及生态社会主义的选择；苏联和东欧社会主义模式失败的两大原因，他认为两大原因是经济失败和共产党中新的剥削阶级的出现；生态社会主义代表人类未来的政治选择等。

（2）女性主义马克思主义的进一步发展。[①] 笔者在第五章指出，女性主义马克思主义是大致从20世纪60年代发展起来的哲学流派，并对其名称使用、方法论基础、发展的四个阶段、前两个阶段的主要观点等作了扼要阐述。本章主要对第三、四两个阶段的主要观点作一扼要阐述。在20世纪80年代中后期到90年代末的第三阶段，女性主义马克思主义更多地受到后现代主义思潮与文化理论研究的影响，探讨的是后现代主义、女性主义和马克思主义之间的。在21世纪以来的第四阶段，长期处在后现代主义熏染和侵蚀之下的女性主义呈现出一种日趋纷繁异质的局面，并逐渐面临着研究议题和政治指向上的危机，女性主义已经变得专制而令人压抑。结果是，一方面出现了所谓的"主动选择女权主义"，主张返回家庭；另一方面，生态女性主义的马克思主义迅速崛起。

这里对这一时期的主要代表艾瑞尔·萨勒的生态女性主义马克思主义作一扼要阐述。萨勒是澳大利亚社会学家、著名的生态女性主义马克思主义者。她最具代表性的著作是1997年出版的《作为政治学的生态女性主义：自然、马克思与后现代》，该书阐述了一种唯物主义生态女性主义的理论框架，倡导对资本主义父权制全球化的物质性基础尤其是对把劳动者

---

① 参见刘敬东、郇庆治、陆俊主编《国外马克思主义思潮评介》，北京师范大学出版社，2021，第444~470页。

（首先是女性）经济资源化为"自然"和用以辩护系统性剥削的欧洲中心主义的"人类自然对立"意识形态之间的内在性矛盾进行跨学科分析，因而是最早的生态女性主义马克思主义的著述之一。其主要观点有：第一，躯体性唯物主义观。萨勒认为欧洲文化是一种典型的二元对立文化（"1/0"），即如果 A 的价值是 1，那么非 A 的价值就只能在相对于 A 的意义上来界定，并且只能是 0，然后在此基础上论证它也是一种女性歧视意义上的文化：既然男性有价值，他就是 1，而女性就只能是 0，或是低一等、有缺陷的。在此基础上，她概述了生态女性主义者对西方世界"男性/女性=自然"定式导致的生活过程遭到压制的理论剖析，即通过男性化能量的殖民，以及经济学、科学与法律等的丑化，女性的和其他卑微的身体被剥离与贬损为脏物、自然和资源。可见，生态女性主义颠覆了欧洲中心主义的立场，即男性地位高于女性的自然（"男性/女性=自然"）定式，揭示了欧洲中心主义中的身份矛盾和剥夺性质，从而为社会主义、生态学、女性主义和后殖民主义的统一而进行有效的政治斗争提供坚实基础。第二，生态学重塑历史和生态女性主义运动。首先，萨勒认为生态危机对所有的现代政治理论分析——自由主义、社会主义和女性主义——都构成了挑战。生态学激励着人们重塑我们的历史，重构一种我们与自然之间关系的适当理解，以及思考如何在实践中践行这种新的生态感知。对此，生态女性主义的回应是，生态危机是一种欧洲中心主义的资本主义父权制文化的不可避免的结果，是建立在对妇女统治或对女性化自然统治基础上的文化的一种不可避免的结果。生态女性主义反对男性地位高于女性的欧洲中心主义立场，这是一种"生态学重塑历史"，是对主流女性主义理论基础和其他激进政治意识形态的挑战，生态女性主义成为历史或自然的时代代言人。其次，萨勒概述了生态女性主义运动在世界各地的形成与发展。动态地看，生态女性主义者历史上更多集中于经济发达的英语国家，如今来自边缘世界的女性声音也越来越大。第三，后殖民时代与全球性视野。在萨勒看来，形成生态学、女性主义、社会主义和土著政治之间的大联合的前提，是放弃欧洲中心主义的局域性观念，而代之以一种全球性的视野。这其中的关键，是发达国家的女性主义运动对世界范围内的种族差异与阶级差异变得更加敏感，以及环境运动更主动地了解不同女性主义流派之间的差异。萨勒详尽地分析了经济全球化时代资本主义生产生活方式的世界性蔓延，是如何将一种欧洲中心主义的、生态破坏性的和妇女歧视性的文化加以推广与强化的，以及由此造成的生态女性主义运动所面临的更为复杂的局面。因此，可以说，生态女性主义所代表的是一种基于女性视角的对资本主义父权制文化的最激烈批评，换言之，它同时是一种社会主义、生态学和后殖民主义。

总之，生态女性主义或生态女性主义马克思主义不仅极大地丰富了当代女性主义理论与运动的政治内涵，而且清晰地展示了人类现代社会绿色变革中的性别化视角与维度。但显而易见的是，萨勒的生态女性主义马克思主义对历史唯物主义或传统马克思主义的偏离以及对躯体性唯物主义的高扬，更加远离而不是接近对这一社会现实基础的实质性改变。就此而言，无论是思潮名称从"女权主义"向"女性主义"的悄然改变，还是运动主题越来越集中于后现代社会的文化层面、个体层面以及与这两个层面相关的议题，都不仅意味着对马克思主义理论与政治传统的逐渐偏离，而且意味着自身作为一种社会政治力量的日趋碎片化与边缘化。与此同时，尽管生态女性主义马克思主义是20世纪90年代以来女性主义马克思主义新成果，但并不是说20世纪90年代以来女性主义马克思主义的发展只限于生态女性主义马克思主义。此前产生的女性主义马克思主义仍然在发展并发挥着其社会影响力。经典马克思主义理论的核心概念（如阶级、生产和价值）或分析框架仍然在一定程度上是女性主义马克思主义分析问题的理论基础。第五章介绍的米切尔的女性主义马克思主义为资本主义社会条件下妇女受压迫的现实、深层原因与变革路径提供一种女性主义马克思主义的阐释，哈特曼关于要想理解西方资本主义社会的女性困境就必须把马克思主义的历史唯物主义分析方法与女性主义关于父权制的社会历史结构分析结合起来的观点仍然具有积极的现实意义。

（3）后马克思主义。① 20世纪80年代末以来，马克思主义在西方社会思想界的影响处于低谷。这一低迷状态源起于1968年法国的五月风暴，马克思思想在欧洲的一度繁盛引发了思想的革命。这一时期在法国思想界被称为"3M时代"。其中，马克思、马尔库塞与毛泽东的思想占据着法国

---

① 参见刘敬东、郐庆治、陆俊主编《国外马克思主义思潮评介》，北京师范大学出版社，2021，第472~516页。

思想界甚至整个欧洲思想界的主导地位。革命，无论是现实的社会革命抑或是思想的文化革命都成为这一时期的主基调。五月风暴的爆发因此是不可避免的。但由于法国共产党在五月风暴中扮演并不光彩的角色，以及几乎同时传入法国的索尔仁尼琴效应带来理想主义的幻灭，马克思主义在法国乃至整个欧洲的影响从高峰转入低谷。与马克思思想如同抛物线一般的发展轨迹相应，整个当代世界思想也经历了一个从现代向后现代转变的过程。这个所谓的"后"（post-），从一开始就意味着一种逻辑上的颠覆，而非实践意义上的。在这场后现代运动中，马克思主义也加入其中，以另外一种方式在新的形势下延续着自身的理论探讨。后马克思主义的代表人物众多，这里选择这一思潮的早期代表弗雷德里克·詹姆逊以及目前仍处于创作高峰期的斯拉沃热·齐泽克的观点作一扼要阐述。

①弗雷德里克·詹姆逊关于晚期资本主义的文化逻辑。詹姆逊于1985年起任杜克大学讲座教授、文学系主任兼批评理论中心主任，被称为"以西方马克思主义而著称的那个批判理论传统的最前卫的辩护者""西方（特别是英语世界里）一枝独秀的马克思主义文化批评家"。詹姆逊的学术研究和理论工作涵盖多方面的内容，其中最重要的内容之一就是当代（晚期）资本主义的文化批评，即他关于晚期资本主义的文化逻辑的分析。他提出了著名的资本主义文化形态阶段论，认为与资本主义历史形态的变化相应，其文化形态也发生了变化，即由现实主义、现代主义演变为后现代主义。他认为，后现代主义就是晚期资本主义文化逻辑，表现了人们跟现代主义文明彻底决裂的结果，这种新的文化逻辑在一定意义上是社会逻辑的反映，绝非一个"纯属文化范畴"的现象。比如，在文化论者提出"后现代主义"之际，社会学者也不约而同地认为，资本主义社会已经跨进一个新的历程，进入"后工业社会"（丹尼尔·贝尔），或消费社会、传媒社会、信息社会、电子社会、高科技社会。但他始终认为，不论是褒是贬，任何关于后现代主义的观点，都同时也必然地表达了论者对当前跨国资本主义社会本质的（或陷或现的）政治立场。詹姆逊认为，后现代主义文化的特征表现为，如"无深度感""愈趋浅薄微弱的历史感"，新的"精神分裂"式的文化语言已经形成，后现代的文化特色与新科技的发展密切相关，建筑空间及其空间经验发生变化，以及晚期资本主义社会里的人们处于跨国企业统制之下的"世界空间"里。人们必须正视后现代主义的文化

规范，并深度去分析及了解其价值系统的生产及再生产过程。有了这样的理解，人们才能在设计积极进步的文化政治策略时，掌握最有效的实践形式。

②斯拉沃热·齐泽克对幽灵化拜物教的批判。齐泽克是卢布尔雅那大学社会和哲学高级研究员，后马克思主义流派中的重要代表人物。齐泽克关于意识形态发展史有一种被广泛引用的三阶段说，即首先出现的是自在的意识形态，其次是自为的意识形态，最后是自在自为的意识形态。自在的意识形态是被马克思充分阐发的虚假意识。自为的意识形态是以阿尔都塞为代表的外在化的意识形态规训，它通过仪式化的行为来完成人们对某种意识形态的认同。自在自为的意识形态是当代社会特有的犬儒主义意识形态。这种犬儒主义意识形态存在样态的典型形象，在齐泽克看来就是被马克思批判过的拜物教。只是今天的拜物教也已经呈现出一些不同的样态，需要我们重新对其加以分析和思考。把握住了齐泽克的拜物教思想也就把握住了他的整个批判理论中的核心要点。第一，无"物"的拜物教。马克思深刻地揭示了拜物教的本质，在商品世界里物与物的关系掩盖了人与人的关系，使人们清楚看到了物背后的价值关系，并对此有了理论上的理解，提出了他的商品拜物教、货币拜物教以及最终的资本拜物教理论，指认了资本主义社会中拜物教式的存在方式就是资本主义所特有的社会现实。但是，齐泽克认为，马克思揭示的商品拜物教只是拜物教发展中的一个阶段，而实际上拜物教有三种连续的形象：首先是传统的人与人之间的拜物教（主人的魅力所产生），其次是标准的商品拜物教（物与物的关系对人与人之间的关系的替代），最后，在后现代时代，我们见证了物恋的物质性的逐渐消逝。以电子货币的出现为例，货币是价值的一种符号化显现，但这种显现总还是具有某种物质性的，如纸币或者金属币，这些物质载体对货币符号具有重要的支撑作用。但对后现代社会来说，电子货币的出现，使得货币的物质载体变成了一种虚拟体（如银行卡，或干脆就是信息代码），导致价值"逝去物质性的外壳"，由此导致了拜物教的彻底的幽灵化。拜物教的彻底的幽灵化即价值直接以幽灵性的存在方式存在，它是一只看不见的手，却操控了我们正常的经济生活。原因在于当今的社会现实就是以一种幽灵化的存在方式而存在，而其没有物质性外壳的压迫性，变得更为强大。"逝去物质性的外壳"是基于人们对价值之形式（商品的

无意识）情形的认知：商品的交换实际上是劳动时间的交换。"逝去物质性的外壳"即人们不再是蒙昧主义笼罩下的拜物教徒，但是仍然在社会活动中按照拜物教的规则行动，成为行动意义上的拜物教徒。第二，商品拜物教中的征兆：意识形态幻象的爆破点。齐泽克认为，"行动意义上的拜物教"实际上是一种"幻象的构造"，即尽管拜物教本身的"物"已经消失，价值回到了其幽灵化的本身，但是，由于人有一种"物恋"的信仰，因此，人们在行动中有一种"虚幻的物恋"，即虚幻的"物恋—物"式的迷恋，仍然需要一个物去填充这种缺失造成的空缺。在此基础上，齐泽克将这种虚幻的"物恋—物"式的迷恋引向了对意识形态的解读，他认为意识形态是对现实的幻象建构，掩盖了真正的现实。但是，现实是现实，幻象是幻象，现实常常显现颠覆幻象的"征兆"，征兆因此是颠覆既有体系的爆破点，发现这一爆破点，就成为颠覆既有体系并最终穿越该体系固有的意识形态幻象的一种方法。资本主义社会不平等的真实的现实常常显现颠覆其意识形态幻象的征兆，其意识形态中宣传的自由平等的表象就被颠覆了，也就暴露了资本主义社会的矛盾，这有利于发现颠覆资本主义体制的道路。

后马克思主义在当下仍处于思想生发的旺盛期。但是，后马克思主义的批判虽然激烈，却仅成为资本主义社会内部的自我否定，而这种否定的结果是让资本主义社会的自由、民主的假象显现得更为完美而真实。概而言之，后马克思主义者的思想正以其在资本主义社会中特有的呈现方式成为马克思所批判的对象。

2. 国外马克思主义对马克思主义国际话语权的影响

上文指出，我国在1978年党的十一届三中全会以后开始介绍西方马克思主义，20世纪80年代在如何对待西方马克思主义的问题上，还存在比较大的分歧。但是，在实事求是思想路线的指导下，我国逐渐形成正确的立场、观点和方法，介绍的内容也从主要介绍西方马克思主义拓展到介绍国外马克思主义。在新世纪新阶段，我国于2004年提出实施马克思主义理论和建设工程，2005年在一级学科中设立马克思主义理论学科，包括马克思主义基本原理、马克思主义发展史、马克思主义中国化研究、国外马克思主义研究、思想政治教育等五个二级学科和研究方向，其中包括了"国外马克思主义研究"。

2017 年 9 月 29 日，中共中央政治局就当代世界马克思主义思潮及其影响进行第四十三次集体学习，习近平在讲话中指出："学习研究当代世界马克思主义思潮，对我们推进马克思主义中国化，发展 21 世纪马克思主义、当代中国马克思主义具有积极作用。"① 目前，我国学界在对 21 世纪马克思主义跟踪研究方面取得了重要成果。比如，2021 年 2 月，中国社会科学出版社出版了国家社会科学基金重大项目研究成果——王凤才等著的《多重视角中的马克思——21 世纪世界马克思主义发展趋向》（上、下卷）。该书在导论开头就富有启示意义地指出，21 世纪国外马克思主义与21 世纪中国化马克思主义一起，构成了 21 世纪世界马克思主义基本格局；从"单数的、非反思的马克思主义"到"复数的、创新的马克思主义"，构成了 21 世纪世界马克思主义研究的基本框架；21 世纪世界马克思主义与 21 世纪社会主义——新共产主义思潮、激进左翼思潮、新社会运动交织在一起，构成了当代世界社会、经济、政治和思想文化领域的一道亮丽风景线。2022 年 1 月，天津人民出版社出版了陈学明、吴晓明、张双利、李冉主编的《世界马克思主义研究前沿理论追踪》（第一辑）（上、中、下），其前言中指出，推进马克思主义中国化、发展 21 世纪马克思主义，是直接关系中国乃至整个世界的前途与命运的当务之急。而马克思主义中国化展现出来的不只是单纯发生在中国语境中的文化现象，毋宁说是世界马克思主义宏观发展进程中的微观有机因子。所以我们既应当在马克思主义发展中的历时性结构中探讨马克思主义中国化的时代发生，又应当在中国马克思主义与国外马克思主义的共时性结构中考察马克思主义中国化的民族生成。这就要求我们不断扩大理论视野，特别是把当代国外马克思主义思潮纳入自己的理论视野之内。还指出既然这是第一辑，那就意味着这一工作还将继续做下去，还会推出第二辑、第三辑，如有可能，将不断推出。另外，中国社会科学院世界社会主义研究中心出版了世界社会主义黄皮书《世界社会主义跟踪研究报告》，现已出版到系列之十八（当代中国出版社 2022 年版）。中国社会科学院马克思主义研究院还出版了"国际共运黄皮书"即《国际共产主义运动发展报告》，从 2019 年起，每年由社会

---

① 《深刻认识马克思主义时代意义和现实意义 继续推进马克思主义中国化时代化大众化》，《人民日报》2017 年 9 月 30 日。

科学文献出版社以皮书形式出版。另外，其他许多研究成果不断涌现，世界马克思主义和世界社会主义研究成为持续的热点，取得了丰富的研究成果。

《中共中央关于党的百年奋斗重大成就和历史经验的决议》指出，习近平新时代中国特色社会主义思想是当代中国马克思主义、21世纪马克思主义，是中华文化和中国精神的时代精华，实现了马克思主义中国化新的飞跃。中国共产党是当下世界上规模最大的执政党，中国特色社会主义是21世纪科学社会主义发展的最高成就、最重大成果。有学者指出，世界社会主义运动中心转移到了当代中国，当代中国已成为21世纪马克思主义的主要生长点、发展源与大本营，成为发展21世纪马克思主义的主要实践创新地和理论策源地，需要拓展当代中国马克思主义在新时代的世界向度，以天下情怀观察和把握世界。[①] 因此，21世纪中国化马克思主义不仅是21世纪世界马克思主义最重要的组成部分，而且是21世纪世界马克思主义发展的引领者。中国共产党必将以科学的态度、宽广的胸怀对待国外马克思主义，借鉴、吸收有益成果，抵制、批判错误观点，进一步推进21世纪中国化马克思主义的发展。需要再次强调的是，尽管以上是扼要的介绍，但希望达到从个别到一般的效果，旨在说明特别是21世纪以来，国外马克思主义在我国得到了认真的对待、广泛的介绍、深入的研究，了解和把握国外马克思主义的形成背景、发展趋势、主要观点、历史与现实意义等，对其合理成分进行借鉴和吸收，对其错误观点加以抵制和批判等，推进中国化马克思主义的发展。

三　马克思主义国际话语权缓慢提升的特点和经验

(一) 马克思主义国际话语权缓慢提升的特点

1. 马克思主义经历严重坎坷后逐渐获得复兴

东欧剧变、苏联解体后，马克思主义过时论甚嚣尘上，马克思主义国际话语权衰落至20世纪以来的最低点。在这样的情况下，现存的五个马克思主义执政党顶住压力坚持和发展马克思主义，中国共产党作为规模最大的马克思主义执政党发挥了率先垂范的作用，特别是当时中国共产党主要

---

① 韩庆祥：《21世纪马克思主义的基础性问题》，《中国社会科学》2022年第4期。

领导人邓小平临危不乱、冷静思考、沉着应对、稳住阵脚，以"三个有利于"作为判断改革是非得失的标准，创造性地作出社会主义本质的科学论断，以发展才是硬道理这一大众化的语言发出继续改革开放、发展中国特色社会主义的有力号召，等等。21世纪以来，中国和平崛起以及其他社会主义国家也获得了比较快速的发展，世界社会主义的力量在不断得到加强，学界普遍认为，世界社会主义的复兴成为大势所趋，与此相伴随的是世界马克思主义逐渐获得了复兴。马克思主义之所以在遭遇重大事变之后能够获得复兴，根源于马克思主义科学性与革命性的统一，这决定了其揭示的人类社会发展规律的真理性和现存资产阶级灭亡以及无产阶级胜利的必然性。正因如此，马克思主义尽管始终被现存资产阶级打压，但是，无论遇到多大的打击和挫折都始终映射出真理的光辉，总会获得复兴，彰显其顽强的生命力。与此同时，中国共产党坚持实事求是的态度，科学对待国外马克思主义及其成果，坚持借鉴、吸收与抵制、批判相结合，推进了中国化马克思主义的发展。

2. 世界共产党经历曲折后逐渐获得恢复

东欧剧变、苏联解体后，世界上共产党的数量由180多个减少到130多个，但是，在经历东欧剧变、苏联解体那一至暗时刻后，这些现存共产党的力量都得到了程度不同的恢复和发展。主要表现为，在现存的五个社会主义国家执政的共产党力量不断壮大、东欧国家共产党得到一定的恢复和发展、发达资本主义国家及发展中国家共产党得到保留和一定的恢复与发展；同时，世界共产党组织仍然占据较大的国际范围，共产党组织的空间分布显示明显的国际性特征；世界共产党仍然具有相当数量的群众基础，执政的、非执政的共产党都有其相应的群众基础等。世界共产党经历曲折后逐渐获得恢复与马克思主义经历严重坎坷后逐渐获得复兴呈正相关关系，马克思主义是话语，共产党是最主要的话语主体，二者融为一体。对于马克思主义这一科学性与革命性相统一的话语而言，需要有马克思主义政党这一主要的话语主体作为载体，需要话语主体的努力奋斗、不断强大才能提升话语权。马克思主义经历严重坎坷后能够逐渐获得复兴有马克思主义自身的因素，更有世界共产党对马克思主义信仰的坚守与践行，二者相辅相成，相互推进。

3. 发达资本主义遭遇严重的制度危机

东欧剧变、苏联解体，使马克思主义国际话语权下降到二战结束以来的最低点。资产阶级鼓吹东欧剧变、苏联解体意味着"历史终结",资本主义将成为人类历史进程中最后的、永恒的、最完美的制度形态。按照这样的逻辑,马克思主义、世界共产党和世界社会主义不仅不会逐渐得到恢复和发展,而且会越来越衰弱直到消亡;与此同时,21世纪以来的"9·11"事件、伊拉克和阿富汗战争、国际金融危机、欧洲债务危机等有损"资本主义制度优越性"的重大事件应该就不会发生,尤其是2020年以来的全球新冠疫情就会很快得到控制和防治,等等。然而,客观事实都恰恰相反,在有些人看来该发生的没有发生,不该发生的却发生了。"历史终结论"就是一个谎言,我们应当有充分的自信,马克思主义国际话语权必将得到进一步的提升。

4. 世界社会主义尤其是中国特色社会主义经历低潮后获得新发展

世界社会主义事业取得新成就主要指现存的五个社会主义国家的社会主义建设取得新成就,以及整个世界社会主义运动的发展等。东欧剧变、苏联解体以来世界社会主义事业的成就是在前所未有的低潮下取得的,是在坚持和发展马克思主义下取得的,不仅彰显了马克思主义的真理力量,更为马克思主义国际话语权的提升奠定了越来越强大的实力基础。中国特色社会主义进入新时代是世界社会主义事业发展取得的最重大成就和最醒目亮色。中国特色社会主义进入新时代,对中华民族崛起、科学社会主义发展、发展中国家实现现代化等方面具有重大意义。就科学社会主义的发展而言,中国特色社会主义进入新时代意味着科学社会主义在21世纪的中国焕发出强大生机活力。在庆祝中国共产党成立100周年的大会上,习近平庄严宣告我国全面建成了小康社会,彻底消除了绝对贫困,正向着全面建成中国特色社会主义现代化强国迈进等。[1] 2020年以来全球抗击新冠疫情,中国特色社会主义所显示的治理的有效性与西方发达资本主义的治理乱象等相比较,充分显示了社会主义制度的优越性,在很大程度上颠覆了长期以来人们对社会主义与资本主义的认知。由于疫情的影响,2020年我国经济增长率尽管降到2.2%,但我国是世界主要经济体中唯一正增长的国家,2021年的经济增长率则达到8.1%,人民的收入水平获得进一步的提高。而且我国以经济、政治、文化、社会、生态"五位一体"总布局为

---

[1]　习近平:《在庆祝中国共产党成立100周年大会上的讲话》,人民出版社,2021,第2页。

依据进行全方位的建设，而不仅仅是发展经济。在对外领域，创造性地提出了构建人类命运共同体的理念，并通过实施"一带一路"倡议积极推动人类命运共同体建设，使世界共享中国发展带来的机会。习近平在庆祝中国共产党成立 100 周年大会上的讲话中指出，我们坚持和发展中国特色社会主义，推动物质文明、政治文明、精神文明、社会文明、生态文明协调发展，创造了中国式现代化新道路，创造了人类文明新形态①。这是对建设中国特色社会主义取得成就的最高和最精辟的概括。中国特色社会主义建设取得重大成就不仅为提升中国特色社会主义国际话语权奠定了实力基础，而且为提升马克思主义国际话语权奠定了坚实的基础。

（二）对马克思主义国际话语权缓慢提升的经验总结

1. 正视"'复数的'马克思主义"创新马克思主义

习近平总书记指出，学习研究当代世界马克思主义思潮，对我们推进马克思主义中国化，发展 21 世纪马克思主义、当代中国马克思主义具有积极作用。② 正是在这样的背景下我国学界对国外马克思主义的研究取得了丰富和高质量的研究成果，不仅深化和拓展了对马克思主义的认识和理解，而且对推进中国化马克思主义的发展起到了积极作用。王凤才教授等的新著指出，从"单数的、非反思的马克思主义"到"复数的、创新的马克思主义"，构成了 21 世纪世界马克思主义研究的基本框架。与此相关联，学界对社会主义的认识也有了重大发展，认为社会主义除了科学社会主义之外还有其他主义。有学者指出，那种认为只有科学社会主义才是真社会主义，而将其他社会主义都视为假社会主义的观点是不正确的。共产党人必须坚持科学社会主义，但绝不能因此就否定其他社会主义力量按他们的方式对推动社会进步所起的作用。③ 有学者认为当代社会主义出现了多极化、多元化、多党化、多派化、多样化的新态势，难以再像往常那样，能够用一人一家一国一族的思想观念来号令天下，统一行动。各家各

---

① 习近平：《在庆祝中国共产党成立 100 周年大会上的讲话》，人民出版社，2021，第 14 页。

② 《深刻认识马克思主义时代意义和现实意义 继续推进马克思主义中国化时代化大众化》，《人民日报》2017 年 9 月 30 日。

③ 参见肖枫《我看社会主义与资本主义关系的新趋势》，《北京日报》2011 年 2 月 21 日；上海社会科学院中国马克思主义研究所、上海社会科学院国外社会主义研究中心编《世界社会主义研究年鉴（2011—2012）》，上海人民出版社，2013，第 86 页。

派要善于包容、求同存异、联合行动、兼善天下，共同致力于改变资本主义世界、开创社会主义世界。坚信科学社会主义的共产党人应该善于与各派社会主义者求同存异。① 有学者认为，对科学社会主义之外的各种各样的社会主义思潮和流派，一方面要旗帜鲜明地与其划清界限，以保持思想理论的纯洁性；另一方面又不能"唯我独社"，应建立和发展同这些左翼社会主义政党的关系。可以预测在全球社会主义取代资本主义过程中不会只有科学社会主义一家。② 有学者认为，世界社会主义（国际共运）涵盖世界上一切形式的社会主义思潮、流派、组织、运动。我们坚持走中国特色社会主义道路，不照搬别国的经验和模式，但是，应承认社会主义的多样性，摒弃传统思维方式，对于其他国家所选择的社会制度和发展道路，采取尊重和包容的态度。③ 以上观点均来自国内科学社会主义和国际共运史领域最著名的专家。在新的时代背景下，他们一致认为，应该正视社会主义的多样性，需要对多样化的社会主义采取包容的态度。总体来说，推动（正统的）马克思主义的发展，提升其国际话语权，需要以尊重和包容的态度对待（非正统的）马克思主义和科学社会主义之外的其他社会主义的存在和发展。

2. 世界社会主义与资本主义的演变进一步证明"两个必然"的科学性

"两个必然"的规律已经被马克思的唯物史观和剩余价值论进行了科学、充分的论证，但是，马克思也以"两个绝不会"深刻说明了实现"两个必然"的长期性、复杂性、曲折性。由于"眼见为实"常常是人们认知某一客观对象的方式，共产主义理想对于很多人来说还是处于一种不确定的状态，还是很难让人们真正地认同和接受。在这样的情况下，真正的马克思主义者就应该坚定信念、砥砺前行，推进马克思主义和世界社会主义的发展，使在马克思主义指导下获得的成就越来越大，使马克思主义获得

---

① 参见上海社会科学院中国马克思主义研究所、上海社会科学院国外社会主义研究中心编《世界社会主义研究年鉴（2011—2012）》，上海人民出版社，2013，高放著序一第 8 页。

② 参见赵曜《世界社会主义的复兴是大势所趋和历史必然——中央党校赵曜教授论金融危机后世界格局的深刻变化》，《世界社会主义研究动态》（上海）2013 年第 10 期；上海社会科学院中国马克思主义研究所、上海社会科学院国外社会主义研究中心编《世界社会主义研究年鉴（2013）》，上海人民出版社，2014，第 115 页。

③ 上海社会科学院中国马克思主义研究所、上海社会科学院国外社会主义研究中心编《世界社会主义研究年鉴（2015）》，上海人民出版社，2016，周尚文著序第 2 页。

越来越高的认同和接受度。正是由于马克思主义者在低潮中奋进，同时由于真理是打不倒的基本特征，世界社会主义在东欧剧变、苏联解体后不久便得到恢复和发展，而资本主义从"永恒"的神话中现出"非永恒"的原型，遭遇制度性危机。世界社会主义与资本主义反方向的发展进一步证明了"两个必然"的科学性。但是，要深刻认识到"两个必然"的真正实现还有很长的路要走，此前的经验教训告诉我们，不管遇到什么样的挫折和困难，都应该坚定马克思主义信念，推进"两个必然"目标的实现。

3. 社会主义建设不断取得新成就为提升马克思主义国际话语权奠定硬实力基础

导言中就引用过马克思的著名论断即人们奋斗所争取的一切都同他们的利益有关，也引用过恩格斯的著名观点即每一既定社会的经济关系首先表现为利益，还分析指出马克思主义从来不否认个人利益，而是强调要处理好个人利益和公共利益之间的关系。在当今世界社会主义与资本主义"两制共存"的背景下，社会主义建设取得巨大成就，人民群众的利益得到维护，这使得领导社会主义建设的马克思主义政党被广大群众认同、拥护，使作为指导思想的马克思主义获得更广泛的群众基础，马克思主义国际话语权也因此获得巨大提升。而相对于作为软实力的话语权而言，社会主义建设取得的成就是一种硬实力，社会主义建设不断取得新成就为提升马克思主义国际话语权奠定硬实力基础。中国特色社会主义建设取得巨大成就在这方面作出了重大贡献。

4. 提升马克思主义国际话语权必须发扬斗争精神

东欧剧变、苏联解体，对于马克思主义、社会主义来说是至暗时刻，对资本主义来说却是值得弹冠相庆的时刻。21世纪以来，马克思主义和世界社会主义逐渐获得恢复和发展，而资本主义却出现了危机，资本主义国家面对新冠疫情的不作为更凸显了其制度的危机。这反衬了马克思主义国际话语权的提升，当然马克思主义国际话语权的提升与马克思主义者同反马克思主义者进行坚决的斗争是分不开的。与此同时我们还要看到，21世纪以来，尽管资本主义的制度危机越来越明显，但是资本主义的硬实力仍然强大，其敌视攻击马克思主义和社会主义的霸道行径愈发猖狂。在这样的背景下，马克思主义者必须拿起武器，发扬斗争精神，与其进行坚决的斗争。21世纪以来马克思主义国际话语权获得缓慢提升与马克思主义者的这种斗争精神有着很大的关系。

　　总而言之，东欧剧变、苏联解体后马克思主义国际话语权的演进需要辩证地、历史地看待。辩证地看，一方面，必须看到东欧剧变、苏联解体至今，马克思主义国际话语权在急剧下降至 20 世纪最低点后缓慢提升；另一方面又要看到，作为马克思主义国际话语权主体的世界共产党的数量和规模、执政的共产党的数量、国际空间共产党分布的密度、共产党拥有的群众基础、世界社会主义事业等仍然没有恢复到东欧剧变、苏联解体之前尤其是二战结束初期的状态（但与苏联模式相比强调各国特色，因而表现出不同的"质态"），马克思主义国际话语权恢复和提升的程度还是有限的。历史地看，一方面，"资"强"社"弱仍然是当下的国际格局，马克思主义国际话语权仍然比较弱小；另一方面，必须看到，当今世界正经历百年未有之大变局，马克思主义的实践性、科学性、革命性、人民性的统一，决定了马克思主义国际话语权的提升是世界历史发展的大趋势。

第七章
马克思主义国际话语权演进的基本经验

马克思主义国际话语权伴随着马克思主义的诞生而生成。在至今 170 多年的时间中，尽管国际风云变幻莫测，世界历史进程跌宕起伏，马克思主义国际话语权经历过上升时的高歌奋进，也遭遇过下降时的严重削弱。从总体上深刻总结马克思主义国际话语权演进的基本经验，对更好地发挥马克思主义的指导作用，并对提升中国特色社会主义国际话语权都具有重要的意义。需要说明的是，这里从总体上总结基本经验，并非对以上不同时期经验的简单叠加，而是以不同时期的经验为前提和基础所作的进一步概括和总结。

一 坚定马克思主义话语自信是提升马克思主义国际话语权的前提条件

（一）话语自信与提升话语权之间存在内在的关联性

话语自信与提升话语权之间存在内在的关联性。第一，话语自信必然会使话语权得到提升。自信就是自己相信自己，是自我评价的一种积极态度。话语自信就是话语主体相信自己言说、表达的话语是正确的、毋庸置疑的，表明话语主体完全认同、接受自己言说、表达的话语，意味着话语主体愿意、不回避甚至积极、主动地行使话语权利与话语权力。如果说权利是指特定社会成员依照正义原则和法律规定享有的利益和自由，那么，在话语自信的驱使下，话语主体便会因由衷地、自觉地行使话语权利而获得相应的利益和自由；如果说权力是指权力主体与客体之间影响与被影响、制约与被制约的一种关系，那么，话语主体也会因掌握影响、制约话语客体的权力而获得相应的利益和自由。也就是说话语自信将使话语主体获得利益和自由而提升话语权。同时，权利、权力分别与义务、责任相对应，行使权利和权力必然要求话语主体同时承担相应的义务与责任，从而提升话语的社会影响和公信力，这样的话语再回馈话语主体，使其获得更大的利益和自由，进而进一步提升话语权。第二，话语不自信则不存在提升话语权的任何可能性。话语不自信即话语主体对自己言说、表达的话语正确性存在质疑，甚至认为言说、表达这一话语会给自身的利益带来危害，因而话语主体不愿意、回避、拒绝言说、表达这一话语和行使这一话语权，更不愿意为提升话语权而承担任何义务和责任。话语不自信，话语权不仅不可能得到任何的提升，而且会因此被削弱、损害，甚至被否定。总之，话语自信是提升话语权的前提，没有话语自信就没有话语权，更不能提升话语权。

（二）坚定马克思主义话语自信的根本缘由

马克思主义是科学性、革命性、实践性、人民性、彻底性相统一的理论，这是坚定马克思主义话语自信的根本缘由。马克思主义的科学性在于以唯物史观和剩余价值论作为基石。唯物史观和剩余价值论是严密的、科学的、推不倒的，马克思主义是屹立于这两个基石之上的理论大厦，如果这两个基石有一点不坚固之处，一定早就被那些不择手段的反马克思主义者批判得体无完肤，或者也早就被推翻了、淘汰了。马克思主义至今仍然具有强大的生命力，根本的原因就在于它建立在这两个坚固的基石之上。马克思主义的革命性不仅在于对其之前的德国古典哲学、英国古典政治经济学、英法空想社会主义等理论实行了彻底的变革，更在于明确指出建立在对这些理论变革基础上的新的科学理论将指导实践推翻资本主义旧社会、建立共产主义新社会，从而实现人类社会的根本变革。马克思主义的实践性是马克思主义的根本特征，取决于马克思主义的革命性，其要义在于深刻认识到"全部社会生活在本质上是实践的"[①]，"我们的任务是要揭露旧世界，并为建立一个新世界而积极工作"[②]。马克思主义的人民性在于其具有鲜明的人民立场，毫不隐讳自己无产阶级的本质，公开申明为以无产阶级为代表的绝大多数人谋利益，最终实现全人类的解放。马克思主义

[①] 《马克思恩格斯选集》第 1 卷，人民出版社，2012，第 135 页。
[②] 《马克思恩格斯全集》第 1 卷，人民出版社，1956，第 414 页。

的彻底性即马克思主义对以"资产阶级的灭亡和无产阶级的胜利是同样不可避免的"为中心思想的新理论作了最深刻和最全面的揭示,对这一重大的决定人类命运的理论作了最充分的、无可辩驳的论证,这样彻底的理论决定了掌握群众的必然性。集这些特征于一身的马克思主义不需要任何的美誉和夸奖,也不屑于任何的诋毁和攻击,话语自信是其与生俱来的品格,人类的历史进程终将证明它的真理性。

(三) 正义者同盟选择接受马克思恩格斯的理论具有开创性意义

《共产党宣言》的发表标志着马克思主义的诞生。马克思恩格斯从政治立场和世界观的"两个转变"到《共产党宣言》发表前的作品包括公开发表的部分和没有公开发表的部分。人们看到的只是当时他们公开发表的观点,但是,这两部分所蕴含的政治立场和世界观是一致的,与马克思主义诞生后的精神实质也是一致的。而这一时期马克思恩格斯公开发表的观点还不能称为马克思主义,本书使用了"体现科学社会主义实质的思想"这一提法来表示这一时期马克思恩格斯的思想。尽管这些思想不是马克思恩格斯全部著作中的思想,但是,已经初步显现了不久后诞生的马克思主义的基本特征,其真理性已经开始显露,所以才赢得了正义者同盟领导人的认同和高度重视,才使他们抛弃了此前空想的平均的共产主义的指导思想和企图依靠少数人的暴动来实现自己的目标的密谋策略。他们接受了马克思恩格斯的理论,派人专门前往布鲁塞尔和巴黎正式邀请马克思和恩格斯参加改组正义者同盟,这才有了《共产党宣言》的发表和马克思主义的正式诞生,才有了一个以科学社会主义为指导的无产阶级性质的政党的呼之欲出,说到底,这是马克思恩格斯的理论的真理力量使然。总之,一定程度上看,马克思主义的诞生和马克思主义政党的成立是当时正义者同盟对马克思恩格斯思想话语自信的结果,由此才有了马克思主义国际话语权的初步生成。在当时"体现科学社会主义实质的思想"影响还不大,马克思恩格斯的话语声音还很小的情况下,尤其是在标志着马克思主义诞生的《共产党宣言》还没有撰写和发表的情况下,正义者同盟选择接受马克思恩格斯的观点更显得难能可贵,更具有开创性意义。这是马克思主义国际话语权演进史上最值得称道的重大事件,值得深入研究和思考。马克思恩格斯参加正义者同盟代表大会后,正义者同盟改组为共产主义者同盟,《共产党宣言》作为党纲公开发表,马克思主义诞生。这时的共产主义者同盟不仅拥有不同国籍的盟员,而且在欧美8国(德、英、法、比、荷、美、瑞士、瑞典）建立了支部，类似于在这些国家建立了共产党组织。① 一定程度上讲，共产主义者同盟的这些支部之间的关系，也可以看作各国共产党之间的关系。马克思主义成为共产主义者同盟的指导思想，意味着马克思主义不仅存在于创始人自己的国家，同时存在于共产主义者同盟各个支部，这时马克思主义在这些支部的话语权即可称为国际话语权。只是当时共产主义者同盟只有 8 个支部，盟员人数也比较少，还是秘密组织，群众基础非常薄弱，而刚刚问世的马克思主义就受到反动当局的镇压和阻拦，这时马克思主义国际话语权还极其幼弱，但毕竟已经初步生成。

（四）马克思主义经历了凤凰涅槃般的历史考验

170 多年来，无论遭遇多大的打击、坎坷和曲折，马克思主义总是屹立不倒，马克思主义国际话语权总是顽强地存在着，根本的原因就在于对马克思主义的话语自信。这种情况大致有：在共产主义者同盟解散后经过十多年的沉寂，国际工人协会成立，马克思主义又走向前台并成为国际工人协会的主导话语；第一次世界大战时期第二国际在思想政治上破产，在马克思主义国际话语权受到严重削弱的情况下，以列宁为首的第二国际左派力量始终坚守马克思主义，并在后来成立第三国际，使马克思主义国际话语权得到恢复和进一步的提升；特别值得强调的是，东欧剧变、苏联解体，马克思主义国际话语权下降至 20 世纪的最低点，但仍然有五个执政的共产党以及其他一些非执政的共产党坚定不移地以马克思主义为指导，仍然有五个社会主义国家屹立不倒。尤其是中国共产党及其领导人沉着应对，冷静观察。1990 年 7 月，邓小平在会见加拿大前总理特鲁多时指出："东欧事件发生后，我跟美国人说，不要高兴得太早，问题还复杂得很。"②1992 年初，他在南方谈话中十分坚定地指出，我国"不坚持社会主义，不改革开放，不发展经济，不改善人民生活，只能是死路一条。基本路线要管一百年，动摇不得"，"我坚信，世界上赞成马克思主义的人会多起来的，因为马克思主义是科学。它运用历史唯物主义揭示了人类社会发展的规律。……一些国家出现严重曲折，社会主义好像被削弱了，但人民经受

---

① 参见林怀艺《马克思恩格斯的民主建党思想及其现实启示》，《马克思主义研究》2008 年第 5 期。

② 《邓小平文选》第 3 卷，人民出版社，1993，第 360 页。

锻炼，从中吸收教训，将促使社会主义向着更加健康的方向发展。因此，不要惊慌失措，不要认为马克思主义就消失了，没用了，失败了。哪有这回事！"我们要在建设有中国特色的社会主义道路上继续前进。"① 等等。这些振聋发聩的话语在今天看来都掷地有声，让人长久地沉思和惊叹于邓小平对历史的洞察力。可以说，马克思主义已经凤凰涅槃。如果说在马克思主义国际话语权上升时期，坚定马克思主义话语自信显得相对容易和更好被理解的话，那么，在马克思主义国际话语权下降或被严重削弱时期仍然坚定马克思主义话语自信就显得难能可贵，也正因为这种坚守，马克思主义国际话语权才能够持久地延续。因此，在沿着马克思主义的道路前进过程中，不管遭遇多大的艰难险阻，都应该坚定马克思主义话语自信。

二 推进马克思主义与时俱进是提升马克思主义国际话语权的根本要求

（一）马克思主义与时俱进与话语权提升相关联

马克思主义与时俱进与话语权提升相辅相成、相互促进。马克思主义与时俱进，推进马克思主义国际话语权的提升，马克思主义国际话语权的提升又推进了马克思主义的与时俱进，它们之间有着内在关联。马克思主义与时俱进成为马克思主义国际话语权提升的基础性缘由。首先，马克思主义创始人不断推进自身创立的理论与时俱进。《共产党宣言》1872 年德文版序言中明确指出："这些原理的实际运用，正如《宣言》中所说的，随时随地都要以当时的历史条件为转移。"② 马克思恩格斯一生都在不断发展和完善他们自己创立的理论，竭力使其成为完整而又严谨的理论体系。比如，恩格斯在《家庭、私有制和国家的起源》一书中说道："不是别人，正是卡尔·马克思曾打算联系他的——在某种限度内我可以说是我们两人的——唯物主义的历史研究所得出的结论来阐述摩尔根的研究成果，并且只是这样来阐明这些成果的全部意义。……我这本书，只能稍稍补偿我的亡友未能完成的工作。不过，我手中有他写在摩尔根一书的详细摘要中的批语，这些批语我在本书中有关的地方就加以引用。"③ 毫无疑问，这本书

---

① 《改革开放三十年重要文献选编》上，中央文献出版社，2008，第 633、641 页。
② 《马克思恩格斯文集》第 2 卷，人民出版社，2009，第 5 页。
③ 《马克思恩格斯文集》第 4 卷，人民出版社，2009，第 15 页。

用唯物史观科学阐述了家庭、私有制和国家的起源，从而发展了唯物史观。再比如，马克思恩格斯在晚年撰写大量文章，提出并深刻论证俄国等东方国家在内外条件满足的情况下，可以不通过"资本主义制度卡夫丁峡谷"而直接走上社会主义道路的思想；他们尤其是恩格斯晚年面对新的形势，提出在一定条件下无产阶级可以利用和平方式进行斗争的新策略；恩格斯晚年面对新的形势丰富和发展唯物史观的思想；等等。所有这些都说明，马克思主义创始人在不断创新和完善自身的理论。其次，列宁不断推进马克思主义与时俱进。列宁作为马克思主义最重要的后继者，面对不同于马克思主义创始人时期的历史条件和革命形势，推进马克思主义俄国化，形成了包括无产阶级政党建设理论、无产阶级在资产阶级民主革命中的策略理论、帝国主义理论、一国或几国首先取得社会主义革命胜利的理论、经济文化落后国家社会主义建设的理论等在内的列宁主义。尤其是列宁提出的新经济政策，是对经济文化落后国家社会主义建设理论的重大创新，指导实践也取得了重大成就。最后，中国共产党人推进马克思主义中国化形成了毛泽东思想和中国特色社会主义理论体系两大理论成果，并领导人民取得了革命、建设和改革的重大成就。另外，其他一马克思主义执政党和非执政党也实现了对马克思主义的与时俱进。这些是马克思主义国际话语权不断提升的重要缘由。

（二）修正、背离、教条化对待马克思主义必然导致马克思主义国际话语权削弱

世界万物不进则退。马克思主义不能与时俱进，尤其是修正、僵化、教条化对待马克思主义必然导致马克思主义国际话语权削弱。马克思主义国际话语权演进至今，主要经历过以下几次严重削弱时期。①从共产主义者同盟解散到国际工人协会成立前。其主要原因在于当时处于国际共产主义运动初期，共产主义者同盟解散后马克思主义话语主体缺位，导致话语权缺失。②第二国际后期至十月革命前。其主要原因在于第二国际时期伯恩施坦修正主义的出现，不仅阻碍了马克思主义理论创新，而且把马克思主义引向歧途，最终导致第二国际在政治思想上的破产，大部分第二国际的社会民主党加入资产阶级阵营，导致马克思主义国际话语权严重削弱，如果没有第二国际左派力量的坚守，马克思主义国际话语权有可能就会消亡。③从 20 世纪 80 年代到 90 年代初。其根本原因在于苏共"人道的民主的社会主义"改革方向完全背离了马克思主义，东欧国家深受苏联政治改

革的影响。在这一时期如果没有中国共产党等现存的五个执政的马克思主义政党的坚守，马克思主义国际话语权有可能会消亡。此外，中国共产党在幼年时期由于还没有掌握对待马克思主义的正确态度和方法、对中国国情还不甚了解，犯了教条主义、经验主义、主观主义的错误，没有创新和发展马克思主义。中国革命在这一时期遭遇严重挫折，如果不是以毛泽东为代表的坚持正确马克思主义观的共产党人的坚守和抗争，中国革命或许会更加艰难。总之，正反两方面的经验教训告诉我们，推进马克思主义与时俱进是提升马克思主义国际话语权的根本要求。

三 加强马克思主义政党建设是提升马克思主义国际话语权的重要保障

（一）加强作为最重要话语主体的马克思主义政党建设必然提升话语权

马克思主义政党是最主要的马克思主义话语主体，对马克思主义的传播、宣传发挥着重要的组织、领导作用。如果没有马克思主义政党，单凭作为马克思主义话语主体的无产阶级的自发学习、被动接受，马克思主义话语权的提升便会更加困难。马克思恩格斯投身工人运动之初就深知这一情况，因此，就为建立无产阶级政党（工人阶级政党、马克思主义政党，在本书这三个名称是同义语）作积极的准备：最初与一些志同道合的人在布鲁塞尔一起建立了具有国际性特征的共产主义通讯委员会；后来，接受正义者同盟邀请，并帮助把正义者同盟改组成共产主义者同盟，亲自为其撰写作为政治纲领的《共产党宣言》，使之成为世界上第一个国际性无产阶级政党。1869 年 8 月，第一个民族国家内的马克思主义政党即德国社会民主工党（爱森纳赫派）建立。马克思恩格斯高度重视共产主义者同盟的理论建设和政治建设，同时也高度重视德国社会民主工党的建设。1875 年，当德国社会民主工党与以拉萨尔主义为指导的全德工人联合会合并，成立了德国社会主义工人党，并制定了充满拉萨尔主义色彩的哥达纲领草案之时，马克思以高度的责任心和使命感，撰写了《德国工人党纲领批注》即《哥达纲领批判》，目的就是要保证德国社会主义工人党有科学理论的指导，保证其朝着正确的方向发展。在马克思恩格斯看来，加强以科学社会主义为指导的工人阶级政党建设是提升科学社会主义话语权的重要保障。

列宁高度重视加强无产阶级政党建设。他认为，党是工人阶级的先进部队，只有工人阶级的先进部分，只有工人阶级的先锋队，才能领导自己的国家。① 而要取得革命斗争的胜利还必须把党建设成为一个先进的政党。如何把党建设成为先进的政党？以马克思主义为指导就拥有了正确的立场、观点和方法，保障了无产阶级运动的正确方向。俄国布尔什维克党正是坚定马克思主义的指导，才使科学社会主义从理论跃升为现实，甚至改变了人类社会发展进程，使人类社会从世界资产阶级革命的时代进入世界无产阶级革命的时代。这种惊天动地的大事变，使马克思主义国际话语权得到了前所未有的提升。

中国共产党也是马克思主义政党建设的典范。中国共产党领导中国革命、建设和改革取得世所罕见的成就。取得重大成就的原因，首先在于以马克思主义为指导，马克思主义是当时的先进爱国人士多方学习、上下求索才寻找到的科学理论；其次还在于中国共产党的建设和发展契合了中国的大一统的历史文化传统，使国家具有了凝聚力和向心力。这两个方面相辅相成，共同推进中国共产党的发展，使党不断发展壮大，从而增强了国家的凝聚力和向心力；而这种凝聚力和向心力的增强又进一步强化了中国共产党的马克思主义政党性质。党的十八大以来，党进一步把政治建设置于首位，继续加强思想建设、组织建设、作风建设，进一步加强制度建设和反腐倡廉建设，把党建设成为拥有 9000 多万名党员的世界第一大党，党的领导成为中国特色社会主义最本质的特征，极大地提升了马克思主义国际话语权。另外，世界上其他一些共产党，无论是执政的还是非执政的，党的建设的加强都推进了马克思主义国际话语权的提升。

贯穿马克思主义政党建设过程始终的是为绝大多数人谋利益的宗旨。既然为绝大多数人谋利益是无产阶级运动的根本目的，而无产阶级运动需要无产阶级政党的领导，那么为绝大多数人谋利益就自然成为无产阶级政党的宗旨，并成为区别于其他政党的根本标志。实际上，马克思恩格斯还围绕无产阶级政党为绝大多数人谋利益的必要性、可能性、艰巨性，以及

---

① 《列宁全集》第 37 卷，人民出版社，2017，第 354 页。

践行宗旨的主要途径进行过系统的阐述。① 马克思主义国际话语权演进史表明，马克思主义政党只要践行这一宗旨，就会得到大多数人的拥护，就会有广泛的群众基础。

（二） 马克思主义政党建设得不到加强必然削弱话语权

马克思主义政党建设得不到加强就会削弱甚至严重削弱马克思主义国际话语权。这种情况最早的例子就是第三章分析过的第二国际后期马克思主义国际话语权的削弱。尽管这一时期第二国际代表大会对一些问题的分析和作出的一些决议仍然符合马克思主义的要求，尽管反对修正主义的斗争仍然取得了一定的胜利，但是，由于机会主义力量的不断壮大，第二国际离马克思主义越来越远。最终第二国际大多数领袖背叛了马克思主义，这意味着第二国际在思想上政治上的破产。这当然使马克思主义国际话语权受到严重削弱。这种情况最典型的例子莫过于第五章分析过的从 20 世纪80 年代到 90 年代初马克思主义国际话语权的削弱，其根本的原因在于苏联和东欧国家社会主义执政党越来越背离马克思主义。总之，马克思主义政党建设正反两方面的经验教训表明，马克思主义政党建设与马克思主义国际话语权的变化有着密切的关系。

四 加强无产阶级政党的国际合作是提升马克思主义国际话语权的必然要求

（一） 无产阶级政党只有加强国际合作才能形成强大的力量

首先，无产阶级政党的国际合作基于无产阶级的国际合作思想。《共产党宣言》"全世界无产者，联合起来！"的宣言至今振聋发聩。近些年来，学界对马克思恩格斯这方面的思想又有了进一步的挖掘和研究，深化了对马克思的世界历史思想、无产阶级是世界历史性阶级、社会主义是一项世界历史性事业的认识等，从而把对马克思恩格斯这方面思想的认识提高到了一个新台阶。马克思起草的《国际工人协会成立宣言》指出："工人们所具备的一个成功因素就是人数众多；但是只有当群众组织起来并为知识所指导时，人数众多才能起决定胜负的作用。过去的经验证明：忽视

---

① 参见张爱武《"为绝大多数人谋利益"论析——对马克思恩格斯关于无产阶级政党宗旨思想的解读》，《学术论坛》2014 年第 8 期。

在各国工人间应当存在的兄弟团结，忽视那应该鼓励他们在解放斗争中坚定地并肩作战的兄弟团结，就会使他们受到惩罚，——使他们分散的努力遭到共同的失败。"① 马克思在阐述这一观点时，特别强调了英国、德国、意大利和法国的工人们都为要夺取政权而活跃起来，强调了夺取政权是世界各国工人阶级的共同使命。列宁对无产阶级的国际合作也有过明确的阐述。他认为，无产阶级文化是国际主义文化。列宁指出："工人正在全世界范围内创造自己的国际主义文化，这种文化早已由宣传自由的人们和对压迫进行反抗的人们作了准备。工人正在建设一个各民族劳动者团结一致的新世界，一个不容许有任何特权，不容许有任何人压迫人的现象的世界，来代替充满民族压迫、民族纷争或民族隔绝的旧世界。"② "国际文化只包含每个民族文化中的一部分，即每个民族文化中具有彻底民主主义和社会主义内容的那一部分。""我们拥护彻底民主主义的和社会主义的无产阶级的国际文化。"③ 列宁还提出要以无产阶级国际主义反对种种形式的资产阶级的民族主义和社会沙文主义。另外，无产阶级坚持以无产阶级国际主义反对资产阶级的民族主义，与爱国主义并不矛盾，更不是否定爱国主义。列宁指出："工人阶级的爱国主义是最坚决的和最有远见的爱国主义……它不局限于民族范围之内，它同工人阶级的国际主义意向不相抵触，因为保卫遭受外国入侵的国家就是保卫工人阶级发展的自由，就是在民族范围内保卫对无产阶级国际主义团结的胜利完全必要的那种阶级发展的自由。"④

其次，无产阶级国际合作的有效形式是无产阶级政党的国际合作。共产主义者同盟是历史上第一个建立在科学社会主义基础上的无产阶级政党，1847 年在伦敦成立。共产主义者同盟并不是一个民族国家内的共产党，而是一个国际性共产党。"但是，在民族国家普遍建立社会主义政党之前，共产主义者同盟在欧美 8 国（德、英、法、比、荷、美、瑞士、瑞典）所建立的支部，即类似于这些国家的'共产党'。"⑤ 因此，共产主义者同盟的这些支部之间的关系就可以看作各国共产党之间的关系。马克思

---

① 《马克思恩格斯选集》第 2 卷，人民出版社，1995，第 606~607 页。

② 《列宁全集》第 23 卷，人民出版社，2017，第 140 页。

③ 《列宁全集》第 23 卷，人民出版社，2017，第 215 页。

④ 《列宁全集》第 59 卷，人民出版社，2017，第 544 页。

⑤ 林怀艺：《马克思恩格斯的民主建党思想及其现实启示》，《马克思主义研究》2008 年第 5 期。

恩格斯认为，共产党与其他工人政党的不同之处在于："一方面，在无产者不同的民族的斗争中，共产党人强调和坚持整个无产阶级共同的不分民族的利益；另一方面，在无产阶级和资产阶级的斗争所经历的各个发展阶段上，共产党人始终代表整个运动的利益。因此，在实践方面，共产党人是各国工人政党中最坚决的、始终起推动作用的部分；在理论方面，他们胜过其余无产阶级群众的地方在于他们了解无产阶级运动的条件、进程和一般结果。"[1] 即各国共产党具有共同的阶级基础、共同性的利益、共同性的实践与理论基础，共同性的纲领，他们联合起来后将会形成更强大的力量，各国共产党具有共同合作的内在要求，共产主义者同盟的成立用实际行动论证了马克思恩格斯的这一观点。列宁也有无产阶级政党必须加强国际合作的思想，这从他领导、组织、建立第三国际可以看出。从 1907 年参加第二国际斯图加特代表大会时反对国际机会主义开始，列宁就为建立第三国际而斗争。1915 年 9 月在瑞士的齐美尔瓦尔德召开的国际社会主义者第一次代表会议促使各国左派在思想上和组织上同右派和中派决裂，促进了革命马克思主义者的团结，"标志着为建立第三国际而斗争这一伟大事业的真正开端"[2]。俄国二月革命胜利后，列宁在著名的"四月提纲"中再次提出建立新的国际的倡议。十月革命胜利后，随着俄国社会民主工党（布尔什维克）更名为俄国共产党（布尔什维克），许多国家的社会民主党左派相继建立了本国的共产党，这就为建立新的国际进一步奠定了基础。1919 年 3 月第三国际（共产国际）正式成立。第三国际为马克思主义国际话语权的提升起到过巨大的推动作用。

（二）无产阶级政党在国际合作中应保持独立性

马克思在《国际工人协会共同章程》中特别强调，"加入国际协会的工人团体，在彼此结成亲密合作的永久联盟的同时，完全保存自己原有的组织"[3]。恩格斯也曾指出："国际合作只有在平等者之间才有可能"[4]，"胜利了的无产阶级不能强迫他国人民接受任何替他们造福的办法，否则

---

[1] 《马克思恩格斯选集》第 1 卷，人民出版社，2012，第 413 页。

[2] 《国际共产主义运动史》编写组《国际共产主义运动史——从马克思主义诞生至十月社会主义革命胜利》，人民出版社，1978，第 615 页。

[3] 《马克思恩格斯选集》第 3 卷，人民出版社，2012，第 174 页。

[4] 《马克思恩格斯文集》第 10 卷，人民出版社，2009，第 472 页。

就会断送自己的胜利"①。在筹建第二国际时，恩格斯提醒法国工人党的领导人："现在你们应当注意，不要摆出一付想要对其他国家的社会主义者发号施令的架势，从而使自己也处于这种地位。"② 这些观点告诉我们，无产阶级政党在国际性合作中应该保持各自的独立性，任何一个政党都不应该把自己置于发号施令或中心的地位。

还要说明的是，马克思恩格斯还表达过无产阶级政党应与其他工人政党和组织（不以科学社会主义为指导的工人政党和组织）建立国际性交往。在共产主义者同盟诞生的时代，还存在着一些非马克思主义的工人政党，比如《共产主义原理》及《共产党宣言》中提到的英国的"宪章派"、美国的"土地改革派"、瑞士的"激进派"、法国的"社会主义民主党"、波兰的"发动过1846年克拉科夫起义的政党"等。那么，马克思恩格斯认为应怎样保持共产主义者同盟与这些不同国家其他工人政党之间的关系呢？他们提出的基本策略是："在不同的国家采取不同的态度"③，"总之，共产党人到处都支持一切反对现存的社会制度和政治制度的革命运动"④，无产阶级政党在与其他工人政党和组织进行国际性合作时也应该保持独立性，等等。⑤ 总之，加强无产阶级政党的国际合作是提升马克思主义国际话语权的必然要求。

五　加强马克思主义传播、宣传是提升马克思主义国际话语权的基本途径

（一）必须持续加强马克思主义传播、宣传

从一定程度上讲，马克思主义国际话语权的演进史就是马克思主义的传播史、宣传史。只有对马克思主义进行宣传，它才能被人们知晓、了解、掌握、接受，才能获得话语主体，马克思主义国际话语权才能形成、提升，否则就谈不上什么话语权。通过对马克思主义国际话语权演进史的

---

① 《马克思恩格斯文集》第10卷，人民出版社，2009，第481页。

② 《马克思恩格斯全集》第37卷，人民出版社，1971，第157页。

③ 《马克思恩格斯选集》第1卷，人民出版社，2012，第311页。

④ 《马克思恩格斯选集》第1卷，人民出版社，2012，第453页。

⑤ 参见张爱武《全球化进程中的中国共产党先进性建设》，社会科学文献出版社，2012，第68~75页。

梳理可以看到，不同时期都采取了多种多样的、尽可能适用的传播、宣传的途径。导言中指出，宣传是传播的一种形式，传播包含宣传，很多时候这两个概念可以交互使用。但是，它们又有区别。宣传主体比传播主体的主观性、目的性更强，宣传客体比传播客体的选择性更弱，也就是说宣传强调客体对宣传内容的接受，不强调选择性，而客体在面对传播内容时可接受或不接受，选择空间较大。宣传多带有政治目的，传播还包括除此之外的广告、公关等活动。当主体的政治目的比较强、客体的选择性比较弱时，使用宣传比使用传播更为恰当。马克思主义话语主体传播马克思主义的目的性当然比较明确，因此，我们比较多地用了宣传这一概念。总之，可以根据上下文语境使用这两个概念。

马克思恩格斯高度重视并亲自参加科学社会主义的宣传。第一章表明，在马克思主义还没有正式形成之前，马克思恩格斯就通过建立工人组织、出版著作和在报刊发表文章、在工人中发表演说等形式对他们的思想进行宣传；第二章表明，从马克思主义诞生到第一国际解散，马克思主义的宣传途径主要有出版著作和发行报刊、发表演说和举办讲座、发放传单、发挥国际工人协会的作用等；第三章表明，从第一国际解散到第二国际解散，马克思主义的宣传途径主要有出版马克思恩格斯的著作、利用现有的和创办新的报刊、发挥马克思主义理论家的作用等；第四章表明，从第二国际破产到第三国际解散，马克思主义的宣传途径主要有出版马克思列宁主义著作和发表文章、召开全国性会议、发行报刊、开展马克思列宁主义的大众化教育等；第五章表明，从第二次世界大战结束到 20 世纪 90 代年初，马克思主义的宣传途径主要有继续出版马克思列宁主义著作、学校教育、通过社会主义文化机构进行教育。中国共产党在新民主主义革命时期的宣传途径主要有创办马列学院即高级党校以培养具有理论知识的领导干部和宣传干部、对广大党员和干部提出学习马克思列宁主义的要求等；新中国前 30 年的宣传途径主要有下发文件和召开会议布置学习任务、出版马列原著等；改革开放前十年主要是有组织计划地开展学习等；20 世纪 90 年代初至今，中国兴起全党学习马克思主义的新高潮、加强全体人民的马克思主义学习教育、实施马克思主义理论研究和建设工程，党的十八大以来习近平主持召开相关座谈会推进马克思主义学习和宣传。同时，其他社会主义国家也都通过多种途径宣传马克思主义。

（二）马克思主义传播、宣传具有的鲜明特征

总的看来，这些宣传途径体现出了这样一些特征：第一，主体性。即马克思主义创始人、主要后继者、马克思主义政党等都高度重视对科学社会主义或马克思主义的宣传，都把这种宣传纳入日常工作。创立、继承、发展马克思主义都具有重要性和必要性，科学的理论被束之高阁，不能被人们知晓，便发挥不了作用。可以看到，马克思恩格斯在他们繁重的理论研究和创新之余，都积极投身实践，不仅参与工人运动，而且把宣传科学社会主义理论作为己任，他们的努力是他们的思想及《共产党宣言》发表后科学社会主义获得国际话语权的重要原因。第二，多样性。传播与宣传是理论或话语与受众之间的联系、沟通的路径，宣传、传播的形式多种多样，要选择合适的宣传途径让人们更好地了解马克思主义。认识尤其是能够运用一种理论不是通过一种途径、一次性学习就能达成的，尤其像马克思主义这样科学、深刻而又宏大、广博的理论，不经过多次反复的学习是很难真正掌握的。因此，宣传马克思主义时多种途径叠加必然会增强宣传的效果。第三，创新性。理论传播、宣传的途径不是僵化静止、一成不变的，会随着时代的进步、条件变化而变化。其中，有些途径具有一般性、相对稳定性，比如出版著作、发行报刊等；在特殊的背景下还有一些特殊的做法，比如在秘密斗争的情况下发放传单、发表演说等；当马克思主义政党执政后，把马克思主义作为主流意识形态，就拥有了更多可以使用的方法进行宣传，组织大家进行学习。有针对性地开展学习活动才能提高实效，比如对广大高级干部、一般干部、普通党员、一般群众可以有不同的要求，为他们提供不同的学习方法，青年学习更要贯穿课堂学习之中，使马克思主义进课堂、进教材、进头脑。中国共产党还实施了马克思主义理论研究和建设工程，这是一种有创新性的重大举措，目前看来成效显著。在今后的发展中，还要不断探索、不断创新。

六　科学对待不同的思潮和流派是提升马克思主义国际话语权的内在要求

（一）对各种非科学社会主义的流派和思潮进行彻底的批判

导言部分提到的影响马克思主义国际话语权强与弱、提升或下降的因

素中，有一个是"外部影响"，即马克思主义话语及其主体遭到的反马克思主义权力主体的压制、非马克思主义话语对马克思主义话语的挑战和攻击等。马克思主义话语及其主体遭到的反马克思主义权力主体的压制，比如1848年欧洲革命失败后，共产主义者同盟受到打压后被迫解散，科学社会主义退到后台；19世纪70年代后期至80年代德国实行反社会党人的"非常法"，德国的社会主义运动和马克思主义的传播都受到严重影响；等等。但是，马克思主义话语主体从来不是坐等挨打的，而是对那些非科学社会主义流派和思潮主动出击，进行深刻的批判，尽可能为马克思主义国际话语权的提升扫除障碍。特别值得强调的是，首先，马克思恩格斯对各种非科学社会主义思潮和流派的批判。马克思主义是在扬弃前人理论成果的基础上形成和发展起来的。在扬弃的同时还进行着批判和创造，即批判错误观点，提出自己的新观点。在从马克思恩格斯的"两个转变"到《共产党宣言》发表时期，马克思恩格斯就批判过"粗陋的共产主义""保守的或资产阶级的社会主义""封建的社会主义""小资产阶级的社会主义""真正的社会主义"等；在从马克思主义诞生到第一国际解散时期，马克思恩格斯批判过法国机会主义流派——蒲鲁东主义、德国机会主义思潮——拉萨尔主义、英国改良主义思潮——工联主义、当时流行于欧洲工人运动中的无政府主义思潮——巴枯宁主义等；在从第一国际解散到第二国际解散时期，马克思恩格斯批判过法国的可能派、德国的以青年派为首的左倾机会主义和以福尔马尔为代表的右倾机会主义、法国除了可能派之外的无政府工团主义、伯恩施坦修正主义等。可见，马克思主义的形成史是一部与各种非科学社会主义思潮和流派的斗争史，马克思恩格斯的一生是战斗的一生，这些都是马克思恩格斯所在时期马克思主义国际话语权不断提升的重要缘由。其次，列宁对各种非马克思主义的批判。在俄国建立以马克思主义为指导的工人阶级政党及其发展过程中，马克思主义受到了国内、国际各种非马克思主义思潮的攻击。列宁对这些思潮也进行了深刻的、彻底的批判，坚决捍卫了马克思主义，保证了俄国马克思主义政党发挥先进性作用。第三章指出，列宁对当时的自由主义民粹主义、"合法马克思主义"、经济主义、孟什维主义、伯恩施坦修正主义、经验批判主义等进行了深刻的批判，从而捍卫和发展了马克思主义，提升了马克思主义国际话语权。最后，东欧剧变、苏联解体提供了不深刻批判非科学社会主义思潮的反面教材。东欧剧变、苏联解体原因众多、复杂，有内部的、外部的，其中，不能辨别科学与非科学社会主义理论，不仅不对非科学社会主义的观点进行批判，反而以其为改革的指导思想是重要原因之一。这特别体现为在戈尔巴乔夫改革时期以所谓"人道的民主的社会主义"指导改革，而这实际上是完全背离科学社会主义的，这在上文已经作了比较深入的分析。

与此同时，还要认识到，对各种非科学社会主义的流派和思潮进行批判是一个长期的过程。马克思主义是对资本主义进行有原则高度批判的理论，自产生后就遭受到资本主义统治者的压制，就遭受到资产阶级的嘲讽和抵制，但是，也被无产阶级及其政党接纳为指导思想，成为其认识和改造世界的理论原则和方法指导。从上文分析中可以看到，马克思主义在创立和发展过程中一直对各种非科学社会主义思潮和流派进行深刻的批判，为世界无产阶级掌握马克思主义话语权净化了理论传播环境。资本主义在当今仍然显示出强大的生命力，马克思主义却受到严峻挑战，一些宣传资产阶级意识形态、美化资本主义制度、丑化社会主义制度、诬陷马克思主义的理论甚嚣尘上，有的理论甚至把属于资产阶级意识形态的内容说成"普世价值"，所有这些理论和观点都给马克思主义带来了巨大的冲击。同时，我们还要注意到，在历史转变为世界历史的时代，不同理论的共存和相互影响具有客观必然性，即使在马克思恩格斯所处时代也是这样，因此，要把非马克思主义流派和思潮完全排斥在外是不可能的，因此，要在与非马克思主义思潮和流派共存中加强与它们的斗争，对其进行深刻的批判，从而为科学社会主义国际话语权的实现确立正确的话语导向。就当代中国来说，就是要强化对中国特色社会主义理论体系的宣传，使人们通过认同和接受中国特色社会主义进一步认同和接受马克思主义，不断提升马克思主义国际话语权。

（二）辩证看待国外马克思主义，促进马克思主义发展

笔者在导言中指出，本书在分析 20 世纪 20 年代后"国外非正统的马克思主义"（直接称为"国外马克思主义"）时，将用马克思主义立场、观点和方法对最具代表性的观点进行分析，探析其对马克思主义国际话语权演进的影响。从第四章开始，对相应时期国外马克思主义的主要观点作了扼要的梳理，并分析了国外马克思主义对马克思主义国际话语权演进的

影响。在第六章的相应部分还指出，尽管是扼要的介绍，但希望达到从个别到一般的效果，即希望通过对国外马克思主义主要观点的扼要梳理，达到从一般的角度认识和理解其对马克思主义国际话语权演进的影响。通过认识和把握国外马克思主义，促进马克思主义的发展。马克思主义本身就是在继承有价值的理论成果和批判错误的思潮中产生和发展起来的。因此，国外马克思主义的理论成果，无论是积极的还是消极的，甚至无论是正确的还是错误的，对于马克思主义的发展都有借鉴意义。对于积极的、正确的成果应该鉴别和吸收，对于消极的、错误的观点应该加以批判和驳斥，应在这样的过程中发展马克思主义。这样看来，以科学、辩证、发展的态度看待国外马克思主义，对于推进马克思主义的发展是有益的，是有利于马克思主义自身发展和完善的，从而有利于提升马克思主义国际话语权。但是 20 世纪 20 年代西方马克思主义产生一直到 20 世纪 80 年代，在国际共产主义运动进程中马克思主义政党对待国外马克思主义采取的基本上是"左"倾的态度和做法，从而制约了马克思主义国际话语权的提升。这对东欧剧变、苏联解体也有一定的影响。

我国从 1978 年党的十一届三中全会以后开始介绍西方马克思主义，20世纪 80 年代在如何对待西方马克思主义的问题上，还存在比较大的分歧。但是，在实事求是思想路线的指导下，我国逐渐形成正确的立场、观点和方法，介绍的内容也从主要介绍西方马克思主义拓展到介绍国外马克思主义。在新世纪新阶段，我国于 2004 年提出实施马克思主义理论和建设工程，2005 年在一级学科中设立马克思主义理论学科，包括马克思主义基本原理、马克思主义发展史、马克思主义中国化研究、国外马克思主义研究、思想政治教育等五个二级学科和研究方向。21 世纪以来，国外马克思主义在我国得到了认真的对待、广泛的介绍、深入的研究，了解和把握国外马克思主义的形成背景、发展趋势、主要观点、历史与现实意义等，对其合理成分进行借鉴和吸收，对其错误观点加以抵制和批判等，推进了中国化马克思主义的发展。21 世纪中国化马克思主义不仅是 21 世纪世界马克思主义最重要的组成部分，而且是 21 世纪世界马克思主义发展的引领者。中国共产党必将以科学的态度、宽广的胸怀对待国外马克思主义，借鉴、吸收有益成果，抵制、批判错误观点，进一步推进 21 世纪中国化马克思主义的发展。

七 推进世界历史性社会主义事业的发展是提升马克思主义国际话语权的硬实力基础

(一) 硬实力是话语权提升的基础

话语权是一种软实力，以硬实力为基础。话语权要获得提升需要有硬实力的支撑，完全脱离硬实力要获得话语权的提升是极其艰难的。支撑话语权的硬实力的获得取决于话语的真理性及其指导，在真理性话语的指导下取得的实践成就就是硬实力。马克思主义国际话语权的初步生成和演进都与硬实力有关。第一，马克思主义国际话语权的初步生成也有硬实力的支撑。大致从 1846 年马克思恩格斯成立布鲁塞尔共产主义通讯委员会开始，马克思恩格斯的思想被世人所了解，尽管此时马克思主义还未诞生，尽管标志着历史唯物主义诞生的《德意志意识形态》这时还在写作当中，但是这时他们的唯物史观已经确立了，从这时起他们公开发表的文本必然蕴含着这一世界观和基本的政治立场。马克思说过："我们这种通讯活动的主要目的，是要让德国的社会主义者同法国和英国的社会主义者建立联系，使外国人了解德国不断发展的社会主义运动，并且向德国国内的德国人报道法国和英国社会主义运动的进展情况。"[①] 他还说："借以讨论学术问题，评论流行的著作，并进行社会主义宣传（在德国，人们可以用这种办法进行社会主义宣传）。"[②] 正是通过这种"讨论""评述""宣传"活动，人们初步了解到马克思恩格斯体现新世界观的思想，认识到这种思想比当时流行的其他一些思想更具有科学性，特别重要的是认为在这种思想指导下才能推进工人运动的发展，才能取得更大的成效。工人运动的发展和成效就是这种思想带来的硬实力，因而人们才更愿意接受这种思想，这是正义者同盟领导人邀请马克思恩格斯加入同盟，再在他们的指导下，把正义者同盟改组为共产主义者同盟的根本原因。第二，马克思主义国际话语权受国际工人运动影响。在马克思主义诞生后，第一、第二、第三国际的成立和发展，第一个社会主义国家苏俄的建立，二战后社会主义国家数量的增加等推进了马克思主义国际话语权的提升，而修正主义的出现，第

---

① 《马克思恩格斯文集》第 10 卷，人民出版社，2009，第 31 页。
② 《马克思恩格斯文集》第 10 卷，人民出版社，2009，第 31 页。

二国际的解散，东欧剧变、苏联解体等则削弱了马克思主义国际话语权。这些客观事实都是通过影响社会主义国家的硬实力从而影响马克思主义国际话语权的。实践证明，马克思主义指导与相应的硬实力之间有着正相关的关系，使马克思主义国际话语权螺旋式提升。

（二）为马克思主义国际话语权的提升奠定硬实力基础

第一，"两制共存"是当下的时代背景。历史证明，在资本主义与社会主义"两制共存"的时代背景下，"两制"的发展情况对马克思主义国际话语权硬实力具有决定性的影响。当资本主义发展得比较好的时候，马克思主义国际话语权就会被削弱，当社会主义发展得比较好的时候，马克思主义国际话语权就会得到提升。东欧剧变、苏联解体后，"历史终结论"一度甚嚣尘上，马克思主义国际话语权受到严重削弱。但是，21 世纪以来，随着"9·11"事件、伊拉克和阿富汗战争、国际金融危机、欧洲债务危机、中国和平发展、新兴市场国家异军突起等"强硬的事实"的出现，马克思主义国际话语权逐渐提升。特别是西方发达资本主义正经历严重的制度危机，2008 年全球经济危机与以往经济危机相比有四个显著的不同：一是规模大，二是范围广，三是时间长，四是打击重。而马克思主义在资本主义困境中显现的光亮和希望表现为三个热：一是"马克思热"，二是"占领热"，三是"中国热"。当今国际形势的主要特点：首先是大动荡，其次是大分化，最后是大调整。① 当今世界仍然处于从资本主义向社会主义过渡的时代。当今时代的主题是和平与发展，时代的本质是由资本主义向社会主义过渡，时代主题转换了，而时代的本质没有变。② "历史终结论"者指出，美国备受推崇的制衡制度可以被看成一种"否决政体"，它使得代表少数人的各种政治派别可以阻止多数派的行动，因为这个制度就是为授权给少数人阻止多数人而设计的，是一种"僵局"性设计。③ 在东欧剧变、苏联解体，马克思主义遭受严重质疑的背景下，这些现象、事

---

① 参见赵曜《资本主义的衰落和社会主义的复兴》，《世界社会主义研究动态》2014 年第 10 期。

② 参见赵曜《时代问题是一个关系全局性的战略判断——当今世界正处于从资本主义向社会主义过渡的时代》，《世界社会主义研究动态》2015 年第 6 期。

③ 参见〔美〕弗朗西斯·福山《为什么我们还在为奥巴马的医改方案而战？因为美国的制度就是为僵局而设计的》，《华盛顿邮报》2013 年 10 月 6 日，转引自《参考消息》2013 年 10 月 9 日。

实在很大程度上提升了人们对社会主义的信心。因此，"历史终结论"终结，世界社会主义的复兴成为大势所趋，马克思主义国际话语权必将有一个新的提升。第二，大力推进世界历史性社会主义事业的发展为提升马克思主义国际话语权提供硬实力基础。当下世界社会主义事业呈现出整体推进的特征，即社会主义事业不仅包括已经建立社会主义制度的国家的社会主义建设，而且包括那些还没有建立社会主义制度的发达国家和发展中国家程度不同存在着的社会主义运动。首先，就已经走上社会主义道路的社会主义国家而言，历史地看，20世纪社会主义建设给我们留下了深刻的历史经验和教训：经济文化落后的国家先走上社会主义道路后必须毫不动摇地坚持无产阶级专政，加强国家政权建设；必须大力发展经济，提高生产力和人民的生活水平；必须加强社会主义意识形态建设，抵制资本主义的和平演变；工人阶级政党必须严格加强党的自身建设；必须深化改革，实行对外开放，积极借鉴和利用人类创造的优秀文明成果，积极利用资本主义；等等。这些历史经验和教训也成为社会主义国家继续发展的宝贵财富。现实地看，21世纪初社会主义国家数量减少了，但是这些国家和人民都经受了锻炼，近些年来，社会主义国家尤其是中国的改革和建设事业取得了巨大成就比较好地说明了这一点。当然，科学社会主义应本着包容的态度，不断地吸收其他社会主义的合理因素以推进自身的发展。其次，就发达资本主义国家而言，第二次世界大战以后，资本主义社会相对稳定和经济相对繁荣：社会生产力有了大幅提升，生产关系实现了由私人垄断到国家垄断的转变，上层建筑的调整使资本主义政治统治进一步巩固，社会阶级结构发生深刻变化，资本主义世界体系最终形成，发达资本主义国家正由工业社会进入信息化社会。列宁曾经指出："马克思的全部理论，就是运用最彻底、最完整、最周密、内容最丰富的发展论去考察现代资本主义。"[1] 因此，当我们用马克思主义的立场、观点和方法深刻分析当代资本主义的这些新变化的时候，我们发现，资本主义的快速发展只是一种外在的表象，资本主义生产的社会化与生产资料私人占有之间的基本矛盾并没有得到解决，因而其最终灭亡的命运没有改变。而且随着这种发展，资本主义内部还产生了作为其"对立面"或"对立物"的新质因素。罗文东在

---

① 《列宁选集》第3卷，人民出版社，2012，第186页。

《论当代资本主义内部的"新社会因素"》一文中较为系统地概括了当代发达资本主义内部的新因素。①合作经济。目前西方发达国家合作经济的总数高达64万个。主要存在形式是农业合作社，工业合作社的数量也快速增长。合作经济在这些国家的经济发展中起着积极的作用。②社会保障制度。在资本主义发展早期就出现了带有临时救济性质的社会福利。而二战后，形成了由多种社会福利计划组合而成、内容上更具系统性、由政府统一组织管理的涉及所有制方面也涉及分配制度方面的社会保障体系。文章指出，资本主义国家工人工作时间缩短，普遍实行五天工作制，周工作时间一般在46小时以内，工人的收入和生活水平明显提高等。③职工参与企业管理的制度。企业是经济发展的微观基础，企业管理体制作为企业制度的重要内容，是资本主义经济制度历史发展的一个重要方面，二战后资本主义国家企业管理体制主要有以下变化：企业管理日益走出个别企业的范围而与形式的社会化管理相结合，呈现出企业管理社会的趋势；企业管理民主化，出现经理阶层和由此带来的管理革命，企业民主管理与劳资合作相结合；企业内部不断进行管理体制改革等。④三大差别逐渐缩小。⑤社会主义思想道德的孕育和发展。这些必然成为世界历史性社会主义实践运动的重要组成部分。① 最后，就现实发展中国家而言，不少国家实行了他们称之为"社会主义"的政策和措施，这些政策和措施主要有实行国有化、土地改革及合作化等。② 这些国家采取的各种政策和措施，在一定程度促进了这些国家的经济的发展，为向社会主义方向发展积累了物质力量和社会力量。而且，发展中国家要真正实现人民的解放，只能走社会主义道路；发展中国家要真正解决社会矛盾，也只能走社会主义道路。③ 总而言之，随着世界历史性社会主义事业取得越来越大的成就，马克思主义国际话语权必然会得到极大的提升。

　　以上七条基本经验，第一、二条是从马克思主义话语本身角度而言的，第三、四条是从马克思主义话语主体角度而言的，同时涉及了马克思主义的群众基础，第四条还涉及了马克思主义话语主体的国际空间的分

① 参见罗文东《论当代资本主义内部的"新社会因素"》，《理论前沿》2004年第14期。

② 参见王振亚《浅议当代发展中国家的"社会主义试验"》，《中国党政干部论坛》1995年第2期。

③ 参见张爱武《世界历史性社会主义研究》，社会科学文献出版社，2005，第380~386页。

布，第五条是从马克思主义话语传播途径角度而言的，第六条是从马克思主义国际话语权演进外部影响角度而言的，第七条是从马克思主义指导取得的实践成就角度而言的。这七条与导言中提出的马克思主义国际话语权演进分析框架中的"话语""话语主体""群众基础""传播途径""空间范围""外部影响""取得的成就"等基本要素相对应。

参考文献

《马克思恩格斯文集》1~10卷，人民出版社，2009。

《列宁专题文集》1~5卷，人民出版社，2009。

《斯大林选集》上、下卷，人民出版社，1979。

王学东主编《国际共产主义运动历史文献》第1~64卷，中央编译出版社，2011~2018。

沈云锁、潘强恩主编《共产党通史》，人民出版社，2011。

中国人民大学马列主义发展史研究所编《马克思恩格斯思想史》，上海人民出版社，1982。

顾海良主编《马克思主义发展史》，中国人民大学出版社，2009。

姚海：《俄国革命》，人民出版社，2013。

郑异凡：《新经济政策的俄国》，人民出版社，2013。

徐天新：《斯大林模式的形成》，人民出版社，2013。

叶书宗：《勃列日涅夫的十八年》，人民出版社，2013。

左凤荣：《戈尔巴乔夫改革时期》，人民出版社，2013。

张友伦：《共产主义者同盟》，商务印书馆，1971。

徐耀新：《共产主义者同盟史研究》，南京大学出版社，1990。

侯才：《青年黑格尔派与马克思早期思想的发展》，中国社会科学出版社，1994。

罗燕明：《马克思恩格斯思想研究（1833~1844）》，中央编译出版社，2002。

卜祥记：《青年黑格尔派与马克思》，商务印书馆，2015。

韩立新：《〈巴黎手稿〉研究》，北京师范大学出版社，2014。

吴晓明：《马克思早期思想的逻辑发展》，上海人民出版社，2016。

张一兵:《回到马克思——经济学语境中的哲学话语》,江苏人民出版社,2014。

孙伯鍨、侯惠勤主编《马克思主义哲学的历史和现状》上、下卷,南京大学出版社,2004。

方章东:《第二国际理论家马克思主义观研究》,安徽大学出版社,2007。

徐民华、陶卫平、布成良主编《科学社会主义经典著作导读》,人民出版社,2003。

姜琦、张月明主编《国际共产主义运动中的党际关系史(1848—1988)》,华东师范大学出版社,1991。

黄宗良、林勋健主编《共产党和社会党百年关系史》,北京大学出版社,2002。

田保国等:《世界共产党与社会民主党关系论纲》,社会科学文献出版社,2011。

高放、李景治、蒲国良主编《科学社会主义的理论与实践》,中国人民大学出版社,2014。

《马克思主义发展史》编写组编《马克思主义发展史》,高等教育出版社,2013。

《国际共产主义运动史》编写组编《国际共产主义运动史》,人民出版社,2012。

孙自胜:《苏联马克思主义哲学教育研究》,中国社会科学出版社,2015。

曹长盛、张捷、樊建新主编《苏联演变进程中的意识形态研究》,人民出版社,2004。

陈立思主编《当代世界的思想政治教育》,中国人民大学出版社,1999。

郑寅达:《德国史》,人民出版社,2014。

阎照祥:《英国史》,人民出版社,2014。

陈文海:《法国史》,人民出版社,2014。

陈锐:《西方思想史论》,中国社会科学出版社,2015。

彭刚:《西方思想史导论》,北京大学出版社,2014。

卢坦：《日本明治时期的社会主义思想研究》，中国社会科学出版社，2016。

朱艳圣：《冷战后的日本社会主义运动》，中央编译出版社，2008。

胡为雄：《马克思主义哲学在中国传播与发展的百年历史》，百花洲文艺出版社，2015。

李军林：《马克思主义在中国的早期传播及其话语体系的初步建构》，学习出版社，2013。

尹德树：《文化视域下马克思主义在中国的早期传播与发展》，人民出版社，2013。

方红：《马克思主义在中国的早期翻译与传播》，上海三联书店，2016。

郭刚：《中国早期马克思主义的传播——梁启超与西学东渐》，人民出版社，2010。

田子渝等：《马克思主义在中国初期传播史（1918—1922）》，学习出版社，2012。

杜洁：《马克思主义在泰国的传播与影响研究》，中国社会科学出版社，2017。

张爱武：《世界历史性社会主义研究》，社会科学文献出版社，2005。

张爱武：《全球化进程中的中国共产党先进性建设》，社会科学文献出版社，2012。

刘敬东、郇庆治、陆俊主编《国外马克思主义思潮评介》，北京师范大学出版社，2021。

徐崇温：《"西方马克思主义"》，天津人民出版社，1982。

徐崇温主编《西方马克思主义理论研究》，海南出版社，2000。

徐崇温：《怎样认识"西方马克思主义"》，重庆出版社，2012。

张一兵主编《当代国外马克思主义哲学思潮》，江苏人民出版社，2012。

衣俊卿：《西方马克思主义概论》，北京大学出版社，2019。

衣俊卿、王秀敏主编《东欧新马克思主义研究》，哈尔滨工程大学出版社，2019。

王凤才等：《多重视角中的马克思——21世纪世界马克思主义发展趋

向》，中国社会科学出版社，2021。

陈学明等主编《世界马克思主义研究前沿理论追踪》，天津人民出版社，2022。

姜辉、潘金娥主编《国际共产主义运动发展报告（2020～2021）》，社会科学文献出版社，2021。

李慎明、姜辉主编《世界社会主义跟踪研究报告（2020—2021）》，当代中国出版社，2021。

〔德〕弗·梅林：《德国社会民主党史》第1～4卷，青载繁译，生活·读书·新知三联书店，1963、1964、1965、1966。

〔德〕耶克：《第一国际史》，张文焕译，生活·读书·新知三联书店，1964。

〔德〕弗·梅林：《马克思传》，樊集译，人民出版社，1973。

〔英〕戴维·麦克莱伦：《马克思传》，王珍译，中国人民大学出版社，2008。

〔英〕戴维·麦克莱伦：《恩格斯传》，臧峰宇译，中国人民大学出版社，2017。

〔法〕奥古斯特·科尔纽：《马克思恩格斯传》第1卷，刘丕坤、王以铸、杨静远译，生活·读书·新知三联书店，1963。

〔法〕奥古斯特·科尔纽：《马克思恩格斯传》第2卷，樊集译，生活·读书·新知三联书店，1965。

〔法〕奥古斯特·科尔纽：《马克思恩格斯传》第3卷，管士滨译，生活·读书·新知三联书店，1980。

〔英〕戴维·麦克莱伦：《马克思主义以前的马克思》，李兴国等译，社会科学文献出版社，1992。

〔英〕戴维·麦克莱伦：《青年黑格尔派与马克思》，夏威仪、陈启伟、金海民译，商务印书馆，1982。

〔德〕黑格尔：《法哲学原理》，范扬、张企泰译，商务印书馆，1961。

陈林：《恩格斯传》，天地出版社，2018。

〔法〕奥古斯特·科尔纽：《马克思的思想起源》，王瑾译，中国人民大学出版社，1987。

〔法〕保尔·拉法格等：《回忆马克思恩格斯》，马集译，人民出版社，1973。

〔苏〕康捷尔：《马克思、恩格斯是共产主义者同盟的组织者》，李襄译，生活·读书·新知三联书店，1957。

〔苏〕柯托夫：《马克思主义在俄国的传播》，于深译，时代出版社，1955。

〔苏〕米·伊·米哈伊洛夫：《共产主义同盟》，汤润千译，生活·读书·新知三联书店，1976。

〔德〕卡尔·欧伯曼：《共产主义者同盟史（1849—1852）》，宋家修、林穗芳译，生活·读书·新知三联书店，1962。

〔英〕约翰·麦克里兰：《西方政治思想史》，彭淮栋译，中信出版社，2014。

〔苏〕祖波克主编《第二国际史》第1卷，刘金质等译，人民出版社，1984。

〔苏〕祖波克主编《第二国际史》第2卷，南开大学外文系译，人民出版社，1984。

〔美〕赫伯特·马尔库塞：《苏联的马克思主义——一种批判的分析》，张翼星、万俊人译，中国人民大学出版社，2016。

〔苏〕米·谢·戈尔巴乔夫：《改革与新思维》，苏群译，新华出版社，1987。

〔美〕大卫·科兹、弗雷德·威尔：《来自上层的革命——苏联体制的终结》，曹荣湘等译，中国人民大学出版社，2002。

〔美〕斯蒂芬·费希尔-盖拉蒂编《东欧各国共产党》，张月明等译，东方出版社，1986。

后 记

　　我是一名高校马克思主义理论课教师。党的十八大后，我一度有一种感觉特别强烈，即中国特色社会主义建设取得了巨大成就，这是举世公认的事实，但是在教学中联系社会现实时觉得不少人在坚定"四个自信"方面似乎不尽如人意。回溯马克思主义发展史我们又发现，马克思主义诞生后只是当时众多的社会主义思潮中的一种，经过不断发展，成为一种国际话语，成为世界马克思主义政党的指导思想。马克思主义历经坎坷曲折，但始终屹立不倒，其内在的逻辑和基本经验是什么？是否可以对马克思主义国际话语权的演进进行历史考察，总结其基本经验，为提升中国特色社会主义话语权进而增强"四个自信"提供现实启示？正好当时"话语权"成为学界研究热点，在这样的情况下，我在2017年以"马克思主义国际话语权演进的历史考察及基本经验研究"为题申报国家社会科学基金项目并获得立项。

　　我在研究中参照了学界已有研究成果，把马克思主义划分为"正统马克思主义"和"国外非正统马克思主义"。本书的研究对象是"正统马克思主义国际话语权的演进"，同时对"国外非正统马克思主义"的影响也进行了探讨。在研究过程中，扬州大学马克思主义学院刘诚教授给予了有益指导，刘华教授、邹升平教授、韩昌跃教授、徐俊副教授、吴恒副教授、荆晶副教授参与了一些问题的讨论，提供了有益的见解和观点。对"国外非正统马克思主义"影响的分析，我请教了复旦大学王凤才教授，王教授对相应内容甚至包括标点符号都进行了认真修改，使我受益匪浅。扬州大学人文社科处和马克思主义学院的各位领导给予了热情关心，特别是人文社科处的禹良琴科长对结项等工作给予了不厌其烦的指导。在此对以上各位老师的帮助表示衷心感谢！本书的出版得到了社会科学文献出版社政法传媒分社黄金平编辑的支持和帮助，他对书稿进行了认真细致的校改，提出了许多宝贵的修改意见，付出了辛勤劳动，在此一并表示衷心感谢！

由于本人马克思主义理论造诣不深，研究水平不高，本书内容可能存在不足之处，敬请谅解和指正！

张爱武

2023 年 3 月 2 日

图书在版编目（CIP）数据

马克思主义国际话语权演进的历史考察及基本经验 /
张爱武著. -- 北京：社会科学文献出版社，2023.11（2024.9 重印）
ISBN 978-7-5228-2854-1

Ⅰ.①马… Ⅱ.①张… Ⅲ.①马克思主义-发展-研
究 Ⅳ.①A81

中国国家版本馆 CIP 数据核字（2023）第 213812 号

马克思主义国际话语权演进的历史考察及基本经验

著　　者 / 张爱武

出 版 人 / 冀祥德
责任编辑 / 黄金平
文稿编辑 / 周浩杰
责任印制 / 王京美

出　　版 / 社会科学文献出版社 · 马克思主义分社（010）59367126
　　　　　　地址：北京市北三环中路甲 29 号院华龙大厦　邮编：100029
　　　　　　网址：www.ssap.com.cn
发　　行 / 社会科学文献出版社 （010）59367028
印　　装 / 唐山玺诚印务有限公司

规　　格 / 开 本：787mm × 1092mm　1/16
　　　　　　印 张：19.5　字 数：317 千字
版　　次 / 2023 年 11 月第 1 版　2024 年 9 月第 2 次印刷
书　　号 / ISBN 978-7-5228-2854-1
定　　价 / 118.00 元

读者服务电话：4008918866